三十五年回眸

喻家山下的新闻传播教育情缘

三十五年回眸

喻家山下的新闻传播教育情缘

张昆 主编

华中科技大学出版社
http://www.hustp.com
中国·武汉

内 容 简 介

《三十五年回眸——喻家山下的新闻传播教育情缘》是一部文集，收录了华中科技大学新闻与信息传播学院教职工关于华中科技大学新闻传播教育创办三十五年周年以来的发展历史，以及亲历与见证学院成长的难忘经历的回忆性文章，共五十多篇。全书记录了三十五年来华中科技大学新闻与信息传播学院学科建设、人才培养和发展成国内顶尖新闻学院的历程，是对《华中科技大学新闻与信息传播教育史稿》的有力补充，与后者共同勾勒出华中科技大学新闻与信息传播教育更为丰满细腻和鲜活生动的历史图景。

图书在版编目(CIP)数据

三十五年回眸：喻家山下的新闻传播教育情缘/张昆主编. —武汉：华中科技大学出版社，2019.1

ISBN 978-7-5680-4842-2

Ⅰ.①三… Ⅱ.①张… Ⅲ.①新闻学-传播学-教育研究-中国-文集 Ⅳ.①G210-53

中国版本图书馆 CIP 数据核字(2018)第 287832 号

三十五年回眸——喻家山下的新闻传播教育情缘

Sanshiwu Nian Huimou——Yujiashan Xia de Xinwen Chuanbo Jiaoyu Qingyuan

张 昆 主编

策划编辑：杨 玲

责任编辑：吕蒙蒙

封面设计：刘 卉

责任校对：李 琴

责任监印：周治超

出版发行：华中科技大学出版社(中国·武汉)　　电话：(027)81321913

武汉市东湖新技术开发区华工科技园　　邮编：430223

录 排：华中科技大学惠友文印中心

印 刷：湖北新华印务有限公司

开 本：710 mm×1000 mm 1/16

印 张：26.75 插页：2

字 数：449 千字

版 次：2019 年 1 月第 1 版第 1 次印刷

定 价：198.00 元

华中出版

序言

三十五年前，原国家教委一纸批文，同意华中工学院、武汉大学、兰州大学、吉林大学四所大学创办新闻学专业，由此开启了华中工学院新闻教育的历史。后来，华中工学院改名华中理工大学（1988 年）。2000 年，经过三校合并，华中理工大学的校名又被华中科技大学所取代。

人道是，铁打的营盘流水的兵。三十五年来，喻家山上不仅走出了数以千计的学生，而且聚集了一批怀抱新闻理想和教育情怀的学者。今天的华中科技大学新闻与信息传播学院（以下简称华中大新闻学院），先后有一百多位教职工在此工作，他们或教学，或研究，或管理，辛勤耕耘着中国新闻教育和新闻学术的这片土地，为培养优秀的传媒人才、繁荣新闻传播学术做出了重要贡献。

三十五年，对于自然界来说，不过是漫长历史中的一个瞬间。唐代诗人李白在《春夜宴从弟桃花园序》中说："夫天地者，万物之逆旅也；光阴者，百代之过客也。"天地之内的宇宙空间，是万物短暂寄居的客舍；在光阴交替中起伏的人世，不过是百代之中的匆匆过客。三十五年，按照宇宙时间的刻度，实在是白驹过隙，不值一提，但是对于作为生物体的个人而言，时间跨度几近人生的三分之一，其分量自然不轻。

华中大新闻学院就是我们寄生与栖息之地。我们在这里工作、讲学、研究、著述，我们在这里散步、谈心、看书、生活，或许是十年、二十年、三十年，或许是短短的几年，但它是构成我们生命本体的重要组成部分，是我们割舍不掉的历史。

我们每个人都有自己的过去，都有自己的历史。英国历史学者卡尔·贝克尔断言："人人都是自己的历史学家。""每个普通人，同你我一样，记忆种种说过做过的事情，并且只要没有睡着也一定是这样做的。假定这位'普通先生'早晨醒来而记不起任何说过做过的事情，那他真要成为一个失去心灵的人了。……正常说来，这位'普通先生'的记忆力，当他早晨醒来，便伸入过去的时间领域和遥远的空间领域，并且立刻重新创造他努力的小天地，仿佛把昨天说过做过的种种事情联系起来。没有这种历史知识，这种说过做过事情的记忆，他的今日便要漫无目的，他的明日也要失去意义。"

今天，我们呼吁大家回忆过去，梳理在华中大新闻学院工作的经历，再现当时的我们，再现当时见到、看到、做过的事情，以一种亲切而闲适的风格，用文字和图片把这些记忆保留下来，这对于我们自己、我们的学院都具有重要的历史价值。

就个人而言，回忆过往，追忆自己在历史大潮中的起伏、适应与抗争，品味自己的辉煌成就，感恩同事、前辈和朋友，是一种非常正面的情感体验，它能够给我们带来"一系列连续且相互关联的愉悦感"，以至提升我们的精神境界。古希腊哲学家伊壁鸠鲁甚至认为："老人们通过追忆往昔，兴许能在那些美好的事情中找回青春。"当然，对过去的回忆，必然也会令人联想起既往的一些失误、挫折，甚至是一连串的伤感、愧疚，如果能够在冷静检讨的基础上反思，对于自己心智的成熟、道德的升华，对于锤炼自己的意志品质和专业才能，也是一个难得的机会。所以我们不能忘记过去，也不应该忘记过去，常常回忆、咀嚼、缅怀过去，对于一个文明人来讲是不可或缺的。

在高度社会化的今天，个人作为共同体的成员，自然离不开集体。同样，集体也是由一个个独立的个体组成的。我们的华中大新闻学院也是如此，正是我们彼此，以及更多的前辈和后来者，组成了华中大新闻学院这个发展着的大家庭。在这个意义上，我们的历史就是学院的历史。如果从学院的历史中抽去了我们彼此，学院将一无所有。今天，我们都在为华中大新闻传播学科的建设成就而自豪，的确，在国家级权威性评估中，能够与复旦大学比肩，位居国内前列，是我们过去做梦都没有想到的。这些成就从何而来？罗马城不是一天就建立起来的。华中大新闻学院的今天正是建立在我们大家，即你我他共同奠定的基础之上的。今天我们回忆、梳理自己的过去，实际上就是在为我们的学院书写历史，就是在为学院的历史记忆填补空白、补充细节，只有这样，我们学院的历史才会变得更加丰满起来。

不可否认，华中大新闻学院过去的三十五年，不是一路鲜花、一路凯歌，也有坎坷，也有曲折；不全是快乐与幸福，也有心酸与沮丧。回忆过往，那些在每个白天或黑夜的每个角落发生的片段会一起涌现在我们的眼前，冲击着我们平静的心灵。记忆的闸门一旦打开，或许我们再想关上也很困难。所有这些，我们都必须面对，也能够面对，因为我们的新闻学院，以及我们彼此已经成熟，已经强大了。

在华中大新闻学院的三十五年历史中，我们未必全程相伴，但只要我们在场，只要我们见到，只要我们参与了，只要我们通过文字和图片把这些片段记录下来了，就为我们的学院保存了历史。这种历史发生的时间节点既近又远。说近，是因为事件刚刚结束，大家记忆犹新；说远，是因为事件或过程已经完结，当事者激动的心情已经平复。这是回忆事件、解析过程的最佳的时间节点。这种时间特质，在一定程度上保证了历史叙事的客观与真实。

回忆作为一种历史叙事，被赋予了记录历史的责任。但是如果把回忆录完全等同于信史，也是不切实际的。我们回忆的对象离今天近，是件好事：事情刚刚结束，还有一定的热度，大家还没有淡忘，还记忆犹新。但也正是因此，也会滋生出一些问题。比如，距离太近，处理太快，历史还来不及沉淀，也就难以看清真相；或者由于事件或过程还在进行中，远未终结，以致难以预见或不可能知道结局。还有一种可能，回忆者多是历史的当事人、见证者，换言之，他们都是历史的局中人。局中人往往会有“当局者迷”的一面。古人云：“不识庐山真面目，只缘身在此山中。”同时，既然是局中人，那么局中人总会有自己的立场、情感、态度或诉求，或某种程度的利益相关性，这种立场和利益关联或多或少会影响到回忆者的叙事倾向和客观程度。

这样讲，并不是有意去消解这些回忆的真实价值，只是说明这种价值具有一定的相对性，不能过分被夸大。我们的使命只是尽可能中立、客观地把见到的、看到的、自己参与的事件或过程记录下来。至于是否全面，是否客观中正，自有研究院史的专家来甄别和考证。正如尤里乌斯·凯撒所撰的《高卢战记》，虽然人们没有把它作为信史，但它至少是信史赖以确立的史料来源。

正是基于以上认识，作为前任院长和现任华中大新闻学院学术委员会主任，我面向华中大新闻学院所有在职的、离退休的、已经调离的全体教职工建立了微信群，向大家发出了征稿函。这个举措得到了老师们热烈的响应，尤其是已经离退休、已经调离学院的前辈，如程道才、汪苏华贤伉俪，程世寿教授、黄匡宇教授、孙旭培教授、余明阳教授、石长顺教授、舒咏平教授，还有幸智敏老师等，他们在第一时间积极响应，还帮忙寻找、联系失联的院友，及时地提交了作品。截至10月20日，我们共收到了54篇作品。在此我要向各位回忆录的作者表示衷心的感谢，感谢你们对这份事业的支持，感谢你们对学院的认同和牵挂，因为你们，学院才有了强大的前进动力。

当然也有不少老师由于种种原因没有提交作品，我虽然感到遗憾，但是予以充分的尊重和理解，在这方面有不同的认识是完全正常的。好在来日方长，今后还会有四十年、五十年、六十年的院庆节点，还有的是机会打捞自己的往事。好事不怕晚，这次没有写回忆录的老师们，可以分享其他老师的作品，以此酝酿自己的创作激情。

本着尊重作者、尊重历史的原则，我们仅仅是在文字上做了些技术处理，尽可能地保留了作品的原汁原味。希望这本文集的出版能够引发大家的思古幽情，在缅怀过去的基础上，激发面向未来的强大动力。我甚至认为，不仅是华中大新闻学院，就是全国新闻教育界的同仁们，也有回眸历史、审视现实的紧迫需要。如果每个新闻院系都有一本类似的回忆录，我们的教育情怀和历史文化之根将会扎得更深，我们前进的步伐将会更加坚实。

是为序。

张昆
2018年10月

目录

文工交叉历风雨，传媒教育奔潮头

——献给新闻与信息传播学院成立三十五周年

陈少华

很多年前，准确地说，是三十六年前的1982年，我这个到武汉上学才第一次见到火车的农村娃，竟走进了华中科技大学（当时还叫华中工学院），成了计算机软件专业的一名工科学生，拿今天的话来说，这算是高科技领域（可当时没有觉得）。没想到我毕业留校后还长时间从事着与出版传媒有关的工作，更没有想到还成了新闻传播领域的专任教师，以教师的身份教育起自己的学弟、学妹们。回想起来，自己游走在人文、社科、技术和产业之间，既有很多快乐，也不时有些彷徨；既喜欢听人文学者的阔识卓见，又搁不下对技术的思考，大概我注定要走文工交叉的路。时光流转，到了2018年，适逢新闻与信息传播学院成立三十五周年，想到自己从事新闻传播教育也有十九年了，见证了新闻学院的许多辉煌。怀着激动的心情，我写下自己或模糊或清晰的若干记忆片段，算是写给新闻与信息传播学院成立三十五周年的心得体会。

一、勤工俭学中初识新闻出版，毕业留校后从事编辑出版工作

说来也怪，虽然我在学校里进的是计算机系，学的是工科专业，可自打报到入学以后，就有几个学期在耗时费力地与几个同学一起编辑为家乡服务的信息小报，刻着钢板蜡纸，满手油污却不亦乐乎。还记得自己刚入校不久，写过一篇通讯稿，好像被校报刊登了。过后不久，班主任老师就通知我进校学生会，这是否与我给校报投寄通讯稿有关系，就不知晓了。

到了大二的时候，看到很多同学勤工俭学，有做家教的，也有卖糯米鸡、欢喜坨等早点的。我和同班的一位同学一起卖起了校出版社出的图书和新闻系的《改革信息报》。每逢周末，我们俩就背着几大包图书和报纸，到武大、华师等高校的食

堂、宿舍门前摆摊。那时的《改革信息报》和"顾南华英语考试丛书"，很受高校师生欢迎，每个周末（当时只有星期天是周末）基本可以挣够一周的生活费（大约5元钱）。令我印象较深的是，出版社和新闻系的老师们对我们这些从事勤工俭学的代卖图书、报纸的学生非常热情，他们反复叮嘱我们注意安全，不要耽误学习。每次拿书拿报纸都不用交押金，卖完了再结账，卖不完就退给出版社发行部和新闻系的报纸编辑部。

或许是因为我有过出版传媒的相关经历，毕业留校时，有的同学到了院系，也有同学到了网络与计算中心，我则到了学校出版社编辑部，跟着从计算机系来出版社任职的唐老师学做编辑出版工作。不久就一直从事出版信息化和数字出版工作，直到担任社长助理兼总编辑助理。

二、听报告巧遇老院长，因缘际会成了新闻教育新兵

我原本不太相信机缘际会，但我能成为新闻教育战线中的一员确实是个机缘。2000年春天的某个上午，我在招待所一号楼大报告厅听报告，正巧坐在新闻学院吴廷俊院长的身旁。此前，在新闻学院成立不久的1998年秋天，出版社社长去新闻学院商讨出版社与新闻学院之间的合作事项，我跟着去过一次，聆听过吴老师的讲话，但没有直接与他交流。在听报告的过程中，吴老师问起我的姓名、所学的专业以及工作情况，问得很细。交谈中，吴老师说到，新闻学院已经开展了多媒体与网络媒体教育（后来才知道当时吴老师还主持了一个与多媒体有关的课题），学院计划下半年开始从高考理科生中直接招收网络新闻专业方向的学生，问我是否能承担相关的专业课程。我说，我编过教材，观摩过教学活动，但没有从事过教学，恐怕不能胜任教学工作。他说，会有经验丰富的老师带我，让我先试试。过了不久，学院办公室老师打电话要我准备课程大纲，就这样，我逐步走上了新闻教育实践的道路。

2000年秋天开始，我先是给新闻学院1998级、1999级的本科生上"因特网应用"课程（最后我把课程名称改为"网络传播技术基础"，增加了与媒体相关的应用，估计这是我国较早开设的网络传播类课程之一了），同时被安排给网络学院的学生开设"计算机互联网基础"课程。2003年起，我受命为2001级硕士研究生开设"网

络传播研究”课程。

2000年，新闻学院首次从高考生中直接招收网络新闻专业方向的学生，而且一招生就是3个班，共计105人。2000级的优秀校友中有很多是出自网络新闻班，如大家熟悉的林晨、阮宁、陈盼等。可见学院当时的战略考虑是有远见的。与1998年从全校大三学生中选拔培养的模式不同，2000级网络新闻专业方向的课程体系需要做四年（八个学期）的整体设计。而当时网络新媒体尚未发展起来，其他高校也未开展新媒体教育。在这种情况下，编制一套完整的网络新闻专业课程体系规划，是一个很大的挑战。于是，从2001年开始，学院以网络新闻专业课程体系规划为重点，进行了持续五年的深度教学改革，其中最难的问题是文工如何交叉，以及毕业考核的内容是设计、论文，还是设计加论文呢？这些问题到今天还在争论。在那个时候更是难题。我有幸能参与其中，跟着老教师和老专家们学习了很多，也见证了教学改革和创新的不易。那时的我，身兼出版社和学院的职务，两头忙，吴老师以他的经历和经验不断激励我，让我在有限的时间里获益很多。

三、带着一群网络新闻学生，走在北京街头，找实习单位

到了2006年2月，我终于可以全身心来学院任教了。与新闻学专业的教育已有成熟的体系相比，此时的网络新闻专业教育遇到的另一大难题就是专业实践和实习问题。当时的三大门户网站（新浪、搜狐和网易）几乎就是网络新媒体的代表和标杆，可大型网站大多数在北京，部分在上海、广州和深圳，同学们也都希望去大网站实习锻炼。学院领导非常重视，专门就网络新闻专业的实习问题安排鲍立泉、史旻昱和我三位老师组成实习指导小组。实习指导小组首先要解决的是去哪里实习的问题。作为传播系主任，我牵头，主要负责联系实习平台。大家从4月初开始，不断地打电话、发邮件，编写专业实习推荐函，一直忙到6月底，2003级网络新闻班终于可以实现70%的同学在就近的网站实习，30%的同学可以到北京、广州和深圳的大网站实习。2006年底，第三届电子网络编辑年会在我校召开，新浪网的总编辑陈彤应邀来我校参加会议，我院网络新闻班文工交叉的培养模式得到了与会专家们的肯定。

2007年，学院对实习提出了更高的要求。2004级网络新闻班的同学听了

2003级学长、学姐的实习故事，要求到网站实习的热情更高了。实习指导小组的三位老师带着任务分头联系实习资源。有一次，我带着10多个希望在北京实习的学生，走在长安街上，一边走一边联系，只要落实一个能接收实习生的大网站，就立马安排身边的几个学生赶去网站面试。到当天傍晚，还有几个学生的实习单位没有落实，一个多媒体公司的老总接待了我和这几个学生，还请我们吃了一顿很好的西餐，想来还是很有趣味的。这一年，2004级网络新闻班有将近20人（占全班三分之二）在北京的大网站实习。后来有一次，我与清华大学的金兼斌老师一起到网易公司参访交流，他推个自行车就来了，不用长途奔袭。在参访交流中，金老师还向网易公司推荐了华中大的学生。

如今，在学院领导和老师们的辛勤耕耘下，加上新老学生之间的“传帮带”，我院的专业实习体系已非常完备，学生们的就业单位基本都是知名互联网企业，我不禁为之感到欣慰。

四、网络传播本科班毕业论文公开答辩的一次尝试

在很长的一段时间里，本科生毕业论文答辩不大受关注，自然就做得比较简单，学生的准备也不太充分。甚至有部分人还在争论本科生毕业要不要做毕业论文；是做毕业设计，还是做毕业论文。作为系主任，我对此拿不准，但有一种想法一直埋藏在我的心里，那就是举办公开的毕业答辩，或许会有一些改变。

2010年春天，机会来了。我把计划举办本科毕业公开答辩的设想告诉了申凡教授，得到了他的大力支持。不久我又将这个想法简略地向主管教学的副院长和院长汇报了，他们都表示可以尝试。6月12日上午，传播学系2006级本科毕业论文答辩在东九教学楼举行。与以往的答辩不同，这次答辩不仅地点从学院办公室转移到了教室，而且形式也更加开放。答辩学生不仅要制作PPT，并在讲台上进行8分钟的陈述，还需要现场回答评委老师提出的问题。低年级的学生和其他院系的学生也可以进入现场观看答辩。据了解，此前在我院还没有这样的本科毕业答辩形式。

答辩会于上午8时开始。按照抽签顺序，31个学生分两组依次上台，报告论文，回答评委老师的提问。学生们在完成自己的答辩之后，认真倾听其他同学的论

文陈述以及老师的点评。一些同学精彩的陈述和准确、深刻的回答引来了阵阵掌声。就这样，答辩会成了专业学习的课堂和研讨会，历时近 4 个小时。答辩会结束后，申凡教授代表专家组对学生们的论文和答辩进行了点评。最后，学生在答辩横幅上签字并合影留念。

2006 级传播班第一组学生在论文答辩结束后与老师合影

五、文工交叉中的人文向往和技术留恋

在上大学的时候，我学的是工科，但想的常常是人文和社会，经常去蹭中文系、社会学系的课，还去过珞珈山、桂子山看人文风景。很多年后到了新闻学院，我对人文与社会的思考与关注，还被一位热心同事作为文工交叉事例，指导学生们写进了报道。几年的教学、科研实践下来，我发现人文社科关注的重点不是技术本身，而是技术的影响；不是如何设计产品，而是产品的使用及影响。参加了几次学术会议，我有幸见到几位工科出身的知名人文社科专家，他们身上的人文气息扑面而来，而工科的影子难觅踪迹。即便是理科学生转到人文学科学习，最后大多变成文科生，很难看到理科的影响力。如今，经过几个技术系统（新闻数据库、舆情知识库、出版评价系统等）的研发，在人文与技术的结合上，我有了一些自己的认识和研究路径，趁着当下人工智能和乡村传播正热，带着小伙伴们做一些新的探索。

在写上述文字的时候，记忆的匣子似乎一下子打开了，有关学院的人和事不断涌现在脑海里，自己的思绪也变得有些凌乱，暂且就写下这些片段吧。

最后祝愿学院：

学科交叉，创新花开新人出；

百年传播，潮头勇立开心笑。

陈少华　江西省九江市都昌县人。1982年考入华中工学院（今华中科技大学）自控与计算机系的计算机软件专业，1986年7月获得工学学士学位，并留校工作，1995年12月获工学硕士学位。先在校出版社工作（1986—2005年），先后担任编辑、电子出版部主任、总编助理、社长助理，并兼任新闻与信息传播学院传播系副主任（2002—2005年）。后转入新闻与信息传播学院任教至今，先后担任传播系主任、副教授，院学位委员会委员，出版研究所所长、电子与网络出版研究所所长。

兼任全国新闻出版信息标准化技术委员会委员，中国编辑学会电子网络编辑专委会副主任兼秘书长，中国科技新闻学会科技传播理论研究专委会常务理事，湖北省科技新闻学会副秘书长，国家新闻出版广电总局出版融合发展重点实验室评审专家等。

因缘际会，此间少年

陈　薇

接到这份征稿函，我的内心是极其忐忑不安的。其一，我于2018年1月正式进入华中科技大学新闻与信息传播学院（以下简称华中大新闻学院）工作，跟学院各位尊敬的师长相比，算是一个再新不过的新人；再往前溯，我于2014年7月进入学院博士后流动站，做了三年的博士后研究，虽然比工作时间长，但仍是妥妥的一位新人，谈这个话题显然缺乏底气。其二，学院于我而言，是一个太美好的存在，以至于我在正式工作了一学期之后，仍时常对自己学院专职教师的身份很不自信，害怕自己不够精进、不够优秀、不够勤力而辱没了这一身份。这种又爱又怯的心情，就像女子面对情人，拿不起、放不下、爱不释手又自我怀疑。做博士后比做老师多了两三年，这多出来的时光反倒给了我一点底气，那么我就来写写在华中大新闻学院做博士后研究的二三事。

一、缘起

对于华中大新闻学院，我是一路追随而来的。在武汉大学读博士时，我的毕业论文是关于香港媒体对中国内地形象的报道。因为选题是自己所钟爱的，加上导师吕尚彬教授宽厚温和，因此写作的过程酒入真心、虽苦犹甜。乃至写完以后仍觉意犹未尽，寻思着在国家形象这一领域再讨"苦"吃。如此机缘，便拜在华中大新闻学院张昆教授门下，从事博士后研究工作。

初次拜见张昆教授，他第一句话便是，"原来是你啊"。我懂老师的委婉——好像有点面熟，但又叫不上名。我心中却暗暗欢喜。的确不是第一次见张昆老师了，与新闻学院的缘分，早在十年前便已结下。

2008 年，我刚从香港浸会大学硕士毕业回来任教。那年 12 月，我参加在香港城市大学举行的公关与广告国际学术论坛，会议中结识了吴廷俊教授、张昆教授、陈先红教授、郭小平老师。那时我还不知道吴老师是研究中国新闻史德高望重的老教授，张老师是政治传播与国家形象领域的领军人物，陈先红老师是我国著名的公关学者，郭小平老师是学生喜爱的魅力教师。由于香港算我的半个"主场"，会议间隙，我自告奋勇带着老师们去太平山顶赏景。但我是路盲，带着队伍乘坐天星小轮过海之后竟然迷路了，大热天领着西装革履的教授们在中环的高楼大厦间暴走，无数次转回原地，转到太阳都下山了还没找到缆车站。老师们不仅不烦，还耐心地安慰我，"别着急，肯定是读书时太用功了才会不熟悉路"，我则尴尬得想往路边小食店的牛腩上撞去。

但那次会议，给我留下的记忆远不止此。在论坛闭幕式上，吴廷俊教授点名表扬了我的论文《由矿难新闻探讨国内网络媒体如何报道危机事件》，让我受宠若惊。因为那时我刚刚硕士毕业，找不到方向，对做实证研究也没有信心，对新鲜的教师生涯更是没有头绪，吴教授的表扬给了我极大的鼓励。日后想起那次香港之行，满心都是暖暖的回忆。

2016 年 12 月，我以新闻学院博士后的身份，再次去香港城市大学参加公关与广告学术论坛。这一次会议间隙，又跟学院的老师和其他参会嘉宾们一起乘坐小轮过了海，又碰到了那家鼎鼎有名的牛腩店。这次我不逞能了，默默跟在队伍后面，但心情是如此高兴而满足。距离第一次赴港读书整整十年了，面对昔日的校园和成长至今的自己，我心中无限感慨。那几日，我拍摄了读书时的宿舍、上课的大楼、校区间的走廊和扶梯、天星码头的刷卡机、维港的烟火和中环的灯光。时移世易，若干年后又因为会议回到了这里，身边是我喜欢的团队、我敬爱的师长和投缘的同事。华中大于我是明灯，缘分从来妙不可言，不是吗？

二、因缘

在新闻学院做博士后的三年，异常充实和快乐。华中大新闻学院新闻传播学博士后流动站设于2007年，是全国14家新闻传播学一级学科博士后流动站之一，先后培养了尹建国、李卫东、李长兵、于淼、刘明周、卢文婷、胡言会、张屹、陈薇等9位博士后，其中半数以上都已在各自的领域成为优秀的中青年专家和学科骨干，成果之丰富让我汗颜。另有近十位博士后在研中，亦硕果累累。

我的合作导师张昆教授，是国内从事政治传播和国家形象传播的顶尖专家之一，其率领的科研团队围绕着跨文化传播中的国家形象建构与战略传播进行了一系列的探索。这个强大的科研团队，为我的学术研究带来了更宽广的视野，我的研究方向得到进一步凝练。张老师有着一系列如雷贯耳的学术头衔，但他说最爱的还是“老师”这个称谓。张老师对待学生是出了名的慈祥和慷慨。在我求学的旅途中，给了我极大的信任，让我自由施展；在我为人的道路上，又似长辈，教导我凝神、静气、谦逊。老师很少批评我，很少提要求，但我常常因为某段时间没有成果，自觉心虚，躲着老师走。因为我懂，老师的包容，是信任，亦是鞭策，不能辜负。

在我办理工作调动的那段时间，因为原单位的抬爱挽留，我极其焦躁。老师千叮咛万嘱咐，要我与人为善，不忘来处，滴水之恩涌泉报。老师最常说的一句话就是：“人最重要是有良心，走一路要交一路朋友。”后来这句话，我也经常用来提醒自己，尤其在迷惘时肯定自己，吃小亏是福，结善缘才是道。

后来，在得知终于能顺利调动的那个夜晚，我骑着摩拜单车，绕着华中大校园每个角落，细细地探寻，好似小猫嗅着新家的方寸天地，倔强地要留下自己的痕迹。记得我最终停在东九教学楼前，看着下课鱼贯而出的学生们，我对自己说，也要像我的老师那样，事师如亲，爱生如子，有胸怀、有情怀、有温度、有气度，对得起这么优秀的孩子，给他们超过预期的收获。

因为老师的和善，同门间的关系也极其融洽。大家都说老师的名字就是一张名片，“巍巍昆仑”下大家都是一家人，彼此之间互相帮助，没有任何嫌隙与私心。记得刚进站时赶上博士后基金课题申报，此前我没有申报此类课题的经验，加上时间紧张，便向明周师兄求教。师兄是实在人，二话不说就将他中了特别资助项目的申报书拿给我参考，又唯恐我没有充分领会到此间精髓，便逐句逐段地为我分解思路，教我写作逻辑。我从未见过这样的慷慨，后来课题中了打电话向师兄致谢，师兄一句“都是昆仑弟子，何言谢”，深藏功与名。

博士后指导小组由六名资深教授组成，自进站后先后经历开题、中期考核与出站答辩三道关卡，虽然不像博士期间需要上课，但出站考核的标准一点也不含糊，这也是“后后”们深感郁闷和焦虑的地方。“后后”群里最常讨论的话题，除了孩子与住房，就是怎么出站。但我想，如此严苛的要求，也是华中大博士后的价值所在。在研期间，我得到了舒咏平教授、陈先红教授、王溥教授、张明新教授、唐海江教授、郭小平教授的指导。有凌厉派、阳光派、温和派，得到的批评不少，但鼓励更多，但都是为我忧、为我好。曾有人问过我，在武大读博士、华中大做博士后有什么体会？我说，华中大新闻学院让我脱胎换骨。这也是我迷恋学院氛围的原因，有一说一，有二说二，学术至上、绝不含糊。

当然，博士后期间打交道最多、最亲密的人，就是我们的“后后”大总管——可爱的王维真主任。王主任直来直往，风风火火，最看不惯博士后们对待站内工作云淡风轻、事不关己的态度，每每抓到“游手好闲”的典型都会一顿数落。胆小如我，来学院时除了躲导师，还会躲王主任，生怕被当成典型……但随着日渐熟悉，我们渐渐懂得了她的良苦用心，爱之深责之切呀。每每遇到答辩、评审、报账、通知等各项烦琐事宜，王主任都耐心细致地帮我们处理。记得在我的中期考核和出站答辩中，王主任都化了淡妆，脸上洋溢着送女儿出嫁般的喜悦，为我忙前忙后。我不知道是不是每位博士后都有这样的待遇，但那一刻看到她脸上满足的笑容，我深深地被打动了。

三年的每个时光，当时只道是寻常。待到出站时，每一个平凡的瞬间早已串成了珍珠，悠悠地闪着光。在张老师及其团队的指导下，在站期间，我先后获得了中国博士后科学基金面上资助项目和中国博士后科学基金特别资助项目，发表论文近十篇，另有一部专著即将出版。可以说，在学院博士后期间的训练，改变了我的学术轨迹，让我沉稳、自省与自信。学术研究本就是一条清苦之路，不经历一番千锤百炼，怎能忍受日后的不断失败与打击？又怎能体会到历经千难万险后终达彼岸的狂喜？记得在出站答辩前，坐在打印室里，看着刚印刷出来的红色海报，脑海里出现的第一个念头不是如释重负，而是如履薄冰。经过了这么多资深教授的教导，我从此刻上了华中大新闻学院博士后的烙印，怎能辱没它的光华呢！唯有励精图治，愈加用心！

三、际会

从博士后出站到留校任教，于我而言是另一件妙不可言的事情。我自问不是导师最有慧根的弟子，也非最勤恳吃苦之人，全凭一股热情与执着。而这种热情与执着，来自师长的耳提面命，让我更加沉稳踏实与孜孜不倦；来自在学院的耳濡目染，让我端正了治学态度，培养了治学情操，从此不敢懈怠。

跟我一起进校的还有五位新人，美丽的徐迪、文艺的一君、可爱的王昀、呆萌的徐涵与熊硕。我们自发组建了一个群，作为群主，我给群命名为“新兵蛋子”，这个土出天际的名字被他们取笑了好久。群名虽土，但新人们各个藏龙卧虎。同作为新人，这里我没有资格为他们言说，但想必他们的故事更加瑰丽和精彩。人生总有着无数的出人意料，许多好故事里都藏着另一个故事的开始。这里，我仅提一两件进校以来自己身边的愉快小事。

刚来学院不久，就赶上新大楼落成竣工，每位老师都分得了一间属于自己的完全独立的办公室。记得在学院的点房大会上，学院领导深情地说，“这是给老师们一个寄放灵魂的地方”。的确如此，空间的自由意味着心灵的自由。一拿到钥匙，我和我的研究生们就欢喜地商量怎么布置这“奢侈”的十平方米，既要简洁又要足够温馨，既要功能完备又要视觉美观。除此以外，我们都还喜欢一点小浪漫，于是我又在书柜隐蔽的地方吊上了星星灯。这种心情，不亚于装修自家书房的欢欣雀跃。后来在很多场合，听到学院领导和老师们谈到当初装修过程的艰辛与不易，每每讲到动情处都会眼眶湿润。没有亲身体验，我无法想象那个过程有多难，只知道我们都是幸运儿，“前人栽树，后人乘凉”，唯有感恩、回报。

学院给每位老师一次资助出国开会的福利，徐迪、王昀和我成了第一批受益者。我们在张昆教授、陈先红教授的带队下，前往美丽的布拉格，参与ICA（国际传播学会）大会和会前会。古老的查尔斯大学会堂、辉煌的布拉格议会大厅、日落时分霞光万道的查理大桥和Jolin（蔡依林）歌声里高跟鞋敲击在石板上叮当作响的布拉格广场，都有我们的身影。比美景更诱人的是能在大会上与世界顶尖的传播学者交流，这对于作为学术新人的我们而言，无疑是一次绝佳的锻炼与提升机会。在美丽的欧洲，能收获学问，收获风景，收获友情，已然不可思议，春去夏犹清。

四、不灭

新闻学院于我，一直是一种冥冥中的注定。从十年前的初识，到四年前的亲密接触，再到成为自家人，每一步都见证了我的成长与蜕变。缘起缘灭，花开花谢，那是无为人生。我与新闻学院的缘分，是珍惜，是有为，所以不灭。我很喜欢周璇的一首老歌《永远的微笑》，里面有这样两句歌词：

心上的人儿，有笑的脸庞，他曾在深秋，给我春光；

心上的人儿，有多少宝藏，他能在黑夜，给我太阳。

我把这两句歌词送给新闻学院。愿你的笑容，永远如春光，如太阳。

陈薇　华中科技大学新闻与信息传播学院副研究员，华中科技大学国家传播战略研究院研究员。武汉理工大学广告学学士（2004年），香港浸会大学传播学硕士（2007年），武汉大学传播学博士（2013年），华中科技大学新闻学博士后（2017年）。主要研究领域为国家传播战略、国家品牌与跨文化传播。近年来，主持完成国家社会科学基金青年项目、中国博士后科学基金特别资助项目、中国博士后科学基金面上项目等，发表研究论文二十余篇。

公关与广告国际学术论坛(PRAD)发展历程回顾

陈先红

今年是我大学毕业三十年,也是从教三十年,在华中大执教十八年。

1988 年 7 月,我从中国人民大学档案系毕业,分配至当时的武汉水运工程学院社会科学系任教,为涉外文秘专业主讲两门课程:一门是古老、枯燥的《档案管理学》,一门是年轻、有趣的《公共关系学》。我的教学兴趣很快转移到后者身上,对公关、广告、市场营销、咨询策划等相关学科涉猎广泛,并积极参加了许多咨询实践活动,也主编出版了三部广告学教材。

1996 年,我参加了北京大学主办的一个国际学术会议,有幸认识了申凡教授。当他得知我本科毕业于中国人民大学档案系,现在在武汉水运工程学院任教后,就积极劝说我继续攻读硕士研究生。他说,人一辈子很长,只有不断提高自己的研究能力和水平,才能站稳三尺讲台。受申老师影响,1997 年,我不顾家人的反对,申请了在职攻读原华中理工大学新闻学硕士研究生班。记得我们的毕业典礼非常隆重,是周济校长亲自来新闻学院给我们拨穗和颁发毕业证书的,我也代表优秀毕业生做了发言。依稀记得当时的发言主题是"华中大教会了我什么叫优秀,如何做科研"。当时正是新闻学院刚刚成立之际,人才稀缺,爱才如命的吴廷俊院长主动向我伸出了橄榄枝。

至今仍然清晰地记得,1999 年 6 月的一个中午,正好在余家头附近上课的吴廷俊院长约我见面,要求我带上科研成果。在武汉交通科技大学校门对面,一个简陋的小面馆里,我请吴老师吃了一碗面,汇报了我毕业十年来的教学和科研成果,那一年我刚评上副教授。吴老师拿着我主编的广告学教材《广告学概论》和《广告策划创意学》说:"就这么定了,你来华工创办一个广告学本科专业吧!"(华工,即原华中理工大学,今华中科技大学)2000 年,正值原武汉交通科技大学与原武汉汽车工业大学合并之际,学校人心惶惶,无人理事,所以我的调动很顺利。2000

年5月，我正式加盟华中科技大学新闻与信息传播学院（以下简称华中大新闻学院）。

现在回想起来，我是多么幸运啊，一次会议，就遇到了学术生涯的指路人，一碗面，就解决了工作调动之事。能够遇到申凡老师、吴廷俊老师这样诲人不倦、一身正气、清廉爱才的好领导、好前辈，不仅是我个人学术生涯之大幸，也从一个侧面折射出华中大新闻学院快速崛起的奥秘。

2000年5月至今，十八年来，我先后担任新闻学院传播学系副主任、广告系主任、学院国际交流办公室主任、省重点文科基地副主任、院长助理和副院长等职，在吴廷俊和张昆两任院长的领导下，我积极参与和推动了华中大新闻学院的发展壮大。下面主要对我院的品牌性学术会议公关与广告国际学术论坛的创办与发展，做一个系统的回顾。

一、公关与广告国际学术论坛概况

公关与广告国际学术论坛（简称PRAD）的创办缘起于2006年。我访问香港城市大学（CityU）媒体与传播系（当时叫英文与传播系，2008年7月1日更名为媒体与传播系）之际，尽管李金铨、祝建华、何舟等学者在国内外都很知名，但是，他们仍然在为提高新闻传播专业在CityU中的学科独立而斗争着。为期一个月的学术访问，使我和CityU的几位著名教授建立了深厚的友谊。当时，我参与并促成了两个著名的学术盛会的成立：一是推动李金铨教授成立了“多闻雅集”，每年一次的多友会成为中国新闻传播学术界一道最亮丽的风景，我作为此活动的主要谋划者，与有荣焉；二是我和何舟教授共同创办了公关与广告国际学术论坛，这个论坛由华中大和CityU共同发起，联合出资，由第三方高校轮流承办，旨在打造一个大中华区学术研究、交流平台，一方面促进公关与广告理论研究的国际化发展，另一方面促进公关、广告与新闻传播学科的融合发展。

自2007年以来，公关与广告国际学术论坛已在武汉、香港、澳门、台北、布拉格、厦门等地，以及美国、泰国、新西兰等国召开过，成为亚太地区最具盛名的国际学术研讨会之一。

二、历届论坛回顾

1. 2007年第一届公关与广告国际学术论坛在华中科技大学召开

2007年10月24日至28日,由华中科技大学新闻与信息传播学院、香港城市大学英文与传播系联合主办,湖北省重点文科基地媒介技术与传播发展研究中心公关与广告研究所承办的第一届公关与广告国际学术论坛在武汉隆重举行。国内外公关界的多位重量级知名人士云集江城武汉,共襄学术盛举。

10月25日上午8点半,会议在华中科技大学八号楼三楼学术报告厅正式拉开了帷幕。华中科技大学新闻与信息传播学院副院长石长顺教授主持了开幕典礼,华中科技大学副校长刘伟教授、中国公关协会常务副会长明安香先生宣读苏秋成会长的贺信并致辞,中国国际公关协会常务副会长郑砚农先生、中国高等教育学会公关教育专业委员会理事长李健荣教授、香港城市大学英文与传播系执行主任何舟教授、华中科技大学新闻与信息传播学院院长张昆教授先后致辞。

随后会议正式开始,美国马里兰大学新闻学院前任院长、美国《公关关系评论》(*Public Relations Review*)杂志主编雷·赫伯特(Ray Hiebert)就"新媒体与大众未来的传播",香港城市大学英文与传播系教授、中国人民大学长江学者讲座教授祝建华就"信息技术在公共关系实务中的应用",美国密西根州立大学传播学院广告公关零售系教授李海容就"美国公共关系教育的趋势与改革",华中科技大学新闻与信息传播学院广告系主任陈先红就"以生态学范式建构公共关系学理论"分别进行了主题演讲。会议现场气氛热烈生动,专家学者妙语连珠,活跃诙谐之处尽显公关风采。

本次论坛由中国国际公共关系协会、中国公共关系协会、中国高等教育学会公关专业教育委员会首次联合协办,以"媒体网聚天下,公关沟通你我"为宗旨,旨在通过国际公共关系学者、中国(包括港澳台地区)学者与专家的学术交流,促进中国公共关系理论研究与实务的发展,实现公共关系理论研究国际化,加强学界、业界在公共关系理论、实践和教育等方面的合作。会议规模盛大,影响深远,受到业内人士的高度重视和密切关注。著名专家、学者,如中国国际公关协会学术委员会主任郭惠民教授,余明阳教授,李兴国教授以及香港城市大学英文与传播系李金铨教授,香港中文大学新闻与传播学院院长苏钥机教授,香港浸会大学传理学院陈霓教授、洪君如教授,陈怡如教授,台湾政治大学新闻传播学院黄懿慧教授,陈忆宁教授等也都悉数到场。

2. 2008 年第二届公关与广告国际学术论坛在香港城市大学举行

由香港城市大学媒体与传播系、华中科技大学新闻与信息传播学院联合主办的第二届公关与广告国际学术论坛于 2008 年 12 月 5 日至 7 日在香港城市大学隆重举行。香港城市大学人文及社会科学学院署理院长平万天教授、香港城市大学媒体与传播系署理系主任李金铨教授、华中科技大学新闻与信息传播学院院长张昆教授出席了开幕礼并致辞。

本届大会的主题是"危机管理与整合策略传播",大会正式会期为两天。整个会议由主题发言、大会发言、分会场发言与专家评论四部分组成,共吸引了来自美国、新西兰及中国(包括港澳台地区)54 所高校的学者及业界人士参加,收到论文 100 多篇。

会议期间,美国马里兰大学传播系主任伊丽莎白·托斯(Elizabeth Toth),香港城市大学媒体与传播系副主任何舟教授与华中科技大学新闻与信息传播学院陈先红教授,新西兰惠灵顿大学克拉斯纳莫斯·史拉墨史(Krishnamurthy Sriramesh)做了大会主题发言,分别发布了研究成果《危机传播:公众在前,组织在后的悖论》《双重话语空间:公共危机传播中的中国官方与非官方话语互动模式研究》《ICT 技术在亚太地区风险传播中的角色》。

本次会议同时云集了来自国内外著名的新闻传播学者和公关学者,会议期间,美国马萨诸塞大学传播系主任、教授简·赛万思(Jan Servaes),美国《公共关系评论》杂志主编、教授雷·赫伯特(Ray Hiebert),美国密苏里大学战略公关专家格莱恩·卡麦伦(Glen Cameron),美国俄克拉荷马大学网络公关教授默琳·泰勒(Maureen Taylor),美国东伊利诺伊斯大学危机传播专家、教授提莫斯库姆斯(Timothy Coombs),以及台湾政治大学徐美苓教授,台湾世新大学张依依教授,华中科技大学吴廷俊教授、张昆教授,清华大学熊澄宇教授,中国传媒大学黄升民教授、齐小华教授,中国人民大学涂光晋教授,复旦大学孟健教授,厦门大学陈培爱教授,中国国际关系学院郭惠民教授,中山大学廖为建教授等 40 多位国内外著名学者做了大会发言。

吴廷俊教授在闭幕礼上对此次会议进行了高度评价，认为此次会议规格高、阵容强、质量佳，是海内外学者、专家交流思想的重要平台。

3. 第三届公关与广告国际学术论坛在澳门理工学院举行

2009 年 10 月 23 日至 25 日，第三届公关与广告国际学术论坛在澳门隆重召开。此次会议由华中科技大学新闻与信息传播学院、香港城市大学媒体与传播系联合主办，由澳门人力资源协会承办。本届会议的主题为“公关、媒体与社会责任”，会议共收到论文 89 篇，入选论文 41 篇，来自 34 个单位的 46 名国内外知名专家以及青年学者参加了此次会议。

这些专家和学者分别来自国内外知名高校、研究所以及企业，包括美国马萨诸塞大学、美国俄克拉荷马大学、香港城市大学、澳门大学、华中科技大学、清华大学、中国人民大学、复旦大学、上海交通大学、武汉大学、中国传媒大学、中科院新闻研究所等，以及凯旋先驱国际公关公司、广东省广告公司、广东方圆公关管理顾问公司等业界优秀企业。

23 日，大会在澳门理工学院礼堂举行隆重开幕礼，澳门中联办经济部副部长徐建平，澳门新闻局局长陈致平、经济局副局长戴建业、贸易投资促进局执行委员陈敬红，澳门理工学院院长李向玉，澳门日报副总编辑兼人力资源总监温能汉，香港城市大学媒体与传播系主任李金铨，华中科技大学新闻与信息传播学院院长张昆，中国公共关系协会副会长余明阳，美国马萨诸塞大学新闻传播系主任 Jan Servaes 及澳门人力资源协会会长余荣让等主礼。

随后进行了两场主题演讲。Jan Servaes、Maureen Taylor、李金铨、何舟、陈霓、尹韵公、熊澄宇、张金海、陈先红、涂光晋、余明阳、孟建、董天策等知名学者在会议上发表了公关、广告、媒介与社会责任的最新研究成果。

围绕此次会议的主题“公关、媒体与社会责任”，参会的论文主要可以分为以下几个类别：公关与社会责任、广告与社会责任、媒体与社会责任、CSR（企业社会责任）的实践与创新、政府形象与公共关系、媒介事件与公共关系等。

本次会议的每一场主持人、发言人、评议人都谨守国际会议惯例，主持人严格控制时间；发言人言简意赅，观点精彩纷呈；评议人高屋建瓴，点评到位。会议现场气氛隆重而热烈，会议论题新颖、深刻而集中。

4. 第四届公关与广告国际学术论坛在美国马萨诸塞大学召开

由华中科技大学新闻与信息传播学院、香港城市大学媒体与传播系联合主办的第四届公关与广告国际学术论坛于2011年8月23日至25日在美国马萨诸塞大学成功召开。

美国马萨诸塞州的议员斯坦·罗森堡(Stan Rosenberg)先生、马萨诸塞大学学术委员会的主席欧内斯特·梅(Ernest May)教授、《公共关系评论》杂志主编雷·赫伯特教授、香港城市大学媒体与传播系主任李金铨教授、华中科技大学新闻与信息传播学院副院长陈先红教授、马萨诸塞大学传播与社会变革研究中心主任Jan Servaes教授、中国人民大学新闻与社会发展研究中心主任郑保卫教授,以及中国国家文化产业研究中心主任(新媒体传播研究中心主任)熊澄宇教授等主礼开幕式,并分别做了大会主题发言。

本届会议的主题为"后危机时代中美新闻传播和公共外交的未来",围绕此次会议的主题,会议发言主要分为以下几个板块:美国传播政策的不同视野、美国媒体中的中国形象、中美公共关系的未来、中国视角下的公共外交、国家形象及品牌、中美关系的未来、公共关系与广告的再思考、社交网络时代的公共外交、危机传播与新媒体、中国新闻与公关的未来、国家形象与媒介再现、公共舆论等。

会议共收到投稿120余篇,来自中国(包括港澳台地区),以及来自加拿大、英国、美国、泰国等国家的82名专家、学者及业界代表参加了本次会议。其中大陆地区共有35名参会者。

本次参会的优秀论文将在爱思唯尔(Elsevier)的两本专业出版物《公共关系评论》(*Public Relations Review*)和《信息技术和信息学》(*Telematics and Informatics*)上结集出版。其中,创刊于1984年1月9日的《公共关系评论》是国际公关学界最具权威性的杂志之一(影响因子0.628)。

会议还组织参访了哈佛大学、麻省理工学院、普林斯顿大学、马萨诸塞大学波士顿分校、波士顿学院等多所著名大学,并与哈佛大学、马萨诸塞大学的学者进行了交流。

5. 第五届公关与广告国际学术论坛在台湾世新大学举行

第五届公关与广告国际学术论坛于2012年8月23日至8月24日在台湾世新大学举行。该论坛由华中科技大学新闻与信息传播学院、香港城市大学媒体与

第四届公关与广告国际学术论坛与会学者在马萨诸塞大学合影

传播系、台湾世新大学新闻传播学院共同主办,世新大学为本届大会承办单位。参加这次学术论坛的有来自美国和中国(包括港澳台地区)等地的50余所高校及业界的120余位专家、学者,共收到投稿论文110余篇。本次会议的主题是"大活动、大事件、大传播",各与会专家学者结合新媒体时代的发展背景,对会议主题进行了广泛、热烈且颇有深度的学术研讨,以期通过此平台聚集中国公关与广告等传播领域的华人智能,开创大中华地区公关广告新篇章。

8月23日,开幕式由世新大学新闻传播学院院长陈清河主持。首先由世新大学董事长暨公关基金会董事长成嘉玲和校长赖鼎铭分别致辞,对前来参会的专家学者表示欢迎,预祝大会圆满成功,并勉励与会学者能更具社会批判性,肩扛媒体人的社会道德责任。香港城市大学媒体与传播系李金铨教授,介绍了以往大会的举办情况,并对此次大会的举办方表示感谢,结合自身新闻传播史的背景,分别从英语、德语与中文语系来分析公共关系的本质内涵。

华中科技大学新闻与信息传播学院陈先红教授,以"台湾连台风都有人情味,感谢老天爷成全本论坛美事,与会学者风雨无阻,将守得云开见明月"作为开场白。同时感谢东道主世新大学,让与会来宾感受到了在大陆从未体验到的高规格礼遇。陈先红教授表示,过去都是从公共关系领域谈公关,但此届论坛,则扩大视野格局,从公关领域外的其他传播相关领域来反思、检视公关,定义公关,公关也将成为公共领域的代言人。

随后,武汉大学张金海教授、台湾政治大学赖建都教授、香港城市大学陈霓副教授、世新大学陈一香副教授、蓝色光标董事长赵文权、关键点传媒集团董事长游昌乔、信诺传播董事长曹秀华、先势传播集团执行长黄鼎翎等人，分别从广告业界的发展趋势、公关传播技术、公关发展潜力等方面做了大会发言。

23日下午，来自联合国教科文组织传播学教席主席 Jan Servaes 带来了全球新闻传播界最关心的话题与省思，分享了他对网络行动的深入观察。美国俄克拉荷马大学教授 Maureen Taylor，也针对竞选活动与社会资本进行了介绍。

接着，本次大会根据与会学者的投稿主题，分成23个小组进行专题讨论，并安排台湾当地学者对论文演讲者进行点评。会议还特设了业界专场，第一次为海峡两岸的公关公司提供了面对面深入交流与分享的机会，受到学界、业界与会者的高度称赞。

24日论坛以“公关产学圆桌论坛：公关素养与专业主义”为题进行了大会主题讨论，陈先红教授主持了该论坛，香港城市大学媒体与传播系教授李金铨、世纪奥美公关董事长丁菱娟、精英公关集团董事长孔诚志、香港城市大学媒体与传播系客座副教授吴旭、辅仁大学传播学院院长吴宜蓁、武汉大学新闻与传播学院教授夏琼、世新大学公共关系暨广告学系副教授张依依、中山大学新闻传播学院副教授兼副院长张宁、广东方圆公关管理公司董事长谢景芬、关键点传媒集团董事长游昌乔、北京实创装饰集团董事长孙威都在大会上发表了公关、媒介与专业主义的观点和最新研究成果。大家各抒己见，精彩纷呈。

历时两天，学术论坛在圆满完成研讨主题后结束。本届会议首次颁发了“会议优秀论文奖”，教师组10篇，学生组5篇。并在大会闭幕式上，宣布第六届公关与广告国际学术论坛将于明年在湖北武汉华中科技大学举行。

6. 第六届公关与广告国际学术论坛于武汉举行

金秋十月，丹桂飘香，值此华中大新闻学院三十年华诞之际，2013中外新闻传播学院院长论坛暨第六届公关与广告国际学术论坛于10月4日至5日在湖北武汉华中科技大学隆重举行。该论坛由华中科技大学新闻与信息传播学院、香港城市大学媒体与传播系、台湾世新大学新闻传播学院共同主办。参加这次学术论坛的有来自美国、英国、比利时、新加坡、泰国、巴基斯坦、澳大利亚等十多个国家和中国（包括港澳台地区）等地的200多位与会者，他们来自海内外60余所高校及20多位业界精英，收到会议论文80余篇。

第五届公关与广告国际学术论坛与会人员合影

10月4日，论坛开幕式暨主题报告会，由华中科技大学新闻学院院长张昆教授主持，香港城市大学媒体与传播系副主任何舟教授担任评议人。先后由台湾世新大学副校长邱淑华，香港城市大学媒体与传播系主任、Jan Servaes 讲座教授，中国公关协会常务副会长、国家行政学院李兴国教授、中国国际公关协会副秘书长同享先生等致开幕辞。

大会首先邀请参会嘉宾做主题发言。中国新闻教育协会会长、中国高等教育学会新闻学与传播学专业委员会理事长高钢教授，报告内容为“媒介融合趋势下新闻传播教育改革思考”；香港城市大学媒体与传播系主任、Jan Servaes 讲座教授，报告内容为“The many faces of soft power，democracy and the Internet”；台湾世新大学新闻传播学院院长陈清河教授，报告内容为“公共政策倡导与媒体效益评估的再思考”；美国俄克拉荷马大学 Maureen Taylor 教授，报告内容为“Public Relations Role in Society：Building the Relationships that Build Social Capital”；此外，还有香港城市大学何舟教授、英国威斯敏斯特大学 Kerstin Mey 教授、比利时布鲁塞尔自由大学 Georgios Terzis 教授、美国南卡罗来纳大学魏然教授、新加坡南洋理工大学黄金辉传播与信息学院副院长郝晓明教授、巴基斯坦萨格达大学 Muhammad Nawaz 教授、泰国玛希隆大学 Patchanee Malikhao 教授等分别从全球媒体变革、新闻传播教育转型、公关广告教育人才培养等方面做了精彩发言。

随后，大会分为中外新闻传播学院院长论坛和第六届公关与广告国际学术论坛两个论坛专场。

第六届公关与广告国际学术论坛的主题是"国家品牌、社会资本、文化软实力"，各参会专家、学者对会议主题进行了广泛、热烈且颇有深度的学术研讨。复旦大学国际公共关系研究中心主任孟建教授，结合国家重大社科基金项目，重点阐释了中国国家形象面临的国际挑战与传播战略；浙江大学新闻传播学院院长吴飞教授，对国家文化软实力战略传播进行了系统分析；清华大学公共关系与战略传播研究所所长范红教授，对中国国家品牌的公关传播策略给予了新的建议；华中科技大学新闻学院副院长陈先红教授，解构了国家公共关系的多重属性，得到专家的一致认可。

还有相关专家从不同研究视角，发表了最新研究成果。如清华大学公共关系与战略传播研究所执行所长萧东荣教授，台湾政治大学传播学院副院长陈忆宁教授，台湾世新大学公共关系暨广告学系主任陈一香教授，浙江大学传媒学院院长助理韦路教授，中国公关协会副会长、国家行政学院李兴国教授，台湾世新大学公共关系暨广告学系赖正能助理教授，华中科技大学新闻学院广告系副主任李华君博士等。主题发言的评议人，武汉大学媒体发展研究中心主任张金海教授、清华大学新闻与传播学院学术委员会主任熊澄宇教授、香港浸会大学传理学院院长黄煜教授、美国南卡罗来纳大学魏然教授对参会嘉宾的主题发言进行了点评。

10月5日上午，五个分论坛和一个书面发表论坛同时举行，主题分别为"新媒体、新业态、新发展""公共关系与国家形象""社会化媒体与国家软实力""新媒体与广告传播""业界论坛"和"书面发言"。50多位参会代表做了现场发言，其中业界论坛发言人主要有北京伟达公关公司副总裁于爱廷、互动通数码控股集团总裁邓广梼、关键点传媒集团总经理刘亚鹏、中国策划研究院副院长罗立、合肥财经职业学院董事长严肃，还有台湾精英公关大中华区总经理吴佳燕、台湾双向明思力公关董事长周欣欣、台湾双向明思力公关总经理方亮、庄凌公关顾问公司总经理林晨、湖北省舆情信息基地总监付文仁等，他们分享了来自实战的新鲜案例。

10月5日上午10点，第六届公关与广告国际学术论坛之圆桌论坛，在华中大一号楼报告厅隆重举行。大陆学者陈先红、香港学者陈霓、台湾学者赖正能共同主持了圆桌论坛，该论坛分为集体宣言和专家对话两个环节。首先，来自中国的15位公共关系学界和业界精英代表，集体宣读了《公关正能量宣言15条》(以下简称《宣言》)。紧接着，来自新闻传播界、公关界、广告界、媒体界、地方政府以及国际学者登台落座，展开跨国界、跨区域、跨行业、跨学科的高端对话与探讨。湖北发改委发展战略规划办副主任徐新桥博士、中国国际公关协会副秘书长同享先生、华中科技大学张昆教授、复旦大学孟健教授、中国传媒大学杨懿教授、台湾政治大学陈忆宁教授、台湾世新大学陈一香教授、新加坡南洋理工大学郝晓明教授、美国南卡罗来纳大学魏然教授、美国俄克拉荷马大学 Mareen Taylor 教授，互动通控股集团总裁邓广梼先生、北京伟达公关副总裁于爱廷女士、台湾先势传播集团董事长赵炎女士、台湾双向明思力公关总经理方亮先生等，对《宣言》的出台各抒己见，经过激烈的讨论之后，会议一致表决通过了"公关正能量武汉共识"。

《宣言》的主要倡导者，华中科技大学新闻学院副院长陈先红教授指出："'公关正能量武汉共识'的出台，将有利于进一步解开公众对公关的迷惑与误解，进一步推动中国公共关系事业朝着更加健康、更加伦理的方向发展。"与会专家一致认为，这是中国公关历史上的一个里程碑，是一件可以载入史册、写进教科书的盛事。

在紧接着召开的闭幕式上，来自泰国著名高校玛希隆大学国际学院院长玛丽亚教授，宣布将于 2014 年 8 月 14 日至 17 日在泰国曼谷举办第七届公关与广告国际学术论坛，陈先红教授公布了公关与广告国际学术论坛的官方网址为"www.worldprad.org"，希望大家关注此网站的信息发布，并积极投稿参会。

此外，本次会议的另一个创新之举，是开设了现场咨询的分论坛"襄阳创意论坛"。与会代表 100 多人奔赴襄阳，参加了襄阳创意论坛暨凤凰旅游研究院成立揭牌仪式，并为凤凰温泉、古隆中酒业和襄阳红茶叶现场把脉，提供咨询建议，成效显著。

参会代表高度评价了本届学术论坛，大家一致认为，本次论坛规模盛大，内容丰富，形式新颖，精彩纷呈，成果显著，充分体现了新闻传播教育和公共关系研究与实践在国际化、学术化和社会化三个方面的有机结合。

7. 第七届公关与广告国际学术论坛在泰国玛希隆大学举行

2014 年 8 月 14 日至 15 日，第七届公关与广告国际学术论坛在泰国玛希隆大学国际学院隆重举行。来自泰国、美国、新加坡、菲律宾、马来西亚和印度尼西亚等国家和来自中国（包括港澳台地区）等地的 76 位学者参加了论坛，并获得由四个主办方——玛希隆大学、华中科技大学、香港城市大学和台湾世新大学共同颁发的参会演讲证书。

第六届公关与广告国际学术论坛与会人员合影

本届论坛探索社会媒体对我们现代文化的影响和作用，为所有有意在文化和社会传播领域扩展创造性对话交流、开拓思想新纪元的人设立。

本届论坛设置了六个学术主题，分别是媒体对文化和社会传播的影响，社会媒体、社会网络和社会传播，可持续化社会变革的传播，社会媒体传播的改革和趋势，新媒体公共关系与广告，市场营销和品牌中的社会媒体。会议期间，与会学者围绕上述主题展开了热烈的交流与探讨，对促进公关与广告的共同发展，实现公关与广告理论研究的国际化，加强学界、业界在公关和广告理论、实践和教育等方面的合作起到了重要作用。

8. 第八届公关与广告国际学术论坛在新西兰梅西大学举行

由华中科技大学、香港城市大学与台湾世新大学联合主办，新西兰梅西大学承办的第八届公关与广告国际学术论坛于 2016 年 1 月 28 日在新西兰惠灵顿圆满完成各项议程，胜利闭幕。此次会议的主题为“数字化时代的战略传播”(strategic communication in the digital age)，吸引了近 120 位来自世界各地的参会代表，涵盖了亚洲、大洋洲、欧洲和北美四大洲，包括中国(包括港澳台地区)、马来西亚、泰国、澳大利亚、新西兰、英国、法国、德国、美国等国家。

此次会议由新西兰别具特色的毛利文化仪式 Mihi 开场，传达了对国际友人的热情欢迎与对新西兰土著文化的传承精神。华中科技大学新闻与信息传播学院院长张昆教授、香港城市大学媒体与传播系执行主任李喜根教授、台湾世新大学前校长赖鼎铭教授、中国新闻史学会会长陈昌凤教授参与了毛利文化“碰鼻礼”仪式。梅西大学传播新闻与营销学院院长 Shiv Ganesh 教授带领学院老师上台唱了毛利歌曲“友爱、信念与和平”表达热烈欢迎之情。

在开幕式上，作为公关与广告国际学术论坛会议的发起人、中国新闻史学会公共关系分会(PRSC)会长、华中科技大学新闻与信息传播学院副院长陈先红教授，代表共同主办本次会议的三所高校向本次会议致辞，并介绍了中国新闻史学会公共关系分会的基本情况、宗旨、使命和“六个一工程”。会议开幕式由本次会议主席、梅西大学助理教授侯正晔主持。

会议围绕“数字化时代的战略传播”的主题展开了热烈的学术交流与对话，四位世界顶级传播学者分别进行了主题发言，包括悉尼科技大学 Jim Macnamara 教授的“解析与填补公共传播的两个黑洞”，美国乔治梅森大学 Carl Botan 教授的“战略传播：共创与伦理”，新西兰怀卡托大学的 David McKie 教授的“管理传播的模糊性：亚洲世纪，数字化时代与大数据”，以及香港城市大学何舟教授的“社交媒体时代谁设置了谁的议程：基于大数据对议程设置影响的分析及其对公关实践的启示”。

会议分别设置了英文和中文的共 19 场分组讨论，形式包括个人研究演讲和小组专题讨论，与会者们延伸并深入探讨了会议主题的各项子议题，如社交媒体与公共关系实践、网络传播实践伦理、跨文化传播与数码技术、新媒体时代的政治传播等。其中，由台湾知名学者徐美苓教授发起的题为“全球气候变迁与可替代能源风险传播中的新兴议题”(emerging issues in risk communication of climate change and alternative energy) 的专家小组讨论，引起了国内外学术界对传播在社会层面影响力的反思与审视。

第八届公关与广告国际学术论坛部分与会者合影

除1月26日与27日的会议主体以外，本届国际公关与广告论坛还开展了一系列会前和会后的学术交流与联谊活动，极大地丰富了与会代表们的参会体验，也促进了国内外高校之间的深入了解与未来可能的国际合作。1月25日上午召开的世界名校商务会议，由新西兰梅西大学、香港城市大学、香港浸会大学、华中科技大学、清华大学、浙江大学，以及武汉体育学院的领导代表参会，共同探讨了各高校间未来各项学生、教学及科研交流合作计划。1月25日下午，在梅西大学惠灵顿校区举办的博士研究生论坛上，主题演讲嘉宾与博士研究生们亲切互动，分享学术研究写作的心得与技巧。1月25日晚上的欢迎酒会上，东方爵士乐团（Oriental Jazz）现场演绎了兼具东方风情与新西兰本地特色的爵士乐欢迎与会者的到来，梅西大学副校长 Ted Zorn 教授，香港城市大学媒体与传播系执行主任李喜根教授、副主任何舟教授，中国新闻史学会会长、清华大学新闻学院副院长陈昌凤教授在酒会上致辞。此外，中国学者代表团还分别参观访问了梅西大学北帕和奥克兰校区，进一步了解梅西大学新闻传播与市场营销学院的各项课程设计及特色学位，受到了校方的热情欢迎与接待。

第八届公关与广告国际学术论坛部分学者合影

最后，第八届公关与广告国际论坛在新西兰传统毛利文化仪式 Poroporoaki 中落下帷幕，Poroporoaki 表达了对各位参会者的祈祷与祝福。下一届会议的联合主席、香港浸会大学助理教授 Regina Chen 发布了第九届公关与广告国际论坛的会议主题、举办时间（2016年12月2日至6日）和征稿启事。

本次会议还受到了新西兰公关协会的关注，主题演讲嘉宾继续受邀为业界公关人士进行演讲，新西兰国家电台也对本次会议进行了专门报道和对主题演讲嘉宾进行了深入专访。

9. 第九届公关与广告国际学术论坛在香港举行

2016年12月6日下午，伴随着第三期战略传播与公共关系工作坊的圆满结束，一场为期四天的中国公关学术盛会在香港浸会大学完美落幕。来自中国(包括港澳台地区)，以及来自美国、德国、俄罗斯、韩国、新西兰、瑞典等国家的250多位学界、业界代表参加了会议。本次会议由四个系列会议组成：中国新闻史学会公共关系分会首届学术年会、第九届公关与广告国际学术论坛、第三期战略传播与公共关系工作坊、2016金旗奖颁奖盛典。

第九届公关与广告国际学术论坛与会者合影

本次会议由香港浸会大学传理学院、香港城市大学媒体与传播系、华中科技大学新闻与信息传播学院和中国新闻史学会公共关系分会共同主办。从今年开始，这四家组织机构将共同主办公关与广告国际论坛。

12月3日至4日，中国新闻史学会公共关系分会首届学术年会暨第九届公关与广告国际学术论坛在香港浸会大学举行。

会议还进行了两场学界-业界交流论坛，香港浸会大学传理学院陈怡如、爱德曼国际公关(香港)有限公司 Adrian WARR、新西兰梅西大学洪君如、凯旋香港 Simeon MELLALIEU、德国莱比锡大学 Günter BENTELE 就"公众信任、领导力与战略传播"进行了对话；香港浸会大学传理学院麦嘉盈、IBM 香港 Andy WONG、易研方案张荣显就"数据分析和移动/社交媒体参与"问题进行了交流。来自全球

第九届公关与广告国际学术论坛部分学者合影

的200多位学者在“公共关系的理论发展”“Public Relations Theory and Practice”等41个中英文分论坛进行了论文发表与讨论。

12月4日下午，与会专家前往香港城市大学邵逸夫创意媒体中心参加学术会议闭幕式与颁奖典礼。中国新闻史学会公共关系分会副会长兼秘书长、华中科技大学新闻与信息传播学院张明新教授宣读了“中国公关教育三十年致敬奖”“中国公关教育三十年贡献奖”“2012—2015中国公关研究学术成果奖”的评选过程及获奖名单。

在学术会议闭幕式与颁奖典礼的最后一个环节，华中科技大学新闻与信息传播学院院长张昆教授宣布，第十届公关与广告学术论坛将回到发源地华中科技大学，并将于2017年下半年在武汉举办。张昆教授向所有在场嘉宾发出诚挚邀请，表示期待各位届时前往华中科技大学，砥砺公关学术、共襄盛举。

论坛圆满结束后，12月4日下午，2016金旗奖颁奖典礼在香港城市大学邵逸夫创意媒体中心隆重举行。本届金旗奖是创立方中国公共关系网17PR首次与中国新闻史学会公共关系分会合作举办，从近600个参选案例中选出5个案例全场大奖，54个金奖，5个机构奖。

香港会议秉承大公关的理念，集中国新闻史学会公共关系分会首届学术年会、第九届公关与广告国际学术论坛、第三期战略传播与公共关系工作坊与2016金旗奖颁奖典礼为一体，旨在展开跨学界、跨业界、跨国界的多元对话，即公关与新闻传播学界的对话，国内学者与国外学者的对话，国内外学界与业界的对话，因此在会议安排上也是别具匠心、独树一帜的。此次会议具体有三大特点：

(1) 此次会议在香港浸会大学传理学院和香港城市大学媒体与传播系两所香港名校同时召开,开幕式和学术发言在浸会大学举行,闭幕式和金旗奖颁奖典礼在城市大学举行,这种办会模式是独树一帜的。

(2) 本次会议的内容设计是独树一帜的。我们特别邀请海外著名学者担任主讲嘉宾,如在美国与詹姆斯·格鲁尼格齐名的迈阿密大学传播学院 Don Stacks 教授,情境危机沟通理论的原创者、德州农工大学传播学系 Timothy W. Coombs 教授,德国莱比锡大学传播与媒体研究所首席教授、国际学刊 International Journal of Strategic Communication 主编 Ansgar Zerfass 教授。他们不仅在学术研究上有丰硕的成果,而且在业界拥有多年的实操经验。大咖们在现场给与会者解读学术理论,分析行业发展,共同探讨战略传播与新闻传播该如何应对自然环境、科学技术和社会文化的快速变化。

(3) 此次年会是学界和业界的双重盛会,规模空前,有 300 位来自海内外的学界和业界人士参会。年会还举行了盛大的颁奖仪式,主要包括"中国公关教育三十年贡献奖"、中国公关年度学术成果奖、本次会议优秀学生论文奖和面对业界优秀案例的金旗奖。

总之,此次会议意义非凡,不仅仅是中国公共关系学会的首届学术年会和第九届公关与广告国际学术论坛,更是中国新闻史学会公共关系分会服务学者、服务学科、服务社会的一次新尝试、新探索,我们通过中国新闻史学会公共关系分会年会、公关与广告国际学术论坛、学术工作坊和业界金旗奖四合一工程的统一,打通了学界-业界-政界一体化的沟通渠道,构建了大陆-台湾-香港-澳门及全球合作交流的平台。

10. 第十届公关与广告国际学术论坛在武汉举行

2017 年 10 月 28 日,第十届公关与广告国际学术论坛、第二届中国新闻史学会公共关系分会学术年会暨第四届战略传播与公共关系工作坊在武汉隆重召开。来自美国、德国、英国、法国、澳大利亚、新西兰、比利时、新加坡、菲律宾、土耳其、印度尼西亚、非洲加纳等 16 个国家,以及来自中国(包括港澳台地区)等地的 150 多位学者与业界人士齐聚一堂,以"信任与对话:移动智能时代的整合创意传播"为主题,立足全球视野,就国际近年来在公共关系领域的理论研究成果和实践经验进行广泛深入的学术交流,参会代表来源之多样和广泛,为历届会议之最,可谓盛况

第十届公关与广告国际学术论坛、第二届中国新闻史学会公共关系分会学术年会暨第四届战略传播与公共关系工作坊与会学者合影

空前！

开幕式上，主办方代表香港城市大学传播与媒介系主任李喜根教授、香港浸会大学传播研究中心主任 Kineta Hung 教授、华中科技大学新闻与信息传播学院院长张昆教授，以及 PRSC 会长、PRAD 联席主席陈先红教授分别致辞。李喜根教授对第十届公关与广告国际学术论坛的召开表示了热烈的祝贺，认为任何高校与学科的建设都需要脚踏实地才能获得长足的发展。Kineta Hung 教授则简述了公共关系的发展及其重要性，坦言当今媒介技术的发展十分迅猛，互联网和 AI 技术渗透到方方面面，公共关系在充满机遇的同时也面临了很多挑战。张昆院长谈到，人是一种关系的动物，关系的维持既要物质的链条，也需要精神的纽带。习近平主席最近提出，要构建人类命运共同体，这个共同体就是各种关系的聚合和统一。今天我们所处的社会，充满着不确定性、充满着风险，就是因为沟通不够，以至于各种关系紧张，难以和谐共生，因此，我们的世界需要充分而有效的沟通，我们的社会需要积极、阳光的公共关系。陈先红教授则认为，好公关如同好瓷器一样，价值连城，而好公关的学术价值则源自“求真”“求是”与“经世致用”相结合的理论贡献，源自公关学科的“学术性”和“学术力”是否充分或足够，一个理论、一套丛书、一群学者，这样的学术力就是公关人手中的好瓷器，我们可拿之与其他学科对话，做出自己独有的贡献。

“十年磨一剑，砺得梅花香”，自 2007 年起，公关与广告国际学术论坛已经在中国（包括港澳台地区）、美国、泰国、新西兰等多个国家举行了十届，如今的公关与广告国际学术论坛在华中科技大学、香港浸会大学、香港城市大学和台湾世新大学四

“战略传播国际研究中心”揭牌仪式

所高校的共同努力下,已经发展成为亚太地区负有盛名的国际学术研讨会之一。2017 年,中国新闻史学会公共关系分会被评为中国新闻史学会的优秀二级学会,目前已有 150 家理事单位加入,涉及百余家国内外高校与几十家业界单位。由华中科技大学、美国伊利诺伊大学厄本纳-香槟分校、国际中华传播协会与密歇根州立大学联合发起的“战略传播国际研究中心”在会上举行了揭牌仪式,宣布“战略传播国际研究中心”正式成立。

开幕式上,陈先红教授还传达了两则喜讯。一则是由中国新闻史学会公共关系分会、华中大新闻与信息传播学院、中国外文局对外传播研究中心、中国网联合发起的“第一届讲好中国故事创意传播国际大赛”颁奖典礼即将在 11 月 16 日的北京国家会议中心隆重举行。另一则是中国首部集大成的奠基性公共关系理论工具书《中国公共关系学》(上、下册)将在中国传媒大学出版社出版,本书汇聚了国内外知名学者的智慧和结晶,分为元理论、方法论、基础理论和应用理论研究四大板块,涵盖了 52 个理论和研究议题。

大会精心组织了 2 场主题演讲、9 场分会场报告,以及 4 场圆桌讨论和特邀报告。在主题演讲环节,众多国际知名学者围绕大会主题分享了丰富的学术观点。被誉为欧洲公关之父的 Günter Bentele 教授从理论基础、问题以及挑战三方面探讨了对话与信任的主题;国际著名学术期刊《Public Relations Review》联合主编、美国著名公关学者 Maureen Taylor 教授则分析了数字社会背景下公共关系面临的机遇与挑战;美国著名对话公共关系学者 Michae Kent 教授分享了何谓真实的对话与真实的关系,他认为"人的声音"与"社会临场感"制约着共情与关怀;德国莱比锡大学传播与媒体学院的 Ansgar Zerfass 教授、华中科技大学陈先红教授、新西兰梅西大学洪君如副教授、香港浸会大学陈怡如副教授等四人课题组则从全球传播监测研究的路径分享了他们对中国和亚太地区传播趋势的洞见;新加坡管理大学李光前商学院的 Greogor Halff 教授探讨了公关专业人士如何建立信任与对话;美国阿拉巴马大学的周树华教授、密歇根州立大学李海容教授、台湾政治大学的赖建都教授以及美国伊利诺伊大学厄本纳-香槟分校媒体学院的姚正宇副教授则从新技术、新思维范式、智能传播、中国品牌的国际传播等各个角度分享了他们最新的研究成果,受到与会者的热烈关注和高度评价。

大会以"Dialogue and Trust in Political,Cultural,and Commercial Situations""公共关系的理论创新与实践面向""风险沟通中的信任与对话""Dialogue and Trust in Public Relations: Theoretical,Practical,and Educational Issues""国家公共关系与创意传播""移动智能时代的跨文化传播与认同""媒介发展趋势与方法创新"为主题,组织了 7 场中外学者分会场报告;同时,以"政治与文化领域的战略传播""新闻媒体、公共关系与社会"为主题,组织了 2 场中外硕博士研究生专场报告。在上述 9 个分会场中,70 位代表报告了他们在相应领域的最新研究发现,议题多样,内容丰富,成果水平高,很有参考价值。

此外,大会还组织了"SSCI 论文发表分享"和"业界案例分享"2 场圆桌讨论和第四期战略传播与公共关系工作坊上的"公关基础理论:历史脉络与未来想象""展望公关研究:理论拓展与方法创新"2 场特邀报告。11 位学界和业界专家应邀参加了圆桌讨论,7 位学者展示了他们聚焦于公关理论和方法研究某个特定主题的思考结晶。在这 4 个分会场上,对话深入,报告精彩,气氛热烈。

会议期间,中国新闻史学会公共关系分会举行了一届五次常务理事会。浙江大学城市学院、人民网舆情监测室、腾讯集团市场与公关部、中国传媒大学出版社、北京赋能文化有限公司、北京伊品传奇品牌管理咨询有限公司 6 家单位,成为中国新闻史学会公共关系分会新当选的常务理事单位。正如许多常务理事代表所说,这些单位的加盟使得学会的构成更加多元化,对于今后学会在拓展社会服务、开展科学研究和建设学术交流平台等方面具有非常积极的意义。

为期一天半的会议在 29 日中午落下了帷幕。在一天半的时间中,一场又一场的会议紧锣密鼓地进行着，五湖四海的学术思想在这里碰撞，又在本次论坛的主题“信任与对话：移动智能时代的整合创意传播”之中统一，闪耀着时代的光芒。香港浸会大学传理学院副教授陈怡如担任了闭幕式的主持人，中国新闻史学会公共关系分会秘书长、华中科技大学新闻与信息学院教授张明新从本届会议的规模、会议主题等方面对会议进行了总结并感谢了参会的所有嘉宾、老师、同学以及为大赛默默付出的工作人员；随后进行了第十届公关与广告国际学术论坛暨第二届中国新闻史学会公共关系分会学术年会优秀硕博论文的颁奖典礼。

颁奖典礼结束后，新西兰梅西大学教授洪君如介绍了第十一届公关与广告国际学术论坛暨第三届中国新闻史学会公共关系分会学术年会的筹备现状，并呼吁广大学者和青年学子积极投稿，相约在明年5月的布拉格。在大家的热烈鼓掌声中本次会议圆满落下了帷幕。

11. 第十一届公关与广告国际学术论坛在布拉格举行

2018年5月23至24日，国际传播学会-中国新闻史学会公共关系分会(ICA-PRSC)会前会、第十一届公关与广告国际学术论坛暨第三届中国新闻史学会公共关系分会学术年会在捷克布拉格隆重召开。本次会议以“多元化的声音：以真实的传播在社会中建立信任及对话(diverse voices: authentic communication, trust, dialogue, and society)”为主题，来自中国(包括港澳台地区)，以及新西兰、美国、英国、德国、挪威、捷克、斯洛文尼亚等19个国家和地区的上百位公关学者汇聚一堂，分享了80余篇学术成果。学者们就国际近年来在公共关系领域的理论研究展开了深入的学术交流，真正实现了世界各国公共关系的多元对话，可谓精彩纷呈。

本次会议由中国新闻史学会公共关系分会、华中科技大学、香港城市大学、香港浸会大学、台湾世新大学、捷克查尔斯大学、国际传播学会公共关系分会和欧洲公关教育学会联合主办。大会精心组织了2场主题演讲、18场分会场报告。

在主题演讲环节，斯洛文尼亚卢布尔雅那大学 Dejan Verčič教授，阐述了欧洲公关的真实性与参与性，提出了不同于美国主导性视角的欧洲公关学术研究的观点。萨格勒布大学 Ana Tkalac Verčič教授则提出通过理解企业社会责任与品牌对声誉的影响开展对话，强调传播行业需要进行战略性实践，以更好地维护企业声誉。

大会围绕“真实、信任、对话”，组织了18场分论坛，分别以“Public relations in

国际传播学会-中国新闻史学会公共关系分会会前会、第十一届公关与广告国际学术论坛暨第三届中国新闻史学会公共关系分会学术年会大合影

dialogic society""Voices and engagement""Communication about public issues in China""Trust in dialogue about risk issues""Government and political communication""Branding/marketing communication""Contemporary health and crisis communication""Dialogue, listening, voices, and silences""Health communication in China"等主题展开研究分享与深入讨论。会议议题多样，内容丰富，成果水平高，有很高的参考价值。

此外，当地时间 2018 年 5 月 23 日晚，在宏伟的捷克布拉格市政厅，《中国公共关系学》一书的海外首发式成功举办。

《中国公共关系学》海外首发式合影

首发式上,中国新闻史学会会长陈昌凤教授致辞。她评价称,《中国公共关系学》是中国新闻史学会公共关系分会系列工程之一,作为一本兼具综合与创新的公共关系理论读本,该书对中国公共关系学的发展必将带来"普惠"的创造价值。国际著名公关学者、《公共关系评论》执行主编 Maureen Taylor 教授高度肯定了该书对中国乃至世界公关研究的巨大贡献,认为该书提出的理论地图是研究中国公共关系的优良方式,也为下一代的公共关系实践者提供了理论、方法和指导框架。

为期两天的会议在24号下午落下帷幕。闭幕式上,中国新闻史学会公共关系分会海外秘书长、新西兰梅西大学洪君如副教授报告了本次会议的筹办情况。厦门大学陈经超副教授、澳大利亚新南威尔士大学 Michael Kent 教授,分别提出申请承办明年和后年的学术会议。

中国新闻史学会公共关系分会会长、华中科技大学陈先红教授宣布,鉴于会议越来越国际化,中国新闻史学会公共关系分会今后将学习 ICA 办会模式,一年在国内举办,为国际学者提供了解中国的机会;一年在国外举办,为国内学者提供了解世界的机会。通过这个会议平台和窗口,进一步加强国内外新闻传播学界的交流与融合。会议决定:第四届中国新闻史学会公共关系分会学术年会暨第十二届公关与广告国际学术论坛(2019年)主题为"Branding · Storytelling · Creative communicating",将于2019年7月13—14日在美丽的厦门大学举办。第五届中国新闻史学会公共关系分会学术年会暨第十三届公关与广告国际学术论坛(2020年)将在澳大利亚举行。中国新闻史学会公共关系分会将继续广泛联系国内外学术期刊,设置 SSCI 和 CSSCI 的特刊,为海内外新闻传播学者提供学术交流和论文发表的重要平台。

综上,自2007年创办伊始,公关与广告国际学术论坛就秉持着"大公关"的理念,期待加强公关学界与广告学界、新闻传播学界的交流与对话,追求鼓励多种学术观点的碰撞,将论坛打造成跨学科、跨地区和国家级的公关学术空间。先后以"新媒体与公共关系创新"(2007,武汉),"危机管理与整合策略传播"(2008,香港),"公关·媒体·社会责任"(2009,澳门),"后危机时代中美新闻传播和公共外交的未来"(2011,美国),"大活动、大事件、大传播"(2012,台湾),"国家品牌与公共关系"(2013,武汉),"社会化媒体对现代文化的影响和作用"(2014,泰国),"大数据时代的战略传播"(2016,新西兰),"反思 重构 超越:从新闻传播到战略传播"(2016,

香港),“信任与对话:移动智能时代的整合创意传播”(2017,武汉),“多元化的声音:以真实的传播在社会中建立信任及对话”(2018,布拉格)等相关主题做了深入探讨。历届以来,参加该学术论坛的有来自美国、中国(包括港澳台地区)等地200多所高校及业界近1000位专家学者。

公关与广告国际论坛持续举办十二年,获得国际公共关系学界最著名的SSCI学术期刊《公共关系评论》,在传播学、信息技术、计算机领域的知名期刊《Telematics and Informatics》(被SSCI和EI同时收录),欧洲著名学术期刊《journal of strategy communication》,以及《传播与社会》等国际著名学术期刊开设特刊支持。

总之,经过十二年时间,公关与广告国际学术论坛经由四所名校的共同打造,已经成为一个跨专业、跨学科、跨地域的国际性学术交流平台,是亚太地区久负盛名的国际会议之一。

三、华中大的公共关系学科建设与发展

2000年5月1日,当我来到华工(今华中科技大学)的时候,新闻学院只有教广告学的唐志东副教授和教公共关系学的戚海龙副教授。新闻学院并没有广告专业,只是在新闻学院2000级中招生选拔了12人,开设了广告学方向。之后为了开办广告专业,我推荐引进了舒咏平教授、余明阳教授。2001年,华中科技大学品牌传播研究所成立,这是全国第一个品牌传播研究所,着力于以公关和广告为两翼的高级品牌传播人才、策略性传播人才的培养。当时我们三人自称为“三剑客”,并做了明确分工:余明阳教授定位于品牌传播研究,舒咏平教授定位于广告传播研究,我则定位于公共关系研究。由此开始,“在公关的麦田上,我守望最现实的生活和最遥远的梦想”,这句写在我的著作《关系范式下的公关研究》扉页上的话成为我一生的学术追求。

事实上,中国公共关系学科一直处于“舅舅不疼、姥姥不爱”的尴尬境地,三十年来,中国公共关系学经过了几度停招和“改嫁”。1995年,深圳大学创办了第一个公共关系专科专业,开办十年之后因教育部专业目录中撤销了此学科而被迫中止;2013年,公共关系专业有幸重回教育部专业目录,但被迫从新闻传播学科调整到公共管理学科,并未得到快速的发展。近年来,新增公共关系本科专业的大学只

有两三所，全国总共加起来只有23个公共关系本科专业，这与全国540多个新闻传播本科专业、370多个广告本科专业相比，相差甚远。

2016年，媒介融合和创建“双一流”大学的大潮汹涌而至，由“985工程”高校发起的大规模学科整理和专业调整中，弱小而边缘的公共关系专业首当其冲，第三次面临着生死存亡的危机命运。第一个创建中国公共关系本科专业的中山大学在这种背景下，撤销了公共关系本科专业和硕士专业。由此可见，公共关系学科引进中国三十年来，虽然行业发展和社会应用获得了长足的发展，但公共关系学科的危机与出路，仍然是中国公共关系学者焦虑的核心。

于我而言，公共关系学是我一生守候的学术信仰。我一直对公共关系学这个“小学科、大学问”充满乐观的想象。我深信，政治多极化、经济全球化、文化多元化、网络智能化、危机常态化、传播草根化的趋势，必将进一步强化公共关系学作为“关系居间者”“公共对话者”“边界管理者”“危机处理者”等多种角色。整个世界都将沉浸在“公共关系社会”里，成为“公关共和国”，放眼未来，公共关系学必将迎来它前所未有的“黄金时代”。

在华中大的公共关系学科建设与发展中，以下五个标志性的事件对中国公共关系学科建设有着重大贡献。

第一，自2007年以来，公关与广告国际学术论坛(PRAD)历经十二年，已经成为亚太地区久负盛名的国际学术会议之一。

第二，2013年，华中科技大学二级学科公共关系学博士点正式获批。

第三，2015年8月，中国新闻史学会公共关系分会(PRSC)正式成立，这是国内唯一一个国家级二级公共关系学会组织。我是创办者和首任会长，我院是会长兼秘书长单位。公共关系学会成立两年半来，连续两年获得中国新闻史学会优秀二级学会称号。

第四，2017年2月，由中国新闻史学会公共关系分会和新闻学院联合发起的“讲好中国故事创意传播国际大赛”，获得国内外广泛参与和报道，即将成为一项长期的国家级赛事，被纳入中宣部的日常工作任务。

第五，2018年5月，我主编的《中国公共关系学》(上、下册)在布拉格举行海外首发式，这是国内第一部具有奠基性的理论工具书，在中外公共关系学术史上具有里程碑意义。

在华中大执教的十八年里，在两位院长的高度重视和大力支持下，我竭尽全力做了这几件事情，也算是为华中大新闻传播学科的地位提升以及推动中国公共关系学科建设和学术交流略尽绵薄之力吧。

陈先红 1988年7月毕业于中国人民大学档案系，分配至当时的武汉水运工程学院社会科学系任教。2000年5月，正式加盟华中大新闻与信息传播学院。现为湖北省政协委员，华中科技大学新闻与信息传播学院教授、博士生导师，中国新闻史学会公共关系分会会长，湖北省新联会副会长兼网络界人士专委会会长。研究方向为公共关系与战略传播、新媒体与品牌传播。教育部重大课题首席专家，获得“中国公关教育名师”“2009中国公关100人”称号，“中国十大杰出公关人物”称号。2017年，成功地将研究成果转化为具有广泛影响力的国际公共传播实践项目——“讲好中国故事创意传播国际大赛”，第一届比赛有32个省的200多所高校参加。

难忘的喻家山岁月

程道才

在现实生活中，人们经常会遇到难以忘怀的人或事，或是源于她巧笑嫣然的外貌，或是源于他富于情趣和哲理的话语，或是因为它的存在触动了自己的思绪，激起了回忆与联想。对于我来说，在武汉市喻家山下的华中工学院新闻系（即现在的华中科技大学新闻与信息传播学院）执教的十四个寒暑，无疑属于第三种——因为正是这段岁月，使我深刻认识到创业的艰辛与不易，真切体会到"人心齐、泰山移"的哲理。

我是20世纪80年代初从湖北人民广播电台调入华工新闻系执教的。那是一个百废待兴的年代，也是改革开放风起云涌的年代，人们都意气风发，干劲倍增，想为国家的建设与发展做出自己的贡献。当时，我国的新闻传播教育机构寥若晨星（仅有中国人民大学、复旦大学、北京广播学院、暨南大学四所高校设有新闻学专业教学点），新闻人才奇缺，许多省级及以上新闻媒体的新闻从业人员都是非新闻专业毕业的，省级以下的新闻单位从业者来源更是五花八门。为了改变新闻人才奇缺的窘况，1983年初，时任中宣部新闻局局长的钟沛璋，找到原华中工学院院长、老新闻工作者朱九思寻求支持，希望能够在华中工学院开办新闻学专业，利用华工文理科教学力量雄厚的优势，培养新型的新闻传播工作者。当时兼任湖北省委宣传部副部长的朱九思院长当即应承，决定组织华工的力量，并从湖北日报社、湖北广播电视台抽调几名从事过新闻教育工作的骨干，共同组建新闻系，开办新闻教育。朱院长说干就干，当年9月下旬，首批100多名1983级干部专修科的学生就来到新闻系报到入学了。第一任系主任汪新源老师，也于此时到任。1984年6月，我和妻子汪苏华也被调入华工新闻系，离开曾经工作十多年的湖北广播电视台和武汉广播电视台。我刚到新闻系时，担任系副主任；1985年原系总支书记刘春圃去世后，我接任系总支书记，直到20世纪80年代末。

程道才

1985 年 4 月摄于华中工学院青年园

此时，以朱九思院长为首的学校领导，对刚刚组建的新闻系是十分重视与支持的。将刚刚竣工不久的漂亮教学楼——东五楼二楼东的十多间教室，拨给新闻系做办公室和资料室；考虑到新闻系教学人员不足，将原属于社科系的中共党史教研室的 20 多名教师转入新闻系；为了支持广播电视实验室建设，拨款五万六千美元购买日本索尼牌广播级摄像机（注：据说当年教育部仅进口了一台该品牌摄像机。1986 年前后，湖北电视台为拍摄电视剧《诸葛亮》，特前来借用该摄像机）；对刚刚从外单位调入的新教师，在住房和家属工作安排方面给予优待等等，不一而足。

但是，由于刚刚组建，此时的新闻系从事新闻传播教育的师资极其缺乏。我刚到新闻系时，专业教师仅有汪新源、申凡、龚文灏、王益民等人，因此不得不经常从校外聘请教师授课。湖北日报社的高级记者边静远、湖北电视台的高级记者纪卓如、华中师范大学中文系教授尹均生等人，都在当时新闻系聘请的兼职教授之列。

为了尽快改变这种状况，系领导经过请示学校领导，决定一方面从校内外调入一批质量优秀的教师来系执教，另一方面从本校理工科专业本科毕业生中，遴选一批写作能力优秀者留校，送到人大、复旦、广院等高校进修后再走上讲台。为此，从 1985 年起，新闻系相继引进了程世寿、吴廷俊、周泰颐、姚立军、李运抟、屠忠俊、黄匡宇、李幸等教师（他们中有的后来成为新闻学院的领导或骨干教师，有的后来调出而成为兄弟院校新闻学院的掌门人）。陆晔、刘燕南、幸智敏、严赤卫等年轻教师，则是从本校本科毕业生中遴选的，走上讲台后很快就能主讲一门甚至几门课程（几年后，他们中的部分人相继通过考研或工作调动离开了新闻系，现在有的成为名校教授，有的成为公司高管，成绩斐然）。经过几年努力，新闻专业师资力量不足的问题基本得到缓解。

当时，华工的新闻教育还面临着不被社会承认的严峻问题。华工新闻系是当时全国理工科高校创办的第一家新闻学教学单位。按照传统观念，新闻学教育属于文科教育范畴，理应设在文科高校；华工属于理工科高校，开办新闻学教育似乎有点名不正、言不顺。在这一传统观念的作用下，社会上有些人对华工的新闻教育工作一时难以理解，对华工新闻系也多少怀有偏见。例如，本系教师在与外界接触时，或者到新闻媒体联系学生实习时，经常会听到这样的话语："工科院校办新闻系？没听说过！这本身就是新闻！"每当遇到这种情况，老师们不得不费口舌向他们解释、说明，介绍华工办新闻教育的优势。

为了能够尽快在国内新闻教育界占有一席之地，刚诞生不久的新闻系，在以朱九思院长为首的学校领导的大力支持下，在认真提高课堂教学质量的同时，积极进行教育改革，尽力拓宽学生的知识面，提高他们的动手能力与专业技能。教学改革的具体内容有：第一，在开设新闻学专业基本课程的同时，开设高等数学、自然科学概论等理工科课程，促进学生知识结构的文理渗透。第二，主办面向全国发行的《改革信息报》，为学生实习提供阵地。第三，设置汽车驾驶技术课程，培养学生的汽车驾驶技术。这些教学改革举措有效地拓宽了学生的知识面，改善了他们的知识结构，受到学生们的欢迎和好评。不久，《人民日报》《光明日报》《湖北日报》《长江日报》和中央电视台、湖北电视台等新闻媒体，相继对这些改革举措进行了报道。随后，不少高校同仁前来参观取经，并给予了良好评价。这些改革举措明显地提高了华工新闻系在国内高校同类专业中的地位，也扩大了华工新闻系在社会上的影响（注：可惜的是，两年后，随着学校主要领导的更换，《改革信息报》和汽车驾驶课程皆以"经费缺乏"为由停刊和停开）。

在进行教学改革的同时，初创不久的新闻系还努力拓宽办学层次，在抓好本科教育的同时，大力发展在职研究生教育和干部专修科教育；积极申报并获得湖北省新闻学专业自学考试主考权，主考湖北省自学考试新闻学专业，并在校内和海军工程学院主办新闻自考本科班。到 1992 年底，新闻系共主办硕士研究班 4 期、干部专修科班 5 届、新闻自考本科班 5 届，共培养出不同层次的毕业生一千多人。通过开办多层次的新闻教育，既为国家和社会培养了大批新闻人才，又扩大了华工新闻系的影响，还为新闻系增加了收入，在一定程度上改善了老师们的福利待遇。

在开展科学研究和教材编写方面，新闻系教师也不甘示弱。尽管当时图书资料有限，也没有互联网查阅资料，但大家凭着一股钻劲，刻苦探寻，不舍昼夜。讲授中国新闻史的吴廷俊老师凭着“板凳宁坐十年冷”的精神，八年如一日，围绕着《大公报》的发展史查阅图书资料，终于完成了30万字的著作《新记〈大公报〉史稿》，并于1994年由武汉出版社出版。1997年，该书荣获我国优秀人文社会科学论著奖“吴玉章奖”。汪新源、程世寿、申凡、王益民、屠忠俊等老师，同样以钉子精神刻苦钻研业务，著书立说，先后出版了《新闻心理学》《思维与写作》《新闻采访学纲要》《报业经营管理》等著作、教材。我自1984年6月调入华工新闻系执教以来，除担负本系的部分管理工作外，还要讲授2～3门课程，在工作日，白天要坐班，我只好利用休息日和夜晚来备课、看书、搞科研，多年来一直如此。经过努力，我编著的《广播新闻写作》一书，于1989年在中国广播电视出版社出版，并先后重印7次，发行总量达四万三千册。到1998年调离华工新闻系时，我还先后撰写、发表学术论文40多篇，并于1997年晋升为教授。

毛泽东同志曾说：群众是真正的英雄，人民群众是历史的创造者。华工新闻系能够在力量比较单薄的情况下取得不俗的成绩并迅速发展，离不开全系教职工们的共同努力、团结拼搏，离不开教职工们的艰苦奋斗、勇创新业。那些年，尽管条件比较艰苦，经济和生活待遇不高，但大家工作热情高，对教学工作和系里分配的其他工作都能兢兢业业地完成，任劳任怨，不讲条件和代价。1962年毕业于中国人民大学新闻系的周泰颐老师，对工作精益求精，把报纸编辑学课程讲得深入、细致，深受学生欢迎。她年事较高，身体又有些疾病，但只要能坚持住，就坚持带病授课。戚海龙老师是1966年毕业于中国人民大学新闻系的老教师，虽然出生于老干部家庭，但他没有架子，不讲排场，乐于奉献。记得有一年系里安排他到北京出差，联系、落实学生的实习单位，由于一时难以买到火车坐票，他二话没说，便自带马扎，买了一张站票，连坐十多个小时赶到北京。1991年暑假期间，刘洁、黄磊、朱丽、张家鹏等几位硕士研究生要到湖南省进行新闻实习，为期一个月，需要一位教师带队。汪苏华老师主动报名前往，带领学生冒着酷暑到湖南常德、怀化农村地区采访。采访组边采访、边写作、边发稿，先后在中新社、《湖南日报》《长江开发报》等媒体发表了多篇新闻报道，受到当地干部群众的好评。黄匡宇老师来自江西大学新闻系，调入华工新闻系后主讲电视新闻学等课程，并兼任广播电视实验室主任。他在电视新闻理论和电视拍摄制作业务方面均有较深造诣，教学效果好，受到学生好评。授课之余，他还带领和指导学生外出拍摄电视新闻和专题片，虽然比较累，但他从无怨言。王益民、姚立军、李运抟、屠忠俊、胡道立、李幸、欧阳明等老师，还有王木林、幸智敏、刘燕南、陆晔、刘绩辉等青年教师，都兢兢业业地钻研教学与科研工作，不仅将课程讲授得深入浅出，受到学生欢迎，还撰写出一批专著和教材。屠忠俊老师承担了“七五”期间国家哲学社会科学重点科研课题“新闻事业与现代化建设”中的子课题“报业经营原理”的研究任务，并撰写出新中国成立以来我国第一部报业经营管理的学术专著《报业经营管理》(1992 年由新华出版社出版)。系办公室、资料室、实验室、学工组工作人员，如周贵谟、李长玉、钱锋、彭巧莲、欧阳华、童俊、蒋凤云、饶军等老师，也都在各自的岗位上尽心尽力地工作，有时还加班加点，十分忙碌。

俗话说:“火车跑得快，全靠车头带。”新闻系领导班子成员团结一致、同心协力并努力发挥带头作用，对新闻系的发展起到了至关重要的作用。系主任汪新源老师于 20 世纪 50 年代毕业于复旦大学新闻系，调入华工新闻系之前担任湖北日报社政文部主任，并于 1978 年前后被派往湖北省广播电视学校新闻大专班负责教学管理工作三年，他的新闻从业经验和教学管理经验都很丰富。调入华工新闻系工作后，他时时刻刻为系里的发展和建设呕心沥血，且有大局意识，博采众长，严于律己，因而德高望重。系副主任申凡老师毕业于中国社会科学院新闻系并获得硕士学位，他自 1983 年来华工新闻系执教后，将这里作为自己的安身立命之所，全身心地投入到教学与科研中。他思想活跃，善于思索，敢于大胆探索，能及时总结经验教训，并能精心管理，在开展教学改革过程中，发挥了重要作用。系副主任(后接任系主任)程世寿老师早年毕业于华中师范大学中文系，1985 年调入华工新闻系之前，担任原《襄樊日报》副总编辑。他工作责任心强，任劳任怨，且心胸开阔，善于调动大家的积极性。主管学生政治思想工作的系党总支副书记胡元斌同志毕业于华中工学院船舶工程系，于 1984 年从学校校刊编辑室副主任岗位上调来新闻系。他党性强，顾全大局，有工作能力，关心学生，学生工作搞得有声有色。当时，系党政领导班子成员团结一心，为着一个共同目标——把新闻系建设好——而共同奋斗。

这里应该重点谈谈吴廷俊老师。他于 1969 年毕业于武汉大学中文系，不仅学底深厚，而且能吃苦，善开拓。1995 年初，系里为了提高学术水平、扩大影响力，决定和新加坡南洋理工大学等单位一起，联合召开世界华文报刊与中华文化传播国际学术研讨会。会议拟定在从武汉到重庆的游轮上举行。为了开好这次会议，系里委派吴廷俊老师到宜昌、重庆等地打前站，联系和落实相关参观访问事宜。对一位专注于教学工作的大学教师来说，这个任务无疑有较大难度。但是，吴老师凭着一股闯劲，积极对外公关，将这件事办得很圆满，这使大家感受到他的开拓精神和高度的责任感。他任华中大新闻学院院长后，采取了一系列措施提高学术水平和影响力，使新闻学院在全国高校新闻传播学科中的地位明显提高。这些事实，再次证明了吴廷俊老师所具备的开拓精神和工作能力。

程道才，2016 年 9 月 23 日摄于湖北神农架林区神农谷

检验教学单位办学质量的最重要标准是教学质量，是培养的毕业生的质量。应该说，初创不久的华工新闻系，在这方面也是卓有成效的。本系从 1983 年起开始招收干部专修科学生，到 1988 年，共招生 5 届，培养学生近 500 人；从 1984 年开始招收本科生，到 1989 年，共培养学生 400 多人；后来又与社会学系联合招收新闻社会学在职硕士研究生，先后培养学生近 200 人。在多种因素作用下，绝大多数学生在校期间刻苦学习，勇于探索，积极参加新闻实习和社会实践，进步突出，收效明显，不少毕业生进入社会后很快崭露头角，成绩显著，并涌现出韦路、曹林、徐立军、王茂亮、张立功、方政军、石长顺等佼佼者。

往事越经年，思绪绵绵，不绝如缕。初创时期的华工新闻系，无疑满怀朝气，充满理想，敢于探索，颇有佳绩。这些业绩，虽然难以与今日的华中大新闻学院相提并论，然而毕竟是学院发展历程中的一段历史、一段难忘的记忆，这记忆弥足宝贵，值得珍藏。

尽管岁月如白驹过隙，但往事并未如烟。我自 1998 年调离华工，至今已满二十载，但当年的喻家山岁月时时历历在目，仿如昨日。这些难忘的岁月，似珍藏的美酒，吸引着我去回味当年的火热昼夜；似战斗的号角，催促着我奋然前行。每当我从新闻媒体上或微信中了解到华中大新闻学院取得的进步，或获悉华中大新闻学院校友喜获佳绩时，我的心情都格外激动，都会情不自禁地为之点赞。

啊，华工新闻系——华中大新闻学院！我曾经执教过的地方！

啊，喻家山！今生难忘的喻家山！

程道才　男，1945年8月生，湖北广水人；1969年7月毕业于中国人民大学政治经济学专业；教授职称。1972年1月—1984年7月在湖北人民广播电台从事记者、编辑工作，担任记者部记者组组长；1984年8月—1998年7月在华中工学院(现华中科技大学)新闻系执教，兼任系副主任、党总支书记等职；1998年8月—2009年8月在广州大学执教，兼任新闻系主任、新闻学院党委书记等职；2009年9月退休。曾主讲的课程有广播新闻、经济新闻写作、专业报道学、西方新闻写作等；撰写、出版新闻传播学专著和教材10部，发表新闻传播学论文60多篇。1998年荣获广东省新闻人才基金会、广东省记者协会授予的金钟奖。

难忘的记忆，深深的怀念

——刘春圃、汪新源琐忆

程道才

在华中科技大学新闻与信息传播学院的发展过程中，刘春圃、汪新源两位老师是奠基式的人物，他们立下了汗马功劳，值得人们铭记。

优秀党员干部刘春圃

刘春圃，老新闻工作者，1983—1985年任新闻系党总支书记

20世纪80年代初叶，我国的新闻传播教育机构寥寥无几（仅有中国人民大学、复旦大学、北京广播学院、暨南大学四所高校设有新闻学专业教学点），新闻人才奇缺。为了改变这种状况，1983年初，时任中宣部新闻局局长的钟沛璋，找到原华中工学院院长、老新闻工作者朱九思寻求支持，希望能够在华中工学院开办新闻学专业，利用华工文理科教学力量雄厚的优势，培养新型的新闻传播工作者。当时兼任湖北省委宣传部副部长的朱九思院长当即应承，决定在充分利用华工教学力量的基础上，再从湖北日报、湖北广播电视台和其他新闻媒体单位调入一些有教学经验的新闻工作者，共同组建新闻系，开办新闻传播教育，并决定在当年招生，并于9月开学。

学校将组建新闻系的任务交给了原华中工学院图书馆馆长刘春圃，并任命他为新闻系党总支书记。刘春圃当时50多岁，是一位参加工作多年的老同志，他的党性强，工作责任心强。在专业教师极为缺乏的情况下开办新闻学专业，并于当年9月开学，摆在他面前的任务无疑是极为艰巨的，但他没有退缩，而是知难而上。

办学首先必须解决专业教师奇缺的问题。刘春圃书记与学校人事处干部一起，分赴北京、武汉、长沙等地，广泛征集人才信息，找准拟调教师人选。当时，由于高校的福利待遇普遍低于新闻出版单位，不少人不愿意调往高校从教。针对这种情况，刘春圃书记便向他们介绍华中工学院的优势及发展前景，介绍新闻媒体急需人才的情况，激起他们的从教热情，并邀请他们来学校实地察看。在刘春圃书记的感召下，李白超、高志、姚立军、王益民、戚海龙等老师，相继来到新闻系报到。与此同时，新闻系还从中国社科院引进了申凡老师，从湖北日报和湖北省广播电视台调入了汪新源、程道才、汪苏华等老师，从华工外语系调入了龚文灏老师，从本校1983届、1984届本科毕业生中选拔了陆晔、刘燕南、幸智敏等老师，十多人的专业教师队伍便迅速组织起来了。

新教师调入后，配偶工作安排、住房和孩子上学等问题，便摆在了系党总支书记面前。为了解决这些问题，刘春圃书记和系办公室工作人员，一次次到学校人事处、总务处、附中和附小反映情况和要求，直到将问题解决好为止。刘春圃书记还经常深入到这些教师家中了解情况，嘘寒问暖，发现问题就及时帮助解决。

为了让这些新教师尽快站稳讲台，刘春圃书记还与学校图书馆取得联系，为他们借阅图书提供方便。他还与系行政部门一起，定期组织教学观摩活动，请外系教学效果好的教师介绍教学经验和体会。这样，经过一年多的努力，这些新教师都能独立讲授专业课程了。

在组建新闻系的过程中，刘春圃书记所做的贡献有目共睹。正是在他和其他同志的共同努力下，1985年新闻系的各项工作迅速步入正轨，并逐步迈入发展的快车道。可是正在这时，刘春圃书记却因病与世长辞了。这是新闻系的重大损失，也是华中工学院的重大损失。时间虽然已经逝去三十多年，但刘春圃书记的音容笑貌仍然经常浮现在我眼前。他身上散发出的可贵精神，一直影响和激励着我奋力前行。

亦师亦友汪新源

汪新源是1983年9月30日来到华中工学院新闻系报到并被任命为系主任的。那一天，正是新闻系正式开学的日子，也是第一批学生——1983级干部专修科学生正式报到的日子。从那一天开始，他就将学校当成自己的家，全身心地投入到新闻系的学科建设中，直到退休为止。

汪新源（胡道立拍摄）

汪新源是华中工学院新闻系第一任系主任。他于20世纪50年代毕业于复旦大学新闻系，在调入华工之前，一直在湖北日报社从事记者、编辑工作，担任湖北日报政文部副主任，并于1978年前后被派往湖北省广播电视学校新闻大专班负责教学管理工作三年，新闻从业经验和教学管理经验都很丰富。调入华工新闻系后，他时时刻刻为系里的发展和建设呕心沥血，且有大局意识，博采众长，严于律己，因而德高望重。

在新闻系的几位领导成员中，除刘春圃书记外，汪新源主任的年纪是最长的。在系领导班子成员中，他总是像老大哥一样，鼓励大家大胆工作、勇于改革，并说："你们大胆开展工作，不要有顾虑；如果遇到困难就告诉我，我会向学校领导反映。"他还很有度量，敢于承担责任。在他的领导与支持下，新闻系的教学改革搞得如火如荼，迅速在全国激起反响，其他工作也开展得井然有序。

汪新源主任对自身的教学、科研工作要求甚高，在主持系行政工作的同时，坚持讲授新闻心理学等课程。在教学中，他精心备课，旁征博引，将相关理论讲授得深入浅出，受到同学们的一致好评。他还挤出时间撰写学术论文和专著，并于1988年出版了专著《新闻心理学》一书，为全系教师树立了榜样。在他的带动下，新闻系教师迅速掀起钻研教学规律与方法、努力提高科研能力的热潮，并在几年内

朱九思院长于 1984 年为《改革信息报》题词，左一为新闻系主任汪新源

取得了一批教学、科研成果。

汪新源主任为人正直，对于搞特殊化、以权谋私等不正之风深恶痛绝。他时时刻刻严格要求自己，从来不搞特殊化，也从未要求特殊照顾。调入新闻系以后，他70 多岁的父亲也和他一起，从市内搬到学校居住，进城办事、看病不甚方便。有时父亲要进城看病，他总是自己想办法花钱找车接送，不用学校公车。

汪新源主任对同事充满热情，使人感受到革命大家庭的温暖。仅以我的感受来说吧！1985 年刘春圃书记去世之后，学校安排我接任新闻系党总支书记。在与汪新源主任共事的几年中，他在各方面都积极支持我的工作。有时，我考虑不周，在工作中出了纰漏，他也从不严加指责，而是心平气和地与我谈心，鼓励我吸取教训。在生活上，他也给予了我不少关心和帮助。1998 年 7 月中旬，我和汪苏华正式调离华工赴广州大学报到。临出发的前一天晚上，由于行李已托运，我们打算入住学校招待所。汪新源主任了解到这一情况后，主动邀请我们住到他家，并和夫人王慧敏老师一起，热情地招待了我们。他们的热情与盛情使我们深受感动，至今难忘。

几年前我回华中科技大学参加学术会议时，曾与汪新源主任小聚，见他身体硬朗，精神矍铄，思路清晰，谈锋甚健，我很为他高兴。没想到，去年他竟永远离开我们，驾鹤西去了。听到这一噩耗，我深感悲伤！他的离去，使我失去了一位好老师、

20 世纪 80 年代，汪新源主任在

新闻系文艺晚会上致辞

好兄长。汪主任，愿您在天国吉祥安宁！我将永远记住您的音容笑貌，牢记您的高风亮节，以您为榜样，走好人生路！

我亲历的 90 年代三件事

程世寿

1992 年，学校任命我为华中理工大学（今华中科技大学）新闻系主任，直到 1998 年，一直由我主持新闻系的行政管理工作。这是一段比较艰难的时期，也是一个孕育着希望和未来的时期。其间，我做了三件关系到新闻学科未来发展的事情。今天回想起来，还历历在目。

程世寿教授（左一）与汪新源主任（右一）的合影

一、关于华中理工大学第二届领导班子的成立

1992 年秋天，刘献君书记找我谈话，通知我学校已任命我为新闻系主任，新的领导班子是：系主任程世寿，系党总支书记程道才，系副主任申凡、屠忠俊。这对我来说，实在是太突然了。因为在这年 4 月，学校通知我，武汉市委宣传部请我出任中国长江开发报总编辑（兼），我已上任近半年了。现在又让我出任新闻系主任，我实在是力不从心。但刘献君书记说得很坚决，不容我考虑，我只能接受新的任命。

当时，新闻系在经过 20 世纪 80 年代中期快速发展之后，正处于发展低谷阶段。从宏观上看，当时全国新闻学专业正处于发展停滞阶段，1990 年全国新闻学专业停止招生。从微观上看，学校对文科不重视，新闻系办学规模缩小，只有 120 多名在校本科生；年轻教师，如刘燕南、辛智敏、王木林等 5 名硕士研究生毕业的老师先后离开新闻系，整个教师队伍人数下滑，只有 13 名老师，而这 13 名老师中尚没有一位有正高职称；没有硕士点，自学考试又被省自考办停止招生，创收无门，经济上极为困难。但是我们也看到前任领导给我们留下了极为良好的无形资产，这就是华中理工大学新闻系这个品牌，这是全国唯一一个理工科院校创办的新闻系。它在全国已有广泛影响，有自己的特色，即文理渗透，交叉见长。它同时留下了艰苦创业、开拓进取的精神，有一批有新闻实践经验和无私奉献的老教师队伍，有好的系风、学风、师风。这些都是我们进一步发展的有利条件。

在第一次系务会议上，我们冷静地分析了上述形势，确定了坚持特色、艰苦奋斗、开拓进取，尽快上一个新台阶的办系方针。那时的首要任务是稳定教师队伍。当时的状况，用王木林同志的话说，是闲得慌，穷得慌。闲得慌，就是没有活干；穷得慌，就是没有钱赚。为此，我们想办法找省自考办，恢复我系新闻自修班招生权；找社会学系，挂靠该系招新闻社会学在职研究生，同时扩大新闻学专业本科招生规模，每年招收新生 80 名。经过近两年的努力，我们终于达到了预期的目标：1995 年招收自修班学员 150 多名，新闻社会学在职研究生 50 多名。1996 年，我们自主招收新闻学专业在职研究生 20 多名，也就是在这一年，我们获得了在职研究生招生权；同年，我们获得新闻学专业硕士点。这与武汉大学相比已经晚了整整十年。

关于第二届领导班子，我们于 1993 年底做了必要调整，主要是屠忠俊老师不再担任系副主任，由吴廷俊老师接任系副主任。为什么要这样调整呢？因为我上任时曾给自己规定了任期目标：为新闻系搭台子（目标是创办学院）、建班子（目标是选一个好接班人）、开路子（目标是有一个好的办学思路与方向）。经过多方面考察，我认为吴廷俊是最合适的接班人。因为他有思想、有能力，做人光明磊落，做事开拓进取。而屠忠俊老师不计名利，乐于做学问。这么一调换，各得其所。吴廷俊老师上任后，主要分管研究生、学科建设，在我外出时，由他替我主事。这使他成为领导班子的核心成员。

二、1995年世界华文报刊学术研讨会

华中理工大学新闻系自1983年成立至1994年近十一年间，尚无一名教师走出国门。这种封闭状态必须要打破。正当我们为此思考时，1994年秋，新加坡南洋理工大学校长及其主要院系负责人访问我校，校方宴请对方时让我出席作陪，因为对方有新闻传播学院院长郭振羽教授。席间，我与郭教授交谈，谈到双方办学情况，也谈到我们两人的情况，发现我们都是属龙的(1940年生)。于是，我说:“既然我们都属龙，何不来一个双龙合作闹长江呢?”他说:“这个提议好，怎么合作?”我问:“我们两家能否联合举办一个国际学术研讨会?”他随即同意，并将研讨会定名为世界华文报刊学术研讨会。第一次会议由我们两家发起，在我校举行，时间大体定在1995年中。

郭教授回到新加坡后，很快给我们发函，决定了此事，并确定了他方的会议秘书长(联系人)。当时，我们对能否举办这个大型会议还有很多疑虑。一是钱如何解决，初步估算，如果在豪华旅游船上召开，得花费近百万，而我系当时财力非常有限;二是开会的名人由谁来请，能否请得到。为此，我们召开了几次系务会议，最后决定，这个会议对于我系今后的发展非常重要，是我们走出国门的大好时机，一定要开好。于是，我们决定由吴廷俊同志担任会议秘书长，负责全盘工作。为了使会议具有号召力，吴廷俊同志提议，邀请中国新闻史学会也作为会议发起单位，由方汉奇教授作为主要发起人向海内外著名学者发出邀请。这个提议很快得到郭振羽教授的赞同。此后，我们三家分别向海内外著名新闻学院和新闻单位发出邀请函，均得到了热烈回应。与此同时，我们分别找赞助单位筹集资金，重庆市政府、三峡总公司等单位给了会议大力支持，使资金问题得以解决。

1995年秋，首届世界华文报刊学术研讨会在华中理工大学成功举行，随后旅游船沿江而上，到荆州、三峡、白帝城、重庆。与会代表120多名，其中多数为海外、港台的学者和报人，世界著名华文报刊的负责人、学者李瞻先生等均到会，这次会议开得非常成功，会议达成一项意向，世界华文报刊学术研讨会将作为一种固定会议形式，每四年举办一次。这次会议，使我系与世界各地的华人学者取得了联系，也与世界各地华文报刊建立起了联系。欧洲时报社长梁源发、马来西亚中华日报

社长黄竞芳等，为我系走出国门，走向世界打开了大门。吴廷俊同志作为会议秘书长，日夜操劳，功不可没。

三、破茧而出——1998年新闻与信息传播学院成立

1994年初，学校将所有文科专业的系、所捆绑在一起，成立了华中理工大学文学院，名义上是加强对文科的管理，实际上是限制文科的发展。新闻系也理所当然地成为文学院的一个组成部分，系主任担任文学院副院长。我们清醒地看到，在这样的体制下，新闻系不可能有大的发展。尽管如此，从1994年到1998年的四年间，我们还是扎扎实实地抓学科建设和教师队伍建设，在科研、教学等方面均取得了不少成果。1996年，我们成功地获得了新闻学硕士点，教师总人数达到21位，2位教授，5位副教授。系里的财力也壮大了。这就是说，新闻系在所有文学院的系中已具备了独立发展的基本条件。1997年底，我们产生了脱离文学院成立新闻学院的想法，这在当时是没有先例的。我私下里和刘献君书记谈了这个想法，他说，只要你们认为条件成熟就可以办。有了这个承诺，我就放心了。但在操作上我们还是保密的，以免造成连锁反应。

1998年3月初，我、吴廷俊、汪佩伟(当时任学校科研处分管文科的副处长)三人到清江公司高坝洲招待所秘密协商成立新闻学院的事，初步议定将学校的电教中心拉过来，共同组建新闻传播学院。之所以接收电教中心，一是考虑到单独由新闻系组建学院，规模太小；二是考虑到电教中心有新闻资源。回武汉后，我们正式向学校提交了成立新闻传播学院的事，得到了学校的肯定，周济校长还特地在“新闻”之后加了“信息”二字，使之成为“新闻与信息传播学院”，指派当时的电子信息系主任朱光喜同志兼新闻与信息传播学院副院长。

在确定学院领导班子时，刘献君书记征求我的意见说：“你与吴廷俊肯定一人任院长，一人任书记，你看如何？”我说：“由吴廷俊任院长，我任书记。”他问：“为什么这么安排？”我说：“其一，从这么多年来看，吴廷俊完全有能力任此职，而且会比我干得好；其二，他比我年轻，而我已经接近退休年龄，让他任院长为好；其三，由我当书记可以为他保驾护航一段时间，院里不会出什么问题。”班子主要负责人就这么定下来了，第一任学院领导班子是：院长吴廷俊，副院长申凡、朱光喜、张俊，党支

部书记程世寿、副书记陈业美。

1998年4月，华中理工大学新闻与信息传播学院正式挂牌。

新闻学院的成立是新闻系发展的一个重要里程碑，它意味着华中理工大学新闻系在经过八年的停滞期之后，在办学规模上有了新的突破；与电子信息系的结盟，标志着它在学科发展上将与理工科交叉与融和，也标志着在办学思路上有新的突破，即真正发挥理工科的优势，在整体上与深层次上形成理工文管交叉发展。如果我们真正按照这个思路办下去，那么，我院将成为全国所有新闻院系中最有特色、最有活力的新闻院系。

程世寿　1940年出生，1960年毕业于华中师范大学中文系。大学毕业后从事新闻实务工作二十年，先后任《襄阳日报》副总编辑、《长江开发报》总编辑。

1985年在原华中理工大学新闻系执教，先后任华中理工大学新闻系主任、华中理工大学文学院副院长、教育部新闻学专业教学指导委员会委员、国家自学考试专业委员会委员、中国新闻教育学会理事、湖北省写作学会副会长、湖北省科技传播学会副会长。

从一碗莲藕排骨汤开始的喻园生活

邓秀军

筵席开始，张昆院长把一锅莲藕排骨汤转到自己面前，逐个给前来应聘试讲的博士生们的汤碗里盛上汤，他说："这是湖北的特色菜式，我给你们盛汤，一是感谢你们能来我们学院应聘试讲，这是对我们学院的认可；二是希望你们进校工作后，能够努力上进，咱们好常常一起喝莲藕排骨汤。"那是 2009 年 3 月 5 日中午，一上午的应聘试讲结束，学院为试讲的应届博士毕业生们安排了这顿简单而又隆重的午餐。

第一次喝到排骨莲藕汤，发现汤里既有排骨的醇厚，又有莲藕的清甜，不同的食材演绎自己的角色，色香交融，真是一碗好喝又营养的高汤。捧着院长盛的这碗莲藕排骨汤，我感受到了学院求才的热情和爱才的真情，也隐隐品味到了学院包容协作的团队氛围。虽然收到了几个不同"985 高校"新闻院系的加盟邀请，但我决定加入华中科技大学新闻与信息传播学院（以下简称新闻学院），加入这个团结奋进的大家庭。事实证明，我的选择是正确和明智的。

在学校理工学科为主的大环境下，华中科技大学新闻学院的团结，在国内新闻传播教育圈是众所周知的。来华中大学新闻学院工作之前，对学院的团结氛围就有所耳闻，这也是博士毕业选择来华中大新闻学院工作的主要原因，来华中大工作之后更是深有体会。2010 年秋季学期，院系决定让我担任学生参加计算机设计大赛的指导老师。接到这个任务，我既茫然又紧张。我以前接触过纪录片大赛、微电影大赛，但从来没有接触过计算机设计大赛。计算机设计大赛，对我这样做节目、写文章的新闻专业老师来说，可真是“赶鸭子上架”。

秉承电视行业“召之即来、来之能战”的准则，我接到任务就开始着手准备。首先是找到之前该类比赛的获奖作品仔细观摩，然后是向以前指导学生获过奖的老师取经求教，之后就是呼吁学生组队参赛。经过几个月的紧张拍摄和制作，不同类型的参赛作品终于新鲜出炉了，这时候问题也就来了——到底水平和效果如何？我决定把参赛的作品集中起来，组织一个评审会，请系里的老师来品鉴和指导。系里的每个接到我电话的老师后都来到了评审会现场，逐个给参赛作品提出了修改建议，经过几轮评审和筛选，最后确定由两组作品代表学校参加 2011 年的大学生计算机设计大赛。

2011 年暑假，计算机设计大赛在西安举办。由于比赛时正是学生专业实习期间，作为指导老师兼学校领队，我提前赶到西安，安排好食宿和通勤后，逐个迎接从全国各地实习单位赶来参赛的组员。两组参赛作品的组员都到齐之后，就立刻组织了模拟比赛答辩，字斟句酌地抠答辩陈述词，分秒必争地卡答辩阐述的时长，甚至每一个答辩时的动作和每一次口头叙述与作品展示的切换节奏，都争取做到准确流畅。两组参赛作品分别参加的是数字媒体设计专业组和非专业组的比赛，两类比赛分别在西北大学和陕西师范大学举行，在带领学生参加完西北大学的非专业组比赛之后，我马上打车赶到陕西师范大学，让参赛组员在进场参赛前再一次演练了答辩流程，纠正了一些细节问题后，鼓励他（她）们自信地走进赛场参加比赛。

比赛结果在大赛闭幕式上逐个揭晓，这次参赛的两组作品，数字媒体设计非专业组作品《票》意料之中地获得了非专业组的全国最高奖——一等奖；让人始料未及的是，数字媒体设计专业组作品《低糖王国》也获得了一等奖，这是新闻学院学生自参加计算机设计大赛专业组比赛以来获得的第一个全国一等奖。这次也是计算机设计大赛创办以来第一次同一个学校、同一个指导老师一次性获得两个全国一等奖。受到这次参赛获奖的鼓励和激励，新闻学院各专业学生积极参与计算机设计大赛，之后又获得了多个全国一等奖、20 多个全国二等奖和若干全国三等奖。

不只是教学和人才培养方面的工作，我来学院后的科研工作也得到了学院和学校同事们的大力支持。刚来学院工作的头一两年，科研方面还有些困难和困惑。我以前从事的是电视实务，即使在中国传媒大学（原北京广播学院）读硕士和博士，学习也是以业务水平的提升为主。进校工作之后我发现电视业务方面的研究探讨很难发表学院认可的高水平期刊论文，更难获得高级别科研项目的资助。面对这些科研方面的困境，我自己着急，院系的前辈老师们也为我出谋划策。石老师见面就提醒我“课要上好，论文也要写好”，何老师则时时鼓励我“想到就写下来，写了就投出去”。

经过一年多的学习和摸索，我发现研究领域的拓展和研究路径的转型是取得突破的关键，于是我开始由传统广播电视方向的研究转向视听新媒体研究。2011年上半年，国家社科基金项目的评审结果出来，我虽然没有获批立项，但学院老师带给我一个振奋人心的消息——我的申请书上会了。这个消息说明，我转型的方向是正确的，能够通过匿名评审走到国家社科基金的会议评审桌面上，说明了我的研究选题的价值，也说明我的研究方法具有较大的可操作性。真正让我转型成功并走上学术研究的康庄大道的是一次意料之外的跨学科合作。2011 年初，我接到一个 QQ 加好友申请，对方是学校计算中心的青年教师，在申报一个社交网络大数据分析有关的交叉研究项目，需要一个新闻学院的老师参与其中一个子课题，由于以前打篮球时与我有过一面之缘，所以通过校教工篮球队的 QQ 群找到了我的

QQ号。

加了这位老师的QQ之后，对是否参与他的子课题我有过犹豫。以往的课题申报中，所谓的学科交叉就是找个不同学科的老师挂个名，署上相关成果证明课题参与者有一定的前期研究基础。但这次不同，这个老师的交叉课题不再只是发个简介，还要承担子课题研究方案的写作，而且还必须承诺后期研究工作的开展和相关研究成果的发表。经过慎重考虑，我决定参与该交叉研究项目。在完成和提交了子课题研究方案后，又请这位老师把整个课题的研究方案发给我学习，好为之后的合作研究打好知识基础。

这是一个与微博大数据分析有关的学科交叉研究课题，通过课题研究过程中的交流和学习，我了解和学习到了分词聚类、情感分析、关键节点识别和用户行为跟踪与预测等社交网络大数据分析的研究方法及其操作原理，便尝试着用社会计算方法去分析和解释微博舆情的机制和规律。2012年初，我的一个"硬"课题"基于社会计算的微博舆论生成模式与引导机制"获得教育部人文社科基金资助立项；2013年，我的第一篇"硬"文章《主体关系视域下微博反腐舆论生成中的用户行为模式研究——基于对新浪微博"表哥"事件的社会计算分析》在《新闻与传播研究》上发表；2014年5月，我的国家社科基金项目"基于用户行为大数据分析的微博反腐机制研究"通过会议评审获准立项；2018年初，我的第一篇SSCI论文"Trust, norms and networks in social media environmental mobilization: a social capital analysis of Under the Dome in China"被传播学国际顶级英文期刊《亚洲传播学刊》(Asian Journal of Communication)接收，这些持续性的阶段性突破证明，我的研究转型是正确和卓有成效的。

除了《亚洲传播学刊》的这篇论文，2018年以来，我已经有了3篇英文论文被SSCI期刊接收，能够实现发表英文高水平学术论文的这一突破，不得不归因于2014年5月的那个艰难的决定。2014年5月的某一天，我因发烧引发急性阑尾炎(前一天担任了校十大歌手决赛的评委，比赛结束回家时下暴雨，没带雨伞淋了雨)，需要住院手术所以去学院请假。在请假后出学院大门时碰到当时的副院长钟瑛教授，她告诉我我的国家社科基金项目通过了会评立项。当时虽然阑尾疼得我汗如雨下，内心却是狂喜不已，真可谓是"痛并快乐着"啊！手术第二天，学院詹健书记一行来看望我。看手术较为成功，詹书记就问了我一个非常重要的问题："是否愿意出国访学？是否愿意参加6月末在四川大学举办的出国留学英语培训?”刚从麻药中苏醒过来的我，在阵阵袭来的疼痛中想到：如果决定参加川大的英语培训，就意味着一个多月后，不管伤口恢复情况如何，我都得扛着行李箱长途跋涉去成都，早起晚归地学习近两个月的英语课程。虽然有些害怕，有些犹豫，念及机会难得，我还是毅然决然地选择了参加那年的出国留学英语培训，把握住了那个难得的机会。经过学习，我通过了教育部出国留学的英语水平考核，也成功申报了教育部青年骨干教师出国访学项目。在国家留学基金委的资助下，我于2017年2月至2018年2月在美国阿拉巴马大学访学，在国际化的环境中提升了自己的教学、科研能力。

能够取得这样的成绩或突破，既是我自己人生际遇、机缘巧合等偶然性因素的影响，也是学院乃至学校团队协作大环境影响下的必然结果。华中科技大学是一个工科见长的综合性大学，教学是生存的基础，科研则是发展的动力，学校对教师的科研能力要求非常高。为了适应学校的生存规则，我尝试从业务实践为主转向理论和实践相结合。在这个过程中，学院为我们新进教师科研活动的开展提供了良好的环境，院系的同事也给予了各方面的指导和帮助。一方面，学院让学校下拨的自主创新科研经费向青年教师倾斜，让年轻教师们的科研工作没有了后顾之忧；另一方面，申报课题的时候，学院组织资深教授组成的评审委员会，为青年教师的选题申报出谋划策。在学院的鼎力扶持下，在同事们的无私帮助下，我的科研工作才能尽快地顺利上道，我才能真正转型成一个教学与科研并重的华中大新闻学院教师。

在应聘试讲的时候，院长给我们盛的那碗莲藕排骨汤，打动和说服了我来学院工作，使我成为华中科技大学新闻学院的一分子。工作之后，我发现学院就是一锅醇香四溢的莲藕排骨汤，团结、协作，老师们各司其职、各尽其才。工作九年以后，我发现自己也被“熬制”成了一碗有内容、有特色的莲藕排骨汤，能做到教学与科研并举，人文和理工共通，本土和国际接轨。从此，我的工作经历和学术血缘上会重重地烙下一个印记——华中大制造。

邓秀军 教授，博士生导师。毕业于中国传媒大学电视学院，曾在中央电视台等主流电视媒体从事过摄像、编导、策划和出镜记者等工作。主讲《电视画面与摄像》《电视编辑与制作》《新媒体视听节目制作》《纪录片叙事》《视听新媒体研究前沿》等课程。申报立项国家社科基金等多项研究课题，出版了《新媒体纪实影像叙事》等著作5部，在《亚洲传播学刊》等本专业重要学术期刊上发表论文十多篇，指导学生参加各类创作大赛获得了众多大奖。

新闻学院院徽设计历程

甘世勇

每当回望人生所走过的道路时，我总是感慨时间飞逝如梭，昨日之事犹如眼前刚刚发生，一切都历历在目。

我 2004 年毕业于湖北美术学院，之后进入华中科技大学新闻与信息传播学院（以下简称新闻学院）广告系工作，主要讲授视觉设计与传播等课程。这些年来我不仅见证了新闻学院的成长与发展，而且也切身感受到个人的发展与新闻学院紧密融合在了一起，其中的一个融合点就是学院院徽的设计与应用。

2013 年是华中科技大学新闻传播教育三十周年，学院很重视，决定在当年的 10 月份举办一次隆重的庆典活动，为此学院也提前进行了规划与布置，院训、院徽、院歌成为庆典活动、传播学院文化的重要符号。在此，我将院徽整个设计历程分为设计准备、创意发散、设计整合、完善修改和视觉应用五个阶段进行描述，设计过程历时近一年。

一、设计准备阶段

记得在 2012 年 11 月的一天，时任院长的张昆教授专门找到我，将院徽设计的任务交给了我。为此我也与张院长进行了深入沟通，主要涉及设计风格、内涵定位、时间进度等问题。张院长也就标志风格进行了描述，我认真地进行了记录。无独有偶，当时我正在给广告1001班教“广告表现与制作”这门课，为了集思广益，我就想着将院徽设计作为实践案例引入课堂，让同学们参与到标志图形的创造过程中，这样既将实践案例整合到了课堂教学中，又激发了学生对学院情感的表达。现在回头来看院徽设计的过程，我深切地感受到了学生对学院深厚而强烈的感情。

二、创意发散阶段

在这样的思路指导下，院徽设计工作就有条不紊地进行了下去。我认为，这次设计任务是神圣和庄严的，院徽是学院办学精神和理念的符号象征，对内凝聚学院师生情感，对外传播学院品牌形象，必须经得起时间的考验。为慎重起见，我特意安排张院长到课堂上与同学们进行面对面的沟通，请他就院徽的内涵、风格进行了阐释和定位，毕竟作为学院的掌舵者，对学院的理解和展望，他是最有发言权的。明确目标后，我就在课堂上进行了设计引导。这一阶段的内容是根据学院内涵进行图形发散联想，即将抽象的文字符号转化为具象的形象符号。具体来讲，就是找到与抽象内涵有关联属性的具象视觉形象。设计中的这个环节是很关键的，也是很艰苦的，能体现标志内涵的视觉形象是在思维发散的过程中产生的，要在千百个联想形象中选出最能体现价值内涵的视觉元素进行组合，形成新的意义载体。整个12月，广告1001班的全体同学以满腔的热情和活跃的思维，就院徽的内涵进行了富有成效的设计实践，在不断地创意发散与碰撞中寻找心目中的院徽象征物，最后提炼出了多种关键视觉元素，如钟、门、灯塔、电波、剑、笔、喇叭等与新闻传播有关联的形象，为下一步的设计组合奠定了成功的基础。

三、设计整合阶段

完成核心元素的发散联想后，院徽设计进入第三阶段，即视觉元素设计与整合阶段，时间为2013年的元月中旬。完整的院徽形象由院名（中英文）、院训、创始日、象征图形组成，将这些元素组合在一起，需要按照一定的图形语言结构进行整合，设计原则是既要有美感又要体现视觉经济性。虽然大多数同学以前没有设计的经验，但这次他们都进行了积极、大胆的尝试，每位同学都认真准备了多套方案，在课堂上展示，并进行了两次班级投票选举，最后挑选出了10套最优方案进行修改，并报送学院审议，如图1所示。

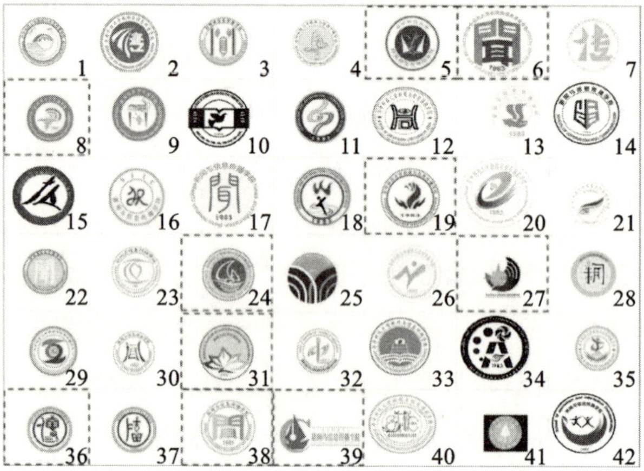

图1　院徽设计投票方案(广告1001班)

经过院务会议讨论，最后选定了14号方案为院徽原型，并进行优化与修改，如图2所示。

【设计阐释】

外形图案：院徽主图案是钢笔的轮廓，象征着新闻与信息传播学院的传媒专业特色。

内部字母：中间J、C、A、B四个英文字母象征着学院新闻Journalism、传播Communications、广告Advertising、广电Broadcasting and Hosting、播主Broadcasting and Hosting五个专业。

整体色彩：蓝色象征着新闻学院兼容并包的办学理念和沉稳的行事作风。

图2　院徽设计原型方案(甘世勇　喻一扬)

四、完善修改阶段

院徽设计原型方案特征明确、图形简洁，核心元素与学院内涵与定位基本吻合，但在信息传播功能与视觉美感上尚不够完善，还需进一步提炼和加工。在此基础上，根据学院的修改意见，我对原型图形进行了设计调整和视觉规范，具体反映在核心图形的比例均衡调整、标志色彩规范、标志元素组合规范等方面。前后断断续续调整了两个多月，并尝试将修改后的标志小范围应用到院庆的视觉内容设计中。

不知不觉时间已经到了 2013 年暑期，其间我参与了学院安排的一次业界调研活动。在去往襄阳的路上，我将修改好的院徽和应用方案带给张院长过目，我们在车上对设计稿进行了优化讨论，张院长建议我用书法家邵华泽先生专门给学院题写的院训的书法形象代替电脑中的印刷体，对此我也表示赞同。在这次调研中，我第一次见到学院新任党委书记詹健同志，詹书记也对方案进行了评价，并提出了一个重要的修改意见，至今令我记忆犹新，即学院的英文缩写不应该用“J”“C”“A”“B”，而要用与国际接轨的学院名称的英文缩写字母“J”“C”“I”“S”，这个修改意见合理且规范。调研结束回校后，我立即对院徽进行了新的修改和调整，调整后的院徽显得更加精致和规范。至此，院徽的主体形态和格局基本确定，学院也有了自己的徽标，开始建立在学界与业界的品牌视觉形象，如图 3 和图 4 所示。

图 3　院徽修改稿

图 4　院徽定稿

五、视觉应用阶段

2013 年 9 月是院庆准备活动的冲刺阶段。此时院徽、院训、院歌都已确定，在开学季也第一次进行了正式的传播应用，取得了振奋人心的效果。院庆活动的物料设计与制作也在紧张进行着，之所以要提到物料设计，主要是因为在设计学院画册的过程中，又一次对院徽设计进行了补充与完善，最大的收获就是对院徽、院训进行了专业而规范的释义。虽然在原型设计阶段对图形意义进行了阐释，但是显得底蕴不足，学院也认识到这个缺陷，于是专门邀请舒咏平教授撰写了院徽和院训的释义。舒老师书写的释义精辟而深刻，使院徽品牌形象更加深刻和完美，也为院徽的设计划上了完美的句号，如图 5 和图 6 所示。

华中科技大学新闻与信息传播学院
JOURNALISM AND INFORMATION COMMUNICATION SCHOOL OF HUST
1983
秉中持正 求新博闻

院徽释义：

徽标整体外圆而内锐，意指所思所见求新而见锋芒，传播表达圆润而有艺术。

中心构图，既有古篆书之神韵，又似古希腊之盾形；显示学贯中西的知识集成。而阴文之J、C，阳文之I、S分别代表Journalism、Communication、Information、School，更指学院学风的辨证求是。而盾形又似笔尖，意指以笔为利器，针砭时弊、传播美好，捍卫社会公平与正义。

笔尖所指，正引导出华中科技大学新闻与信息传播学院起步于1983年，以“秉中持正，求学博闻”为院训，正继往开来、锐意向前。

图 5　院徽释义

秉中持正
求新博闻

院训释义：

中者，中央、公允；正者，端正、正义。所谓中正则公、中正则雅；中正公方，则在朝在野，人皆敬重。“秉中持正”，即为人为学，当不偏不倚、秉持公允、坚守正义。意指华中科大新闻传播学人将肩担道义、守望真理，公允见证历史，忠直传播美好；立一身正气、扬一席正言、求无悔正果。

汤之《盘铭》曰：“苟日新，日日新，又日新。”《诗》曰：“周虽旧邦，其命惟新。”人生与江山，皆日有变更、岁有延替，惟革故鼎新、新益求新。博闻者，则为广阅切听、体察审问；即博览而后明辨，求实而达求是。“求新博闻”，意谓求新而需博闻，博闻方可求新。于新闻传播学人，惟求新方闻达天下，惟博闻方脚踏实地；惟博闻方集成智慧，惟求新而引领社会。

图 6　院训释义

六、结语

时间眨眼就到了2018年，学院也迎来了三十五周年的生日。这五年间，学院的面貌发生了翻天覆地的变化。学科排名的创纪录提升，学院大楼的成功改造，给曾经为之奋斗过的老师与学生们带来许多慰藉。值此金秋时节，回望五年前的院徽设计，让我感到还是那么的亲切和记忆犹新，感谢学院前辈们，感谢张院长、詹书记和舒老师，感谢广告1001班的全体同学，是新闻学院大家庭的集体智慧创建了学院的新时代形象，我会一路精心呵护并陪伴它继续前行。

甘世勇　湖北蕲春人，华中科技大学新闻与信息传播学院广告系教师，研究方向为广告与品牌传播、视觉设计与传播。1996年获得湖北美术学院文学学士学位，2004年获得湖北美术学院硕士学位（视觉传达设计），同年进入华中科技大学新闻与信息传播学院广告系工作。自工作以来，主持省级教学改革项目和高校自主创新基金项目各一项，参与一项国家哲学社会科学基金重点项目，编写、出版教材多部，多次获得学校教学质量优秀奖。

在教学相长中收获“劳动奖章”

龚　超

2017 年 9 月，在学校庆祝教师节表彰大会上，校长丁烈云院士为我颁发了“湖北五一劳动奖章”。丁校长对我说：“龚老师好年轻啊！”

诚如丁校长所言，我是一名刚刚起步的青年教师，今年三十五岁。

三十五年前，华中大新闻传播教育开始起步。

三十五年前，一个小生命呱呱坠地。

三十五年后，华中大新闻传播学科排名全国前三。

三十五年后，那个小生命已步入壮年，端坐在华中大新闻学院焕然一新的办公楼里，写下这篇文字，感叹历史发展与生命脚步的妙不可言。

2017 年的表彰会上，我作为教师代表发言，向大家介绍，在学院领导、老师们的关怀与支持下，我和播音与主持艺术专业的同学一起走过的难忘岁月，幻灯片上的一张张照片把曾经的过往带到眼前，一切仿如昨日。

2011 年 1 月，我从体院调入华中大新闻学院大家庭，成为广电系播音主持艺术专业的第一位专业教师。

那时的我，内心是忐忑的。一方面，我刚从中国传媒大学硕士毕业，只有一年多的教学经验，担心会辜负了领导、老师们的信任；另一方面，同学们都是冲着新闻学院的金字招牌从四面八方、经过层层选拔考进来的，我深恐会有负于家长、同学们的期待。

2011 年 9 月，学院迎来了首届播音与主持艺术专业的十七名同学，虽然人数不多，但大家团结、友爱，一起开展了不少的专业活动，参加了许多的专业竞赛，在校园内外产生了积极的社会反响。

记得第一学年“播音创作基础”专业课结束时，我们邀请了湖北省委宣传部、湖北省教育厅、湖北广播电视台、武汉广播电视台、武汉大学等单位的三十余位领导、专家现场观摩首届播音与主持艺术专业朗诵会，时任院长张昆、党总支书记陈钢、副院长何志武、院长助理郭小平、党政办主任王维真，以及广电系全体老师亲临现场，为同学们加油鼓劲。尽管东四食堂楼上没有空调、闷热难耐，尽管同学们的表现还很稚嫩，但我们发出了播音与主持艺术专业在华中科技大学里的第一声。

从那以后，全国大学生文艺展演、中国国际动漫节声优大赛、全国延安精神进校园座谈会专场演出、湖北省长江读书节、湖北省大学生艺术节、湖北省长江艺术节、湖北省图书馆朗诵会、武汉地铁达人选拔、华中科技大学致敬优秀传统文化专场晚会、华中科技大学生戏剧专场演出、院庆三十周年专场晚会、学院毕业晚会、学院迎新晚会等竞赛或演出活动的现场，都活跃着播音与主持艺术专业同学的身影。

为了拓展同学们的视野，了解业界现状，我们前往位于汉口解放大道的湖北广播电视台广播大楼，与金话筒奖得主、播音指导何广林，湖北之声《湖北新闻》主播周恬等业界大咖面对面交流；为了开展特色团支部活动，了解业界动态，我们来到湖北广播电视台2000平方米的高清全媒体新闻演播室实地参观、教学；为了提高同学们的艺术修养，拓宽大家的知识面，我们到湖北剧院、武汉音乐学院、中国地质大学（武汉）博物馆、珞珈剧院看话剧、听音乐会、参观、学习……我们坚信，只要不断积累，就会慢慢有所成就。

《后汉书》有云：“以身教者从，以言教者讼。”2016年9月，在全省教育工会系统“三比三创”活动总结交流大会上发言时，我引用了这句话。

让学生多实践，老师得先实践；让学生多参赛，老师也要参赛。学生如一缸水，要经常搅动它，它才能成为活水焕发生机，反之就会成为一缸死水而日渐发臭。

2013年，学校把参加第五届湖北省高校普通话大赛的光荣任务交给了我们。此项赛事是由湖北省语言文字工作委员会、湖北省教育厅主办的四年一届的专业赛事，堪称语言文字领域的“奥林匹克”。

最终，播音2017级学生唐漪淇获得学生组二等奖，我获得教师组一等奖，学校获评优秀组织奖。我们创造了学校参加这项比赛的历史最好成绩。

经我推荐，唐漪淇到中央人民广播电视台进行专业实习，获评优秀实习生，毕业时保送至中国传媒大学播音主持艺术学院，攻读硕士学位。

师生同台，为了学校的荣誉，也为了专业的理想，现在回想起来，真是一段难忘的经历。

2013年，我代表学院参加学校青年教师教学竞赛获得一等奖。

2014年，我代表学校参加湖北省第四届高校青年教师教学竞赛获得文史组第二名，被湖北省教育厅、湖北省教育工会授予“湖北青年教学能手”荣誉称号。

虽说是第二名，但依旧很遗憾，因为只有第一名是一等奖，只有第一名有机会被授予湖北五一劳动奖章。

是放弃，还是坚持？

两年一届的全省青教赛是全省青年教师的大比武、大练兵，每年都会吸引几十万名教师参加，从学院比赛到学校比赛，从区赛到市赛，层层选拔，最终参加省赛的名额极少，就连华中大这样教师基数大的学校，也只能选派一人参加文史组的角逐。

“我们学校人才济济，不大可能再次派你去。”

是啊，但万一有机会呢？

参赛是手段不是目的，提高教学水平、提升教学质量才是参赛的初衷。于是，我开始了自己的教学提升计划——多讲课。

为了多上讲台，我开设了“朗诵艺术”公选课；为了多讲课，我几乎接受了所有的讲座邀请；为了研究课，我在学校教师教学发展中心的指导下，在主校区和同济校区讲授示范课，时任常务副校长段献忠到我的课堂亲临指导。

2016年，赛期临近了，学校面向全校教师公开选拔参赛选手，我报名参加，十分幸运地再次获得了代表学校参赛的机会。

为了更好地备赛，学校为我们配备了“黄金教练团”，指导专家中有长江学者、教学名师、教务处领导、分管教学的副院长……选手们按照比赛规则模拟演练，专家们根据选手表现现场提出意见。专家们针针见血、毫不留情，有的选手流泪了，有的选手有了退赛的念头……而我，就是为此而来的。这么多顶级专家为自己贴身指导，这是多么难得的机会啊！我相信，很多在学校工作了一辈子的老师，都不见得有这样的机会！尤其是在工作以后，面对面听到批评的声音更是难得！

记得一位理工科学院分管教学的副院长在听完我的课后，提出了这样的问题：“龚老师，请问你讲课的逻辑在哪里？”

讲课的逻辑？播音与主持是艺术专业，从来强调是感受力、表现力、形象思维，哪有什么逻辑？

然而，这位院长说得对！讲课是知识和技能的传授，不是表演，不是聊天，是程式化、类型化特征明显的科技语体，必须体现出课堂组织的科学性与逻辑性。

于是，在保留语言表达优势的基础上，我加强了课程设置的逻辑框架，丰富了课程内容的理论支撑，总体上提升了课程层级。

我曾打趣地说：“之所以能够获奖，是因为在华中科技大学教播音。”其实，这是一句心里话、实在话。

教学竞赛比什么？规则全面、系统且复杂，简单地说，就是上好一门课。

首先提交二十个节点的课程教学设计，涵盖几乎所有章节；其次，从二十个节点中抽取一个节点，三小时现场准备 PPT 和教学设计，没有网络，只能带一本没有做记号的教材和参考书；最后，讲课二十分钟，之后回答评委的提问。

就在我信心满满，自以为有备而来的时候，我“幸运地”抽到了第一个出场。数天的比赛，第一个出场，意味着想拿第一几乎是天方夜谭。第一个出场的选手，评委往往不敢给高分，万一后面有更好的，岂不被动?!

比赛前一天，在华师桂苑宾馆，我辗转反侧，一夜未眠。然而第二天一大早，我就要抽取参赛节点，就要准备 PPT 和教学设计，下午就要第一个讲课、回答评委的提问了……

坐在教学设计的赛场上，头天晚上跑掉的瞌睡找上门来，让我昏昏欲睡。我想到了正在进行中的奥运会，想到了女排精神，想到了洪荒之力……

最终，我以十分微弱的优势，获得了第一名。

再大的关卡，只要度过了，回忆的时候都是淡淡的，然而其中的酸甜苦辣只有自己知道。再次参赛，众望在身，生怕有负于学校、学院领导的期望。

2018 年 8 月，学校颁发聘书，聘请我担任新进教师岗前培训暨师德师风教育活动授课专家。在与新进老师分享教学经验的时候，我深情回顾了这段刻骨铭心的备赛经历。

荣誉代表着成绩，但成绩永远属于过去。

在我们学院，有很多孜孜以求、不断攀登的老师，为后学心中点亮前行的灯塔。

吴廷俊教授、石长顺教授、赵振宇教授自我本科阶段起就是我十分敬重的师长，学术讲座、竞赛评点、专著论文，教授们的为人与学养在年轻学子的心中埋下了希望的种子，或醍醐灌顶，或春风化雨，后学的每一次尝试都是在追随前行者留在路途上或深或浅的脚印。

敬一丹曾说，她是被白岩松、崔永元这样的优秀主持人"裹挟"着前进的。而我，则是被优秀集体中的每一位成员引领着往前的。

今天是 2018 年教师节，我刚刚参加完播音 2017 级同学新学年的第一次班会。看着他们坐在现代化的多功能教室里，畅谈理想与信念，不禁心生感慨：眼前的他们，不就是我们为之努力的全部意义吗？

华中大新闻传播教育创办二十周年的时候，我跟随老师到会场采访。

华中大新闻传播教育创办三十周年的时候，我带着同学们办专场演出。

华中大新闻传播教育创办三十五周年的时候，我写下了这篇文字。

期待着，下一次。

龚超　语言学博士，新闻学院广电系讲师、硕士研究生导师，华中科技大学新闻评论研究中心特聘研究员、中央人民广播电台特约研究员、湖北广播电视台特约评论员、中共武汉市洪山区委宣传部挂职副部长。

"湖北五一劳动奖章"获得者，"湖北省向上向善好青年"（爱岗敬业）获得者，两次获评"湖北青年教学能手"荣誉称号，华中科技大学"三育人奖"获得者，华中科技大学"十佳青年教工"，华中科技大学新闻与信息传播学院"青年教师优秀奖”获得者。

曾获全国第五届大学生艺术展演活动优秀指导教师奖，中国国际动漫声优大赛优秀指导教师奖、湖北省第六届大学生艺术节文艺展演优秀教师奖、湖北省第五届高校青年教师教学竞赛文史组一等奖第一名、第五届湖北省高校普通话大赛教师组一等奖、湖北省高校艺术教育科研论文一等奖、华中科技大学青年教师教学竞赛一等奖、华中科技大学暑期“三下乡”社会实践活动优秀指导教师奖、华中科技大学本科生生产（专业）实习优秀指导教师奖等。

附新闻稿

首届华中大播音与主持艺术专业朗诵交流会举行

（华中科技大学新闻网，2012 年 7 月 3 日刊发）

新闻网讯（通讯员刘紫莹 梁萌 蔡烜）6 月 29 日晚 7 时，我校新闻学院首届播音与主持艺术专业“播音创作基础”课程考核暨第一学年朗诵交流会在东四食堂大学生俱乐部举行，湖北省播音主持名家名师济济一堂，检阅同学们一年来的专业学习成果并给予了充分肯定。

朗诵会开始前，新闻学院院长张昆致欢迎辞。他简要介绍了朗诵会举办的缘起，感谢嘉宾们冒着酷暑从武汉三镇汇聚华中大，不辞辛劳地关心和支持我校播音与主持艺术专业学科的建设与发展。

朗诵作品《青衣》《赤壁赋》《祖国啊，我亲爱的祖国》《板凳上的妈妈》《徽州女人》《天狗》《嘎达梅林》《老人与海》展示了同学们的语音基础及语言表现力；短篇小说《捉弄》，情景对白《蚂蚁》《上帝的宠儿》展现了有声语言的情景再现功能；广告配音串烧、相声《超幸福鞋垫》、华大清口《新闻梦话》，以及影视配音《甄嬛传》《康熙王朝》台词选段则再现了曲艺与影视作品的语言艺术的魅力；由梁萌同学创作，播音主持1101班17位同学一起朗诵的《辉煌甲子——华中科技大学六十华诞抒怀》表达了莘莘学子对母校的赤子之情，将交流会推向了最高潮。每位同学表演开始前，都会播放入学第一课上的录像，与现场表现进行对比。会上，由朗诵会艺术指导、播音主持1101班学业导师龚超指导的华中科技大学艺术团（医科）主持人队表演了朗诵作品《青春万岁》。

展示结束后，省精神文明办协调处处长刘爱国，湖北广播电视台播音指导柳棣，武汉广播电视台播音指导、金话筒奖获得者张小陵，湖北省广播电视台播音主持委员会主委员、播音指导、湖北农村广播副总监江霞分别做了精彩点评。嘉宾们一致认为，一年级同学能有这样出色的表现，充分表明教学过程坚持了正确的专业道路，且效果明显，对比一年前的录像，水平有了显著的提高，绝大部分同学的专业水准已经达到了用人单位的基本要求，在今后的学习过程中，大家要坚持语音及气息等基本功的训练，努力实现“可以更好”。

校党委宣传部副部长汪峰，新闻学院党总支书记陈钢、副院长何志武、党政办主任王维真，湖北省教育厅体卫艺处副处长姜贵君，中国地质大学（武汉）艺术与传媒学院党委书记帅斌，武汉市普通话培训测试中心主任、武汉市朗诵艺术团团长郭小枫，长江人民艺术剧院国家一级演员、著名表演艺术家王国强，省教育厅高校音乐教学指导委员会副主任、江汉大学党委宣传部副部长吕凡，湖北农村广播经济部主任、《财富人生》节目主持人、主任播音员禾丰，武汉大学艺术学系副教授冯鹰、副教授李格，中国音乐家协会会员、校艺术团副教授南利华，武汉体育学院播音与主持艺术专业副教授王东林，武汉东湖学院传媒与艺术设计学院播音与主持教研室主任姚娟、教授李俊钢，以及湖北高校各播音与主持专业教师及省、市广播电台播音员、主持人，新闻学院部分教师出席了朗诵交流会。

据悉，我校播音与主持艺术专业2011年开始面向全国招生25名，实际录取17名，最低录取分数512分。

岁月如歌，缘聚喻家山

郭小平

时光荏苒，白驹过隙。蓦然回首，白发老者已然荣休，中年学者仍孜孜不倦，新进博士如旭日东升。十一年，不长也不短。十一年，我们招收了十届硕士生和五届博士生；十一年，我们也见证了光谷的日新月异与房价的节节攀升。

回顾来时路，已是忽远忽近，渐行渐远，斑斑驳驳。常常想起卞之琳的《断章》："你站在桥上看风景，看风景的人在楼上看你。明月装饰了你的窗子，你装饰了别人的梦。"一个学院如果没有回忆，就如一个家庭没有相册。在这个意义上，哪怕是零零碎碎的文字，只要能激发我们对一些人、一些事、一些地方的回忆，还是有些许意义和价值的。于是，我就有了一些断断续续的故事或片段。

郭小平

求职：相聚喻家山是一种缘分

到华中科技大学新闻与信息传播学院任教，实属偶然，但绝对是一种缘分。2006年，我已进入博士三年级。跟大多数研究生一样，我也是一边夜以继日地写论文,一边“忙里偷闲”地找工作。

对于未来的职业规划,我的选择比较简单,就是进高校当老师。究竟哪所高校最终会收留我,我也很茫然。一个 32 岁的“老”博士,对未来单位抱有那种“一方庭院深幽处,半卷闲书一壶茶”的浪漫憧憬。然而,既然是“老”博士,自然与年轻博士有不一样的地方。我将求职地点锁定在武汉与广东,这既是一种对家庭的承诺,也是一种对“有山有水”的南方的热爱。2006 年春节前后,当广州与武汉的几家高校已经对我有了初步的招聘意向后,我就开始全身心地投入博士论文的写作。

其间,华中大新闻学院的招聘信息打破了这一宁静:新闻与信息传播学院不再直接留用本院的博士毕业生。武大与华中大的新闻学院是武汉的“同城双星”,这则新闻在武汉大学的枫园“博士楼”瞬间传开了。原本以为求职活动已经画上了句号,结果我又开始了新一轮的“再就业”。等待华中大的招聘启事,网上投简历,参加学院组织的面试,办理入职手续,参加人事处组织的新教师培训……

与所有的求职者一样,在漫长的等待后,我也程式化地完成了从珞珈山到喻家山的“迁徙”。求职的过程是一种煎熬,也是一种缘分。在武汉大学,我上过张昆老师的研究生课。作为跨专业的学生,我曾到武大信息学部选修双学位班的本科课程《外国新闻史》。面试的时候,见到张院长,我的心里还是有些紧张的。在面试的现场,孤陋寡闻的我见到了那些仅在期刊与专著里邂逅的教授,如吴廷俊、石长顺、钟瑛、申凡、屠忠俊、赵振宇、舒咏平等;在办理入职手续的时候,第一次见到办公室主任王维真老师;在报到的第一天,我第一次见到了赵星耀老师夫妇和范龙老师。

入住“森林大学”,感觉真的很好!

读书:“蹭书”的日子真好

来新闻学院工作,不仅仅是一种缘分。博士研读,教会我读书的方法与科研的路径;同事示范,教给我更多做人与做事的道理。从备课到授课,从指导论文开题到参加毕业论文答辩,从文献储备到论文发表,从学术积累到课题申报,我都是沿着他们期盼的目光一路走来的。

对于教授工作状态的真实认知还是源自石长顺教授。此前,我的博士生导师秦志希教授留给我的是儒雅、宽容的印象,硕士生导师蔡凯如教授给我留下了慈母般的印象，但老实说，我对他们的工作状态却不了解。我原先一直以为，研究电视的教授应该是每天晚上端坐在沙发前，拿着遥控器不断地变换频道，然后用批判的眼光去解剖一个一个的节目或栏目。我们家3岁的女儿似乎有着与我一样的“文化误读”，以至于她说将来也要选择广播电视专业，因为这个专业可以边吃薯片、边看电视。

直到有一天，广电系几位老师一同去中国传媒大学参加广播电视学研究会年会，彻底颠覆了我对教授生活的认知。在火车上，石老师就坐在我正对面。当我还在欣赏窗外飞驰而过的北方景色的时候，他已经拿出一本专著在读，还不时地做着眉批。虽然我当时没有脸红，但是真的有些后悔：一是今天坐错了位置，尤其不应该坐在石老师正对面；二是出门前为啥没有在包里装一本书。我终于明白了，教授是这样炼成的。

郭小平、张昆、史旻昱

在泰国合照，摄于2007年

如今，我也成为教授了。每每想起这些，我又怎能不自我鞭策？

更多的时候，我看到的是一批老教师对于专业和职业的热爱。我是一个喜欢书的人。入职第一年，我的工资也不高，经常有入不敷出的窘迫感，因而也不敢“财大气粗”地购书。在网上看到好书了，就会去学校图书馆“守株待兔”，或者干脆到光谷书城去“蹭书”读。世界很大，世界也很小，总会有些趣事让你记忆犹新。在商务印书馆的专柜前，我居然两次碰到屠忠俊老师。透过厚厚的镜片，屠老师看到了我：“小郭，又来看书啊？”唐代诗人卢照邻在《长安古意》写道：“寂寂寥寥扬子居，年年岁岁一床书。独有南山桂花发，飞来飞去袭人裾。”读书不是品其寂寥，而是嗅其馨香。

今天，光谷步行街的人流量越来越大，商业气息与时尚格调也愈发张扬。尽管电器商城在不断地挤压着光谷书城的生存空间，当年的光谷书城依然在不断地为商业挪地中坚守。今天“当当网”与“亚马逊”购书的便捷，永远无法与当年骑自行车去书城“蹭书”的乐趣比肩，因为这里延续了“老”博士对“半卷闲书一壶茶”的浪漫憧憬，犹如享受“一苦、二甜、三回甘”的茶趣。

虽然“书，非借不能读也”的道理不全然正确，但光谷书城“蹭书”的感觉真好！

科研：庄稼不收年年种

当“更新”与“迭代”日益成为人们的口头禅，人们越来越陷入技术与知识的恐慌之中。大学意味着丰沛的知识生产与消费、全方位的学术交流。如果说知识的传承与生产是人才培养的重要内容，那么读书、教学与科研就是高校文科教师日常生活的真实写照。

科研不只是关乎教师的职位晋升，更是教师站稳讲堂的重要根基。因此，科研成为大学老师的重要“标签”。知识需要传承，更需要创新。选择研究方向，就是选择知识传承与创新的方向，也就意味着我们在课堂、论著以及研究报告中奉献新知的可能路径。

如何将自己的研究方向与社科基金选题嫁接，是很多新晋教师面临的新课题。在读博士期间，我一直关注风险社会的媒体传播研究。2007 年，我毕业来到新闻学院，年末适逢国家社科基金申报。当 2008 年国家社会科学基金课题指南公布后，我的第一反应是“哪一个题目与风险传播有关系”。在反复思考之后，“新闻传媒与贯彻落实科学发展观”这一选题引起了我的兴趣。我的博士论文写作曾涉及健康风险、公共决策风险、生态环境风险、高科技风险以及社会风险等研究领域。其中，环境传播虽有涉及，但展开的论述不多。如何在全球视野与中国问题之间找到契合点，是学者们普遍关注的问题。

前期与后续的文献研究发现，中国大陆地区的“科学发展观”所对应的“生态文明”，在台湾地区被称为“可持续发展”“永续发展”；“科学发展观”在学术上又与“环境风险”“环境传播”相勾连。简言之，其所属的“环境传播”方向，在学术上与风险传播、媒介再现、媒介话语等密切相关。于是，申报选题几经修改，最后定稿为“基于科学发展观的风险社会与媒体的生态文明传播研究”，并成功获批立项。

2011 年 8 月 5 日，“基于科学发展观的风险社会与媒体的生态文明传播研究”以“良好”等级顺利结题。2011 年 9 月，省委宣传部和学院派我去湖北广播电视台经济电视频道挂职频道总监助理，同时兼顾学院的教学任务。经视的挂职为我提供了一个深入观察和体验电视媒体的契机，也提供了一个全面了解电视人的窗口。为了不耽搁研究生的培养与交流，我每周五晚上还给硕士研究生以及几个喜欢读书的本科生开办读书会。读书会有点像“杂食动物”训练营，涵盖了社会学、心理学、新闻传播学、政治学、哲学、管理学等不同学科门类书籍的研读。

2011 年 12 月，我以博士论文为基础，把研究内容从最初的 16 万字扩展到 30 万字，成功地申报了国家社科基金后期资助项目“风险社会的媒体传播研究：社会建构的视角”。如果说 2008 年国家社科基金青年项目是针对“科学发展观”中的“生态文明传播”，最后导向“环境传播”的学术研究，后期资助项目则偏向理论化研究。同年，原国家新闻出版广电总局部级社科项目“新媒体背景下突发群体性事件中的公众心理与电视引导研究”，也成功获批。

项目申报成功，更多时候是偶然的，但也有某种必然性。2011 年，我找到了项目申报的“必然性”。庄稼不收年年种，总有一年是丰年，说的是申报的“偶然性”；放弃到处“挖坑”，坚持一处“打井”，说的是申报的“必然性”。是跟风似的追逐热点，还是围绕一个研究原点不断地开拓，是判断这种“必然性”的重要标准。很多研究者都不是只有一次失败经历，但只有少数人能在失败中不断地凝练自己独特的研究方向和建构自己的学术空间。其实，申报的项目多少，只是对研究者的勤奋以及对重大现实问题或理论问题的关注度的肯定而已，同研究者的学术水平并不能等同。

研究不需要跟风，却需要学术判断。固守是对研究领域的深耕，开放则是对研究领域的拓展。媒介技术发展不断地塑造着未来的传播业态与生态，并改变着人类的传播活动与交往关系，围绕“风险”“传播”与“社会”的复杂勾连，从媒介技术的视角，我尝试着拓展并深化风险传播的研究。2015 年，我先后成功申报了华中科技大学文科重大及交叉项目“‘可见性’视角下的社交媒体信息安全研究”、文科前沿探索项目“大数据时代社交媒体中的信息风险及其治理研究”。

2018 年暑假，我又申报了国家社科基金重大项目“智能时代的信息价值观引领研究”。虽然在申报之前，我就感觉成功的概率微乎其微，但我还是选择去尝试。这更多是源于由风险传播研究引出的对技术哲学、智能算法以及风险治理的浓厚兴趣。大数据与人工智能对传播的影响，不会只停留在目前关于机器人新闻、传感器新闻、智能推荐等领域的讨论上。不抱希望的项目申报只是一个研究的契机，更多的是对媒介技术的学术想象。

“缘来缘聚”的广电系

虽然我来华中大新闻学院已有十一年，但对于学院三十五年的发展来说，我与学院犹如浪花与大海。若说要回顾学院的发展，那我还不得不提及广播电视学系的人和事。

这是一个精干、奋进、和谐和敢于创新的团队。2007 年 6 月，我正式加入新闻与信息传播学院广播电视学系。当时的系主任是何志武老师。那一年的广电系，教师少而精，只有石长顺、何志武、余奇敏、胡怡和我，其中 1 名教授、3 名副教授和 1 名讲师。有 3 名教师直接来自业界。石长顺教授来华中大之前任钟祥电视台台长，何志武与胡怡分别来自长江日报与武汉电视台。“双师型”教师占比三分之一，这个比例在学院各系都是名列前茅的，这也是在践行创系之初的理念。

2010 年，邓秀军博士加入广电系。2011 年 3 月，在何志武教授担任副院长后，我接任系主任。2011 年 9 月，学院开设播音与主持艺术本科专业并招收第一届本科生。同年，龚超老师也正式从武汉体育学院调入华中科技大学，成为广电系第一位播音与主持艺术专业教师。2012 年，彭松也从湖北广播电视台加盟华中大。其后，从中国传媒大学播音学院硕士毕业的彭媛也加入广电系。2017 年，广电专业的学术带头人石长顺教授荣休，广电系又迎来一位中国传媒大学影视艺术博士李一君。

2007 年，我参加广电系第一次教学研讨会。对于新进系里的教师而言，课程是大家最为关注的话题。会上提出，广电专业需要增加“广播电视史”这门课程。后来，我就承担了这门课程的教学。随着新技术、媒介融合发展的加速，广电系在 2008 年提出了建设特色课程模块的人才培养思路：在传统广播电视学的基础上，突出“出境记者”与“视听新媒体”特色方向。专业培养计划调整与配套教材的出版，是贯彻人才培养理念改革的先行者。其后，石长顺副院长联系了北京大学出版社，组织出版了《融合新闻学》《视听新媒体导论》《新媒体视听节目制作》《出镜记者案例分析》《视听评论》等教材。其中，我主编的教材《视听新媒体导论》（北京大学出版社），2014 年 8 月第一次印刷就脱销，2015 年 10 月又进行了第二次印刷。直到今天，我们依然在思考专业调整与课程改革。对于专业建设而言，与时俱进与不断创新显得尤为重要。

在 2006 中国大学文学专业 A＋＋级学校名单中，华中科技大学广播电视新闻学专业在全国开设该专业的 118 所高校中排名第二；2008 年，广播电视新闻学专业入选湖北省高校本科品牌专业；2009 年，广播电视新闻学专业入选国家级特色专业，当年入选国家级特色专业的，全国仅 3 所大学：中国传媒大学、华中科技大学与汕头大学。如今，教育部本科专业目录已经将“广播电视新闻学”更名为“广播电视学”。

2014 年教育部本科专业评估的预评估中，全校文科专业中有 3 个专业获“优秀”，广播电视学专业位列其中。2017 年 1 月 12 日，武汉大学中国科学评价研究中心（RCCSE），原武汉大学中国教育质量评价中心联合中国科教评价网隆重推出《中国大学及学科专业评价报告（2017—2018）》，这是中国科学评价研究中心连续第 14 次发布中国大学及学科专业评价结果。在中国大学本科（新闻传播学类专业）排行榜上，华中科技大学广播电视学专业在全国开设该专业的 176 所高校中排名第二。

2018 年 9 月，中国传媒大学高教传播与舆情监测研究中心首次发布本科专业社会影响力排行榜。2018 本科专业社会影响力排行榜显示，华中科技大学广播电视学专业排名全国第二。

除此之外，广电系还在武汉大学出版社、华中科技大学出版社先后出版系列教材与专著。其中，石长顺教授主编的《电视专题与专栏——当代电视实务教程》（第二版，复旦大学出版社，2009）入选国家“十一五”规划教材。2014 年，我主讲的《电视专题与专栏》入选湖北省精品资源共享课（2014），并荣获华中科技大学 2014 年本科高水平教学成果奖（课程建设奖）。

在这个图像化的社会，影像的影响力已经越来越大了。广电系的老师以影像为切入口，通过教育部文科计算机大赛、校园电影拍摄等，持续地推进了大学生的实验教学与创新实践，也丰富了华中大的校园文化。

教学与科研从来就是相辅相成的。广电系拥有广播电视学、播音与主持艺术两个专业，9 名教师。截至 2019 年，广电系先后获得 8 项国家社科基金项目（含 2

项重点、1项后期资助)、2项教育部规划基金项目(含1项艺术基金)、1项原国家新闻出版广电总局部级社科项目。只教不研,就会越教越死,只研不教,就会越研越窄。教学使教师的知识系统化,科研使教师的知识进一步深化和提高。

创新院系文化,与时俱进地凝练学科特色,持续地调整人才培养计划,教学与科研相辅相成,不断地推动着广电系这个集体前行。

教书是一个良心活,在大学任教尤其如此。无论是从事理论教学,还是从事实践教学,教学的快乐都源自师生的互动——教学相长。回首十一年的历程,我要感谢"森林大学"的自然馈赠,感谢同事们的鞭策与激励,感谢学生们的包容与鼓励。

郭小平 1996年毕业于湖北大学汉语言文学专业。2001年9月至2007年6月,武汉大学新闻与传播学院硕士、博士在读,其间(2003.12—2004.05)曾任职于湖北日报报业集团。2007年6月至今,在华中科技大学新闻与信息传播学院任教,先后被评为讲师、副教授、教授。2011年至今,任广播电视学系主任;2018年4月,任学院副院长。2011年4月,香港城市大学媒体与传播系青年访问学者;2011年9月至2012年9月,挂职湖北广播电视台电视经济频道总监助理;2011年12月,赴英国调研。

2013年入选教育部"新世纪优秀人才支持计划",2014年入选"华中学者"晨星岗。兼任中国视听传播委员会副会长,湖北省高等教育学会新闻与传播教育专业委员会副会长。主要研究广播电视与新媒体、风险传播等,先后主持国家社科基金项目3项,原国家新闻出版广电总局社科项目、共青团中央年度课题、湖北省社科基金等省部级项目各1项。

实习指导小组工作的片段

顾建明

大致记得，在2008年夏季，张昆院长提议建立专门的实习指导小组。于是，学院安排甘世勇、鲍立泉、郭小平和我组成了专门的实习指导小组，我因最年长而做了组长。我们的基本工作，是为学院的本科生搭建实习基地，指导学生实习。我们都很乐意做，干得也很起劲。

搭建实习基地，首要的任务是找媒体，拉关系，争取实习岗位。之前，申凡老师等曾带我们去过北京等地的媒体为学生联系、安排实习，有了一些经验。我们小组一开始工作，张昆、申凡、周泰颐等老师就给我们提供了许多在媒体工作的校友和朋友。于是，我们做好计划，由学院领导出面，拉上学院的一些老师，分组上北京，下广州，奔上海，走长沙，赴河南……到处联络媒体机构。记得首次出征时，申凡老师率队伍上了北京，张昆院长率队伍下了广州。

联络媒体，搭建实习基地，并不是一个轻松的事情。学院的资金较紧张，不能在大城市待很长时间，有的老师还要及时返校上课。我们每到一个城市便分成几个小队，多是二三个人一队，一天要跑三四家媒体，很累。

比如在北京，头天就要联系好几家媒体的朋友，一大早起床先去一家媒体外的地摊上吃早饭。上班时间一到，就立即找到媒体的朋友，再由他引见主编，沟通实习问题。媒体领导定好基本方案以后，还要找管理部门的工作人员落实下来。找好一家媒体的实习岗位，至少要两个多小时。一家落实好，马上到另一家。几家找

学院领导在北京看望实习学生，和他们小聚畅饮

下来，回到宾馆已经是晚上八九点钟了。一次，在中国人民大学做博士后的朋友听说我到北京了，便相约晚上面叙。可是，他到宾馆与我见面后，没聊上几句，我便睡着了。第二天早上起来，他一直说，“看来，你太累了，太累了，太累了！”

在媒体的校友都很给力，在他们的帮助下，我们基本都可以顺利完成任务。

在学院老师们的大力协助下，第一年我们就获得了180多个实习岗位，第二年更是获得了200多个实习岗位，并且稳定了下来。记得，当时学院的本科生只有130多人，我们便把多余的实习岗位分给了学院的研究生们。

去完媒体，我们小组又设计出《个人专业实习意向与计划表》，请学生们填写。填写完后，逐班逐人调整，落实岗位。我们小组还专门研究制定了实习任务要求和评分办法。之后召开实习动员大会，叫学生们做实习前期的各种准备。实习结束后，评分，总结，表彰，展览，学生的展览作品布满学院的大厅和走廊，每次展览都办得轰轰烈烈。

在总结表彰大会上，甘世勇老师的主持很有意趣。他亲自设计了会议的屏幕。在领导讲话结束后，要给优秀实习生颁奖了，甘老师上台，郑重地、一字一顿地说，“会议正在升温，气氛越来越热烈了，马上走向高潮！”他的讲话和认真劲，引来满场欢笑。于是，会场气氛真的走向了热烈的高潮。

指导实习的过程中，我们小组还制定《实习基地协议书》《实习大纲》《实习鉴定表》《实习考核和成绩评定办法》等文件资料，形成了一整套指导学生实习的方法和管理模式。同时，还做出了《专业实习模式创新及实习基地建设研究报告》，并请图像所的博士帮我们制作了“实习分布地图”PPT。这个PPT用中国地图做基础，鼠标点到其中任何一个以红色显示的城市名，这个城市的实习基地便可以清晰地以列表形式展现出来。后来，刘洁老师让我们拷贝过去学习，我们感到十分兴奋。

很投入地把一项工作做了四年，其中的酸甜苦辣还记得，只是被时间淘洗得只剩下片段了。能记住的，总是触动情怀的那些点点滴滴。当我翻开所保存的当年几届学生的《个人实习意向与计划表》《实习计划书》《实习作品集》时，一张张青春的笑脸、一页页填满的表格，一篇篇留着故事的生动作品，让我泪目。我何其幸运，能陪伴这一个个聪慧、有理想、热切追求知识与专业技能的青春学子！我是否尽力帮助了他们？我是否曾因粗心或傲慢伤过他们？今天他们在哪儿，生活得怎么样？

2018年10月24日

顾建明　河南人，华中科技大学新闻与信息学院副教授，华中科技大学新闻评论研究中心主任。1995 年 9 月至 1998 年 6 月，在原华中理工大学新闻系攻读硕士，1998 年 7 月毕业，留校任教至今。其间，2013 年至 2014 年，挂职光明日报社，在评论部工作。专业研究方向为新闻评论、媒介哲学、中国新闻史。

创办两种类型的双学位班

何志武

新闻学院创办过两个双学位班，也是两个类型的双学位班。一个是广播电视学双学位班，是武汉地区“七校联合”办学活动的内容之一，让其他高校的学生共享我院的教学资源。一个是与计算机学院共建的新媒体技术双学位班，让传播学系的学生同时获得文学和工学两个学士学位。这是两个不同形式的双学位班，一个是新闻学院对外招生的双学位班，对象是外院和外校的外专业学生；一个是请计算机学院为新闻学院传播系学生开办的双学位班，对象是本院学生。也可以说一个是输出，一个是输入。

广播电视学双学位班开办于2013年，学制两年。这个班只办了一届，因为规模比预想的小，收来的学费经过学校提取管理费之后不足以支付基本的教师课酬和论文指导费，后来就停办了。我之所以特别记得这个历史短暂的双学位班，是因为它是新闻学院的第一个双学位班，短短两年的双学位班学习改变了许多学生的学习和职业志向。他们一直与我保持着密切的联系，逢年过节我都能收到一些学生的问候短信，也常常能够感受到短短两年的学习对他们的深刻影响。

开办这个班，过程并不复杂。按照时任新闻学院院长张昆教授的初衷，办班一是可以扩大学院的影响，增强学院的辐射力，让武汉地区其他高校的学生共享我院优质的教学资源；二是为了增加学院的办学经费，如果招收的学生能够达到一定的规模，可以在一定程度上补充学院的办学经费。经过张昆院长的提议，我向学校教务处提交了一份申请开办广播电视学双学位班的报告。之所以选择广播电视学专业办班，是因为当时学院有新闻学和广播电视学两个专业获批国家级特色专业建设项目，而武汉地区“七校联合”办学项目的规则是，同一专业的双学位班只能有一个，武汉大学已开办了新闻学专业的双学位班，广播电视学专业双学位班还是空白。很快，我们就得到批复，同意开办。2013 年，广播电视学专业双学位班正式招生。“七校联合”项目本是针对武汉地区的七所“211 高校”的学生，但 2013 年，广播电视学双学位班的招生范围扩大到了武汉地区的其他几所非“211 高校”学校，总共招了 40 多人，学生来源分别是武汉大学、华中科技大学、中国地质大学、华中师范大学、武汉理工大学、武汉科技大学、武汉工程大学等。

广播电视学双学位班都是周末上课。每到周末，学生从各个学校赶到西五楼。这些学生所在学校与华中大相距较远，如武汉科技大学，学生为赶到华中大来上课，早上 6 点钟就得起床，坐一两个小时的公汽才能赶上 8 点半开始的课程。与西十二楼、东九楼相比，西五楼教学设施陈旧，多媒体设备的声音或投影效果很差，学生却没有任何怨言。给这个班上课的老师以广电系为主，虽然都是牺牲周末休息的时间，但老师们乐在其中，因为聚集到华中大来上课的学生们非常珍惜这个机会，老师们感受到了他们强烈的求知欲。课堂上，他们精神饱满，认真听讲，积极参与交流，作业也能认真完成，所以老师们都能叫出班上学生的名字。

本来以为这些外校的学生只为拿到华中大的学位证而来，没想到毕业时有几位同学竟然选择新闻传播学作为自己读研的专业方向，比如华中大外语专业的鲍琪，选择到日本读传媒专业的研究生；武汉科技大学公共管理专业的包晓榕，选择到英国读传媒专业的研究生。还有一些同学毕业后选择到地方的宣传部门工作，直接将在我校选修的双学位知识应用于工作中。

与计算机学院联合开办双学位班是学生“倒逼”的结果，也是在校领导的启发下创办的。这个班创办于 2011 年，始于 2010 级传播学专业。之所以称这个班是学生“倒逼”的结果，缘于传播学专业的学生纷纷要求转专业。由于传播学专业从理工科学生中招生，学生进校后对新闻学院这个文科学院以及将来的文学学士学位缺乏认同，更向往“纯正”的理工科专业。因此，入校的第一学期末，学校启动转专业工作时，传播学专业的学生人心思动，纷纷提出转专业的申请。考虑到班级规模的稳定性，院系领导一方面耐心地做学生的思想工作，另一方面采取不予批准的方式“卡”住学生，学生们心中意见颇多。2011 年春季的期中教学检查之师生座谈会上，见有校领导在场(记得当时在场的校领导有党委副书记欧阳康教授、校发展规划处处长许晓东教授等)，几位传播学专业的学生就专业归属感不强、转专业不顺畅等问题发表了自己的意见。经过讨论发现，问题的症结在于文学学士学位不能满足理工科学生的需求。校领导提出，可否与工科学院联合创办双学位班，让学生毕业时同时获得文学和工学两个学位？这个提议当即受到学生的欢迎。于是，我们开始与工科学院商谈联合开办双学位班。

联合开办双学位班，实际上是为我院传播学专业的学生量身打造的新媒体技术学位班。由于学生规模太小，最初的联系并不顺利。最初考虑的是与软件学院联合开办，因为新闻学院的网络传播专业主要还是培养会使用软件的传播人才。但当软件学院得知只有 30 人的规模时，以师资紧张为由婉拒了。我又开始联系计算机学院。当时我与计算机学院的秦磊华副院长都是刚担任分管本科教学的副院长，他也不敢贸然答应。于是，我就请学院前任副院长石长顺教授出面，带着我一起去找计算机学院前任教学副院长李桂兰教授，请她帮忙协调此事。经过反复做工作，计算机学院答应给我院开办新媒体技术双学位班。

计算机科学与技术(新媒体技术方向)双学位实施方案如下：

计算机科学与技术(新媒体技术方向)双学位实施方案

为了进一步建设好我校传播学本科专业，保持我校网络传播在全国的领先地位，抢占网络传播专业人才市场的制高点，华中科技大学新闻与信息传播学院、华中科技大学计算机学院经过协商，同意携手联合培养网络传播专业人才。具体实施方案如下。

开课对象：

2010 级及以后的华中科技大学新闻与信息传播学院网络传播班学生。

培养模式：

采取双学位交叉制培养模式。2010 级传播学专业本科生在读四年期间同时完成第一学位——传播学文学士、第二学位——计算机科学与技术(新媒体技术方向)工学士。

授课方式：

对新闻与信息传播学院学生单独开班，授课时间与第一学位套排，尽量安排在周一至周五。

培养内容：

计算机科学与技术（新媒体技术方向）第二主修专业培养计划和方案由新闻与信息传播学院和计算机学院共同协商后制订。培养计划见附件。

双方共认学分：

为了减轻学生负担，两院协商、同意打通部分技术类课程，计算机学院同意并认可新闻与信息传播学院承担共计 12.5 个学分的第二学位课程。

学费：

申请选修计算机科学与技术（新媒体技术方向）的新闻与信息传播学院网络传播班学生每人需缴纳第二学位学费 3750 元。

其他未尽事宜由双方学院协商解决。

华中科技大学新闻与信息传播学院

华中科技大学计算机学院

2011 年 7 月

这个班是为新闻学院传播学专业的学生定制的，所以该专业的学生成建制地选修双学位课程。学生从大二开始学习相关课程，两年内完成所有课程的学习。这样，2010 级学生正好赶上时间进程，所以就从这个年级开始。

然而，2009 级的学生听说这个消息后，强烈要求从他们开始开设。同学们表示，他们可以把时间抓紧一些，大三和大四两年修满所有学分并完成毕业设计。经过学院讨论并与计算机学院协商，决定从 2009 级学生开始开办新媒体技术方向的双学位班。

新媒体技术方向双学位班开办之后，传播学专业的学生满心欢喜，学生队伍稳定了，每年都有其他理工科学院的学生要求转入这个专业，这个专业成了契合新媒体时代的热门专业。

何志武　2001 年 5 月入职华中大新闻学院，此前在长江日报报业集团工作八年。2006 年广电系成立时，担任广电系系主任。2010 年 11 月至 2018 年 4 月，担任新闻学院副院长，分管本科教学工作。

人间珍贵是怀想

胡道立

20世纪80年代初，国家进入拨乱反正的历史阶段，教育界百废待兴，华中工学院新闻系顺势诞生，经过三十多年的奋进，新闻系拓展为华中科技大学新闻与信息传播学院，变成群星璀璨、硕果累累的乐土家园，令人欣喜。

学院诚恳地呼唤大家共同纪念建系、建院三十五周年。我觉得好日子是值得庆贺的。作为一名退休教师，我有幸与学院同发展、共命运，回首往事，倍感意趣盎然。而且，学院将过往岁月和从教片段汇集成册，可以勾连个人的成长经历，映现国家教育复兴的轨迹，折射我们这代人在文化断层中奋起的生命印迹……所以，回忆往事是有意义的。在此，信口诌诗一首，寄托心愿：七十老妪忆平生，吟唱檀板举金樽；搦管欲寻灵通句，俯仰采撷愿天成。

一、承担角色——历练前行

我从小的志向很明确——当老师。几十年下来，庆幸自己的求学之路是幸运的，施教之途也是通畅的。

最大的感悟：教育，看似是一份工作，但更是强国事业，而绝不是什么其他行当！

最有效的行事态度：时刻准备迎考，包括考试和考验；还要“干”字当头，追寻名士、高人或良师益友的指点。这里的名士、高人、良师益友当然是指那些把工作当事业，把岗位当战场，把任务当战斗的人们。

我曾是湖北省武昌实验中学高中老三届的学生。1968年底成为知识青年并到农村接受再教育。1985年经哲学系黄教授推荐，我带着已发表的图文作品，以及曾有的工、农、统计、会计、教师、记者、编辑的履历到新闻系应聘。系主任和书记与我交谈时说:"按照人大新闻学专业的传统课程设置,新闻摄影是一门专业必修课,目前还没有教师开讲。应聘材料中有你所拍摄的杂志封面图片和内文配图,可不可以将这门课接下来?请你讲一堂让教师们来鉴定的摄影课作为考核。"因事先我曾提出想教采访课或写作课,这个意见使我沉默、矛盾,犯难。我明白这并不是我的本愿或强项,它意味着人到中年还将在专业上另起炉灶,从头学起。此前,文化厅、文化馆、图书馆等单位已邀请我开设过好几门课程。几轮课讲下来,因内容熟悉而颇有激情。在新闻系初创阶段,

我忍痛放下曾有的专业和已做的学识铺垫,走进了摄影和新闻摄影课的应聘讲堂。面对各位老师的严格把关,我鼓起斗志,勇敢地迎接考验。至今,仍感谢这些"考官"们的评价:"有能力站稳讲台""可以当个好教师""教好新闻摄影必修课没问题"等。这类评语给了一个即将涉足这一领域的教师多大的鼓舞呵!感谢新闻系用最快的速度办好了我入校的手续。由此我想,如果碰上有眼力的领头人,能够从事业的高度去洞察同仁的潜能并进行适时的鼓励与支持,那真是三生有幸,一生足矣!

联系进校时,我认识了机械学院德高望重的余俊教授。老先生赠送给我"从教第一课":一个晴和的傍晚,在他家听他弹奏钢琴——舒伯特《小夜曲》。刚进入音乐境界,心中涌动起静美的情绪,琴声却停了下来。老先生问我:"想进校吧?你认为教育是什么?"我连忙说了一堆喜欢教师职业和教师工作的话。他说:"教育不单是工作,教育是事业,绝不是其他的什么行当!我最担心的是,把教育当作事业的人越来越少啊!"这句意味深长的话,道出了老学者的从教之感、忧国之思。静默的此时,窗外的夕阳从老先生的后侧方向照进来,勾勒出他那苍劲睿智的轮廓,银白色的头发闪耀着透明的杏黄光,而他的双手仍停留在琴键上……几十年来,我从未忘记这一画面和情景。他似乎总在问我,怎样去弹奏教育这台琴呢?他也像一把尺子——精确到微米的分厘卡尺,帮我鉴别着工作是强国事业,还是稻粱谋计,甚

或是坐庄站台。

与新闻系领导的应聘谈话，虽然使我想起曾经付出的劳动和已经铺设的阶梯，但也想到这是教育事业的需要。余老先生英明伟岸的形象不时闪现在眼前，还有我那位从越南战场下来的军工师傅的告诫也在耳边响起："服从需要，不讲条件。"这样，我迎战"考试"与"考验"的劲头被激发起来了。

记得进校前，书记问我需不需要房子，我回答"不要"。其实不是不需要，而是觉得在没有干出成绩时，不够条件、没有脸面伸手去要。我家房子小，只有二十来平方米，孩子在暗楼上睡觉，腰伸不直，需要爬进爬出；住得又远，需要骑一个半小时左右的自行车，每周上课时间却常被排在早晨第一、二节课，上课地点往往是西边教室或者东边教室的六楼。于是，我便早早起床，骑一个半小时左右的自行车飞奔到校。先到东五楼实验室取出降低教室照度的幕布，以便挂在窗户上。幕布是固定在两根长铁杆儿上的，两个窗户两大卷，绑定在自行车的横杆上，再一只手提一台幻灯机，另一只手推着自行车走。从东边走到西边，进教室就爬高、挂帘，接着讲课。即使是冬天，这样折腾也会出一身汗，更别说其他季节了。内衣汗湿时，我会将围巾取下来，找人帮我垫在后背。到了夏天，在东一楼开选修课，高挂的风扇难以降温，虽然特意穿上丝织衣服，汗水还是把衣服粘在了身上。课后把设备归还原处放好，已近中午十一点钟。骑车回家时，街上人烟稀少，路过湖边酒店对面的墓地，凉风一吹，身上难免打寒颤，可是心却是热的。因为课堂气氛相当热烈，就像开讲座一样。而且年轻学生容易激动，把教室里的桌椅都踩坏了。管理人员问我能不能让学生们不要那么兴奋，我回答："难做，因为我自己上课也是激情满怀的。"话虽这么说，我还是多次做出保持安静的压手动作，以维持课堂秩序。课后，学生也常向我问问题，我就推着自行车在校园走，直到让他满意为止。我决不会告诉他，我还要骑车回家，路很远。那样做就不像个老师了。每次上完课，我都会在回家的自行车上回想与反思课堂的得失，时而得意一会儿，心里满满的快乐；时而总结几点，以便下次提高与改进。这样，路上的胆寒与授课的辛苦早就烟消云散了。另外，平时上课骑车的路上也是我备课与会课的时间。课堂的转接点与衔接处多是在路上想起来的。直到有一次出现了险情，我才提醒自己应该多加小心。那时，我已将自行车换成了电瓶车，为的是保存体力，更好地讲课。

有天下雨，危乎险矣！风吹雨披，听力不济；

卡车转行，未曾鸣笛，强转右弯，掀我倒地；

泥泞泼身，天水洗礼，司机师傅，有意无意？

车压大腿，疼痛惊惧，早行人稀，无人扶起；

思前想后，酸楚难抑，身颤心悸，泪伴雨滴；

硬撑一把，坚挺站立，胸怀澄明，勇跨坐骑；

直奔校办，陈述实情，书记关怀，解决问题。

如果要问，为什么骑车在街上飞跑？因为那时我家先生在北京二炮工作，家有上中学的孩子需要安排照顾，且我身兼班主任，与学生谈个话天就黑了，孩子却在家中饥饿地盼望。为什么不乘汽车？因为工资不多，每年也只有十多个胶卷的教学经费，一个卷儿就是十六到二十多元不等，连冲洗费都不够。但上课却不能含糊，需要用胶卷翻拍或自拍作品，然后放大成图片，循环送到学生面前观看(没有演示屏幕和 PPT)。加之每周上课要跑三四趟，交通费的支出需要算计；还要参加各种讨论会和实践活动，路费和住宿费又在哪里?！所以，我得省下每一笔开支，支撑我所尊崇的工作，因为它不是什么可做交易的行当，而是一项庄严的事业。几十年来，每当我苦闷迷茫时，高人、名士或良师益友总能拉我一把，悉心指引。

我曾两次主动放弃了摆在面前的机会：一次是美院教授见我备课认真，资料铺满一地，想招我为研究生。但当时我这门课是一个萝卜一个坑，无人顶替我的工作，于是我放弃了；还有一次是“下海潮”到来，有些老师离开了，连校园的夜晚都是灯暗人稀的。有人推荐我改行做经济效益更好的工作，可想到从小的初衷，我还是放弃了。

回想这二三十年的教学与科研经历，一幕一幕，甘苦自知，一言难尽。

二、名师指引——文武兼习

我所说的“文武兼习”，指的是从文字理论上和拍摄实践上齐头并进。我为自己定位，也立下了特色目标：能文能武，静若处子，动若脱兔。这是因为老一辈人、小一辈人各有长处，也各有局限性，我属于中一辈人，有责任兼顾两头，吸纳他们各自的强项。

我开讲了新闻摄影必修课，以及全校摄影艺术的选修课。从摄影史讲起，什么针孔成像，银版、铜版、胶版等，直到近代的数字技术。当时的科技水平是胶片阶段。摄影的基础部分，包括艺术层面与技术层面。艺术层面有构图、用光、动物和静物的表现力；技术层面包括物理与化学的基础理论，如相机结构、物理成像原理、镜头构造、焦点、焦距、光圈、快门、超焦距等，还有化学反应原理中的显影、定影、反差、颗粒度、分辨率等。以上这些仅仅是新闻摄影的基础知识部分。而更为重要的是它的专业理论部分，那就是新闻传媒的图文并重、两翼齐飞理论，即用图片新闻与文字新闻坚实地支撑起新闻的真实性与普遍性等诸多问题。其中，新闻摄影的“抓拍”就是记者的政治敏感度与技术素养的核心体现。因为新闻是突然发生的，新闻现场是不能去等、去摆的，否则就有造假之嫌。

当国家进入了拨乱反正的历史新时期时，我严格要求学生立足于老百姓及劳动者的立场去“抓”“抢”新闻。当时，我自己已是三四十岁的人，但为了让学生到传播岗位或新闻单位后尽快上手，我努力做一些言传身教的事儿。比如顶着烈日，自当拍摄对象，让学生在操场练习抓拍技术。我一次一次地跑，来来回回地跳，还配合做出动作，发挥自己的体育特长，为的是让学生在短暂的时间里逼迫自己用脑、用手，练就娴熟的专业水平。有的同学躲在阴凉处怕晒，而自己却一直晒烤着。我还曾上午出去采访，中午骑车回来，从汉口经长江大桥抵达学校上课，当时桥面温度有四十多度。我迫切想让他们领悟到“坚强的意志”是人生的不二法宝，也是新闻事业的真正需要。而我在要求学生做到的时候，必须自己先做到。

独创这样的教课方式，需要向行家咨询求证，广交朋友也是必需的。不曾忘记，当听说荒芜多年的教育领域恢复了生机，工科院校办起了文科，原华中理工大学重视起新闻学和新闻摄影专业时，良师益友们是何等的振奋、欣喜。在丹东鸭绿江大桥上散步时，徐肖冰，延安时期就拍电影的老革命，向我讲解了拍摄毛主席等中央领导人的片段，又教我如何拍摄铁桥上的炮弹洞孔；在从潜江到武汉的车上，侯波，延安老革命、中南海专职摄影员，耐心回答我所疑惑的政治与业务问题；在浙江大学艺术理论进修班上，新华社摄影部主任石少华，著名作品《地道战》的作者，在宾馆房间亲自指导我如何进行摄影实践。当时还有个小插曲，餐桌中央有一盘孔雀或凤凰造型的冷盘，石老师让我先动手挟。一看围坐的都是长辈，我最年轻，生怕造次，哪敢去挟呀！可石老师仍然坚持着。我连忙小声问身边当军官的先生怎么办，他轻声告诉我说，听石老的，回去好好想想。我后来想了，老前辈饱含着对教育事业的殷切希望呀！落实到我身上就是教好学、接好班、好好传承已有的精神宝藏。还有一位新华社资深记者高翔老先生，特意送我一本他编的讲义，给我讲解当年他与吴印咸一起拍摄白求恩大夫做手术抢救伤员的那幅中外名作，并把吴印咸与自己拍的作品做了比较分析。郑希周先生是丹东摄协的负责人，原是解放军画报社高级记者，他给我提供了到丹东当全国少儿摄影比赛评委的厚遇，不但帮我解决了经费问题，还把我推在了高起点上，让我与徐肖冰、侯波等专家们一起当评委，方便我向徐老、候老等行家里手学习。后来我又担任了全国报纸的新闻摄影初评委，发现自己的眼光和学识果真提高了，比如我从地上捡起一幅已被淘汰的作品《虎与子》，略述理由，这幅作品就过了后几关，最终获得了二等奖。

非常值得怀念的是新华社德高望重的蒋齐生先生，他是延安时期就开始研究新闻摄影理论的新华社高级研究员。认识他是在全国新闻摄影学会理论研讨会上，我的教学也是从读他的著作开始的，后来写了研究他及其理论的文章《云托群山，月朗风清》。那次召开的理论研讨会，由新闻摄影学会会长蒋齐生先生亲自主持。他特意问我想谈什么论题，我答说"新闻摄影真实性的老调新弹"。没想到他马上安排我发言，并亲自开场说，发言的是华中理工大学新闻系胡道立老师，欢迎新闻教育界同仁与我们新闻界一起研究理论问题……蒋老的远见卓识让我呼吸到了那时民主、开放、宽松的学术空气。我是第一个迈出讲堂，进入新闻摄影界进行理论探讨的教师，第一次参加理论研讨会就被安排做了主题发言。记得论文宣讲即将超过时限，一些将要发言的新闻人喊起来："把我的时间让给她，请讲完！""我也让给她！"一时间，附和声、鼓掌声、镜头与闪光灯对着我，让我顿生"明星"之感。我冷静地想过，可能是当时论题抓准了，讲出了很多从业者想说的话，而这正是新闻摄影界存在的问题。能够发现这些苗头，与我紧随新闻摄影实践、关注改革前沿动向这一举动不无关系。当时我并不奢望别人的理解，但是理论必须联系实际，研究必须深入前沿，这个理念在我参加理论研讨会的时候得到了"证实"。因为我遵循的是"看山有道必看阴阳，观水有术必观其澜"这个已经被中国智者总结归纳了几千年的道理。

许必华先生本是新华社驻外高级记者，回国时带回几箱海外报纸，在全国新闻摄影理论会上展开，强调图片在报纸版面上的重要作用。回国后，他担任中国记者主编，将我的一篇稿子登在了《中国记者》上。这篇文稿后来评过论文奖。许老继蒋老之后成为中国新闻摄影学会会长，他和陕西摄影部主任葛新德带着我们几位大专院校的青年教师在青岛编写摄影教材。我成了第一个把新闻摄影审美写进教材的人。

紧接着，湖北新闻摄影学会张其军会长与武汉市新闻摄影学会的梅村会长找我谈话，希望我今后在这一领域多做贡献。他们问我有什么社会兼职？我答曰：个体户。于是，他们联名推荐我进入中国新闻摄影学会，而后中国新闻摄影学会常务理事又开会，吸纳我成为学术委员。写到此开个玩笑：我尝到了学术上“火线入党”的快乐呐！张其军是全省第一位经国家批准的高级记者，那幅反映荆江分洪的集革命现实主义与革命浪漫主义于一体的名作《鼓动》，就出自他之手。他是中国新闻摄影学会副会长，湖北省摄影协会主席，湖北新闻摄影学会会长，对我这个教师会员和摄影新手说话很诚恳、不转弯，第一次就直截了当地说，“你们不搞实践怎么讲课？总不能纸上谈兵吧！”我把这话当作他对我的诚恳点拨，以后常向他请教。近来，他的个人大型画册《时光的记忆》出版，是一部有关中央领导人和个人艺术作品的专集，画册采用的导论就是我发表在《中国记者》杂志上的另一篇文章《与祖国共命运》。我想，选这篇作为导论，可能更符合他的作品风格和敬业精神。后来，我又写下十多篇论文刊登在权威或核心期刊上，还有上百幅摄影作品发表。由此我想，紧跟现实的原创之作永远是最受欢迎的。

胡颖，中国新闻摄影学会的秘书长，为新闻摄影事业的发展做了许多工作，包括组织、联络队伍，写书、出书，我还请他到我校讲过课，功莫大焉。在经费和学习问题上，吉林省报摄影部也支持我，他们打长途传呼电话，让我参加理论研讨会，我说没经费，他们说来了再想办法，研讨会是教学研究的好机会。天津日报摄影部主任李家桢让我用讲座形式谈新闻摄影的思维特点，后来讲座内容写成论文《新闻摄影的思维形式》，之后该论文获得了中国新闻摄影学会的优秀论文奖。

山西画报社社长顾棣，当年延安的“红小鬼”，见我因为一大堆讲课资料不能到达火车站而发愁，便亲自为我提包，送我到站。还有华东图片报负责人张蔚飞，人民日报的编辑许林，前者寄来每期的报纸，供我研究；后者赠给我他的大作，一本由他每日接触的图片编辑具体问题而成文的书籍。

应当承认，进入一个需要从头学起的领域，开创一门新专业，常常是迷茫惶惑的，所幸我有我独特的处事法器。以下就是关于“天意”的真实故事。中学时因业余体校训练辛苦，上课趴在桌上睡着了。物理老师甩了个粉笔头打在我的桌上说："凸透镜聚焦，形成倒立的实像！"全班大笑，因为我的名字"道立"与"倒立"同音。后来，镜头成像的原理几乎被我讲了一辈子。还有一次过生日，家人问我送什么，我说送本书吧。到了书店问我要哪一本，我背过身去随意一指——《新闻摄影采访与编辑》薄册子。几天后应聘，竟然就要我教这门课。还有一次是在广州参加摄影方面的会议，仅园桌就有100台，还有抽奖活动。一、二等奖是电视机、洗衣机，三等奖是胶卷。我坐在台下想，眼下我最需要的是胶卷。没想到我的号数正是三等奖。那时，我是刚从武当山上下来，接着就到广州参加这个会议的。在山上时，紫霄宫的虚静道人曾说，他的徒弟想要一个胶卷，我问了几位同行，都舍不得。于是我就把唯一的樱花胶卷送给了他。没想到送出一个却收回了20个，真是喜出望外。再一次是听数码大型座机的器材讲座，我的心思全在数码器材上。抽奖开始，邻座问："你的抽奖票呢？"我只顾为新的数字技术记笔记，就把自己的包递给他，请他帮忙找奖票。他一下子找到了我的号，还马上帮我应票，把我的手抓着上举。于是我领到了一个上等的傻瓜相机，这恰是上课需要讲到的机型啊！由此我想，世上真有"心想事成""此乃天意"！莫非天道酬勤，深谙人意？这些好笑而又真实的故事，我常用来自我打趣，缓解内心的压力。若不把教学当作事业来做，老天爷都不答应啊！

在实践方面，最让我难忘的是登上苏制安二型飞机，航拍这座新扩建的遐迩闻名的黄鹤楼的全景。在腰间捆一根有些破损的长带，另一头勾在飞机内的顶钩上。为了角度方便，我就站在机舱门口，可以自由扭动腰肢，拍到长江、蓝天和黄鹤楼。嗬！高空俯瞰，武汉三镇已是晴川历历汉阳楼、彩虹桥畔鹦鹉洲啦！

那天的能见度不高，呕吐感也是可想而知的。可是为了作品质量，我请求飞行员下降高度，再飞几圈。直到能分清男女，看见游人的走动。飞行员夸我，如果年轻的话，你可以当个女飞行员。刚下飞机，又有人告诉我还有接着飞的机会，而我的呕吐感并未消失。我心想，坚韧是人生的不二选择，于是再次登机。这次飞机降落后我在机舱坐了好久，吓坏了周围的人，他们找到机舱，发现我正在稳定情绪，遏止呕吐。那时，我已过了不惑之年。我把这些第一手的原创作品和有关内容带到了课堂。可想而知，学生们会从中得到他们所需要的东西，而我也要求自己以炽热的敬业精神和强烈的事业心，做一个拍图片、写新闻、学理论、攻科技的全能多面人才，为学生做出表率。

流光易逝，摸爬滚打，到了花甲之年，我仍骑车到西十二楼上课。骑车的学生很多，车水马龙，寄语学生，也为自己鼓劲："斜穿东北西南角，秋风更比春风早；两轮似蹄马上飞，银铃笑语身边绕。鲜活气息噌耳过，金叶清露领风骚；远望前沿奋力赶，不曾记我老未老。"

三、课堂社会——交叉互进

创系伊始，我就知道新闻系定位的特点之一就是文理交叉。可什么是交叉？又怎么突破这个交叉呢？这个问题一直困扰着我。20 世纪 90 年代以后，我院再次提出要大跨度交叉发展。可"大"的尺度是多少？又往哪里"交叉跨"呢？我想，既然任何自然科学现象都是整体，只是为了深入研究才细化分类成学科的，那么将学科研究后的成果整合起来岂不是很自然的事儿吗？而且，"交叉跨"并不是纯主观的愿望，而是当今科学发展的潮流使然，客观的事实是各学科已经被"交叉跨"很久了。所以，我们能够做的事情就变得具体而实在了。

第一，交叉思想应体现在学生综合素质的共进发展上。

课堂教学是实现学生共进发展的第一现场。我把培养学生的职业精神和专业水平放在第一位，要求他们做一个新闻美的传播者。这叫作"抓主线、定高标"。我所授课程的特点是，无论在什么情况下，记者都要力争在事件发生的同时赶到现场进行拍摄。所以培养学生的职业精神，即勇往直前的精神，是最重要的。我把这一点作为教学的主线，在开第一节课时就提出"做一个不怕死的摄影记者"的高标准，将思想目标和业务训练结合起来。在教学过程中，力避生硬的说教，用生动的中外实例使这一思想具有感染力和渗透性，如采用国内外战地记者、抢险记者的事迹和作品等。我的要求高，学生就能给自己定下高标准。

教学最忌内容过时，我努力将最新的内容和鲜活的新闻搬到课堂，这叫作"逮活鱼"。这就要把教学、科研、社会三方面串起来。不但以出题的方式要求学生把脉中国社会的变化并进行深入采访，而且自己同时也活跃在课堂、书斋和新闻一线，关注建设成就、国有企业、再就业等热点问题。训导式的直接劝说在青年人中是没有市场的，只能在专业传授的过程中做润物细无声式的渗透。我的实践经历及其理论和作品无疑是学生最想了解、最感兴趣的。在一次课堂上，我提出“新闻有没有美”的问题。有人说，新闻不过是传播信息而已，世界上多数新闻都是灾难性新闻，没有美与不美可言。我用自己采访的有关“扬子江”游轮抢修完毕并启航的独家图文报道进行讲解：新闻来自生活，美是无处不在的。当新闻处于矛盾冲突之时，这个问题就会变得非常突出。例如，当时的“扬子江”游轮在大江中突然起火了，媒体敏捷地做出报道。可是该游轮早已向国外游客售出了客票，启航日期如果违约，我国就得赔偿。按照当时市场经济的形势，几个承修船厂得先坐下来竞争投标，充分考虑经济效益以后再开始大修。正当委托方与几家承修船厂进入激烈谈判的时候，军工船厂的老师傅发话了：“工期太紧等不得！我们是要红纸包，还是要红旗飘啊?!”这一句话，让军工船厂的厂长感动不已，定夺有谱了。随后人们看见，春节期间的长江上，工人师傅在寒风凛冽的游轮上抢修的身影。“先谈后干”的局面，一下子转变为“边谈判边施工”的局面 。这说明，在国家利益、集体利益与个人利益发生矛盾，社会效益与经济效益发生冲突的时候，堪称中国脊梁的普通工人能够迅速地做出以国家利益和社会效益为重的价值判断，他们胸中充盈着崇高的大无畏豪情，这难道不是新闻中的美吗？难道我们在传播新闻信息的时候没有传播这种审美信息吗？新闻人应该成为社会美、人性美的挖掘者和传播者，这才是我们的职业精神、社会责任和专业水平之所在。学生们听后普遍反映，从老师的实践经验中可以学到职业精神、学科专业知识。

另外，本着精讲多练的原则和增强实际能力的主旨，我把教学内容分解为难点

与重点，并设计出攻关题目，即模拟、实战、现场教练指导，让教学内容尽快转变为学生的实际能力。比如，前面提到新闻摄影抓拍基本功是决定采访成功与否的关键，训练抓拍基本功可以设计出可预见性或不可预见性的课堂模拟练习，并组织教学模拟现场进行指导，然后，再把学生带到真正的新闻现场进行实干，接着进行评议。这种言传身教的教学方法无疑胜过只讲不练的单一教学方法。学生们反映，这样组织训练，专业水平提高很快。除此之外，我还采取多媒体幻灯讲解、课堂讨论、高科技概貌介绍、校外摄影观察等教学形式来活跃课堂。总之，把理论学习融进实践学习之中，让感性认识与理性认识交替促进，有效地提高学生的全面素质及能力。所以，培养学生的综合素质才是交叉思想和教学改革的核心问题。正如爱因斯坦所说："用专业知识教育人是不够的。通过专业教育，他可以成为一种有用的机器，但是不能成为一个和谐发展的人。要使学生对价值有所理解并且产生热烈的感情，那是最根本的。他必须对美和道德上的善有鲜明的辨别力，否则，他——连同他的专业知识——就更像一只受过很好训练的狗，而不像一个和谐发展的人。"

第二，交叉思想的另一个体现是潜入基层找宝藏。

这里说的宝藏，既包括教师的实践作品本身，也包括教师的实践活动，可为理论研究提供鲜活的选题来源和准确的论证依据，一举两得。我曾在贫困山区高寒地带采访过科技与畜牧业问题。一个冬夜，顶着冰凌，任吉普车盘山而上，就是为了去看望一位分配在鄂西高山牧场的1990届毕业生，陪他聊未来。偌大的牧场，浓密的云雾，瘦削的身体……至今令我难忘。再比如，水利工程和城市建设可以说是我国改革开放后的大手笔。三峡大坝建造时，我背着沉重的相机攀上摇晃的吊梯，探走狭窄的铁杆，记录那些冒险施工，但吃的却是水煮白菜的农民兄弟；三峡移民迁徙时，我在古老村落如兴山、昭君故里走街串巷，拍摄他们喜离难舍的复杂心情；三峡大坝合龙时，我又攀上几十米高的铁架，摄取"大江合龙"的壮观时刻，铁架下汇集了各报社的老总，都为我捏把汗又为我拍照、邮寄照片，还说，没想到大学老师也能爬高；攀登三峡鹰子嘴等山崖找寻最佳拍摄角度，以记录西陵峡大桥的建设工期；长江二桥修建时，攀登在滚滚长江上空的脚手架上，拍摄那些在四十度高温下施工的建桥劳动者的雄姿；在隔河岩施工现场，拍摄到了总设计师与总工程师协力合作的场景；在小浪底工程采访后，应邀进行实时宣讲；零下20摄氏度，在鸭绿江旁采访黄金部队战士与医学院学生共同抢救跳江者的新闻事件，并在军报做了报道；与哈佛大学和南京古生物研究所的人员攀爬几乎垂直的长江悬崖，拍摄他们从事的科研活动；京九铁路即将通车的时候，在高温之下，攀越一座座南端大桥进行采访拍摄；在汉口登上直升机拍摄武汉三镇全景等。

步入中年，缜思渐远。我还应邀在天津日报举办了新闻摄影记者理论讲座，在荆楚论坛开办“精彩新闻摄影作品赏析”讲座，在国际网络传播论坛宣讲《网络色情传播的影响和对策思考》。国际网络传播论坛会议开幕时，也有个插曲：我没想到网络色情问题会进入主题发言，更没想到会把我安排在第三发言者的位置上。那天我下了火车就直奔会场，恰好会务组的人正在找我。事前没做准备，仓促上阵，使我来不及讲述产生这个论题的缘由，也来不及介绍课题组成员。事实上，这个课题的产生正是我响应学院提出的“大跨度交叉”的实际行动，也是我潜入基层了解了情况以后选择的。我准备用矢量分析的理论，按照影像审美的规律，用过滤器鉴别和处理网络上的色情传播。与其让那些假道学渗透到各个领域蝇营狗苟，倒不如举起强有力的研究手段除害灭欲。宣讲的论文反响较大，当时就有海外学者前来与我探讨研究这个问题的思路。对我而言，本身的专业就是学科交叉的产物，物理、化学、光学、电子、数字学，又与邻近的艺术学、美学、建筑学关系密切。“交叉”的提法并不新鲜，也不是偏要为之，而是一种水到渠成的积淀。

还有一次召开《延安文艺座谈会上的讲话》理论研讨会。由于我长年运用艺术理论进行摄影创作，所以打破惯常角度，换个切入口写论文并不困难。我的会议论文一宣读，就有《华师学报》和《华中建筑》杂志的主编同时索稿，然后被《华中建筑》采用。从那以后，我就被邀请担任全国建筑理论学术研讨会的简报主编。我连夜将分组讨论会上的交锋观点进行提炼归纳，编辑成代表们爱看的“清晨简报”。接着，建筑类核心期刊用首篇的位置刊登了我的《建筑理论研讨会综述》一文，被工程索引(Engineering Index，EI)收录。以后，我又在建筑类杂志上发表了从影像角度谈建筑作品的文章，从图像思维的角度谈书法艺术的文章，从美学的角度谈摄影和新闻摄影的文章，这些都是学科交叉的实践。

第三，交叉的思想完全可以实现在身边的人和事上。

20 世纪 90 年代以后，学术界颇有散神分心之状。主因来自外界的权势崇拜，次因来自人性的趋时弱点。高校本应是学术的净土，学人也应是教育的主角。

我为自己设计了一个步骤——首先“贴身发现”，然后“深入探路”，接着“干在脚下”，最后“形成成果”。至于尺度有多大，那得看天时、地利、人和，外加自己的勤奋与坚持了。我决心利用自己的专业优势来下这盘棋。

我的第一个步骤“贴身发现”，就是看到不少学者待在僻静的实验室，甚至是很简陋的地方，一生研究专业问题，但得到的关注不够，要让他们的科研成果达到产业化也很困难。这个现象已经进入我的视线中。回想起杨叔子院士曾意味深长地对我说：“你们要为学校多做贡献啊！”当时我的心就为之一动。因为我们整个学院都以每年的排名进阶为荣，没怎么去想为学校直接做贡献。那么，就让我来做一个“小跨度交叉”的贡献吧。开始的想法比较简单，用照片的形式办一个知识分子人才图片展览，把他们推到公众视野中去，以强化学人的教育主体地位。我呈递了报告，得到学校有关部门如宣传部、研究生院的认可，又得到各院系的协调支持。

在第二个“深入探路”和第三个“干在脚下”的步骤里，我并没有耽误上课。只要有空我就打电话约时间，背相机、带灯光，骑着自行车，全校楼上、楼下地跑。有时楼高人累，歇会儿再跑；自行车被盗，买个旧车仍旧跑；拍好的胶片送到校外冲洗，回来在灯光下选片；还要用电脑详细做好备案文字，院士、博导人数多少，专业方向怎样，校外特聘院士到哪儿去找，过世的博导怎样联系家属等。因为展览时需要写上这些内容，否则就不知照片上人物的情况。在这个过程中，我体会到，他们才是最值得赞美的“科学脊梁”。没曾想，在校门口展出后反响很好，学生、家属、来客都来观展，还热烈地评说照片人物，并仔细阅读下面的文字。后来，周校长在大会上夸我拍得好，这是对我“直线型小跨度交叉”的很大肯定。

展览结束后，观看这些照片上亲切的面孔，我觉得应该还有可挖掘的价值。对！何不再接再厉，配上中英文，出一本画册，让更多的人知道我校的科技人才队伍?！这个想法得到了张勇传院士、张培刚大师、刘献君副书记的理解。这就到了第四步骤“形成成果”。于是我鼓起干劲，调动新学到的杂志编辑、版面设计、图片处理等电脑技能，找到老同学刘经美女士和当时英语系张晓红、阙子江老师的支持，终于编成了《导师》这部汇 200 名导师、400 幅图片的中、英文大型彩色画册，校内外的反响都很好。长江日报登载评论：“大型画册《导师》是胡道立女士的摄影艺术力作，画册中生动地体现了华中理工大学 200 位博士生导师的成就和他(她)们的风采。无疑，要创办世界上第一流的大学，必须有第一流的导师。我们现在自然

不能说，这一本画册上的导师都具有世界上第一流的水平，但是我们确信，如果没有这些导师，华中理工大学就不可能在社会上赢得‘学在华工’的口碑。我们也相信，在这些导师的哺育下，假以时日，华中理工大学必然会产生世界上顶尖的人才。作者就是本着这样的信念，以一个艺术家特有的情怀和特有的手法来歌颂这些导师的。只要打开扉页，你就会被那些精美的画面和它生动的内容所吸引，可以说，这本画册在你面前所展开的是一片浓厚的‘学术空气’，一块优雅的‘学术净土’。唐开元中，有一位画家曹霸在凌烟阁上描绘了许多开国功臣的图像，诗人杜甫为之赞叹不已，他在《丹青引》上有这样的名句‘良相头上进贤冠，猛将腰间大羽箭，褒公鄂公毛发动，英姿飒爽来酣战’。我想，杜甫所看重的也正是画家能够栩栩如生地把‘褒公鄂公’那种神采传达给观众的才华。艺术应当有独立的风格，也应发挥为社会服务的功能。白居易说‘文章合为时而著，诗歌合为事而作’，我想摄影家胡道立女士是杜甫和白居易的信徒吧。”（承甫，蕙荪）

当然，圈内人也奇怪，我小小的个子，到了知天命的年龄，怎么会有这样的选题，并做出常规上需要一个班子来完成的烦琐事。一位导师说，“你真是个喜欢做事的人”，我同意这个评语。因为如果大家都做实事，世界就不会出大事。何况我眼下做的正是实事呢！我也很欣赏“走自己的路，让别人说去吧”这句名言。现在回想起来，似乎这是不能完成的选题，我却历时两年完成了它。中国科学院一位同行经张院士介绍找到我说，他也出版了一部同类画册，但更偏重人像摄影艺术，我则偏重科技人物与科研项目在市场化时代的实用性。后来，我在校庆活动中捐赠了 200 册，校友和留学生们捧着画册在校门口照相；新生进校军训时我再次捐赠，他们踊跃索要，一页页地翻看……为此我感到十分欣慰。我将新闻采访、图片传播、新媒体技术和图文编辑、版面设计融为一体，可算是一个不错的“小跨度交叉”吧。

采访过这么多学者，其中的趣事自是不少，那就从我拍摄的那幅挂在湖北省博物馆科技精英厅的大幅照片《著名经济学家张培刚先生》说起吧。老先生在招待所有间客房，那天，我表达了摄影的来意。一位博士生挡在门口："先生今天要接受科技日报的采访，改日吧。"我却想，抓拍出来的照片活泼、生动，真实的现场正是我所需要的。此时，张先生听到门口有声音便走了出来，他一口汉腔连说"不行！""不行！"如此决绝，一般人肯定会打道回府。可我灵机一动："只是坐一坐，观察一下，今天不拍，行吗？"说着把手中握着的小型佳能相机晃了晃。张老见我没什么大动作，就没多说什么，只是自言自语："我好忙的，还要穿正装打领带呐！"我上前一步，指着衣架上的三条领带说："我会挑领带，还会打领带，三角结打得正正小小的……""真的？"老先生这才打量了一下我。那天他穿的是夹克，我为他配上了颜色合适的领带。心想，我在课堂上常讲解色彩学呢！接着又把领带轻轻地系上了他的颈项。一次成功，他很满意。打领带是我平时留意观察学来的，看一位男士是否追求精致，可以看看它领带的三角结如何。

接着，我开始观察张老坐下来的光线和他的身体朝向。此时科技日报的记者到了，我便文雅地找到了靠墙沙发中最适合我进行拍摄的角度。那天老先生的精神状态特别好，眼光一闪一闪的，谈吐洋溢着童趣，动作流露着童真……于是，我好几次动了动相机，用无声的语言来表达我的意思：现在的您真帅，我的手儿在痒痒呢！智慧的人终究不同凡响，老人家居然看懂了我的意思，眼光十分清澈柔和。我意识到，可以行动了，而且机会不会有比这次更好的了。

房间不大，相机简单，我必须高低俯仰地来摄影。老先生不但不嫌我有动静，反而时时有小小的配合。小样冲洗出来以后，请他和夫人审阅，他高兴地说："放大放大，交费交费！"还是一口极具特色的汉腔。张老的高兴是我最大的荣幸和满足，然后，我放大了几幅 24 寸的照片，并配上了画框，带着小锤子，准备帮他们钉到墙上。

老先生很内行地说："不上墙，就靠在沙发旁。"我问："围圈放在地上吗？""是的，是的。"仍是有滋味的汉腔。

我也坐在沙发上观看了一下，果然发现这个高度适合观赏他的容貌。以后每逢年尾，他都会让夫人打电话来，冲洗一二十幅，寄出去贺新年。后来，我看到中央电视台采访他的节目，片头以及采访现场，好几次都出现了他最喜欢的那一幅照片。连教育部长来看他的时候，也是看的沙发旁的照片。其他几幅虽然也很生动，

但只有最爱的那幅后来挂在了湖北省博物馆。

我一共在学校办过四次影展:《导师》影展是个人的,《军训》影展是与学生共同举办的,《隔河崖》影展是个人采访汇报,《荷韵》艺术展是在自家客厅里办的。

如果说我有什么遗憾的话,那就是《导师》这部画册展示的主要是建校几十年的老学者,而我还想再展示一批风华正茂的新学者、新海归,为此很遗憾。

我希望自己永葆激情,能够以科学的态度搞好科研,以正确的理念指导教学,以优秀的作品感染学生,以崇高的精神净化自身。尽力而为地去干事业,别无他愿。这样一干就是二三十年。以下是学生采访我的记录:

我们杂志开办了《我爱我师》栏目,经过选举,胡老师成了第一批《我爱我师》的嘉宾。我们对这位老师有深刻的印象——严厉,可爱,充满激情!更多的却是她的慈祥。她总是批评得严厉,真正执行起来又心存宽容。

怎样时刻保持激情的心态呢?老师说,让自己处在主动地位上就会有激情。其实,这跟一个人的责任心有很大关系,要不断地思考和取舍,保持思路清晰,凭自己的实力来挖掘自身的潜力。遇到一件事思想既要专注又要开阔,还要学会反思,对这件事进行价值观判断。如果你认为是有价值的而且能学到东西,那就一定要坚持下去。她说,每个学生都有自己独到的想法,很忌讳挫伤学生的锐气。

我们一直目送着她离开,夕阳中老师的红色身影显得格外耀眼。我们祝福敬爱的老师身体健康,幸福一生!

退休后,我发现有本一等奖的教学奖证书躲在房间的角落里,说明自己适应改变的努力尚可,用奖状为凭。再翻,找到了二等奖、三等奖的证书。这可算是一件聊以自慰的事情!当年那授课的激情、热烈的场面和艺术的魅力成了我永久的记忆。

在此,吟上几句就此搁笔。

噫嘘嚱—
江城九月累硕果，卅五建院群星多；
诚挚感召难辞意，愿将琳琅奉上桌。
史实焯烁可彰显，珠玑零散唯寄托；
旋转舞台流星雨，往事精彩亦蹉跎。
从教人生同船渡，成败功过有评说；
瞻前启后铸英才，掌舵辈有浪推波。

于 2018 年 9 月

胡道立　生于 1948 年 6 月，农工党党员，1968 年 12 月参加工作，1978 年 3 月进入武汉师范学院汉口分院（今江汉大学）学习，1982 年 7 月本科毕业，1985 年 8 月进入原华中理工大学新闻系工作，1987 年 10 月被聘为讲师，1995 年 6 月晋升副教授，2001 年 6 月晋升教授，2008 年 10 月退休。

定格青春　剪辑梦想

——V-fun 团队十周年和校园毕业

胡　怡

大约十年前，2009 年 5 月，广电班大三学生方鹏、梁媛媛、姜惠敏，大二学生刘乐以及哲学系学生钟林等找到我，希望我带着他们做点创作，拍些除了作业以外的作品出去交流或参赛。面对学生的求知欲，老师当然是义不容辞。我满口答应，师生之间几乎是一拍即合，来不及请示汇报，也来不及大张旗鼓地宣传，先干起来再说。于是，这个近乎兴趣学习小组的团队在低调的热闹中悄然诞生。很快，学生们的创新力、组织力、执行力和自我管理的能力便凸显了出来。团队创始人开始组织招新、进课堂宣讲、介绍团队理念、规划团队近期及长期目标、设计团队的组织架构、制定团队的规章制度，甚至还对团队即将展开的各种业务类型也做了一定的设想，一切开展得井然有序。不过团队似乎还需要一个有意义又响亮的名称。在几番头脑风暴后，团队的名称最初定为“V^2 第二视觉影视创新团队”，虽然具有工科院校的背景特点（原意是 V 的平方，简称 V 方），但 V^2 每次打起字来实在不方便，于是团队创始人们又反复讨论，希望取一个有意义、易识别还有特色的名字，最后取 V^2 谐音 V 方，写作 V-fun。V 代表 video（视频）、view（视觉、视野），以视频记录不一样的视野，提供不一样的视觉审美，这与我们的广播电视专业学习高度相关（当下视频传播已成为投资的风口，现在看起来我们当年是多么的具有前瞻意识啊！）。V 还谐音为 we（我们），从一开始团队就强调“我们”的集体意识、团队协作，并通过团队文化建设，通过创作活动，以片会友，增强团队的凝聚力和可持续发展能力。事实证明，这种团队协作的意识和凝聚力在后来的毕业电影的创作中发挥了巨大的作用。V-fun 也谐音 we fun，代表我们在快乐中学习，在兴趣中成长，在影视创作的实践中，不断发现和记录更多的 fun（有趣的事和人）；在主动学习的态度下，让创新、创造变得更加 fun（有趣）。“第二视觉”——瞳孔是人的第一视觉，而影像是人类视觉功能的模拟和延伸，可称为第二视觉。同时我们还提炼出了团队的理念:博学创新,求是笃行。团队口号:定格青春,剪辑梦想。

团队的特色在于以学生为主体,学生参与,学生管理,自主学习,同侪互助,以片会友。在人才培养的特色方面体现了以专业学习为基础,以兴趣爱好为纽带,以创作实践为核心,以综合能力的提升为终极目标。

V-fun 团队成立以后,同学们以极大的热情投入到了团队建设和创作实践活动中。师徒制,传帮带,打通年级和专业,通过定期培训、看片拉片、创作分享,学生的创作成果不断涌现。2010 年、2011 年我们的视频作品开始在国际、国内的一些高水平大赛中崭露头角,频频获奖。比如由教育部主导的中国大学生计算机设计大赛(当时叫中国大学生文科计算机设计大赛)、香港浸会大学主办的全球华语大学生影像奖,还有一些省市级别的获奖等。2011 年 4 月,学院召开了对 V-fun 团队同学的表彰会,唐燕红书记、张昆院长、何志武副院长以及学工处王志勇处长到会,表达了对团队和同学们的肯定和鼓励,这一举措进一步激发了同学们创造和创新的活力。在 2011 年 4 月间,以刘乐为首的 V-fun 团队的几个大四学生提出了要筹拍校园大电影,记录求学时光,作为献给母校的毕业大礼,在毕业季的时候对全校公映的创想。这是一群有想象力、有创造力、有执行力的学生,他们很快就组建了毕业电影摄制剧组,以 V-fun 团队的名义,召集了全校热爱影视创作的学生,编剧、导演、摄影、音乐、舞美、演员、后期剪辑、广告、宣传推广等,涉及影视创作与推广的每一个繁复琐碎环节全部由学生担纲。经历了 42 个不眠不休的日夜,涉及近百人的摄制团队,华中大历史上第一部全部由大学生拍摄制作完成的校园电影《断弦》于 2011 年的 6 月 10 日晚上 7 点在学校韵苑体育馆正式公映了。当时的校长李培根教授和学校有关部门的领导以及新闻学院的领导和首映现场的 1200 多名学生一起观看了这部由 V-fun 团队牵头组织拍摄的华中大第一部学生原创校园电影,真是“搞了一个大新闻”。地方各大媒体都进行了报道,产生了不小的影响。在当年的毕业典礼仪式上,李培根校长又提到了这部电影,这些具有人文色彩的学生创作活动让我们这所以理工科为主的学校“变得生动起来”。《断弦》后来上传到网络,点击率过百万,不少知名校友也纷纷关注推介,其中就包括巴曙松等人。这部电影后来被学校校史馆收藏。

校园电影(也被称作毕业电影)后来的发展和影响大大出乎所有人的意料,包括我自己。从 2011 年到 2018 年的八年间,V-fun 团队竟然坚持每年都拍出一部超

华中大第一部大学生校园原创电影《断弦》由 V-fun 第二视觉影视创新团队创制完成。2011 年 6 月 10 日晚，电影首映之后电影主创人员和校长李培根及学院部分领导师生合影。二排左一为胡怡老师，左二为何志武老师，左三为高顺文副书记，左六为新闻学院唐燕红书记，左七为电影《断弦》导演刘乐，左八为李培根校长，二排右一为校团委陈刚书记。

过 90 分钟的毕业电影：《断弦》(2011 年)、《毕业戏》(2012 年)、《同学会》(2013 年)、《1014》(2014 年)、《和你在一起》(2015 年)、《自画像》(2016 年)、《从今以后》(2017 年)、《同学帮帮忙》(2018 年)。这些以学生视角，讲述他们亲历的校园青春故事，全部由学生创作完成的毕业电影完美地切中了华中大学生的笑点、痛点和泪点，成为每年毕业季的一道靓丽文化风景。以至于坊间有这样的说法，华中大学生毕业季有三件事：同歌同行，泼水节，看毕业电影。这也许是观众的厚爱和谬赞。当然，观众看不到的是我和毕业剧组学生们每年所承受的巨大压力和各种煎熬，讲述幕后的故事远不是“花絮”那么简单、轻松有趣，在“痛并快乐着”的过程中，也常常是激情与挫折相伴随，坚持与放弃相博弈，充满血泪，令人动容，在这篇文章里就不详述了。

“十年树木，百年树人”，V-fun 这粒创新的种子偶然飘落于新闻学院，然后在华中大的沃土中生根、发芽、开花、结果，成为“1037 号森林”里一棵不算挺拔高大，但具有生命活力、风姿别致的一棵小树，到 2019 年已经有十年的年轮了。这期间也获得了学校有关部门的肯定和支持，比如获得校园文化品牌建设项目的支持，获得了全校示范性学生创新团队称号(是全校文科院系唯一获此殊荣的团队),还获得了"中国新闻学与传播学教学改革创新项目"的表彰等。我不是一个喜欢总结和善于总结的人,干得多,写得少,也汇报得少,但我是一个行动派:Just do it! 所以对 V-fun 团队和毕业电影,留下来的文字远远少于它们留下的影像。不过这十年伴随着 V-fun 团队和一届又一届学生的成长,伴随着每年一部毕业电影的拍摄,我有不少的思考,也有一些困惑,在这里求教各位大方之家。

第一个思考的问题是,到底什么叫"以学生为中心"? 虽然这个说法在我们的培养理念中或一些高谈阔论的教改论文中常常出现,但真正践行起来其实是非常不易的。以我对 V-fun 团队十年指导和八部毕业电影拍摄指导的参与、观察来看,"以学生为中心"首先是要了解学生,需要花很多时间跟学生在一起,或是参与他们的创作讨论,参与他们的大小活动,参与处理各种各样的问题,参与影片的创作拍摄、剪辑修改,参与谈判,甚至参与调解一些扯皮拉筋的事情。总之就是要花相当多的时间跟学生混在一起,打成一片,跟他们平等交流,取得他们的信任,并尊重他们的意见,这对于时间宝贵的大学老师而言是不容易做到的,也是我们的一些考核条例中体现不出来的。只有了解了学生,才能理解学生;只有理解了学生,才能相信学生;只有相信学生,才能尊重学生;只有受到了尊重才能真正激发他们的创造力和其他各项综合能力。所谓"士为知己者死"的古训,在这个过程中是有意义的,只不过这个"知己"不是针对某个个体,而是大家所珍爱的 V-fun 团队和我们一起共同完成毕业电影这件大事。然后在具体实践中,老师的循循善诱,润物无声的教化作用得以发挥,得以落实。在这个过程中,除了学生们充满创意、凝结智慧的艺术才华令我欣赏之外,更让我感动的是这个集体所体现出来的团结有序、坚韧不拔、不怕困难、顽强拼搏和奉献精神(在这个无关名利的活动中,学生也是需要有奉献精神的),这就是"以学生为中心"所创造出来的巨大精神财富,也是"教书育人"成果的直接体现。

第二个思考的问题是,V-fun 团队的定位问题。它到底是一个学生社团活动,还是人才培养体系的有效组成部分或者第二课堂? 如果是前者,那么应该如何以体制机制作保障,让学生的创新实践活动具有可持续发展的动力和空间? 如果是后者,又如何在学生的培养计划、实习实践环节、师资配备以及考核环节得以体现? 也许这二者又是紧密联系、不可分割的。不过,缺少来自顶层的制度设计,缺少体制机制作保障的创新注定是走不了太远的。学校被称作是“铁打的营盘流水的兵”，V-fun团队以新闻学院一个“兴趣学习小组”为开端，到后来突破专业、年级的限制，成为一个全校性影视创作学生团队，前后有数百人参与团队的创作活动，作品无数，获奖无数，存在了长达十年之久，已属奇迹，但下一个十年呢？未来呢？

第三个思考的问题是，毕业电影最终到底是走向市场还是坚持走公益之路，保持那份以学生为主体创作者的校园电影的纯净与情怀？不同的思路、不同的面向，将会有不同的结果。毕业电影何去何从？可持续发展的空间在哪里？它存在的意义又在哪里？

2018年6月，毕业电影《同学帮帮忙》首映后，部分主创学生与中南民族大学学生团队师生进行交流。前排左一为胡怡老师，左二为中南民族大学吴涛老师。二排左三为《同学帮帮忙》导演宋荷，左四为摄像刘浪，二排右一为制片人刘洋，右二为编剧之一陈慧妍。

学院成立三十五周年了，V-fun团队也十岁了，感谢历任的院系领导、学工组的帅哥美女、辅导员老师，感谢对V-fun团队和毕业电影投以关爱目光并亲自参演、参与辅导的各位老师。还要感谢一届又一届积极参加V-fun团队活动和毕业电影创作、拍摄的学子们，正是因为他们的参与、付出、智慧、创造，才使V-fun团队有了存在的意义，才有了源头活水，浇灌着创新、创造的希望之花，使之常开不败，也使用影像记录的青春故事常讲常新。

胡怡 女，生于1964年6月，湖北武汉人。

1982年—1989年，武汉大学中文系本科，硕士；

1989年—1993年，武汉大学中文系任教；

1993年—2002年，武汉电视台导演；

2002年至今，武汉华中科技大学新闻与信息传播学院广播电视系任教。

难忘住在喻家山脚下的日子

黄匡宇

从 1987 年末调入华中工学院新闻系(今华中科技大学新闻与信息传播学院),到 1992 年末南下暨南大学,在华工工作五年有余,最难忘的是第二次搬家住在喻家山脚下的日子。

搬进喻家山脚下的三居室,是进校的第三个年头。那时候没有搬家公司,教职工搬家都是请一个班的班长带领十几位男女同学帮忙。当时同学们出大力气时口头禅就是“比搬家还累!”。这次帮我搬家的同学来自我上学期教“电视新闻”课程的班级。当时,搬完家的报偿就是请大家喝白开水解渴,边喝边聊,“这地儿不错,安静!”“是老师写书的好地方!”给他们上“电视新闻”课时,还没有教材,也没有别的教材可推荐,给他们讲的都是自己摄影、当电视记者十三年多积累的心得体会,写书的话题是学生有感而发,对我而言,可谓之鞭策。这年搬家是 1989 年春。

1992 年夏参加系里为黄石市卫生局拍摄专题片的工作照

我的处女作《电视新闻学》,就是在远离学校教学、办公中心的山脚宿舍里精思成稿的。室外的嘈杂几乎难染于耳,伏案久了或是思路堵塞,就下三楼,上山坡,楼与山仅隔一条环山便道，有时在山腰石墩上一坐就是两三个时辰。沐浴着暖阳春风，在脑子里码好“甲乙丙丁”再回书房变为文字。我就这样敦促着自己排除一切烦扰，每天以三五千字的进度编织着在江西大学就开始构思的书稿。

《电视新闻学》手稿合订本照片

春去秋来，回系里很少碰到同事，也许因为“运动”之故。当时资料室的钱锋、沈贞明等几位老师倒是一直在岗，为我查找资料提供了极大方便，至今难忘他们的友好与热情。其间偶遇过汪新源主任，听说我在写专业教材，就说：“好！教学正需要。”

30 万字的《电视新闻学》，在我伏案大半年后终于成稿、交稿，我完成了学术生涯中的第一个美梦！诚如在该书后记所言：“有人说，梦是虚幻的。然而，对于我，梦却是那么实实在在。当《电视新闻学》这部书稿落下最后一个句号时，我做完了一个梦，一个长达三十二年的梦。”1990 年该书出版时，我 50 岁。倒退三十二年，我 18 岁，那时做摄影研究根本无相关印刷品可寻，于是就有了将来自己写“梦”的冲动。

《电视新闻学》于 1990 年 3 月在当年的国家文科教材出版基地华东师范大学出版社出版。交书号费，作者自己印刷、发行。印多少？我拿着邮政编码本统计出省、市、县的电视台数目，加上为数不多的高校新闻系，猛地印了两万册。经请示系领导同意，新书顶着天花板，堆满了东五楼近 40 平方米的系演播室。接下来发征订单、发书都是当年的同学友谊出力，不到两个月，两万册《电视新闻学》销售一空。

《电视新闻学》被1991年出版的《中国新闻年鉴》认定为“全国第一本电视新闻学术专著”。该书创设了符号学框架、电视传播理论认知，二十多年里，截至2018年出版的十几本电视传播著作、教材中，都还延续着我在喻家山脚下著就的《电视新闻学》的血脉。

难忘住在喻家山脚下的日子，喻家山孕育、诞生了我的《电视新闻学》。

黄匡宇 1940年生，祖籍江西宜春。连续在岗五十三年整，实现了“为祖国健康工作五十年”的少年梦。近四十年来，著有电视传播文论近五百万字。

1960年毕业于江西教育学院中文系，任高中(语文)教师五年余。

“文革”始，任地方政府宣传部文字、摄影、电视农业专职记者十数年。

1983年入江西大学，参与组建摄影专业。

1987年底任职华中工学院，1990年出版中国电视新闻行业首本专著《电视新闻学》，获评副教授。

1992年任教暨南大学，1996年始主持新闻系全面工作，2003年底退休。

2003年末，被华南理工大学特聘为教授，参与创建新闻与传播学院，工作至2013年底。

不忘初心　感恩前行

——纪念新闻学院的那些恩师们

黄　鹂

提到华中大新闻学院，多年来我一直以自己的多重身份而自豪——既是学生又是老师，既是硕士又是博士。我生长在华工（今华中科技大学）校园，仿佛这里的一草一木都与我有千丝万缕的联系。但离校十多年以后，最难忘怀的是我在人生最好的年华遇到的那些恩师们。光阴荏苒，无论岁月流逝多久，他们的一言一行仍然深深刻在我的脑海中，成为难以抹去的记忆。

一

1994年，我本科毕业分配来华工文学院工作，当时新闻系还只是文学院下属的一个系。本科毕业的我只能以辅导员的身份入校，但能够在职读硕士的这一愿景却深深打动了我。没有任何悬念，我把专业定在了新闻学，并且主动要求分管新闻系的学生。在那个年代，新闻是一个非常有情怀的字眼，也是一个非常光荣的梦想，鼓舞着我们向前奋斗。我就这样怀揣着情怀，一边当辅导员，一边读研究生。

新闻系对我非常欢迎。吴廷俊教授成为刚刚成立的新闻学院院长，而我荣幸地成为新闻学院成立后的第一批硕士生。

程世寿老师上课的时候时不时要点上一根烟，还有一些口音，有时我们听不懂他的话，但他举的例子总是很接地气，饱含人情世故，也经常让我们捧腹大笑；程道才老师的课案例丰富、生动活泼，显得很有才华；刘洁老师年轻而镇定，很快就成为学生们的良师益友；周泰颐老师很能赢得大家的尊重，因为她言行举止很有风范；屠忠俊老师幽默风趣，那种幽默是智慧的幽默，关于他的很多经典段子现在仍然在流传；舒永平老师风度翩翩，时而幽默、时而严肃，但更多的时候像兄长一样关心照顾着我们；陈先红老师大气能干，公关能力卓越；余奇敏老师简直就是我的偶像，端庄典雅、性格开朗，一言一行都自带光芒……

不过，最值得一提的还是我的导师吴廷俊老师。将近十年来对吴老师的印象，可以总结为三个字。一是“严”。吴老师的严格几乎是人尽皆知，我虽是吴老师的大弟子，而且和他儿子是同学，也一点都没有逃出这个“严”的界限。刚刚开始读硕士那会儿，根本就不知道该怎么学习，不知道上课该记哪些笔记，不知道文献该怎么查，也不知道论文该怎么写。我清楚地记得第一年，基本上我所有的论文在吴老师那里都不合格，不是文不对题，就是逻辑不顺，又或是不严谨或者语句不通。本科学中文的我在学术论文上居然完全找不到感觉。吴老师对我的论文“锱铢必较”，总是让我一遍一遍地改，不达目的誓不罢休。有时候我也觉得他太严苛，简直不近人情。但这样断断续续熬过了一两年，就慢慢开始适应了。博士论文的修改给我的印象尤为深刻。当时我写《美国新闻教育的职业化诉求》这篇博士论文时，用了大量的英文文献作为文献资料，通过对近 200 篇英文文献的翻译、梳理和归纳，形成了我的论文的主要内容和材料。但由于写作匆忙，加上自己对语言表达的轻视，很多英文文献翻译过来表达不畅，也不通顺。吴老师大发脾气，认为我一个学中文的人不应该把论文写成这个样子！一开始我也觉得很委屈，要知道我翻译这么多英文文献可是费了很多功夫的，而且因为有这么多的一手资料，我自认为论文的内容还是不错的，只不过是表达略微粗糙罢了，那些细节上的东西有那么重要吗？但是吴老师毫不让步，要求我一遍一遍地打磨。一遍不行再改一遍，我都不记得当时修改了多少遍了！这真是一个痛苦的过程。大概又花了两个多月的时间，当我觉得自己改得要吐了的时候，论文终于开始逐渐显得清晰和顺畅了。事后想起来，那个时候或许还不是很清楚语言的规范表达对于学术研究的重要性，但是在后来十多年中的一次次写作、投稿，包括在现在工作的写作中，我才慢慢体会到了当年吴老师对我这方面的严格要求是多么有必要！其实对语言的梳理和呈现不仅仅是一种表达能力的训练，更是一种思维能力的训练。当我来到央视以后，很多人夸奖我会写论文，说我文笔好，我告诉他们，其实写论文靠的不是文笔，而是严谨的思维能力，而这种思维能力是需要经过训练的。就是当年在吴老师门下的那些严格训练，让我后来在做学术研究时有了快速反应的能力，这包括理论框架的搭建、对文献的快速归纳和提炼，以及规范完整地表达语言的能力。这是一种高强度的学术思维训练，也让我在后来的学术研究中一直都如鱼得水、受益匪浅。

吴老师给人的第二个印象，是“抠”。这种“抠”指的是他在生活上对自己的苛刻。比如，我们和吴老师一起出去调研，对方报社要请我们吃饭，吴老师从来不答应，最后就拽着我们到路边小摊吃一碗面条。同事们都不止一次地抱怨，说吴老师太抠门了！过年回来，我从老家拎来一些土特产带给吴老师，他也从来不收，总是很直截了当地拒绝我。有时候我们也会暗暗埋怨吴老师“不近人情”。不过，有时候他又很大方。我记得学院有不少外事活动，遇到有重要的贵宾要宴请，吴老师总是安排得妥妥当当，一点也不抠。最重要的是，花在科研活动上的经费，吴老师总是很大方。我清楚地记得自己写硕士毕业论文的时候，互联网刚刚出现，报纸等传统媒体刚刚向互联网转型，在北京，有30多家报社在设计自己的电子版面。吴老师非常敏锐地察觉了这个动向，借我写硕士论文的契机，派我到北京对这些报社逐一进行调研，他认为必须实地考察才能够写出真实的内容。我前后在北京待了一个月的时间，最后带回来大量一手数据，虽然花费了不少科研经费，但吴老师对我这趟差旅非常地支持。如此看来，他的“抠门”大概也是很有讲究、很有分寸的。

吴老师给人的第三个印象是“冷”。这个冷指的是甘于坐冷板凳。那些年，我最不爱学的就是吴老师的“新闻史”的课程，邵飘萍、戈公振等人物从我脑子里路过就飘走了，怎么也记不住。我虽是吴老师的学生，但并没有跟着吴老师做太多研究。吴老师一直无怨无悔地做着新闻史研究，他花费数年的时间将《大公报》研究得淋漓尽致，最后终于完成了《新记〈大公报〉史稿》一书，获得新闻学研究成果最高奖“吴玉章新闻奖”。吴老师告诉我们，做学问一定要甘于坐冷板凳，要耐得住寂寞。他也曾经批评过我，作为他的硕士、博士两任弟子，却并没有潜心跟着他一起做研究。如果当年能踏踏实实跟着吴老师一起研究新闻史，也许我能够获得比现在大得多的成就。只可惜，年纪轻轻的我心浮气躁，脑子里充满各种欲望。除了坐冷板凳，印象中吴老师的为人也是比较冷漠的。从加拿大做完访问学者回来，我参加副高职称评选，因为自己有一些国际论文，条件比别人好，觉得自己战胜同时参加的竞选者应该毫无悬念。但是，由于自己比同时申报的两位同事年轻，吴老师生生把我往后压了一年，让其他两位年龄比我大的同事先上了。为这件事情，我曾经还大哭过一场，怎么也想不通：我可是他的大弟子啊，而且我的申报条件比别人好，为什么他总是这么冷漠和不近人情？这件事情过去好多年，我才慢慢理解吴老师的苦心：他也许是想让我受点磨难，因为我一切都太顺利了！

离开华中大以后，一点点回想以前发生的事情，才觉得吴老师那时候教给我们的真的都是做人和做学问的大智慧。漫漫人生路，早一年晚一年评上副高职称又有什么关系！无论是做研究，还是做人，最重要的是要有一颗平常心，冷静对待一切，才能经得起磨砺和考验。所以吴老师的"冷"，其实是一种冷静的处事方式。所以在后来的工作和为人处世中，我回想起吴老师当年的所言所行，时常有一种顿悟和开化的感觉。

1998 年，新闻学院从文学院中独立出来了，我正好在当年完成了硕士的所有课程和学位论文。1998 年 12 月，我顺利通过硕士论文答辩，成为学院成立以后的第一批硕士毕业生。2001 年，在学院老师纷纷排队准备进修在职博士的时候，年轻的我自觉排队无望，萌生了要自己报考博士的愿望。但当时的新闻学院还没有自己的博士点，不得不和高等教育专业联合培养博士。2001 年，我顺利考上了高等教育博士生，我成为吴老师的第一个统招博士生。在度过了四年紧凑的学习和工作后，在 2005 年，又迎来了人生中的重要机遇——华中科技大学获得新闻与传播学一级学科博士学位授予权。我在当年完成了博士论文答辩，成为新闻学院获得博士点授予权之后的第一个博士，也是新闻学院第一个统招的博士。感谢新闻学院在那几年的大发展，迫切需要培养青年老师，让我有了发展的机会，也在学院的支持下度过了努力奋斗和有成就感的几年时光。

二

1999 年，在连续担任了五年辅导员的同时，我也完成了硕士学位，终于有资格登上讲台，开始教书育人的生活了。我隐约感觉到从西方引进的传播学正在我国萌芽和发展，便主动把自己的研究方向定位在“大众传播学”这门新兴学科上。而这一门课当时只有申凡老师和快退休的戚海龙老师在教学，缺乏一名年轻教师作为梯队。所以我一提出这样的请求便被学院通过了。当老师的这一阶段，我重要的导师就是申凡老师了。相比起吴老师的严格，申老师算是典型的温和派了。他总是擅长用温和的方法，一点一点的影响人，用“润物细无声”的方式来教育人。无论我在教学、研究还是生活方面，有任何事情去请教他，他都会设身处地地给我提供明确的指导和方法，让我豁然开朗。比如一开始带领我们编写《传播学概论》一书的时候，我对写书毫无经验，申老师就给我开出具体的阅读书目，教我把其中的内容摘抄下来，再按照我们自己的大纲体例概括和梳理，理论和案例穿插，这样下来一个章节就一目了然了。再比如讲课，申老师也教会了我一些具体的方法，讲课的内容要和课本若即若离，完全照本宣科学生不爱听，扯得太远学生又摸不着头脑；讲课的声调要有起伏，千万不可平铺直叙，一节课要能够掀起一次高潮；讲课的时候不用慌张，也不要想着把整节课的内容都背下来，有时候，用聊天的方法跟学生絮絮叨叨，效果也挺好的，中途思路断了也没关系，反而会让学生觉得你很平易近人。为了教好我这个年轻的老师，申老师经常去听我的课，然后有的放矢地提出意见让我改进。有一次听完课，他说我“概念太多”。我那个时候，大概是怕年纪轻镇不住学生，所以一节课准备了很多东西灌输给学生，想着内容丰富了，他们大概不会开小差了。殊不知，学生消化不了那么多内容，反而在下面吵吵嚷嚷。申老师让我砍掉了三分之一的内容，手把手地教我设计了四十分钟如何从“平静”到“活跃”，到“高潮”，再到“回归”的课程节奏。当然，还有一些具体的小方法，比如准备一些相关的照片、图片，或者是准备一些小笑话，给学生在困乏的时候用。我从这样一点一滴的细节中，终于慢慢学会了如何讲课，怎样沉稳地站在讲台上，成为一名合格的大学教师。

申老师不仅仅会做学术研究，他也是一个很有情趣、懂得生活的人。他酷爱旅游、美食、运动，似乎生活中开心的事情无处不在。在我印象里，大部分时间他都是笑呵呵的，开会讲话讲到开心处时，便会把腿一拍，爽朗地大笑起来。有时候，我们也会不拘小节地和申老师一起唱卡拉 OK，一起跳舞，一起吃饭，一起探讨人生，似乎美妙的生活也应该是学术研究的一部分。我清楚地记得，有一次他批评我，说我着装不当，没有自己的风格。很多年后我都一直记着这句话，后来再也不敢怠慢，一直力求形成自己的着装品位和风格。在申老师眼里，似乎处处皆研究、处处皆生活。一个不会生活的人，是做不好学术研究的。也正因为如此，在我们眼里，他更像一个人生导师，而不仅仅是个只会教书的老师。

另外一个让我印象深刻是戚海龙老师。戚老师瘦瘦的，给人印象最深的是他的“死板”和“较真”。因为他在考试或者判作业的时候非常严格，导致很多本来可以及格的学生不及格。我经常接到学生们在这些方面的抱怨，而我本人也曾经因为传播学的一些概念和戚老师争论不休。不过，争论最终的结果就是我发现戚老师是对的。所以，在年纪轻轻的时候，有一些老师严格地对待你，又何尝不是一种幸运呢？这能够避免你在将来的人生中少走弯路啊！

有了这些导师的指导和帮助，在新闻学院的快速发展中，我也一点一点地成长起来。2003 年，我作为学院最早公派美国的访问学者，顺利地申请到了美国康奈尔大学传播系，在那里做了一年的访问学者，完成了自己的博士论文并带回大量文献资料，设计了新的课程。2004 年，我因申请到了国家留学基金项目，被派到加拿大卡尔加里大学继续访问，在 SSCI 期刊上发表了英文的学术论文，并参加了 ICA 国际会议。2005 年，我完成了为期四年的博士学业，成为学院新闻学专业第一个统招博士。同时，自己的博士论文《美国新闻教育研究》也在“喻园论丛”这套丛书中公开出版。同年，32 岁的我被学院聘为副教授，成为重要的学术骨干……每每回想起来，在新闻学院的那段时光似乎是我整个生命中最值得记忆的一段时光，因为它有情怀、有奋斗、有理想、有初心。而我也庆幸能把自己最好的时光留在了华中大新闻学院，在那一段青春年华中，有华中大新闻学院的老师相伴，给我指点，做我的引路人。

“忽遇文殊开慧眼，他年应记老师心”。走上社会以后，发现工作和生活的难题远远比学校多，但似乎再也碰不到像当年一样诲人不倦的恩师了！感谢华中大新闻学院对我的培养，希望自己在未来的工作生涯中，仍能以新闻学院导师们的言行为指引，铭记教诲，不忘初心，感恩前行。

黄鹂　华中科技大学新闻学硕士、博士。曾任职于华中科技大学新闻与信息传播学院，美国康奈尔大学传播系和加拿大卡尔加里大学传播系访问学者。现为中央电视台发展研究中心研究员。

主要研究方向为大众传播学、新闻教育、国际传播等，有《美国新闻教育研究》等两部专著和多部译著。在国内外核心期刊发表学术论文二十多篇。目前在央视发展研究中心承担国际传播、媒体融合等方面的研究。

忆我的广告启蒙：在旅途中寻找“我和你”

李华君

如果这个世界存在平行世界，我想我还是会选择这条路吧。2010年7月，一次邂逅，让我走进了华中科技大学新闻与信息传播学院，到今天为止，一眨眼已经过去了八年，我的青葱岁月都奉献给了这里，从“华君哥哥”到现在的“华君爸爸”，在学生对我称呼的变化中可以感受到时间的流逝。华中科技大学新闻学院这个大家庭给了我太多美好的回忆，一幕幕似乎就在昨天刚发生。真的要写些什么，离不开有关老师、学生的细节。

作为一个跨界到新闻学科的新人，2015年1月至2015年3月参加教育部电通广告人才研修项目，算是我广告教学中的一次重要启蒙吧。

马丁·韦伯在《我与你》中认为，关系分为两种：我和你，我和它。

当我带着预期和目的，去和一个对象建立关系时，这个关系即是“我和它”的关系，不管那预期或目的看起来是多么美好，都是“我和它”的关系。因为这个对象没被我当作和我一样的存在看待，它在我面前沦为了我实现预期和目的工具。

在日益程序化的生活、工作中，我们做了太多“我与它”之事，而对“我与你”的感觉越发麻木或陌生。从“我和它”到“我和你”的转变，既是一种纯粹的追求，也是一种个人情怀的升华，不论做人、做事、做学问，都应抛却凡夫俗子的杂念，追求那一瞬间的“心境”。

三个月的电通广告学研修之行，我无法决定时间的长度，但我可以拓展时间的宽度。在有限的时间和空间里，我尝试去寻找广告教育中的“我和你”、电通达人中的“我和你”、生活中的“我和你”。我希望，我可以找到。

一、广告教育中的“我和你”——“无用”方得从容

自厦门大学1983年建立国内第一个广告学专业到现在，广告学已经有了三十

教育部领导到电通公司看望研修教师

二年的发展历程，广告行业的发展状况和从业人员的能力需求已经发生重大改变。2013 年，中国广告营业总额达 5019.75 亿元。面对世界第三次工业革命浪潮及新技术、新媒体不断涌现的现实，传统的广告教育理念无疑越来越受到时代的严峻挑战。美国广告学界于 20 世纪 90 年代就对当时美国高校广告专业偏重于职业技能培养的模式提出了质疑，如果所有广告教育都尽力为能在广告业就业而培养学生，那么大学校园里的广告系的价值就值得大大怀疑；美国《广告教育峰会报告》(*A White Paper Report on the Advertising Education Summit*)也提出了当前形势下“我们通过何种方式使学生取得最大的进步?”这一急迫命题。实际上，这就是对广告教育中“我和你”与“我和它”关系的思考，高校的广告教育是应该像工厂流水线加工产品那样批量生产，还是应该站在学生的角度，站在学生发展的层面，培养他们对生活、艺术、美好事物的感知或认识。

去日本之前，我就已经知道日本高校中是没有广告学专业的，那么究竟是什么人在从事这个行业？眼见为实，耳听为虚。我在研修过程中遇见的所有电通公司的讲师全都是学习非广告专业的，有学工科的、学管理的、学经济的、学历史的、学英语的、学古代文学的，没有一位是广告学专业科班出身，可是这并不妨碍他们成为优秀的广告人。这些广告人的知识背景是多样化、多学科、多视角交叉的，因此非广告专业教育反而使他们拥有了更加广阔的发展空间。

目前在中国有 400 多所高校开设广告学专业，基本归属于新闻传播学科，并在由传统的“术”向现代的“学”转型的过程中提高了广告学专业的理论性和学术内涵。在强调职业训练的同时培养具有一定理论素养和创新能力的广告精英人才，成为当今国内一流高校广告学专业的主流理念和主要目标。学界对广告教育抱有如此期待，那业界呢？国内某知名广告公司也曾经罗列出业界对大学广告教育的期待——基本的综合素质、沟通能力和技巧、对广告的信仰和激情、对广告的认知和理解、对广告的基本判断力、视野与知识面、学习能力、创新能力等。

学界和业界对于广告教育的期待如此深切，也不难理解。高校培养的学生要专业对口，才能找到工作。业界需要的人才，要具备即战力，才能节约公司成本。广告教育成为一种“我与它”的工具，似乎已经将广告教育彻底职业化了。而广告教育中的“我与你”的感性认识又在何处呢？能否真正唤起学生对广告的热爱或执着？艺术派的广告人伯恩巴克曾经说过：“逻辑与过分的分析使创意失去灵活性和毫无作用。这和恋爱一样，你越去探究它，它越会在你面前消失。”

电通第七营业局的高桥哲夫先生是天然热爱广告的人，“我少年时喜欢棒球、电影，大学里学习的是新闻专业，对广告有一种天然的热爱，自己会主动找一些获奖广告去欣赏，在欣赏中去体验生活。”电通总研的大屋洋子女士则凭借着自己对美食的爱好，经常在社交网站上介绍日本的美食文化，同时也为一些客户做美食活动的推广。这种把广告当作自己生活的一部分，当作一种热爱和兴趣追求，抛却功利的理念，或许才是广告教育中的“我和你”。

我也常常在思考广告专业的教育是否必须开设各种各样的专业核心课、专业选修课，将学生框在一个所谓的培养方案中，按照既定的模式和目标去培养，这和工厂加工产品又有什么区别？在强调素质化教育的今天，我们是不是应该更多地去激发学生对广告的真正热爱？对广告教育的理解和认知是否应更加多元化？广告课程体系中是否应开设一些看似“无用”或“无关”的课程。

现在社会似乎得了“有用”强迫症，崇尚一切都以“有用”为标尺，有用学之、无用弃之。但这世界上的许多美妙之处都是“无用”之物带来的，如诗词歌赋，看似“无用”，但可以说出你的心声。“无用”方得从容，洁净如初的心灵及丰富多彩的精神世界才能成就百毒不侵的自己。

或许，广告教育中的“我和你”，就是那种“无用”方得从容的境界。

二、电通达人中的“我和你”——热情且 Shikakeru

电通株式会社是当今全球最大的独立广告公司，世界五大传播集团之一。初识电通是在 2011 年 11 月 18 日，“电通·中国广告人才培养基金项目”在武汉大学举办“第三届电通学生广告讲座”。也就是在那一次讲座中，我认识了池田老师、田子琪老师，虽然没有近距离交流，但是他们在同声翻译讲座时的那份专业、认真、细致给我留下了深刻印象。在那次讲座中，讲师细川先生指出：“广告能够给社会带来什么？是否超越了促销或者提高品牌价值这些广告最基本的存在意义？是否给人们带来自豪感，把社会变得越来越好，把国家凝聚成一股绳等超越了广告的新价值创造？是否进行了挑战？”

细川老师的问题让我陷入了思考，广告不就是一种促销活动吗，难道还可以推动社会的稳定与发展？在日本，广告能做出什么样的社会贡献呢？日本电通的广告人又是一种什么样的工作状态？在讲座结束后，我始终在思考这些问题，但无法深入接触电通，只能对答案进行猜测。

有幸获得研修项目的资格后，我就期待在这次研修过程中，寻找这些问题的答案。电通公司一楼大厅矗立着几座电子显示屏，每天都在循环播放着一个动画，不断行走的人。这个人没有细节性的刻画，就只有一个动作——行走。这代表什么意思呢？我觉得应该是“电通十则”中的第一条，即迈开大步走向工作，工作不会投怀送抱。第七营业局的清水次长曾经指出了电通营业局的工作人员的特性，Shikakeru（有主动权去做这个事情）和 Shikiru（要控制这个局面）。尤其是 Shikakeru，要时常想到广告主的事情，主动出击。

我个人非常喜欢 Shikakeru 这个概念，我认为这传达了一种对工作的热情，一种发自内心地对工作纯粹的热爱，是一种“我和你”的关系状态。因为人只有真正地热爱这一事业，才能调动所有的积极性，认真地完成它，将它看成一个经典的作品去展示自己的才华。在电通公司的讲师们身上，我发现了那种真挚的热爱。他们通过电通公司这个平台，通过各种广告活动来实现自己的梦想，对社会、家庭、事业贡献自己的力量。

社会贡献部的野村部长提到，电通公司会在每年 10 月 16 日与日本国内非政府团体策划社会活动,一起解决粮食问题,让忍受饥饿的人摆脱饥饿困境。这个社会公益活动,不但促使社会各界重视饥饿问题,而且在电通公司内部、外部都形成了极佳的传播效果,很多职员通过这个活动,认识到粮食问题的重要性。中岛部长也举例说电通公司在四年前成立了一个新的小组,叫 neurowear(猫耳朵),专门测量脑波。开发者是电通公司的职员,这个职员希望能在人特别不高兴、特别忧郁的时候,把心情可视化并传达出去。这也是该员工儿时的奇思妙想,现在这个想法通过技术的方式呈现出来了。通过自己的努力来实现梦想,这就是“我和你”关系的重要体现。不要关注它的具体目的,只要它符合人性的发展,契合人内心的渴望,就通过自己的努力去追求、去实现。在追求梦想的过程中,实现与社会的共同进步。

东京奥运会业务部多谷贺部长的讲座,也再次印证了我的这个判断。多谷贺部长指出,日本电通公司在东京申奥过程中的作用,就是把日本从大震灾后重建的力量用语言和声像展示给全世界,实现属于日本、电通公司的胜利。这里实际上就是充分发挥电通人的 Shikakeru 精神,将奥运会放在一个更加宽广的视角中去解读,放在促进全人类相互了解的一个大平台上,将广告看成一个“我与你”的关系,抛却单一的营销宣传概念。

在电通公司讲师的授课过程中,广告创意课程周的老师们给大家留下了深刻印象。例如,小山孝讲师用独特的 PPT 打印纸的方式展示课程内容,内容轻松活泼、易懂,小山孝讲师的认真精神可见一斑。大岩讲师则认为技术(媒体技术)的进化与创意的进化是表与里的关系,不管市场行为如何变化,最重要的是公司的社会贡献率。还有下滨老师,他笑起来就像一个大男孩,对我们小组的六位老师做了一番课程设计,不但调动了大家的积极性,而且各位老师通过参与小组讨论,也强化了自身的 Shikakeru 精神。由于每天面对的都是电通公司的广告达人,我们也快被教化为一群具有 Shikakeru 精神的中国学者。

用热情去工作,用广告去见证历史的发展(电通公司拥有目前亚洲最大的广告博物馆),用创意去点亮生活,用梦想去塑造多彩的世界,电通达人身上的那份热情和 Shikakeru 精神,就是我所寻找的“我和你”。

三、日本生活中的“我和你”——仪式感中的感恩和敬畏

いただきます,那我开动了(i ta da ki ma su)。这句饭前问候语,是我初到日

研修期间受到程永华大使接见

本最深刻的生活体验。原本在国内习以为常的吃饭行为，竟然还可以延伸出一种生活仪式，而这看似简单的一句话，却给心里装进了感恩、敬畏和责任。我很庆幸日本至今还保留着这样的仪式，这种仪式感让我内心的感恩之情得到了寄托。

著名文化学者、中国社科院哲学研究所研究员李银河曾说："最重要的仪式，一定都是精神性的。"在我们每个人的成长过程中，大到祭拜天地祖宗、婚丧嫁娶，小到节日、生日，仪式感蕴含的力量，会让我们获得内心的庄严感和精神的慰藉。在东京街头的百货商店购物，经常会遇见一些态度非常虔诚的服务员，他们会将你购买的商品，用精致的包装纸打理好，送顾客到店门口，然后礼貌性地鞠躬，目送顾客走远。这些场景或许对日本人来说是一种常态，但是在我看来，这在顾客心里是很重要的仪式化体验，让顾客在购物的同时感觉自己受到了尊重。

同时，日本社会非常重视节日文化中的礼节。例如，成人礼时一定要盛装到著名神社去举行仪式。我们一起进行研修的六位老师就特意选在日本的成人节，到明治神宫观看成人礼。一些女孩盛装打扮，穿着日本和服，在神社前祈福许愿，父母、亲戚作为观礼嘉宾一同出席，见证女孩进入人生的新阶段。如果我们带着孩子怀着仪式感去完成这些仪式，孩子们也会真的觉得他们一步步迈进了成人的大门，迈进了属于自己的人生新境界。由此我想到，我们国内很多媒体都说"年味淡了"，过年浓缩为一台春节联欢晚会。其实这些都表现出我们逐渐远离了"年"的仪式感，在节日文化中无法寻找到最纯粹的"我和你"，而将过节当成了一种"我和它"的纯娱乐休闲体验。这不得不说是一种遗憾。

重大节日时的仪式感很重要,在日本,这种仪式感体现在日常生活的方方面面。譬如,日本老百姓喜欢在自家的庭院或门口摆放一些精致的花草,放一些别致的装饰,原本简单朴素的老宅顿时就有了些灵气。在镰仓、清澄白河旅馆周边、在大阪、京都的大街小巷,我们都看到了这些日本寻常人家的精致摆设。我们在欣赏美景的时候,也不得不感叹日本百姓对生活仪式的追求。

为了慰藉我们这些研修老师的思乡之情,电通公司的池田老师邀请我们到她家做客,这再一次加深了我对日本人民生活仪式感的印象。池田老师亲自撰写了精美的邀请卡,准备了别致的咖啡杯、色彩精美的餐纸,饭后大家围坐在一起,倾听悠扬的音乐,聊人生、聊社会、聊一切感兴趣的话题。原本在国人眼中习以为常的家宴,通过池田老师的一系列仪式化操作,便充满了精致的情怀。精致的食物和餐具带来的仪式感,让我们在饭桌上也婉约有致,举止优雅。

生活中不光只有油盐酱醋茶,酸甜苦辣咸。我们应该带着一种发现的眼光去看待生活,尝试着带上仪式感去体验它,找到“我和你”中的感恩和敬畏。

四、研修同窗中的“我和你”——一期一会

人常说,两个人如果没有缘分,即使在同一个城市,也不会相见。一起研修的六位老师来自不同的城市,带着相同的目标和梦想,通过电通公司的中日人才研修项目,相识在日本东京,这不得不说是一种缘分。

池田老师曾经用一个日本短语来形容这种缘分——一期一会(いちごいちえ)。我查阅了相关材料,才知道一期一会是日本茶道用语。在茶道的仪式里,通过一系列的茶道活动,包括水、饭、谈、茶四大步,让人由内到外自然涌现出一种一期一会、难得一面、应当珍惜之感,进而启发人们思考人生的离合、相聚的欢娱,使人的精神境界接受一次洗礼,达到更高的状态。一期一会提醒人们要珍惜每个瞬间的机缘,并为人生中可能仅有的一次相会,付出全部的心力;若因漫不经心轻忽了眼前所有,那会是比擦身而过更为深刻的遗憾。

人生就像是一场旅程,一期一会给人一种聚后即散的苍凉感。三个月时间里,

我们一起研修的六个老师能够和睦相处、相互体谅，共同寻找生活中的乐趣，不得不说大家是幸运的。就像金士顿(Kingston)的经典广告《A Memory to Remember》所言："记忆是趟旅程，我们同时间一起上了列车，却在不同时间下车。然而，记忆不曾下车，记忆，永远都在。"

电通公司研修毕业时的礼物

是的，记忆永远都在，我和华中科技大学新闻与信息传播学院，不也是"我和你"的关系吗？

一期一会，让我们更加珍惜彼此，一路前行！

2018 年 9 月 10 日

李华君　男，汉族，1982 年 8 月生于安徽省阜阳市。2010 年 9 月进入华中科技大学新闻与信息传播学院广告系工作。现任华中科技大学新闻与信息传播学院副院长、广告系主任、副教授、硕士生导师。长期从事品牌传播、企业公关、组织传播研究，在《现代传播》《新闻大学》等权威期刊发表学术论文近20篇。先后主持多项国家社会科学基金项目、湖北省社会科学基金项目。先后荣获“湖北省社会科学成果一等奖”“湖北省发展研究一等奖”等奖项。理论成果多次被《新华文摘》、人民网、新华网、中国社会科学网、科学网等媒体予以转载。

院庆三十周年琐记

李　磊　杨丽萍

2018年6月20日，新闻学院2014级本科生与研究生的毕业典礼在412报告厅隆重举行。教师代表唐海江老师上台致辞时泪湿沾襟，言辞恳切：“希望你们成为社会的良心，成为社会公平与正义的守望者，成为腐败与权力的批判者，成为这个时代的中流砥柱。”殷切的寄语成为毕业季值得铭记的一课。桃木印章古朴雅拙、疏朗大气，镌刻了学院院训、院徽和每个人的篆体姓名，这是毕业季学院赠予的礼物。

那时的我们坐在台下感慨万千，胸中激荡着对新闻学院文化的自豪和对新闻学子的骄傲。这一年的毕业季礼物在师生的朋友圈里疯狂刷屏，所抒所感无不是即将远航的学子们对学院的感恩与不舍。甚至还有不少已经毕业数年的校友们感叹学院毕业礼物的良苦用心，发朋友圈询问是否可以给他们也补寄一份毕业礼物以做收藏之用。

我们来新闻学院一晃已是七年，这七年里，华中大新闻学院成功跻身全国一流新闻院校，比肩复旦，排名前三；这七年里，学院文化建设润物无声，新闻学子对专业的认同感和对学院的归属感不断增强，华中大新闻学院的精神内核已融入每位学子的骨血；这七年里，学院人才培养更上一层楼，文工交叉、开放办学，为学界、业界输入了大批优秀的新闻人才，他们在各行各业成为中流砥柱；这七年里，学院工作的点滴我都历历在目，我们万分荣幸能成为新闻学院成长与发展的参与者、见证者和建设者。

一、参与院庆筹备和校友会建设

2013年，我们到新闻学院工作不久，时值学院三十周年华诞。

院庆期间学术会议参会者合影

三十年前，那时还是华中工学院的我们，创办了中国大陆地区理工科院校的第一个新闻学专业，领一时风气之先。经过汪新源、程世寿、吴廷俊、张昆四任领导和几代学人的开拓奋进，新闻学院在当时新一轮教育部学科评估中排位上升了两名，位列全国第五，正式跻身于中国新闻传播教育界的第一方阵。

值此荣光，新闻学院决定筹备三十周年院庆。为了筹备三十周年院庆，在暑假期间，学院领导班子成员和办事人员并未放假休息，倒计时的前两个月里都驻院办公，学工组、论坛筹备组、电影组、新闻报道组、出版组、大会及晚会筹备组多管齐下，力求将院庆办得盛大圆满且有影响力。

2012 年 5 月，走访《湖北日报》，商讨三十周年院庆事宜

院学工组主要负责学院文化、院庆网站、院庆晚会、“我的学院、我的同学、我的梦”系列院庆活动，以及协助学院开展校友会的建设等内容，包括建立校友名录和筹措社会资源。三十多年来，我们学院培养了全日制本科毕业生 3009 人，研究生 1306 人，其中博士研究生 111 人，说“桃李满天下”一点也不夸张，而且 1983 级、1984 级的不少校友已经成为所在行业的中流砥柱，所以建立完整的校友名录是一

个非常浩大且繁杂的工程。有一种说法是，通过六个人可以联系到全世界，我们收集校友名录也是这样。通过班长联系同学，在各大QQ群找校友；通过档案馆查阅毕业生资料。好在功夫不负有心人，校友名录的建立也算是毕其功于一役。直到现在，我们的应届毕业生找工作向我打听意愿单位有没有校友时，学院都会把校友通讯录翻出来寻找，大多数校友都是非常乐意帮忙的。

校友名录建立之后，我们开始联系遍布五湖四海的校友代表们。2012年5月21日，我们在新华社湖北分社的新华沙龙召开了院庆筹备工作校友座谈会，与会校友湖北日报社前总编辑唐源涛、华中大新闻学院湖北校友会会长方政军、湖北广播电视台数字电视总监冷智宏等都纷纷为院庆建言献策，并表示校友们愿意充分利用手头上的资源，为学院尽绵薄之力。

在此之后，全国各地校友陆续被动员起来，群策群力提建议，相互联络参会支持，踊跃捐钱捐物。我们印象非常深刻的有广州校友会的赵志刚等人，以及时任《襄阳日报》副总编、本科2000级校友陈栋，他们给予了院庆很大的帮助；河南35位校友和1984级的干部专修科校友也都积极为院庆助力。拳拳赤子之情，令人动容，院庆的成功举办离不开这些校友的支持。

金秋十月，碧空如洗，2013年10月4日，华中大新闻学院三十周年院庆如期召开。这是一次学术盛宴的院庆，院庆期间，我们召开了中外新闻传播学院院长论坛以及系列分论坛，有第六届公关与广告国际学术论坛以及公共关系与国家形象、新媒体·新业态·新发展、新媒体与广告传播、社会化媒体与国家软实力、业界论坛等五个分论坛。这是一次促进学科发展的院庆，来自中国(包括港澳台地区)及欧、亚、美等地的170多名中外新闻学院院长、新闻传播学者及媒体嘉宾，还有约200名校友出席了庆祝会，充分向外界展示了新闻学院的实力和潜力，极大提升了学院在国内外学界、业界的知名度、美誉度。这是一次彰显文化的院庆，学院师生自己设计了院徽，确立了“秉中持正，求新博闻”的院训，谱写了院歌《问道沧桑远》《梦想》，同时在三峡日报传媒集团总编辑范长敏校友的支持下，树立了铭刻院徽院训的院名石。学院还启动了“新锐新闻传播学者论丛”的编辑出版工作，弘扬了学院精神，传承了学院文化。

院庆完美落下帷幕，我们的阶段性重要工作也画下句号。三十年春华秋实，沐浴着历史的荣光，我不禁对学院前辈学人的奉献和开拓萌生出由衷的敬意，而且更加清晰地感受到一种沉甸甸的工作责任感。

二、主动参与学院的文化建设

初来新闻学院时，最深的一个感受就是，新闻学院与理工科院系截然不同。新闻学院的学生们往往更具思辨力和批判性，加之课程设置以实践为主，学生在学校与老师、学院相处的时间较短，因此对学院的认同感和归属感没有那么强。如何提升校友的感情和师生情谊成了我们工作的重点。

那时我们想，要怎样才能维系学院和学生之间的纽带，让师生之情、学院之情情比金坚，历久弥新呢？要怎样才能让学生真正地将新闻学院视作自己的家，视作精神理想的港湾呢？我们想，靠的应该是文化建设。

正如张昆教授在《新闻前哨》中所言：长期以来，在新闻院系的建设和传媒专业人才培养方面，人们习惯于重视物质条件和硬件设施的改良，而在一定程度上忽视了学院的文化软环境或学习氛围的营造，以至于在人才培养方面难以达到预期目标。当务之急是改变观念，以学院文化建设为抓手，把环境和氛围的改善提升到战略的高度。

于是我们开始向全院征稿，征集华中大新闻学院的精神载体：院训、院徽以及院歌。通过面向华中科技大学全体师生及校友征集，经新闻学院多次专题会议讨论研究，历时一年，最终确定了新闻学院的院徽、院训和院歌。

院徽外圆内锐，有锋芒也不失内敛，有上善若水任方圆之意；中心构图既有古篆书之神韵，又似古希腊之盾形，仿佛象征着学贯中西、知识集大成；而盾形又似笔尖，意指以笔为利器，针砭时弊、传播美好，捍卫社会公平与正义。

院训“秉中持正，求新博闻”已成为无数新闻学子立命行事之准则。秉中持正，意谓华中大新闻人将肩担道义、守望真理，公允见证历史，忠直传播美好，立一身正气、扬一席正言、求无悔正果。求新博闻，意谓求新而需博闻，博闻方可求新。于新闻传播学人，惟求新方闻达天下，惟博闻方脚踏实地；惟博闻方集成智慧，惟求新而引领社会。

两个版本的脍炙人口的院歌《问道沧桑远》和《梦想》也完成了作词、作曲，前者慷慨激昂，“问道沧桑远，少年志气高，追云黄鹤击水长江”，颇有“书生意气，挥斥方道”之感;后者青春洋溢,“秉中持正,公信昭示社会,求新博闻,实践引领天下”,字里行间尽是新闻学子的理想道义与担当。

有了这些文化基石之后,我们的杰出校友三峡日报社总编辑范长敏为学院文化送来了锦上添花的院名石,由我们学工组主要负责指挥、协调院名石的施工落地。有缘的是,院名石的诞生之日9月15日,正好也是我们其中一位的生日,这让我们不得不感慨和新闻学院的缘分之奇妙。

由于三峡石太重,加上约50吨的重型卡车在武汉城区许多道路不能通行,又考虑到拟安装院名石的紫荆路十字路口,人、车流量大,施工或对校内安全和交通造成影响。因此早在半个月前,我们就和负责运输的覃经理多次沟通,商定在一个天气晴好的周末来运送和施工,并设计好行车路线,以及双方接头的时间和地点。最终,我们商定院名石在9月14日夜间从宜昌市郊装车出发,15日即周日凌晨5点左右到达我校东北门,6点左右开始施工,8点左右完成主体施工,10点左右全部完成。时任学院院长张昆、党总支书记詹键现场指导院名石的施工安放。

院名石抵达当天的凌晨5点,我们便赶往学校东北门,并向门卫出示了卡车进入校内的证明文件,方便门卫起杆放行。随后又与张明新老师分工,由他带着覃经理到施工场地附近,我们则继续在东北门等候吊车和配重车到来。

不久,长达10米的130吨级大型吊车和七八米长的配重车抵达紫荆路口,我也将事先存放好的施工所需的各种工具器械、水泥、钢筋、梯子、绳索、塑料桶等安排妥当了。

6点左右,天色尚未完全放开,施工人员开始在基础坑点工作。吊车操作员则要负责将巨石从卡车上卸装、起吊、移位、下落和校准。尽管前两天吊车服务提供商曾派人前来研究地形,然而,操作员在工作中却发现,东六楼十字路口附近的梧桐树过于密集,在20米以上高空中,若不清理冗余树枝,便很可能出现重臂坠落,造成安全事故。

为解决这个难题,詹键书记紧急联系学校园林科,请求协助,我们也为了交通安全考虑联系了学校保卫处,请求对方派出4名保安人员进行支援。同时,学院此前早已安排好维护交通秩序的几位同学也已经赶了过来。他们一起担负起了设置警戒线和交通安全方面的工作。

随后便是正式的院名石落地工作。将38吨重的巨石吊起放置于固定的木板之上，再打包院名石，为垂直起吊做准备，垂直起吊后再慢慢将院名石精确落入事先用混凝土浇筑好的基础中，并通过缓慢操作，将院名石竖立在事先设计好的方位上。当这一系列工作完成后，院名石完美落地，学院领导、施工队伍和周围观看的人群不禁发出由衷的赞叹。

紫荆路口，醉晚亭旁，古朴端庄的三峡石端庄竖立在新闻学院院楼的一旁，正中以深红色的油漆喷涂着院名“新闻与信息传播学院”九个大字，笔力遒劲，系北京大学新闻与传播学院院长、中华全国新闻工作者协会名誉主席、人民日报社前社长、知名书法家邵华泽中将所题。院训“秉中持正，求新博闻”字号稍小，位列院名左侧，深蓝色的院徽则镌刻于院名石顶部，相得益彰，大气庄重，颇显历史底蕴。

院名石安装完成

在院名石的背面，也刻有一段文字：“三十春秋勤耕耘，万千学子扬风华；改革创新立潮头，新闻学苑放异彩。金秋十月，喻家山下，丹桂飘香，硕果满枝。海内外二百余专家学者汇聚于此，同庆华中科技大学新闻与信息传播学院三十周年华诞，纵论学术，共襄盛举。值此大典，三峡日报传媒集团赠予此碑，以兹纪念！公元二〇一三年十月。”

时至今日，这块历经风雨而愈显气象的院名石已经成为新闻学院师生不可割舍的记忆，也成为华中大校园最闪亮的文化地标。

来新闻学院的第七个年头，2018 年毕业季，所有人都能感受得到，学院文化以及在校生对学院的认同度和归属感达到了一个历史高点。不少学生家长参加完学院毕业典礼向我表示，感谢华中大新闻学院对孩子的用心，他们虽看过不少辞藻华丽妙语连珠的毕业典礼，却都不如新闻学院老师致辞的情真意切让他们感到震撼。老师对学生有舐犊之情，学生对老师有投桃报李之义，“今日我以学院为荣，明日学院以我为傲”，不再是一句空话，而这一切都离不开学院文化的熏陶，我很自豪我成为学院文化建设蓝图的描绘者和搭建者。

三、积极引领学生的社会实践

学如逆水行舟，不进则退。新闻学院虽然为学科建设的成就感到骄傲，却也不敢有丝毫懈怠，我们深知我们与北京顶尖高校相比，综合平台优势不大；与老牌新闻院校相比，历史积淀明显不足；而与东南沿海地区的高校相比，又缺乏地理优势。在未来，学院将继续以学生为中心，以师资为根本，以教学为基础，以科研为先导，将文工交叉的优势发挥到极致。

多年来，新闻学院在品牌文化建设方面投入了大量的精力。学院老师指导的红树林公关创新实践团队在国家级竞赛中多次斩获大奖；在学院的支持下，V-Fun第二视觉影视创新团队一年一度的毕业电影制作水平堪比院线青春片；华中大评论学社更是聚集了学界、业界顶级的评论资源；社会认知课程的建设，让我们的在校生社会服务项目在祖国各地实践；“大学工”体系的建立更是使全院师生融为一体，共同成长进步；我们学工组的同仁们也是尽心竭力为学生服务，有求必应、有问必答，营造了和谐进取的学院文化氛围。

此外，我们在教学实践基地建设方面也做了很多工作，从无到有为学生创造了很多高水准的实践学习机会。最开始学生的实习全靠自己联系，去的也大多是地方媒体，后来学院领导带队走访，与中央几大党报、党刊签订实习合作协议，每届学生都有机会去人民日报社、央视等平台实习。

在前不久召开的学院领导班子会议上，我们还跟书记、院长再次提到了全方位人才培养的重要性。在未来几年，学院计划为有志于去传统主流媒体实习的同学提供更好的实习环境，缓解学生在“北上广”实习的经济压力，由学院出资在北京为实习的学生提供临时住宿，以鼓励有新闻理想的学生努力奋斗。除此之外，学院还打算拿出充足的资金，制订新闻学子的青年马克思主义者培养工程计划，遴选出有志于投身主流媒体，有志于奔赴基层奉献社会的优秀学子，为他们制定系统的培养方案，培养出更多面向主流的、党和人民信赖的新闻工作者。

三十周年院庆已过去五年，至 2018 年，学院已经历经 35 个春秋，华中大新闻学院走出了闻名新闻业界的评论大家、中国青年报编委曹林，引领新闻短视频潮流风向的“我们视频”总编刘刚，荣登福布斯 2018 中国“30 位 30 岁以下精英榜单”的

“真实故事计划”创始人雷磊，走出了为国争光的“法网”冠军李娜，也走出了一手打造“罗辑思维”的互联网时代内容营销教父级人物罗振宇……长江后浪推前浪，未来的新闻学院将更加注重对学生的培养，为新闻学子提供优良的软件、硬件环境，更高水平的师资力量和国家级的实践平台，以百年树人的毅力为每一位学子提供最适宜成长的土壤，使他们都能成为对国家、对人民有用之人。

2018年的新闻学院已更上一层楼，学科地位跻身前三，比肩复旦，学院文化蓬勃发展，深入人心。我们编修了令人自豪的院史，吟诵传唱我们的院歌，制定了“秉中持正，求新博闻”的院训，使之成为全体师生的座右铭和行事准则，新闻学院硬实力与软实力兼备，理想情怀与专业严谨共襄。能见证新闻学院发展的历史，并为这所学院的建设添砖加瓦，是我人生莫大的幸运和成就。未来，我们将仍与华中大新闻学院同行。未来，新闻学院还会有第二个、第三个以至无数个三十年，愿那时的华中大新闻学院依旧傲立潮头，不负学子期盼，不负教师努力，不负学校支持，不负时代荣光。

李磊　副教授，2011年任新闻与信息传播学院党委副书记，现兼任纪委书记，国家高级职业指导师、高级心理咨询师，2009年荣获湖北省思想政治教育先进个人，2016年荣获华中科技大学“三育人奖”，出版《军事理论课程》教材四本，主持参与省部级课题五项，发表高水平学术论文十余篇，曾荣获全国高校学生工作优秀学术成果一等奖，湖北省高校国防教育科研论文二等奖。

杨丽萍　女，新闻与信息传播学院学工组长，国家三级心理咨询师。自2011年以来，一直从事学生思想政治教育与管理工作，参与学院院徽、院训、院歌的策划和推广，曾获“华中科技大学优秀辅导员”等十余项校级奖励。

国家精品在线开放课程《网络与新媒体应用模式》诞生记

李卫东

我于 2009 年 6 月在华中科技大学公共管理学院毕业后，有幸加盟新闻与信息传播学院，一晃已有八年之久。在学院工作的日子里，我得到各位师长的精心培养和无私帮助，真心觉得新闻与信息传播学院是育人治学的清净之地。在各位前辈的关心和指导下，我一点一滴地成长，发生了很多难以忘怀的故事，也取得了一点成绩。当然，最值得一提的是，2017 年我主讲的慕课“网络与新媒体应用模式”，被教育部认定为首批国家精品在线开放课程(华中科技大学共有四门课程得到认定)。本课程是华中科技大学 2016 年度慕课课程立项建设项目“网络应用模式与战略”的建设成果，也是中国高等教育学会高等教育科学研究“十三五”重大攻关课题“‘互联网＋’课程——在线开放课程群建设的创新与实践”的子课题“〈网络与新媒体应用模式〉在线开放课程建设与研究”的建设成果，也是新闻传播教育界最早推出的五门慕课之一。

课程组成员包括张昆老师、余红老师、张明新老师、钟瑛老师、何志武老师、陈少华老师、徐明华老师、鲍立泉老师和李华君老师，在此感谢各位老师的悉心指导和鼎力支持。很多创意和构想是课程组老师一起在碰撞和讨论中产生的，课程成果是集体智慧的结晶。张昆老师还把自己建设国家精品公开课和资源共享课的宝贵经验毫无保留地传授给了我，在课程建设和精品课程申报过程中给予我很多指导。另外，在慕课的建设和运行中，陈文泰博士生、贾瑞雪博士生、邓雯博士生和彭静博士生等作为运营团队发挥了中坚力量，在开课期间，每天都有一人全天候在线值班。

在线课程的特点就是永远“不下课”。记得 2016 年第一次开课期间，刚好是春节，我本人和几位博士生春节期间在家里正常值守，每天在线回复学生的提问，除夕夜、大年初一也有学生提问，我们都及时做了回答，赢得了学生的赞誉，也被“爱课程”平台工作人员誉为“最负责的老师”。

该课程以我本人编著的专业教材《网络与新媒体应用模式——创新设计及运营战略视角》(高等教育出版社,2015 年)为基础建设而成。该教材囊括了最新的、原创性的原子应用模式,试图让学生掌握新型应用模式创新设计的方法和步骤,以便让学生符合业界对创新能力和实践能力的要求。该教材是国内率先系统讲述新媒体应用模式方面的专业教材,也是高等教育出版社推出的“全国网络与新媒体专业系列教材”的第一本教材。同时,该课程也全面融入了我自己六年互联网创业实践中的一些思考和经验。

“网络与新媒体应用模式”的课程特色是按照“用户思维”,依据学生用户在线学习的行为特征和实际需要,重构课程体系、教学内容和教学方法:建立了既碎片化又体系化的课程体系,研发了动画电影式的慕课视频,开展了在线的、互动式的应用模式创新设计实验,建设了包括试题库和案例库在内的在线学习资源库。当前,多数网络与新媒体专业以培养网络与新媒体的使用者为目标。该课程也取得了一些较为显著的教学效果和社会影响,归纳起来主要有三个方面。

一是在线开放课程得到选课学生积极评价。选课学生对课程内容、视频制作、教学方法和辅助教材等积极发表评论,如“老师讲得很好、很详尽,容易理解,以后要追这门课了”,“不再迷茫了,还在办公室,就迫不及待地看完了第四周的课件,内容好充实!给老师赞一个。现在特别想看视频,听听老师的讲解”,“老师很棒:老师讲得很不错,感觉从中学到很多新鲜的知识,自己要好好学习”,“感觉老师讲的内容已经涵盖了我知道的任何一个网络应用,真棒”,“老师讲得太好了,让我学到了很多知识,增加了自我的水平,对待生活充满了热情”等。

二是在线开放课程得到选课学生的热情参与。2016 年在“爱课程网”中国大学慕课平台上线后,三次开课的累积选课人数达 3 万多人。其中,课堂讨论问题“为什么大数据并不能解决所有的问题”共有 416 条回复,“网络应用模式与网络应用产品的区别和联系”共有 268 条回复,“机器生产的数据新闻能否取代传统的人工报道”共有 231 条回复。前两期课程共有 1500 多名学员参与了课程考试和提交了设计作品,350 多人取得了优秀与合格证书。

三是在线开放课程得到同行专家的认可。中国高等教育学会高等教育科学研究“十三五”规划课题“‘互联网＋’课程——在线开放课程群建设的创新与实践”将本课列为重点建设课程之一。教育部新闻传播学教学指导委员会副主任蒋晓丽教授在对本课程的学术评价意见中指出:“课程视频运用可视化的方法,用形象的动画等表达抽象的概念,注重对学生创新设计方法和步骤的培养,对国内外热门的新媒体应用产品的典型案例进行较为深入的分析,具有较强的实践性,致力于提高学生的创新能力和动手能力,具有较大的应用价值和推广价值。”

在课程建设中,我们确实克服了很多困难,经历了很多故事,有一些思考和体会,现整理出来,献给我校新闻传播教育创立三十五周年。

一、深入调研和梳理网络与新媒体专业教育面临的问题

从华中科技大学 2000 年在全国首创网络传播专业开始,经过多年努力,网络传播专业已得到教育界和业界的广泛认可。2012 年,教育部决定在新闻传播学专业目录中新设网络与新媒体专业。截至 2016 年底,已有 134 所高校在培养网络与新媒体专业人才。

但作为新兴专业,网络与新媒体专业的学生究竟学什么,应该重点培养哪方面的能力,至今是一个悬而未决和争论不休的问题。虽然,中国互联网前辈们为中国互联网的发展已经开创了广阔的天地,让中国成了名副其实的互联网大国,创造了全球先进的电子商务服务体系等骄人的成绩。但在接下来的互联网竞争中,我国

会有怎样的发展还不得而知。对此进行设想，我们能否在互联网（物联网）发展的未来三十年中，不再追随世界互联网发展的脚步，不再模仿别人的应用模式，而是引领全球网络应用发展的方向？我们应该清醒地看到，全球第一个搜索引擎应用、信息聚合应用、信息分类应用、博客应用、微博应用、社交网络应用、移动聊天应用、视频应用和游戏应用都没有诞生在中国。为什么中国培养的大学生不能在全球首创某种应用，并逐步作为一种应用模式被全球的创业者们模仿？为什么我们的大学生还普遍缺乏独创某种应用的意识、勇气和能力？对此我们必须反思我们的培养方案。

课程组收集了国内已有的网络与新媒体专业的培养方案，实地走访了南京大学新闻学院、浙江大学传媒与国际文化学院、上海交通大学媒体与设计学院、复旦大学新闻学院、苏州大学凤凰传媒学院等新闻传播院系，以及浙江日报传媒集团、江苏卫视、上海贝联科技公司等传媒机构。

调查中发现，几乎所有高校都强调培养创新性人才，但从培养方案和课程设置情况来看，大多数高校没能把培养学生的产品创新设计能力落到实处。当前课程体系主要包括新闻传播学基础类课、新媒体专业核心类课、计算机科学与技术类课程。主要存在的问题有三个方面：一是新媒体专业核心课程占的比例偏低；二是新媒体专业核心课程中普遍缺乏应用产品创新设计类课程；三是计算机类课程设置混乱。新媒体专业的学生应该掌握哪些计算机方面的基础知识，目前还没有统一的认识。华中科技大学创办的传播学（网络与新媒体方向）专业实行传播学和计算机科学的双学位制交叉培养模式，能让学生全面系统地掌握计算机科学与技术的系统知识。但对多数高校来说，这种模式具有不可复制性。高校在该专业的计算机类课程设置中存在的普遍问题是重技术、轻理论，课程的设置存在较大的随意性，缺乏明确的选择标准。

二、积极寻求和建构全新的网络与新媒体专业培养方案

一个专业培养目标的设定既要考虑前瞻性，也要考虑现实性。前瞻性是指该专业要培养能够引领未来的创新型人才；现实性是指该专业要培养能满足市场需求的应用型人才。由上述研究发现可知，当前网络与新媒体专业的培养目标既缺

乏前瞻性，也缺乏现实基础。

课程组认为，要科学设置网络与新媒体专业的培养目标，首先要科学界定什么是新媒体，以及准确了解新媒体业界需要什么样的人才。

新媒体可看作是由一个新型网络、新型数据处理模式、新型计算模式、新型浏览模式、新型应用模式和新型终端构成的新型媒介体系。新媒体是新型媒介体系的简称。所谓的新媒体，可能是网络之“新”，可能是数据处理模式之“新”，可能是计算模式之“新”，可能是浏览模式之“新”，可能是终端之“新”，也可能是应用之“新”。

在此意义上，网络与新媒体专业的培养目标设置同样需要在“新”上下功夫，到底落脚在哪个“新”上呢？网络与新媒体专业的培养目标可落脚在培养学生的网络技术创新能力，也可落脚在培养学生的数据处理模式创新能力、计算模式创新能力、浏览模式创新能力，还可落脚在培养学生的终端创新能力和应用创新能力。显然，前五种创新能力需要很强的技术功底，一般都是计算机、电信相关专业的培养目标。网络与新媒体专业最有可能实现的就是培养学生的应用创新能力，主要依据有如下两个方面：

一是新型应用是新媒体体系的核心。若没有丰富多彩的应用，所谓的新型网络、新型数据处理模式、新型计算模式、新型浏览模式和新型终端都将成为“空壳”，变得毫无意义。因此，网络与新媒体专业将应用创新设计能力作为培养目标具有一定的前瞻性，也抓住了关键。

二是应用创新设计人才是市场急需的人才。有学者在对大型门户网站、网络媒体、互联网公司、企业以及事业单位的招聘信息进行文本分析后发现，产品设计、产品经理等创新设计类人才是新媒体业界的急需人才。因此，网络与新媒体专业将应用创新设计能力作为培养目标符合现实需求。

任何一个专业培养的学生，具备了核心竞争力才能在社会上立足，这也是一个专业具有高门槛、高区分度的重要体现。一般而言，一个网络与新媒体应用产品要最终推向市场，一般要经历应用产品概念设计、应用产品详细设计、应用系统架构设计、应用系统程序设计、应用产品运营管理等基本环节。

应用产品概念设计的本质是建立在用户画像基础上的产品蓝图描绘，试图解决做什么、为什么做的问题，其基本环节包括用户分析和应用模式创新设计。应用产品详细设计的本质是在一定的限定条件下，建立在用户视图基础上的产品结构描述，试图解决怎么做、做成什么样的问题。应用系统架构设计的本质是应用产品实现的系统架构方案。应用系统程序设计的本质是运用某种程序设计语言，写出实现应用系统的程序，也称代码设计。应用产品运营管理的本质是应用产品的市场运营管理、内容运营管理、用户运用管理和升级维护管理等。

由此可见，应用系统架构设计和应用系统程序设计属于新媒体应用技术研发的范畴，在实践中分别由系统架构师和软件工程师来完成。应用产品概念设计和应用产品详细设计属于新媒体应用产品创新设计的范畴，在实践中由产品经理、系统分析师或产品设计师来完成。应用产品创新设计主要依赖于对用户心理的分析和对用户核心需求的理解，需要扎实的人文社会科学背景知识，基本不涉及具体的技术实现细节，是网络与新媒体专业最有可能培养出的专门人才。

因此，网络与新媒体专业应以培养应用产品创新设计人才为目标，把应用模式创新设计能力作为其核心竞争力，同时也让学生具备一定的运营管理能力。网络与新媒体专业应该和很多工科专业一样，致力于培养设计师。我们要走出“培养学生的实践能力，就是让学生掌握各种工具的操作技能”的误区。能否把一款应用产品从无到有地设计出来，才是更重要的实践能力，网络与新媒体专业应该成为“设计师的摇篮”。

据此，可建立由基础理论课程包、应用产品概念设计课程包、应用产品详细设计课程包、应用系统开发课程包和应用产品运营管理课程包构成的新型课程体系。

(1) 基础理论课程包旨在培养学生的理论基础、学科视野和创新思维，主要课程包括社会科学基础(传播学理论、传播学研究方法、社会心理学、新媒体与社会、网络传播理论)，信息科学基础(信息论、系统论和控制论)，数据科学基础(概率论与数理统计、大数据分析与处理、数据可视化)和计算机科学基础(计算机组成原理、计算机通信与网络)。

(2) 应用产品概念设计课程包旨在培养学生关注用户核心需求，提出新型应用模式的创新能力，主要课程包括新媒体用户分析、新媒体应用模式创新设计、新媒体应用产品战略规划等课程。

(3) 应用产品详细设计课程包旨在培养学生把产品概念模型转换成可见产品的能力。应用产品详细设计就是将一个概念中的应用产品运用可视化的方法描绘出来，让人一目了然。用例建模、内容建模和情景建模是应用产品详细设计的基础性工作，学生必须掌握这“三大建模能力”。应用产品详细设计课程包的课程包括新媒体应用信息架构设计、新媒体应用人机交互设计、新媒体应用界面设计和新媒体应用用户体验设计，旨在培养“四大设计能力”（信息架构设计能力、交互设计能力、界面设计能力和视觉设计能力）。

（4）应用系统开发课程包旨在培养学生新媒体应用系统架构设计、应用程序设计和工程组织方面的综合能力。此课程包重在培养学生的设计理念和设计方法，重在为学生自行学习各类开发技术打好基础，而不是简单地让学生掌握一点超文本标记语言（HTML）、脚本语言（JavaScript）和动态网页编程语言（ASP、JSP或PHP）。据此，应用系统开发课程包的课程包括数据结构、算法设计与分析、面向对象系统分析与设计、软件体系结构原理与方法、面向对象程序设计、数据库系统原理、软件工程等。这样，学生就能掌握新媒体应用产品周期中的“应用系统架构设计”和“应用系统程序设计”两个阶段所需要的基础理论和方法，也能根据具体的项目需要快速学习和掌握某种热门开发技术。

（5）应用产品运营管理课程包旨在培养学生新媒体应用产品的市场推广、用户管理、运营数据监测与分析等方面的综合能力。一流的应用产品在一定程度上是运营出来的，应用模式的创意再好，如果没有一流的运营也较难在市场竞争中取得一席之地。如何及时捕捉用户需求的变化，持续改进一款应用产品，是产品经理（或运营总监）的重要职责之一。应用产品运营管理课程包包括运营数据监测与用户行为研究、产品推广与营销管理，以及项目管理等课程。

当然，也可以根据各个高校的情况，设置一个选修课程包，供学生根据自己的兴趣和爱好进行深入学习。

上述思考和观点也以“应用模式创新设计能力：网络与新媒体专业培养的核心目标”为题在《现代传播》（2017年第4期）上发表。

三、国内第一本应用模式创新设计教材的编写

课程组的各位同志在长期的教学实践中大胆提出，网络与新媒体专业应以培养应用产品的创新设计人才为目标，应把应用模式创新设计能力作为学生的核心

竞争力。但国内还没有应用模式方面的教材或专著。

在完全空白的基础上编写一本全新的教材，是一项极具挑战性的工作，但这又是一件具有重要意义的事项。一方面，可以填补空白；另一方面，可以稳固和提升华中科技大学在全国网络与新媒体专业教育领域的地位。

《网络与新媒体应用模式——创新设计及运营战略视角》的写作起步于2009年。该教材于2012年被华中科技大学“教学质量工程”精品教材建设项目正式批准立项。2014年底交稿，于2015年9月正式出版，国内第一本新媒体应用模式方面的教材《网络与新媒体应用模式——创新设计及运营战略视角》正式问世，被列为“全国网络与新媒体专业系列教材”的第一本，由高等教育出版社出版。近期，课程组成员余红老师编写的国内第一本《新媒体用户分析》的专业教材已交由高等教育出版社出版。

《网络与新媒体应用模式——创新设计及运营战略视角》全书内容包括三个篇章：总论篇（包括网络与新媒体概述、网络与新媒体应用模式理论），应用模式篇（信息获取应用模式、电子商务应用模式、互动交流应用模式、娱乐应用模式）和战略篇（网络与新媒体的应用形态战略、应用入口战略、应用开放平台战略）。本书全面深入地归纳了信息获取、电子商务、互动交流和网络娱乐四类一级应用模式的基本概念、发展现状、发展趋势和原子应用模式类型，详细讲述了各类一级应用模式所包含的原子应用模式的基本原理和运营战略，囊括了最新的、最具创新性的、最具发展潜力的典型应用模式和应用产品。本书能使学生全面掌握和了解网络与新媒体的各种应用模式原理和发展全貌，重在培养学生新型应用模式创新设计能力、运营管理能力及战略规划能力，能让学生更加符合网络与新媒体业界对人才创新能力和实践能力的要求。

四、在线开放课程开发建设与上线运营

在课程开发建设中，课程组将应用模式创新设计能力的培养作为贯穿始终的“一根红线”。课程组在课程开发和建设方面主要做了以下四方面的工作：

一是按照学生用户的移动学习特性，建立了既碎片化又体系化的课程体系。借助智能手机，利用碎片化时间，随时随地开展学习是新一代学生的典型学习行为

特征。本课程对知识内容进行碎片化处理，课程 10 个章节、30 个知识点的脚本全部独立原创，共录制了 30 个碎片化知识点讲解视频，学生随意选择任何一个知识点，就可学习某一原子应用模式的基本原理；同时本课程把原子应用模式归纳为信息获取、电子商务、互动交流和网络娱乐四个知识单元，实现知识点的体系化。

二是按照学生用户的认知心理特性，研发了动画电影式的慕课视频。本课程打破了把传统课堂搬上网络的“主讲教师全程出镜讲述＋课件”的教学视频制作方式，研发了“演示动画＋原理模拟＋思维导图”的动画电影式的教学视频制作模式。主讲教师几乎不出镜，学生看到的不再是呆板、生硬的“文字＋图片”，而是在看“电影”，抽象复杂的概念变成了生动有趣的滚动画面，能让学习变得轻松愉快，较为符合“80 后”“90 后”学生的认知心理和学习习惯。

三是依据学生用户渴望交流学习的需求，开展了在线的、互动式的应用模式创新设计实验。本课程不仅注重师生间的互动交流，更注重学生间的互动交流，要求学生在线提交应用模式案例分析和创新设计作品，通过学生间的互评，激发学生的创新设计潜能。

四是依据学生用户期待自主学习的需求，打造了丰富的在线学习资源库。能否为学生自主学习提供丰富的在线学习资源是慕课建设的关键。该课程已初步完成“试题库”“案例库”“课件包”“二维码资源库”“词条库”等在线学习资源的建设：在高等教育出版社爱习题测评系统中发布 6000 道试题，供学生使用；在案例库建设方面，已对外发布“A 字号”微信公众号，定期上传网络与新媒体的应用模式案例分析报告。

在课程建设中，课程团队采用“作战”方式开展建设工作，打了一场“硬仗”，在很短的时间内完成了高质量的课程建设。运用半年左右的时间开展教学内容、碎片化处理和脚本设计工作；一个暑假，整整 60 天，我们都在“摄影室”度过，每天晚上都需要不断熟悉和朗诵第二天要录制的课程脚本内容，不能多一个字，也不能少一个字，我们“脱了一层皮，瘦了一大圈”。录制完后，后期制作又熬了大半年，制作好的动画电影式视频需要课程团队一个一个地“审阅”，“一帧一帧”地细看。

在学校首批立项建设的慕课中，我们的课程率先上线运行，在国家精品在线开放课程申报开始时，我们已经开课两次，刚好满足申报要求，也是全校首批立项的慕课课程中有资格申报国家精品在线课程的唯一一门课程（其他申报课程属于学校慕课建设的前期探索课程)。

第一次开课计划提前40天发布,爱课程平台在首页也开展了较长时间的横幅链接推荐,在正式开课前已有近5000人的选课人数,课程结束时选课人数达到14609人,互动参与人数为2460人,发帖总数为2889个。其中,课堂讨论问题"为什么大数据并不能解决所有的问题"共有416条回复,"网络应用模式与网络应用产品的区别和联系"共有268条回复,"机器生产的数据新闻能否取代传统的人工报道"共有231条回复。前两期课程共有1500多名学员参与了课程考试并提交了设计作品,350多人取得了优秀与合格证书。

在线开放课程的建设永远在路上,课程团队将不忘初心,以培养学生的创新设计能力为己任,不断地去探索和创新,不断地更新和完善课程内容。

李卫东　工学学士、管理学硕士、管理学博士、传播学博士后,先后就读于华中科技大学动力系(本科)、华中科技大学公共管理学院(研究生);国家认证计算机技术与软件技术专业系统分析师。现任华中科技大学国家传播战略研究院执行院长,新闻与信息传播学院传播学系教授(科研岗)、博士生导师。在国内率先开展网络空间的"云传播"理论研究,《云传播的理论模型研究》(系列论文)等成果获得湖北省社会科学优秀成果三等奖2项,二等奖1项,有4篇文章被《新华文摘》、人大复印资料《公共行政》全文转载;国内首部《网络与新媒体应用模式——创新设计及运营战略视角》专业教材编著者,国家精品在线开放课程"网络与新媒体应用模式"负责人、主讲人。

三十年前记忆里的华中大新闻系

李　幸

记得我是 1987 年 5 月去华中工学院(第二年改名为华中理工大学,今华中科技大学)报到的。大半生里,我有过多次调动,到华中大这次调动给我最深的印象是“神速”。

应该是在 3 月,春季学期刚开学时,华中大通知我去试讲。此前,我同时联系了武大和华中大两所高校,华中大先通知我试讲的。讲了一节“新闻导语写作”课之后,就让我在教室里等着,听课的人到隔壁教室商议去了。大约过了 10 分钟,程道才书记回到教室告诉我,学校下周即发出商调函。我当时心里有点纳闷,怎么这么快就能做出决定?后来才知道,那天的试讲是“三堂会审”,即人事处、教务处和系里都有负责人在场,故能当即决定人事调动事宜。记忆里,系里在场听试讲的人,有当时的系领导和年长的教师。

我以为,这种“神速”不仅表现出学校工作效率高,而且体现了对人的尊重。一拍即合,对于双方,总是比较有情趣、有意思的吧。于我而言,是明白了自己更适合华中大而不是武大。一个单位的某种作为,对具体的个人而言,带来的心理与精神效果,往往大于作为本身。

顺便说一句,后来我在中国文采声像出版公司、南京师范大学、华南理工大学都担任过一定的领导职务,在选人、用人的方法方面,华中大的“神速”多少对我有潜移默化的影响。

申凡副主任亲自跟我交代,安排我讲的课是“新闻写作”。这个交代,不是排课,是谈这门课如何上比较好。于我来说,分管教学的领导直接跟任课教师谈课程问题,这样的事情后来再也没遇到过。

记得申凡老师说,这门课很重要,也比较难讲。难讲表现在,似乎原来上这门课的老师不愿意上了(不知是否听错)。讨论这门课的时候,申凡老师表情比较严肃，但给予了我很多肯定。不过他接着又指出我在试讲时的问题：板书比较乱，满黑板到处乱写(我这么理解)。他是略微笑着说的，有点与我商榷的感觉，我却顿时觉得羞愧难当。我还真不知道板书也应该是规整的。我的母校北京广播学院现中国传媒大学的老师，有的能够面向学生，不用转身、不看黑板，边讲边反手书写出极工整的关键词。

记得上过一学期课之后，申凡老师又跟我说："你没有在报纸行业工作过，要上好新闻业务课，还需要去参加实践。"感觉他又戳到了我的痛处，我只是在广播电视台工作过，不知道新闻报纸具体是如何操作的。上大学前办过厂里、县里的小报，算不算呢？

总之，细节决定成败吧。如此重视教学，教学工作还会做不好吗？

顺便说一句，当时上课，极有感觉，不仅是因为课堂上学生那种如饥似渴的眼神，更是因为课前、课后与课间在教师休息室里的待遇——校工用水瓢从水桶里舀水，倒在脸盆里为教师们洗手。如此待遇，后来在其他学校再未享受过。听说这是民国以来对待教师的待遇，当时给我的心理暗示是：如此伺候，拼了也要把课讲好！

与1987级同学的合影，前排右一为李幸，摄于1988年

在华中大那几年，系里好像没有什么科研要求。评职称应该是需要科研成果的，但教学与其他工作表现、资历以至于为人，似乎更重要吧。感觉科研完全凭自觉，当然也有特别努力的同事。有一次听申凡老师跟程世寿老师说话，申凡老师说："看你家窗户，夜里三四点灯还亮着。"程老师似乎有点不好意思，回申凡老师说："你不也在不断发文章和出书吗？"

在华中大新闻系，年长的同事们给我的教益是，教学是公事，科研是自己的事。公事，是要认真去做的；个人的事，似乎与成名、成家有关，不宜多说。

结合教学，我当时也写一些论文，每年发一两篇。还写了一本书，不过当时出书很难，加上或许是写得不好，出版社最后给退回了。倒不是为评职称，那时晋升的想法不强，主要是个人兴趣，而在华中大新闻系的环境与氛围里，这种兴趣无疑得到了鼓励。更重要的是，备课的收获不仅仅是教学。我在北京广播学院新闻系读书时，只学了一些新闻理论和新闻史，而业务课，主要是学习戏剧影视理论知识和文艺广播方面的采写编评，可以说，在华中大，我才比较全面地了解了新闻业务的理论与技能。当时华中大图书馆的文科书不多，但好处是教师可以进书库看，书库的书不外借，但各科各类的书至少都有一本吧。记得在里边看到过戈公振的《中国报学史》，是 1930 年代的版本，我还看过台湾译本，当时大陆地区还没有译本。而自己所写的书，后来终于有了用武之地，成为程道才老师主编的一套“专业新闻采写与报道丛书”里的一本——《文化娱乐新闻的采访与写作》的主要内容。

还要顺便说一句，在华中大时，我还讲过一门课，课名是“新闻作品赏析”，给 1984 级的大四学生讲。当时觉得他们什么都学过了，讲什么，怎么讲呢？于是就采用在北京广播学院学的文艺美学理论知识来讲新闻作品里呈现的艺术性。这可能是个伪命题，但是没人管我，讲什么，怎么讲，在当时是自由的。

1990 年，我离开华中大到北京办公司，其实就是“北漂”。当时光有粮票没有户口本是买不到粮食的，分配到《中国商报》的 1989 届毕业生张荣立用自行车载着大米骑行十多公里送到我住的城郊。他专门负责粮食报道方面的业务，当时《人民日报》有关粮食方面的社论，也要请他执笔。不久又有去《中国黄金报》的 1991 届毕业生苏朝晖，执笔过《人民日报》关于黄金问题的社论。我称这两位同学为“钱粮大臣”。

我想说的是，华中大的新闻教育是成功的，生源也是优质的。新闻系在学校里，也是不辱使命的。当时的毕业生，最大的困惑是别人听说自己毕业学校后的反应：工学院也有新闻系？早期的毕业生，就是在这样的社会环境里发展起来的，用不屈不挠这个词来形容，也不算夸张。只说我当过两年班主任的 87(1) 班吧。1991 年毕业时，这个班的学生大多分配到基层，且与新闻工作无关，但是后来他们大多又通过考研与应聘，到了北京的新闻单位，之后又有一些下海创业了，总之非

李幸教授

常不容易。但如今都过得挺好，有的做了单位领导，有的创办了公司，还准备上市。

2004 年，华南理工大学开办新闻与传播学院，这已经比华中大创办新闻系晚了差不多二十年(华南理工大学从 2003 年开始招收传播学本科生)。海内外招聘院长的结果，竟然是我入选了。华南理工大学也许是看中我在华中大新闻学院的工作经验吧。到了广州，见到了先行者黄匡宇与程道才、汪苏华。张昆院长接任华中大新闻学院后，和刘洁等来广州，聚集了大家，包括在《羊城晚报》的周萍。后来还建立了华中大新闻学院广东校友会，济济一堂，好几百个人，前教师也有几位，在深圳的幸智敏和在江门的欧阳华，还有刘绩辉。记得张昆院长说，广州三家老牌或重要的新闻院系，暨大、广大以及华南理工，都曾经有华中大来的教师担任过负责人。于是我就想到关于老家的两句诗了：天下三分明月夜，二分无赖是扬州。

张昆院长当时给我一个任务，介绍他跟广东电视台、南方电视台台长见面——为了以后学生到广东实习及就业方便。他说跟广东的报业方面一直都有往来，但电视台方面缺少合作。这让我感触颇深，张昆院长初到华中大，如此重视学生的培养与发展，学院没选错人。尽管此举有抢我学生饭碗之嫌——华南新闻教育，不能跟华中大比。好在后来张昆院长给了华南理工大学新闻学科建设很多支持，到我卸任，续任的院长还在受益。只好说，天下华工是一家——华南理工大学简称华工，从前华中科技大学也简称过华工。

重视毕业实习，的确是华中大新闻教育的传统。20 世纪 80 年代，在华中大时，我曾经多次到过学生的实习单位，那是每个教师都必须完成的“工作量”。张荣立同学，就是我到新华社湖北分社看望实习生时留下了深刻印象的人。当时分社的接线员和食堂的大师傅都认识他，我找到他及吃上饭都轻而易举。1985 级学生中有 3 位学生姓名里都有“洁”字，我称她们为“三杰”，也都是在看望实习生的过程中结识的。我还到过广东佛山，也是因为 1985 级的同学在那儿实习。多年以后，我从广州去佛山再见当年看过、后来在那儿工作的同学，其中有一位就是佛山市妇联副主席马湘雨。

毕竟离开华中大已近三十年，很多曾经的同事已经叫不上名字了，见面或能认出。不过我对华中大的发展大势，一直是关心的。记忆里，最早的领导者有汪新源、程道才、申凡，后来程世寿、吴廷俊接棒，其间，学院虽然经过一段瓶颈时期，但终于过了“三峡”，成为中国新闻教育一流院系。

早知如此，当初该赖着不走的。

李幸　1968 年 11 月—1975 年 5 月，军队战士、文书；

1975 年 6 月—1978 年 4 月，工厂工人、干部；

1978 年 5 月—1979 年 8 月，县工业局秘书；

1979 年 9 月—1983 年 7 月，原北京广播学院学生；

1983 年 8 月—1987 年 4 月，江苏常州广播电视局记者、编辑；

1987 年 5 月—1990 年 9 月，华中理工大学讲师；

1990 年 10 月—1996 年 4 月，中国文采声像出版公司总经理助理、常务副总经理兼副总编辑；

1996 年 5 月—2004 年 7 月，南京师范大学副教授、教授，广播电视系主任、新闻与传播学院副院长；

2004 年 9 月—2013 年 2 月，华南理工大学教授，新闻与传播学院院长；

2013 年 3 月—2014 年 5 月，华南理工大学教授。

研究爱好者的精神家园

——传播学研究方法学术沙龙传

李贞芳

最初接触到学术公益的理念，是在 2004 年夏天，香港城市大学祝建华教授与深圳大学联合举办的传播学研究方法讲习班中。五天的讲习班，祝建华老师每天上午、下午各讲 3 个小时，而且分文不取，只为了在中国大陆地区推进社会科学研究方法在传播学研究中的应用。2006—2007 年，我在美国俄亥俄州立大学传播学院做访问学者期间，也定期参加学院的研究交流活动。

回国后，我和当时指导的三位研究生古涵、杨孟丹、张国健一起复习在俄亥俄州立大学修习的一门“高级传播研究方法”课程，这是一个高阶课程，我们都进展极慢，但每次大家理解了一点课件的内容，都感觉非常快乐。于是我们决定欢迎其他有兴趣的师生加入这个“高级传播研究方法”的学习小组，2008 年 10 月，传播学研究方法学术沙龙开始了正式公开的第一期。

前几次学术沙龙只有我们师生四人，我们每次都将学习的具体内容放在下一次的海报中，渐渐地吸引了一批硕士生和博士生加入。随着传播学理论与方法的发展和师生的学习要求，我们分别以“传播学前沿文献研读”“高级传播学研究方法”“研究技巧”“理论建构”“广告与公关效果研究”“数据挖掘与分析”“社会学研究设计”“数据挖掘 R 语言”“数据可视化”等为主题展开了系列学习，到 2018 年 9 月 15 日，已经成功举办 135 期。

在学院领导的多年支持下，传播学研究方法学术沙龙已成长为一个专注科学方法、实证研究的公共学术交流平台，惠及数百名校内外师生，影响日益广泛。帮助更多学子学习研究方法，掌握研究技巧，开拓研究视野，提高研究能力，培养科学的理性思维习惯是学术沙龙的宗旨；在沙龙活动中平等交流，共同享受研究中的美与乐趣，分享研究中的发现与创新，不断超越自我，发掘人生的价值，是学术沙龙的至高使命。

2017年9月28日，张昆院长参加国际学生的学术沙龙活动

在学术沙龙里共同成长起来的一届又一届本科生、硕士研究生、博士研究生、国际学生、校内外青年教师，如今分布在世界各地，他们仍然关注着学术沙龙的活动，分享自己学习和工作情况，回馈母校的精神滋养，将一直活跃的学术沙龙活动视为自己精神的家园。传播学研究方法学术沙龙有如下特点：

第一，培养批判性思维，掌握传播学学术研究前沿。

学术沙龙核心参与者为硕士研究生和博士研究生群体。为培养成员的研究与创新能力，学术沙龙一直以新闻传播研究方法的讲习和训练为重点内容，而当前传播学研究方法前沿强调的正是定量研究法。因此，从“传播学前沿文献研读”“高级传播学研究方法”到“研究技巧”，再到如今的“理论建构”，学术沙龙四个系列的研讨至今均围绕着“如何用实证方法做研究”这个主题展开。首先，在传播统计学的基础上，我们讲习了实地调查法、内容分析法和实验法三种主要的实证研究方法，因为许多成员没有统计学基础，此阶段的学习较为困难，但克服了技术上的困难后成员们纷纷表示收获颇丰，这也是学术沙龙的入门课程；然后，我们以《研究是一门艺术》为参考教材，进一步学习研究的技巧，比如如何组织论文的观点和论据，如何承认和回应读者的质疑等，这些知识使我们的研究论文更有逻辑和说服力。

在讲习理论知识的同时，学术沙龙更注重理论在实践中的应用，每次研讨内容皆分为两大板块：一是发言者对知识的理解和介绍；二是发言者根据所学理论，结合自己的研究领域和研究计划来重新审视和设计研究课题。通过与其他成员的分享，能够完善自己的研究计划，而其他成员也从中获得了不同的经验，日积月累，所有成员无论是在研究方法上还是研究实践上，皆取得很大的飞跃，做研究俨然成为学术沙龙好友共同的乐趣和享受。

贯穿学术沙龙始终的理念是“用科学的、理性的、批判的思维观察传播现象”，那么其最终理想和目标就是培养一个科学研究者所应有的批判性思维和理性思考能力。正如一位美国心理学家所提出的，培养个人的创新思维，关键在于提高个人的知识结构水准，其中包括批判思维和发散思维的能力。开发批判思维就是开发人的创新思维。因此，归根结底，学术沙龙是在孜孜不倦、潜移默化地培养学生们的创新力，最直接的表现——“以前写论文都是直接复制别人的观点，难以提炼出独特的发现，根本谈不上是做研究；而学会实证研究方法后，通过建立变量间的关系，有了自己的研究发现、形成了自己的观点，这是让人欣喜的质的飞跃”——这是所有沙龙成员共同的心声。

第二，参与成员不断增加，惠及兄弟院校青年学子。

自学术沙龙开办以来，我院和外院师生皆踊跃参与，会员包括本科生、硕士生、博士生、留学生以及传播学和非传播学教师，如我校管理学院的张鹏程博士曾为大家讲解结构方程模型的软件使用技术以及理论建构经典“what is not theory”，甚至音乐学院的同学在参与学习之后也对传播学研究方法产生了浓厚的兴趣，为此沙龙组织者还专程到武汉音乐学院为同学们做了“音乐传播”主题演讲，受到该院同学的特别关注。

随着新闻学院招收了越来越多的国际学生，学术沙龙专门举办了英文版的学习活动。尤其是在每年的中国传统节日，如端午节和中秋节，学术沙龙活动会邀请学院领导和国际学生畅谈时政、情感与新媒体等话题，这成为连接学院管理层和国际学生交流与研究的机会，增强了国际学生对学院的归属感和认同感。

第三，坚持不懈，活动形式多样。

学术沙龙自 2008 年秋季开办以来从未间歇，是新闻学院一道独特的风景，成为学院传统的学术活动之一，历久弥新。我们不仅倡导科学的研究方法和严谨的思维模式，更提倡一种热爱生活、享受自然的审美观。沙龙成员们不单单坐在教室中研读理论知识，还要走出校园，拥抱自然，接近和审视一切美的事物。学术沙龙走进大自然，开展“道法自然”户外活动；走进华为，共话数据挖掘与应用（由原传播学研究方法学术沙龙的成员、我院广告系毕业生、现华为荣耀品牌部数据分析师尹志强主持);走进博物馆、东湖梅园……

以下为学术沙龙的活动图片和新闻报道。

学术与自然的交融——第 28 期学术沙龙在磨山梅园举办

作者:新闻学院 来源:新闻学院 点击数:132 时间:2010-3-14

摄于 2010 年 3 月 13 日磨山梅园

江城万物颜色生,磨山梅花暗香飘。将新学期的首次学术沙龙的地点移至这春意盎然、花团锦簇的磨山梅园,是华中科技大学新闻学院"研究技巧"系列学术沙龙团队的又一次创意活动。3 月 13 日上午,沐浴着温暖的春日气息,学术沙龙的主持人李贞芳老师和数名研究生、本科生以及兄弟院校的学生们一起席地而坐,在大自然的怀抱里经历了一次学术与心灵交融的旅程。

这次的学术沙龙是整体系列学术沙龙的第 28 期,首先以三峡项目组专题三组的研究报告为例,大家共同学习讨论了 John M. Swales 和 Chrishine B. Feak 的 *Academic Writing for Graduate Students*(Ann Arbor: University of Michigan)中 constructing a research paper 这一章节,随后由研究生曾循和王利婷分别报告了 *the craft of research* 之 warrants 和 qualifications 两个小专题。整个过程在轻松愉悦的氛围中进行,同学们交流沟通、讨论启发,一个个看似难懂的问题在不知不觉中悄然被攻克。

寓教于乐是本院学术沙龙活动一贯的研习方式,户外学术沙龙无疑为新学期的学术沙龙活动开了个好头，同学们热情高涨，很喜欢这种新颖的方式。来自江汉大学的雷同学说："这次学术沙龙活动别有新意，希望以后多开些类似活动，不但学习到了知识，也陶冶了情操。"

华中科技大学传播学研究方法学术沙龙：八年100期推行学术公益

荆楚网消息(通讯员 郭冰洁)6月6日上午9点半，华中科技大学新闻学院传播学研究方法学术沙龙第100期庆典——"批判性思维的终极大法"举行。参加者就滑坡推理、攻击稻草人、用模棱两可的话隐瞒真相、通过光环效应来让读者分神、论人不论事、不恰当地诉诸公众意见、诉诸可疑权威等逻辑推理谬误的案例，以及直觉、个人经历、典型案例、专家意见、研究报告、当事人证词、个人观察作为证据的效力展开讨论。

参与沙龙人员合影

该校赵振宇教授认为，批判性思维训练新闻评论教育中非常有必要的。慕名而来参加学习的武汉音乐学院舞蹈系秦雯同学表示，面对如此精神大餐，只觉得时间太短，意犹未尽。中南民族大学熊焰老师认为，学术沙龙为新闻学子打开了一扇研究和思维的新大门。

该校新闻学院院长张昆教授表示，传播学研究方法学术沙龙是新闻学院的一道独特风景，影响学子无数，斐声学界、业界，对丰富教学活动、创新教学模式有着独特的贡献。

来自华中师范大学、美国弗吉利亚大学的师生，学术沙龙的主要成员，以及广东麒麟豪歌收藏文化交流中心的代表等共同参加了此次学术沙龙庆典。

自 2008 年开始举办以来，传播学研究方法学术沙龙已达 100 期。活动是由新闻学院支持的学术公益活动，被评为校园品牌文化活动，旨在钻研最前沿的传播学研究方法和研究技术，探索社会传播现象与规律，为学子提供学习、思考、交流的平台。

张昆院长在发表个人观点

赵振宇教授讲话

学术沙龙第 100 期合影留念

李贞芳 女,副教授,生于 1969 年 3 月,2002 年 6 月进入华中科技大学新闻与信息传播学院广告系任教。华中科技大学经济学院西方经济学博士,美国俄亥俄州立大学、韩国国立首尔大学、香港城市大学访问学者。研究方向为传播学定量研究方法与理论建构、媒介效果、广告与公共关系效果。

转型与起步:我的华工新闻系岁月

刘燕南

华中工学院(华中科技大学前身,以下简称华工)是我的母校,也是我新闻传播教师生涯的起步之地。1984 年,我从华工船舶与海洋工程系本科毕业,进入成立不久的新闻系任教。

最早的华工新闻系坐落在东二楼二层的东北角,东二楼是船海系的主楼,我在这里进进出出了四年。从船海系到新闻系,地理位置上零位移。还是那座大楼,还是那个熟悉的环境,但是我已经由工科转入文科,由学生变成老师,转换了身份,也转换了专业研究的跑道。如今,在这条道路上我已经走过了三十多年,“告别了青春,数不尽的车站”,走过了喻家山,满满都是回响。

雷动天、刘燕南、陆晔,1990 年摄于仙桃

一、勇于办报

1984年初夏,在华中工学院时任院长朱九思的领导下,刚办不足一年的华工新闻系与光明日报湖北记者站合作,创办了一份以改革冠名的报纸——《改革信息报》,四开四版周二刊。

20世纪80年代是改革开放风起云涌的年代,是思想解放狂飙突进的年代,也是不拘一格锐意进取的年代。我刚刚结束论文答辩,尚未办理毕业手续,也没来得及到新闻系报道,便和同级毕业生幸智敏一起,直接进入了《改革信息报》编辑部,并被委以重任,小幸担任一、二版编辑,我担任三、四版编辑,编辑部主任是王益民老师,后来又有刚从中国人民大学毕业的王木林和资深新闻人汪苏华、程世寿、曹承容等老师陆续加入。其时,我的全部新闻从业经历,就是在校广播台当过三年编辑,为校报和《青年园》杂志写过十几篇稿件。大时代的小人物,懵懵懂懂,就这样被裹挟进了传播改革开放的洪流中。

《改革信息报》创办之初,朱九思院长经常来编辑部指导,一再要求大家打开视野,激活思想,广泛采集国内最鲜活、最前沿的改革信息、改革经验、改革观点和域外新风进行刊发。他还经常出席编前会,参与稿件的遴选,每期亲审大样;对报纸的编采、印刷和发行,事事关心。对于一份远离政治中心,非特区、非沿海,办在中部城市武汉的改革信息类报纸来说,既无区位优势和信息优势,又缺少人脉资源,不少人对它的前景抱持怀疑态度,一些办报参与者自己也心存疑虑。

我当时负责四版"浪潮"副刊,曾经准备在题头处选登歌德的一首小诗:你若失去了财富,你只失去了一点;你若失去了荣誉,你就失去了很多;你若失去了勇敢,你就什么都失去了。编前会上,朱九思院长不等我汇报完,就果断拍板,这首诗上头版,上报眼。他大手击桌,震得茶杯都叮当作响,而后快速起身,走到我面前,拿起稿签仔细审看。我至今还记得他当时的神情,坚定、果敢。改革需要勇气,办报又何尝不是如此?

很快,经过大家的努力,这份敢想、敢干、敢言的报纸发行量便达到了6万余份,影响力和广告经营也日渐起色。可惜由于种种原因,随着朱九思院长的离任,《改革信息报》也走进了历史。这份年轻的报纸在短短一年多的生命里,曾经以一篇颇有力度的评论获得过“全国好新闻”三等奖的殊荣，用光明日报名记者樊云芳的话说：“这样的成绩怎么评价也不为过。”关键是，这份报纸还为学校提供了一个影响社会的窗口，为新闻系学子提供了一个面向社会的实践平台。现在想来，假以时日，若该报能够存活到国内报业兴盛的20世纪90年代，恐怕又是一番风景。

《改革信息报》是我从一名喜欢文字的工科生真正进入新闻界的第一步。从策划、采访、编辑、划版到下印刷厂排版，一校、二校、三校到最后出版，一整天不眠不休连轴转，亲历了排字工人面对一排排字架，在昏黄的灯光中一个字一个字地捡字，每篇文章的字排好后再拼版、压版的过程，也熟悉了办报运作的全部流程。对我们这些刚刚毕业的年轻人来说，办报就是学习，我们一无所有，也就无所谓失去，唯一拥有的也许就是初生牛犊不怕虎的勇气，什么都敢试，也什么都能试，因为年轻，我们有大把的时间可以试错改错。所幸，20世纪80年代是一个从容自信、允许尝试的年代，《改革信息报》为我们新闻生涯的起步提供了一个宽松、宽容地尝试和探索的平台。

《改革信息报》谢幕时，我已经离校去上海复旦大学进修，与朱九思院长再无交集，也无从了解他对这份报纸命运的看法。私下揣测，我们年轻，无责在身，可以云淡风轻，可是对他这位已经功成名就的教育家、办报情结浓厚的老报人来说，或许冷暖有度，得失自知，还是有不少未竟之志。十年树木，百年树人。老一辈对年轻人的教诲和启发，往往润物细无声，在不经意中潜移默化，历久而弥新。在与朱九思院长短暂的接触中，他对办报的热忱，为勇气和信心的那一击掌，还有做事的严格认真和亲历亲为，至今让我印象深刻。

二、教学相长

初登讲堂，我给新闻系本科生上过“自然科学概论”课。在我从教生涯讲授的理论到实务再到方法的诸多门课程中，这是唯一一门非新闻专业课。为文科生开设有科技含量的课程，体现理工院校办文科的特点，一直是华工人的追求，“自然科学概论”课程便属追求之一。安排我上这门课的原因，用系领导的话来说，主要是看我有理工科背景，年轻老师要丰富教学历练，当然也有增加课时量的考虑。所以，明知道这门课比较枯燥，内容不亲和，涉及面广，与本专业有距离，也不会有什么学术产出,但是在主管教学的申凡老师的一番劝导和鼓励下,我还是迎难而上了。没想到,无心插柳柳成荫,讲授这门课,我获益匪浅,不仅亲历了一段难得的教学相长的过程,也开阔了思考新闻传播的科技视野,对我后来从事偏量化的应用传播研究也多有助益。

武汉的夏天,酷热难当,开学就得上新课,更让人心生忐忑。好在华工在自然哲学教研方面有多年的积累,一直实力较强,我就赶紧拜师请教。整个暑假,我埋首在堆成小山一样的论著和资料中,切身感受到了"课上一杯水,课下一缸水"的艰辛。那时,社会上正强调"科学技术是第一生产力",从专业角度开篇,我得给学生分析科学和技术的不同,讲解自然科学、社会科学、思维科学和哲学、数学的关系。第一次课下来,由于紧张,加上"秋老虎"肆虐,我浑身是汗,感觉自己头发都在冒蒸汽。

"自然科学概论"这门课有概念,有原理,涉及各类学科,纵向上还涉及各种知识的生成历史,信息量极大,难度系数不小。

原本以为新闻专业的文科生,不会对这门课太感兴趣,没想到,感兴趣的学生还真不少。一些学生拿着教科书,勾勾画画,热烈地讨论,课间还让我再开列一些参考文献。而我之前已经开列了三四本参考书,包括远德玉和陈昌曙的《论技术》。

原本以为我的理工科知识积累,应付这些刚进校的本科生应该绰绰有余,结果发现,不仅数理化,而且生物学、天文学、空间科技等好多领域的新内容我也得从头恶补,边学边教。原来,教学相长不只是说教师与学生之间的教与学相互促进,对教师而言,教学过程也是教师的学习提高过程,是"学因教而日进,教因学而益深"。

原本以为课堂上多提问,让学生紧张起来,也能引起他们的关注和兴趣,没想到我最后是"自讨苦吃",自己给自己挖了个坑。每次课堂提问和讨论后,学生们都会提出一连串的新问题来,就像连锁反应,并且内容五花八门。例如,牛顿的《自然哲学的数学原理》,明明说的是物理,为什么会以哲学和数学为书名?物理就是论自然吗?细胞学与生物进化有什么关系?如今大热的人工智能在当时已有端倪,有学生就问,人工智能可以实现人机对话?那可以进行人脑交流吗?甚至还有八卦:胡克在牛顿之前就发现了万有引力,但牛顿数学好(学好数学很重要哦),解决了行星的运行轨道问题,两人相争牛顿胜,胡克个矮,牛顿便说"如果说我比别人看得远,那是因为我站在巨人的肩膀上",这是讽刺还是谦虚?

因为师生都比较年轻，没什么心理距离，学生们的提问和质疑不加任何修饰，当老师的我也满心坦诚，能答就答，遇到无法回答的难题就直接告诉学生，“我下次回答你”。那个年代，互联网还未诞生，为了这个“下次回答”，我花费了大量的时间查资料、泡图书馆、泡资料室，辞海、大百科全书、教科书、参考书、杂志刊物，翻来覆去，几乎查了个遍。整整一个学期，我都生活在提问、追问、查找、思考、回答的循环中，苦乐交织，一个问题刚解决，又冒出另一个新问题。显然，科技发展对于人类进步的推动，不仅表现在改变社会、改变生活、改变观念，也表现在激活人们认识世界的好奇和潜能上。

我想的是给学生更多的知识，他们想的是探索更多的未知。

三、论文参会

1990 年，系里收到一份会议征稿，翌年 5 月将在意大利罗马举行一个题为“保护文化遗产”的媒介艺术国际会议。程世寿老师主持成立了一个课题组，让我负责主管和张罗。身处湖北楚地，当然就地取材，我们很快确定了论文题目是“中国报纸在保护楚文化遗产中所起的作用”。

我打算采用量化的内容分析方法进行研究，在中国社科院新闻所完成研究生阶段的学习后，一直没有机会操练这一方法。那时，从西方舶来的传播学及传播研究方法在国内的教学和应用仍在初始期。撰写国际会议论文采用量化研究方法是不是更能与国际接轨？我把自己的想法向程老师一汇报，没想到他很干脆地说，那就试试吧。

我们选择了人民日报、光明日报、湖北日报、长江日报、随州日报、宜昌日报、荆门日报、荆州日报等 8 家报纸，以 1985—1989 年间的报道为样本，进行内容分析。之所以选择报纸，一是因为当时报纸仍是强势媒体，二是因为纸媒找实体样本比较容易，三是因为编码表相对好编制。中央和省市报纸好办，资料室就有；地县报纸样本由报纸总编出身的程老师帮忙收集，很快便搞定了。

当时，有关大众传媒与文化遗产保护的系统研究十分罕见，没有互联网，文献搜索极为艰难。我们搬来一摞摞厚厚的报纸，逐一翻阅，对相关内容进行分类，统计篇数和字数，判断倾向性。除了量化内容分析，还点面结合，对其中若干份报纸和代表性文章进行了专门聚焦,辨别事实性报道、介绍性文字、评论性观点和学术性研究所占的篇幅和比例,分析微观事件、中观或宏观阐释、观点争鸣等文章的特点,加上走访、讨论和写作,前前后后费了不少功夫。

有两位老一辈学者的治学风范和倾力帮助,让我铭感至今。一位是湖北省社科院楚文化研究所的张正明所长,当我冒昧地找上门去求教时,张老师对我这个楚文化知识几乎空白的后辈毫无轻忽之意,很认真地回答了我的一系列问题,并赠给我两本他撰写的著作《楚文化史》和《楚文化志》,临走时还告诫我说,有些媒体报道楚文化不一定准确,若有问题可以随时联系他。另一位是华工外语系的杨正和教授,一位经验丰富又严谨负责的老师,我们辗转请到他帮助翻译论文,为了一些专业文字和词语,年近花甲的杨老师亲自登门,不厌其烦地和我们一起反复讨论、推敲,力求翻译到位、传神。

紧赶慢赶,我们赶上了截稿期,那时收寄国际邮件,来来回回,至少两三周,也收到了会议录用通知和参会邀请,但是,我们完全低估了办理出国手续的难度和复杂性。最终,因为种种原因,我们未能成行,只得放弃参会。程世寿老师开玩笑说,还说出国,我们连楚国都没有走出去。不过,论文出去参会了。我们宽慰自己,国际会议重在参与,向世界传达中国学术的声音,论文参会也是一种方式。这篇论文后来发表在《新闻学探讨与争鸣》,1991 年春季号第一篇,并获得首届中国新闻文化学术研讨会优秀论文奖,算是在国内新闻传播学界取得了一定反响。

这是我们第一次向国际会议投稿,也是采用内容分析方法进行研究的一次初步尝试。无论是从了解国际学术规则的角度,还是从研究内容与方法的角度,这次研究都是一次难忘的经历,虽然有些磕磕绊绊,但更多的是收益。

我对生长和浸润于斯的楚文化,对楚文化的媒体呈现以及保护,有了比较理性而深入的了解,不再茫然无知。

实际操作过一次内容分析方法后,我对这一方法的优劣和适用性有了切身的体会和把握。量化和质化方法各有特点,与研究目标相匹配,就是好方法。

我对西方学术研究的思路和方法,对学术论文写作的规范和模式,也有所感悟和认知。接轨国际学术规则,以及排除一些非学术因素的影响,是实现良好表达和交流的前提。学术之路,也是通向世界之路。

最后,程老师的开放、包容、信任,以及认真指导和严格审改把关,让我在研究

1984 年，甘惜分教授与刘燕南、周泰颐、程道才、戚海龙、汪苏华，摄于华中工学院

之中和研究之外都受益良多。

台湾星云大师曾经说过一句话：什么是缘分，缘分就是碰到了你应该碰到的人；什么是福分，福分就是和有缘人一起共度人生的悲欢。其实，人生际遇的内涵丰富而多元。对我来说，在我刚刚走上社会，开始人生新的事业和生活之旅时，遇上了华工新闻系的组建，遇到了这么多优秀的前辈和同行，是非常幸运的事，并且在建系之初，能够和这些前辈和同行们一起度过一段有苦有乐的创业过程，缘分也好，福分也罢，都值得珍惜。

不苟言笑的汪新源主任主政新闻系时，他坚持送系里每一位从理工科转文科的年轻老师出去进修；吴廷俊老师慷慨激昂的讲课，我时常蹭听，承蒙他信任，我把他那本后来获得吴玉章奖的《新纪〈大公报〉史稿》的手稿从武汉背去北京；接下讲授"经济新闻报道"课程的任务后，程道才老师把自己的讲义毫无保留地全部交给了我；平易近人的申凡老师，隔三岔五会喊年轻老师到他家去，拿他更新的文献资料；还有那些时常争论不休，又学在一起、玩在一起的年轻同事们……

衷心祝愿华中科技大学新闻与信息传播学院更上一层楼，特色办学之路越走越顺畅，越走越宽广！

刘燕南 1984年毕业于华中工学院(华中科技大学前身)船舶与海洋工程系,获工学学士学位;

1984—1986年,华工新闻系教师,改革信息报记者、编辑,其间曾赴上海复旦大学新闻系进修;

1986—1989年,中国社科院研究生院新闻系硕士研究生,获硕士学位;

1989—1994年,华工新闻系讲师;

1994—1997年,中国人民大学新闻学院博士研究生,获博士学位;

1997年至今,中国传媒大学电视学院、传播研究院受众研究中心主任、教授、博士生导师。

关于新闻系，一些和另一些记忆

陆　晔

说起来，我和王志荣应该是新闻系（今华中科技大学新闻与信息传播学院）最早报到的老师，办公室的桌子还是我们俩从学校总务处领回来的。对于从北京来的申凡（中国社科院新闻研究所研究生毕业），我们两个工科背景的本科生都很敬仰。不夸张地说，申凡是我新闻学入门的第一个老师，他在社科院各门功课的笔记是我最初的新闻学入门教材。在日常生活上，他和他的妻子也一直对我和王志荣关照良多。我从未表达过，但始终心存感激。

我其实并不知道我们为什么会来新闻系。听说是朱九思校长钦点的，是因为我们做的那份学校团委主办的校园文学杂志《青年园》吗？还是我高考语文奇特的高分？后来还有我们下一届的幸智敏和刘燕南也来到了新闻系。朱九思校长是了不起的教育家，不管是他力图比肩 MIT 的雄心（一个具体例证就是，我本科期间多门专业必修课，诸如电工学概论直接使用的是英文原版教材），还是他创办新闻系，以期将华工（今华中科技大学）这样一所工科院校拓展为综合性大学的眼界，无一不是他前瞻性、大格局的体现。

从 1983 年入职新闻系，到 1991 年离开，我在新闻系经历了重要的成长。系里安排我去湖北人民广播电台上早班，去湖北电视台农村部挂职，让我快速进入了这一行。之后接受系里统筹，赴北京广播学院（今中国传媒大学）进修，再考取广院新闻研究所研究生，在读期间也一直参与教学和指导学生实习等相关工作，委培毕业后回新闻系，主讲过多门不同的专业课程。

那些年，国家、新闻系、我们自己，都经历了很多。我不是恋旧的人，但也时常记起新闻系初创那几年，众多青年教师在一起共事的美好氛围，如王志荣、幸智敏、刘燕南、周萍、王木林和刘绩辉等，还有比我们年长一点的刘智。我跟雷动天、刘燕南搭档，为系里拍过不少片子，一起出差的那些日子还历历在目。也是因为新闻系，我遇到了今生最好的朋友。

年轻的时光总是过得飞快。幸好，还有这几张褪色的照片留下来了，还有我办公室书架上那幅冬天里我在东二舍门口的水粉写生，还有一些和另一些记忆。

陆晔

2018 年 9 月 6 日于京沪高铁

陆晔 复旦大学新闻学院教授，复旦大学信息与传播研究中心副主任。原华中理工大学工学学士，原北京广播学院法学（新闻学）硕士，复旦大学法学（新闻学）博士，香港中文大学博士后，美国南加州大学富布莱特访问学者。主要研究领域为媒介社会学、新技术、影像与日常生活。

著书育人寓喻园　十年披荆慰痴心

——记华中科技大学特聘教授孙旭培

牛　静

“2018 年 9 月媒介法规与伦理学术年会在武汉举办，邀请我参加。我之前都说不再参加学术会议了，想安心在北京写点东西。可这次要食言了，我还是想回武汉看看的，听说新闻学院装修一新，也想再回去转转。”孙旭培老师在电话那头，似乎有点不好意思。我深知，在这种“食言”的难为情中，是老师对武汉、对华中科技大学难以抗拒的留恋与惦念。

珞瑜路 1037 号，在这所被誉为“森林大学”的校园里，在 2001 年至 2012 年这十余年的人生光景里，孙旭培老师关注着中国传媒业的变革，关爱着他的每一位学生。

一、热爱华中大，常怀感恩之心

孙旭培老师在 2001 年初成为华中科技大学的特聘教授，2012 年底结束聘期回到北京，在新闻与信息传播学院任教十余年。在这十年里，孙老师不止一次地提到，“我们新闻学院学术氛围好，大家特别团结，为了学院发展，齐心协力，也正是在这里的十年，我才可以把我的观点、心得写出来。”

有时，孙老师还拿出自己的一本本专著，指给我们看，说道：“如果没有华中科技大学，没有新闻学院提供的自由、宽松的学术环境，这些书、这些文章、这些研究成果可能这辈子或者写不出，或者无法面世。”这些研究成果包括《中国传媒的活动空间》《当代中国新闻改革》《自由与法框架下的新闻改革》《通向新闻自由与法治的途中》《新闻传播法学》《规矩与方圆：新闻传播学研究方法与规范》等著作，也包括发表在《国际新闻界》《新闻大学》《现代传播》等期刊上的诸多有影响力的学术论文，如《辩证法视域中的新闻自由相对性辨析》《从精英主义新闻观念到无产阶级新闻自由》《论推进舆论监督的三类经验》《三十年新闻立法历程与思考》等。在华中科技大学这十年，孙老师不仅著书立说，研究成果获得国内外的广泛讨论与认可，同时也获得了“华中科技大学最受学生欢迎的导师”“中国新闻教育突出贡献奖”等诸多荣誉。

“滴水之恩，当以涌泉相报，华中科技大学新闻学院给我提供了一个自由、宽松的研究平台，那我就应当尽力把自己的研究成果贡献出来。”孙老师时常念及学校领导、学院领导对他的知遇之恩、相惜之情。作为特聘教授，孙老师到武汉工作的时间是灵活的，从政策上讲不必天天待在学校，但他却坚持定居在武汉。孙老师一家人都生活在北京，这十年来，孙老师以华中科技大学为家，一个人住在东三区，每天在教工食堂吃饭，他把自己所有的时间都用来思考、读书与写作。“咱们这是森林般的大学，看这里的鸟长得好看，也不怕人。”孙老师有时会和我们打趣，他喜欢这所学校的草草木木。

离开华中科技大学后的2016年，孙老师再次来到华中科技大学。他一个人去了学院，在自己当年的办公室门口驻足；到东三区，看自己住了十余年的房子；去了教工食堂，点了他最喜欢的无糖豆浆……夜幕低垂之时，紫荆路上的梧桐树影斑驳。“如果有来世，我希望自己还是一名老师，还可以来到华中科技大学教书，还可以和新闻学院的老师们一起工作。”坐在出租车上即将离开的孙老师低语，似乎是说给自己听，也似乎是说给我们听，道出了一名热爱教育的老师对华中科技大学的承诺。

二、无私教诲，尊重学生意愿

这一生中，孙老师一直以新闻自由、传媒法制为研究对象，在他的影响下，作为学生的我们，也时常会关注这一领域。但在我们进行论文选题时，他不会为我们拟定题目，而是反复地询问我们的研究兴趣与意向。“文章需发自本心，而非应景之作”是孙老师一直强调的原则。当我们选择与言论自由、新闻自由相关的题目时，孙老师也会提前告诉我们说：“这个可能以后发表有困难，你是不是还要选？”吴麟（现任职于中国劳动关系学院）当时将博士论文选题定为“胡适言论自由思想”时，老师至少询问了3次。我在媒体法的选题阶段，因为所写主题相对敏感，老师不下

10次征求我的想法。

课堂上的孙老师，总是充满激情；课下的孙老师，对我们谆谆教诲。孙老师2001年来武汉时，从北京带了很多书。我们作为他的研究生，经常去他的书房，选书阅读。在孙老师要离开武汉前夕，我们这些学生把孙老师的书房“洗劫一空”。在十年时间里，我们这些学生都会收到孙老师发来的各类邮件，比如，他看到一篇好的评论，他会转发给所有的同门，虽然老师打字不是很快，但一般都会附上说明，比如，这个文章可能对你们有启发，请查看。我写硕士论文时，孙老师把当时收集半年的SARS资料，全给了我；我写博士论文时，《中华人民共和国新闻法草案》等相关材料，全是孙老师从北京带来的，他还专门带来了《世界宪法大全》，是很厚的一大本，老师就那样放在包里，从北京拉过来。杜俊伟（现任职于文华学院）告诉我，在他写博士论文时，有一次，老师一天打了12个电话，全是谈论他的文章。老师打来的第一句话，总是先表歉意，然后解释自己为什么打来，是怕过一会自己忘记了，所以看到哪里有问题，马上就打电话讨论。还记得2003年初冬，孙老师老远看到我便急急地说，“我夜里梦到你的论文，突然觉得可以从国家形象的角度写”，孙老师接着有点不好意思，“可是醒了又记得不太清了。”这便是我们可亲可敬的老师！

“谆谆如父语，殷殷似友亲。”孙老师总是以无限的耐心，事无巨细地指导着我们这些学生。

孙旭培教授与2008届博士毕业生合影（2008年拍摄）

三、关爱学生，贯以真心相待

在华中科技大学新闻与信息传播学院任教的十多年，孙老师共指导了30多位硕士、博士生。在散落各地的这些学生组成的微信群里，我们还时常回忆起孙老师对我们生活上的关心。

我们这些学生在孙老师的“教诲与叮咛”中逐渐成长，那一段段的回忆层层叠叠，浓得化不开。还记得那时有个小师妹，有一阵子没有和孙老师联系，老师布置的学习任务似乎也没有完成。假期结束后，她见到孙老师，老师本来是要训她一顿的，谁知道她一下子哭了起来，说她失恋了。孙老师急忙安慰，于是，本来的批评变成了安慰，等她情绪好转离开后，孙老师才想起来说，他原本想问关于写文章的事，都忘记问了呢。这便是我们又体贴又可爱的老师！

2004年，我到深圳媒体实习，在衣食无着落、倍感痛苦的日子里，收到了孙老师发来的邮件，他说：“希望你在这最艰苦和最焦躁不安的日子里善待自己，尽可能过得好一些。”那一刻我忍不住泪如雨下。在读博期间，我曾数次对自己的研究能力灰心、失望，“你一个人做这样的研究，是会碰到许多困难的”，老师总是很细腻地宽慰和鼓励我。每每完成一章，老师就对着电脑修改；全稿完成后，又通读数次，甚至细心地指出其中标点符号的错误。几年来，孙老师围绕我的博士论文通过各种途径进行指导，电子信箱、电话、面谈等，大大小小有数百次。

现在的研究生，总是戏称自己的导师为“老板”。但是孙老师的所有学生，没有一个这样叫的。因为在我们的心中，孙老师是担当得起“老师”这一神圣而亲切的称呼的。

如今，孙老师的学生们都在全国各地的工作岗位上努力工作着，但回忆起校园岁月，都常常无限感念。最后，以这样一段话作为结尾吧，这是当年在学院为聘期结束即将返京的孙老师举办的欢送会上，学生们对孙老师所表达的尊敬与怀念。

因为是您将我们一步步地引入媒体自由与法制的框架之下；

因为是您在第一次见面时，就将我们领到书房，督促我们踏实读书；

因为是您修改了我们人生的第一篇蹩脚论文，没有严厉的批评，只有严肃的建议；

因为我们的信箱中总是不断地冒出您的邮件，您总是将各种资料源源不断地发给学生；

因为您总是当面指出我们的错误，并严厉批评，随后便宽慰我们不必介怀；

因为是您曾一天数十个电话的打给我们，对我们的论文提出各种修改意见；

因为是您总是仔细询问我们的家人，并时常打电话时也向他们问好；

因为您总是一次次地询问我们每个人的人生决定，并温和地建议；

因为您并不要求我们从事敏感的研究，只是一次次地希望我们可以平安喜乐；

因为是您不断地告诉我们，宁可沉默、默然，也不可说违背自己良知的假话；

因为您一次次地将公平、正义、自由、平等这样宏大的概念灌入我们的脑海；

因为您教会了我们不以金钱与权势衡量个人的价值，而是以知识与精神为准则；

所以，我们人生中深深浅浅地有着您的印记；

所以，我们成了一个个具有良好人格的个体；

所以，我们成了一个个正直、善良、感恩的人；

所以，我们会带着您的期许、带着对现实的理性认知，乐观前行！

学院教授与 2005 级博士生毕业留影(2008 年拍摄)

牛静　孙旭培老师2002级硕士研究生，毕业后于2005年成为孙老师的博士生。之后，从华中科技大学管理学院博士后出站，得到吴廷俊、张昆两位院长的认可，于2010年留在华中科技大学新闻与信息传播学院任教。

回顾新闻系初创时期的实验室建设

欧阳华

我是在 1984 年 8 月调入原华中理工大学新闻系的，后来担任新闻摄影摄像实验室副主任。

欧阳华近照

当时，新闻系创建不到一年，条件十分简陋，学校划拨给我们系的实验经费搁置在账户上，具体怎么使用，需要购买哪些设备，实验室如何建设等，大家都还没有计划，经费如果当年不用，到了年底，学校就要收回。还剩四个月的时间了，必须抓紧时间筹划，经过我和同事们的努力，终于在期限内购置了 40 台专业单反相机，彩色胶片以及彩色底片冲洗设备，并建设了八间学生实习用的黑白底片、相片冲印暗房，以及一间大型电视摄像演播厅等。

在我调入新闻系之前，学校设备处就向相关设备进口部门订购了一台十分高档的电视摄像机和录像机，是广播级的，而且录像机是使用 1 英寸宽的圆盘式像带（共 2000 盘），这种电视设备据说只有中央电视台有。当年央视拍摄的《话说长江》就使用的这款设备，我在杂志上看到日本的 NHK 电视台也是使用这款 1 英寸的圆盘录像带设备。这种设备的引进，据说已经花了大笔资金，如果再引进相关编辑设备,更是天价了。但如果只有前期拍摄设备,没有后期剪辑设备,也是不利于教学的,这在学院当时是一件十分令人头疼的事情。正在这个时候,湖北电视台电视剧部闻讯赶来,他们提出想要这套设备中的录像机和所有的录像带。当时他们正在筹拍电视剧《诸葛亮》,需要提升录像质量,经过协商,我系和学校相关部门很快就与他们达成了转让协议。大包袱甩掉后,我们立刻用这笔转换资金购买了 3/4 英寸录像机,以及全套剪辑设备,这完全没有影响学生们的正常实习。

欧阳华和雷动天航拍校园前的合影。1988 年 5 月,新闻系接到学校指示,要拍摄一部反映校园风光的宣传片,欧阳华和雷动天及几位在新闻系学习的领导,登上飞机,航拍校园,这也是华中理工大学建校以来首次航拍

广播级的录像机转让出去了,但我们还有一台广播级的摄像机(我记得型号是 SONY APK-330),这台摄像机配合我们后来买的 3/4 录像机,也能正常使用。

没过多久,湖北省话剧团的电视剧组也闻讯前来,提出想租借我们的摄像机,他们正在筹拍电视剧《两个少女》。(电视剧《两个少女》中的一位女主角,名叫尹北琛,当年是湖北艺术学校的学生,后来在 2008 年和 2010 年参加过央视春晚,表演小品《军嫂上岛》《五十块钱》。)新闻系领导经过商议,向对方提出,借摄像机没问题,但必须连摄像师也一起借用,这样也便于锻炼我们的人才队伍。剧组的负责人经过考虑,同意了我系的要求,这样我就暂时调入了他们的剧组,正式担任了电视剧的摄像师。这次拍电视剧的经历,的确让我的摄像技术、专业知识等得到很大提升,为我以后从事电视工作打下了基础。

欧阳华　出生于1957年10月，籍贯湖南常宁，中级记者，中共党员。

1984年8月至1990年6月，在原华中理工大学新闻系工作，任新闻系新闻摄影摄像实验室副主任；

1990年6月至2017年10月，在广东江门电视台电视节目中心工作，任活动部主任、记者、编导、制片人；

2017年至今，任广东省江门文联影视协会常务副会长。

一个中外新闻业的摆渡过客

——忆我与华中科技大学新闻学院外国新闻史课程的建设

欧阳明

我压根儿就没有想到自己会与外国新闻史的教学、科研活动发生直接的关联，一切均事发突然。

事情的转折点在2003年7月中旬。外国新闻史，又称外国新闻传播史、外国新闻事业史。记得20世纪90年代中期我调入华中科技大学新闻学院那一年，正值黄献文老师离校，因而“基础写作”一课的教学无人承担，我根据工作需要被指派从事该课的教学，之后一直从事应用新闻学的教研活动。那时，外国新闻史一课由李银波老师教授。在2003年之前数年，李银波老师曾赴国外进修，外国新闻史一课因无可供师资而停了下来，记得这门课停开有两年。然而，学生由低年级升到高年级，不修外国新闻史则无法毕业。为此，系里有关领导多次找我谈话，希望我接下外国新闻史一课，但我一直犹疑，未敢应允。我的考虑是多重的：一是学科、专业之间的跨度大，应用新闻学与新闻史之间在治学、教学上反差颇大，需耗费当事者相当多的精力转过来，怕自己难以应付；二是自己外语水平一般，除英语外，其余外语一窍不通；三是人已中年，常言说，人过三十不学艺，人过四十不改行，转专业教研显然是一场大的考验。2003年，吴廷俊教授任学院院长多年，他的惯例是放假前召开一次暑期工作会议，着重研讨学院的学科建设。这一年的7月15日至17日，学院暑期工作会议如期在湖北黄石的磁湖山庄举行。会议的议程之一，是公布每位在岗教师的选课情况。系、教研室还是希望我出任外国新闻史一课的主讲，会场内外俱表达了此意。其中，时任系党支部书记汪佩伟教授多次找我谈话。汪书记当时说的话入脑入心，我以为诚恳、实在，没有花架子，而自己作为老师也有责任承担系里的任务，自忖不要把自己看得过重，不过是人生过客，做好当下也是有意义的。鉴于此，我提出自己做替补，还是由李银波老师出任外国新闻史一课的第一主讲教师，待他回位，再将外国新闻史一课全盘还给他，一切归位。为此，我还联系了李银波老师。李老师告诉我："不用管我，怎样对你有利就怎样做。"当然，新闻系最终决定由我任第一主讲教师。尽管如此，我还是愿意救场，只做"救火队员"，让学生及时毕业。在这种情况下，我接下了外国新闻史一课，期望李老师回来后再将外国新闻史一课归还于他，由他独讲。但没有想到的是，李银波老师最终离开了华中科技大学新闻学院，我也因此放弃它念，独自负起外国新闻史的教研工作。记得系里专门为李老师举行了一场送别宴，地点在今已拆除的武汉市洪山区鲁巷的楚天卢饭店，我也到场为李老师送行。多年后，我在书店见到李老师的《德国西占区报业重建研究》(中国社会科学出版社)一书，我还专门买了一本拜读。

外国新闻史一课，容量大，异质鲜明，初教时难度不小，但好在内容稳定，我着重于规律的探讨而不满足于事实现象的确定，钻研并主讲几轮后便渐入佳境。作为专业基础必修课，每次上课，全院各专业学生都来，济济一堂，人气很旺。望着台下的满堂学生，倒也别有滋味。在我的建议下，新闻学院的外国新闻史一课的课时由 32 学时调整为 40 学时，得以与中国新闻史平起平坐。2006 年，拙著《外国新闻传播业史稿》由武汉大学出版社出版，体现了我对外国新闻史的整体思考，我同时也发表了若干论文，结识了若干学术前辈，如台湾政治大学的李瞻教授、浙江大学的张允若教授。其中，张允若教授对我的教研影响较大。2006 年，张昆教授出任新闻学院院长，他长期耕耘于外国新闻史，故后将外国新闻史一课转交给了张昆教授。

从事外国新闻史教研数年，收获颇不平常。第一，真正开阔了眼界，明白了国外，尤其是西方新闻业的来龙去脉、特点、要害，也增强了自己的思想免疫力。其实，封闭信息交流是笨拙的，也是愚昧的，人民群众有知情权，知晓较为全面的信息后自有自己的判断。脱离人民知情权的所谓舆论引导，很容易走向欺骗。还是毛泽东同志说得好，要相信群众，依靠群众。第二，有助于识别南郭先生。多年来，我国一些学者认知盲区明显，对西方新闻业有明显误读，但偏又承担了不少国家科研项目，公开发表不少论文，出版不少著述，但其所谓的研讨不分条件、不讲环境、不别时差，生搬硬套，纸上谈兵，所谓成果送到国家领导决策会议，漏洞百出，谬误多多，误国害人不浅，近年来我国大众传媒业的一些决策失误不能说与此无关。当下，新闻传播学的学界当反思，甚至忏悔。外国新闻史有助于识别滥竽充数者。第三，外国新闻史为新闻传播学提供了深厚的学术、知识与社会背景，指南针与照妖镜的功能兼备，有助于自己教学、科研水平提高。外国新闻史是门好课，也是新闻传播学各个专业学生，尤其是本、专科学生应该认真修习的专业基础课。外国新闻史一课，有益于明晰专业学习的方向感，增进学科学习应对干扰的免疫力，取消或削减的认识和行为是错误的。

作为一个中外新闻业的摆渡过客，自己对外国新闻史的研究有如下看法：第一，我国外国新闻史研究水平尚低，史学性质游移，学术规范远未到位。外国新闻史不易研究，中国人限于语言、文化、制度诸要素，很难真正理解国外新闻业，更何况国家那么多，面积那么大，新闻历史又那么长，而且西方还是近现代新闻业的领航者。外国新闻史研究有两个境界层次：一是洋为中用，二是追求真理，有学术实力才可以与国外学术界平起平坐。我国还限于前者，且总体水平不高，队伍不齐，学术规范较为松弛，仅见中国人民大学有苏联、法国的国别新闻史研究，但也均在粗线条研究范围内。外国新闻史的研究若能走向第二层级，方为我国新闻学界学术建设的真正希望。然而，庸俗、世俗的学风在时下还颇有市场，我国新闻传播学学界当前最缺乏的是追求真理的真诚。大众传媒日益强劲的社会影响力，使新闻传播学也位居显学行列，但新闻传播学学界的理论、学术视野、学术责任意识、学风均远远配不上新闻传播学目前的地位。没有忏悔，就难有进步。第二，人才建设方面。外国新闻史的人才建设有其特殊性，应遵循规律，瞄准目标不懈前行，放弃走捷径的思想。这让人想起东北师范大学的世界史教研。早在 20 世纪 50 年代，该校的朱寰教授深耕世界中古史，延续六十多年至今，已成为我国世界中古史教研重镇，以学术研究扎实、科研成果厚重见长，且真正立足于世界史学界学术前沿，其精神令人感佩。

最后，希望华中科技大学新闻学院外国新闻史教研薪火相传，高扬学术虔诚，排除非学术的功利干扰，珍重宽容元素，以扎扎实实的学术成果打底，早成特色、优势，成为一块学术高地；也希望中国的外国新闻史研究孜孜矻矻，早日成为一方学术泉林天地，追求真理，执着学术，枝繁叶茂，郁郁葱葱，造福于学子，造福于华夏与全人类。

2018年9月28日

欧阳明　1979年考入河北大学中文系汉语言文学专业，1983年后相继供职于中南民族学院中文系、武汉市新闻出版局、武汉出版社、华中科技大学新闻与信息传播学院，在华中科技大学获得硕士学位、博士学位，现为华中科技大学新闻与信息传播学院教授、博士生导师。

我与华中大播音的情缘

彭　松

岁月的长河中总有一些人、一些事会被大家记住，也许只是点点滴滴的小事，也许只是平凡人朴素的经历，虽不是最耀眼的，但也汇聚成了华中科技大学新闻与信息传播学院（以下简称华中大新闻学院）三十五年的发展历史。岁月的流逝会磨平个人的记忆，但是最初的一份印记却会牢牢地留存在脑海深处。我与华中大新闻学院的相逢、相遇、相知是一个很偶然的机会，在 40 岁之前我都没有想到自己还能有机会进入高校成为一名老师。这一切要从 2011 年说起，一个机遇让我的生活发生了重大转变，把自己热爱的播音与主持艺术专业与华中大新闻学院紧紧联系在了一起，成就了一段难解的情缘。

2011 年 11 月，我第一次进入华中大的校园，感觉陌生中又带着一丝亲切。说陌生，是因为在武汉这个城市生活了很多年，自己从前竟然没有进过这个校园；说亲切，是因为虽然是第一次走进来，但却有一种似曾相识的感觉，毕竟我这个不折不扣的“武大郎”感受到了熟悉的大学校园的气息。进入校园的第一印象就是华中大的路很平直，岔路口有点儿多，但是总能到达自己的目的地，与打小生活的武汉大学校园不一样。也正是这种不一样的感觉牵引着我走进了华中大新闻学院，带着自己对播音与主持艺术专业的热爱和对校园的痴迷，在这个全新的环境中开始了自己的转型之路。

1993 年，我从北京广播学院（现中国传媒大学）毕业回到了湖北广播电视台，带着满腔的专业热情投入到了新闻工作中，这一干就是十九年，其间收获了专业上的成功，也品尝到失败的苦涩，体会到了专业创作的乐趣，也深深体会到了新闻工作的不易。到 2011 年，经过多年打拼，我慢慢发现越来越缺乏空间让自己实现专业的跨越和提升，内心深处暗藏的那一份校园情结开始潜滋暗长。和要好的朋友聊起未来发展空间这个话题的时候，也不自觉地流露出对大学校园的一份留恋。

恰巧在这个时候，华中大播音与主持艺术专业正在物色合适的教师人选，时任院长张昆教授委托广播电视学系郭小平主任在业界了解，是否有既有专业职称又能胜任全职理论教学工作的人选？我最要好的朋友立即推荐了我，并且很快安排我和郭小平老师见面，其间郭老师给我介绍了华中科技大学新闻与信息传播学院的发展概况，尤其介绍了广播电视学专业和播音与主持艺术专业的现状，我们相谈甚欢，第一次和华中大新闻学院的接触就让我有了一种亲近感。当了解到我有很强的到高校从事播音与主持艺术专业教学的意愿时，他非常高兴并希望我能赶紧发一份简历给张昆院长。

那次见面后，我客观分析了自身的基本条件：有播音主持本科的专业训练，十多年电视台实践工作经历，曾经做过播音员、主持人的管理工作，并且完成了新闻学硕士研究生的学习，拥有主任播音员的副高职称，这样的条件在播音与主持艺术专业方向还是有竞争力的，而纵观武汉地区播音与主持艺术专业的发展，唯有武汉大学和华中科技大学在综合类院校中独领风骚，并且都是“985”名校。华中科技大学会接纳我吗？2011 年 9 月 19 日，我怀着忐忑的心情给张昆院长发了一封邮件，简单介绍了我的基本情况并且附上了我的联系方式。我对张昆院长并不陌生，当年在武汉大学读硕士研究生的时候，他曾经给我们上过外国新闻史的课程，之前我也曾拜读过他的专著。没有想到的是，仅仅间隔了一个多小时，我就收到了张昆院长的邮件回复，他已将我的材料转交给相关部门了，请我耐心等待。又过了不久，我接到张院长打来的电话，希望我能够到学院面谈，而且在电话里还非常详细地告诉我华中大新闻学院怎么走，如果自己开车从哪个校门进来比较方便，哪个校门打出租车进入比较方便，进校园之后具体路线怎么走等。放下电话，我的内心感慨良多，华中大新闻学院领导的主动、热情邀约，让我对面谈有了更多的期待。

在约定的时间来到华中大新闻学院，看到的是一栋朴素的大楼，明显地透露着 20 世纪六七十年代的风格，外形线条简洁明朗、不花哨，低调而内敛。走进张院长的办公室，他非常热情地接待了我，和我聊到了新闻学院近年来的发展和播音与主持艺术专业师资的缺乏状况，尤其强调华中大新闻学院非常注重有业界从业经历的教师，非常欢迎我这样有实践经验的人加盟，并且积极鼓励我坚定转型的信心。“人生不可能总是在一条跑道上，40 岁是时候也是最后的机会可以考虑选择转换人生的跑道了。”张院长的一番肺腑之言让我对自己的选择最终做出了决定。2012

年 8 月，我彻底转型，从湖北广播电视台调入华中科技大学新闻与信息传播学院，成为播音与主持艺术专业的负责人，此时距离我回到湖北广播电视台参加工作整整二十年。一个人的经历中总是有很多惊人的巧合，二十年前大学本科毕业的时候我放弃了留在北京广播学院当老师的机会，回到地方电视台成为一名主持人。二十年后这个金色的秋天，我实现了转身，坚定地选择了由电视台回归高校校园。

2012 年 9 月开学季，我正式成为华中科技大学新闻与信息传播学院广播电视学系播音与主持艺术专业的一名教师，并且担任 2012 级播音班的班主任。第一次给学生进行专业教育之前，我特别紧张，比当年第一次上直播还要紧张。至今我都清晰地记得，与学生见面前，我提前到教学大楼外，把准备好的开场白反复练习了几遍，但是当我真正面对"90 后"学生们的时候，我还是紧张得脑子一片空白。让我紧张的原因主要有两个方面：其一是他们是身处工科校园的艺术生，个性活跃，是校园里的一个特殊群体，他们的成长需求可能非常广泛，我能给予他们吗？其二是从我自身而言，如何真正成为一名合格的老师，我能行吗？不过很快，学生们积极、阳光的状态打破了我心里的紧张情绪。

第一次班级见面，彼此做了自我介绍，可我还是觉得和学生们有一定的距离感，正在这个时候一位武汉市的同学问我："老师，您还记得克里斯多夫·李维吗？"我一下子愣住了，这是一段什么故事？我在脑子里极力搜寻，是小说人物还是电影人物？为了和学生能有共同的话题，最新的电影、电视剧我都扫过了，可是都没有这个人物啊？难道我遗漏了什么？无奈，我只好老老实实地和学生说："对不起，这个克里斯多夫·李维是谁？"学生听了哈哈哈大笑，"老师，那衬衫的价格是 9 磅 15 便士吗？"班级里几位湖北的考生听到这个问题的时候都立马围拢过来，让我更加一头雾水。学生和我解释说，这是伴随了他们三年高中英语听力考试的那段中文试音的内容。这个时候我才突然想起来，在十多年以前，我曾经帮助湖北省教育考试院的朋友录制了一段高考英语听力的中文试音音频，当时以为只是在高考的考场播放，原来湖北的中学在高中阶段的英语模拟考试中都会播放这段中文试音。我情不自禁地朗诵起来："小车正穿行在落基山脉蜿蜒曲折的盘山公路上。克里斯多夫·李维静静地望着窗外，发现每当车子即将行驶到无路的关头，路边都会出现一块交通指示牌：'前方转弯！'或'注意！急转弯'。而拐过每一道弯之后，前方照例又是一片柳暗花明、豁然开朗……"慢慢地，参加高考的湖北考生大多数都会跟随着我的解说背下这段文字了。正是这段多年前的录音,让我和华中大播音2012级的学生在最短的时间内消除了陌生感,原来我们已经认识多年,只是今天第一次见面。而这个经典的桥段也成为后续过程中我向每一位来到华中大播音班的学生,尤其是我当班主任的班级学生自我介绍时不可或缺的一部分。慢慢地,很多其他学校的学生也通过华中大播音专业的同学来了解这个声音背后的人究竟是谁。2015年9月,我第二次以播音与主持艺术专业教师班主任的身份召开班会的时候,2015级播音班里一位可爱的学生在他的微博上写下:"第一次班会,这是你们想看到的克里斯多夫·李维……"并附上现场的照片。2017年6月,学校"行吟喻园"活动中,当这段经典的朗读作品出现在现场的时候,很多同学都惊喜地尖叫起来,也就是在那一刻,我更加明白我与华中大、华中大新闻学院那一份浓浓的情怀。

转型到高校还有一个需要适应的挑战是科研、教学任务的完成,我也慢慢找到了自己的节奏:以播音与主持艺术专业教育的改革作为切入点,根据自己曾经在新闻媒体工作的亲身经历和新媒介环境下对艺术人才的需求,结合播音与主持艺术专业的特殊性,参照国内相关专业教学的经验模式,在专业课程开设上兼顾艺术专业的教学特点,同时又凸显华中科技大学的独特个性。在电视台二十年的从业经历让我对现实有一份清醒的认识,传统媒体尤其是广播电视行业近几年的变动非常大,我不希望自己培养的学生将来沦为陪衬的花瓶,所以从一开始我在制订学生培养计划的环节就强调,播音与主持艺术专业的学生必须培养独立思考、应变的能力,全面提升和拓展个人的专业能力,采写、编摄、主持、出镜多方面综合发展。刚开始学生们不是很理解,有时也能听到诸如"中传的播音专业也没有这样的安排""我们是啥都要学的四不像播主专业""我们是个最不艺术的播主专业"等说法。学生们的议论我很能理解,在课堂上,我以自己的经历作为例子,尤其是以失败的经历作为反面教材,告诉他们缺乏相应的综合能力会造成什么样的后果,这样的办法取得了一定的成效,学生们开始反思专业课程设置的初衷,积极配合教学活动。但是在实际教学中我又发现,学生们的文化积累在逐步增强,却不够自信,总觉得自己与一般艺术院校的播音与主持艺术专业学生有很大的差距,这样的心理状态,对于学生们来说,将会阻碍他们的发展。于是我努力推荐他们参加各种比赛,去历练、与别人竞争,直面失败。我利用自己掌握的资源,把学生推荐到电台、电视台等地进行认知实习或毕业实习，让他们在更大的舞台进行锻炼。在这样的磨炼中，原来傲娇的孩子，逐渐成长为“老司机”。湖北省校园金话筒金奖、湖北省新闻传播教育实践作品一等奖、全国动漫配音大赛优秀奖，这些奖项都来自曾经不那么自信的孩子。他们现在正变得更加优秀、更加专业、更加全面。

来到华中科技大学，进入新闻与信息传播学院，担任播音与主持艺术专业的班主任成为我每隔三年的必修课，今年已经是我第三次担任播音与主持艺术专业班的班主任了。每次新生入学前，我都满怀期待，非常乐意和他们沟通交流，为他们解决实际问题。我记得 2015 级学生即将入学前，我进入高年级志愿者为新生建立的班级群时，大家很开心地和我打招呼：“同学，你好！请问你是哪里的考生？”我想了想，在屏幕上敲下几个字：“大家好！我是你们的班主任。”班级群里一下子沉默了。我知道，刚刚高中毕业的孩子对于班主任的印象还停留在过去的刻板印象上，我需要时间慢慢消除和他们的隔阂与陌生感。军训期间，正好碰上中秋节，我给班里的 25 个孩子买了月饼并且附上了一张小小的卡片，写下节日的祝福。当我把小礼物委托班长分发给大家后，在 QQ 空间上看到了学生们的意外和兴奋，他们的朋友纷纷留言：这就是别人家的班主任。渐渐地，他们的快乐、烦恼、疑惑都愿意和我坦率地聊，和我聊八卦，也谈专业学习，我和学生们的关系变得越来越亲密了。2016 年元旦前夕，我收到了 2015 级播音班的学生们每人用手写的方式送给我的新年贺卡，这一份带着传统特点的礼物非常用心，也非常珍贵，让习惯了电脑打印的我真切体会到幸福的温度；有学生听说我在华中大校园里开车还曾经迷路，就在QQ上留言：老师，华中大的路挺好记的，平行的，实在不行就联系我们给您带路呗；有的同学用飘落的树叶写下对我的祝福，悄悄地放在我的私家车后视镜上；也有同学不忘在我下课晚回家的时候，提醒我开车注意安全；还有的学生在我撰写博士毕业论文的时候给我发来微信，为我加油打气，同时也不忘提醒我早点睡觉，熬夜多了伤身体；更加不能忘记的是2017年我的生日，当天正好是2015级播音班的专业课，在课间，全班同学在班长的带领下，给了我一个大大的惊喜：他们送上了一个生日蛋糕，并且为我同唱一首祝福的歌曲。这让我感动得有点儿手足无措。点点滴滴的回忆在此时涌入我的脑海，虽然来学校的时间并不长，但是和学生们的交往让我有了更多的青春活力，也让我更加坚信自己的转型选择是正确的。2016年，我被评为学校“最受学生欢迎的教师班主任”，这份荣誉更多的是和学生们一起努力得来的，感觉很有分量。

我的微博昵称叫“教师新人”，有朋友调侃：你这一瞅就是“老腊肉”级别的人了，还用新人这样的名称来装嫩啊？其实我还真没有这个意思。是的，如果从工作的年限来看，今年已经是我参加工作的第26个年头，而作为老师这个角色的我还很年轻，才刚刚满6岁，确实是一个新手。我所负责的播音与主持艺术专业在华中科技大学新闻与信息传播学院也是一个年轻的专业，与学院三十五年的发展历史相比，一切都还像刚出生的婴儿。从2009年华中大新闻学院正式申报播音与主持艺术专业，到2011年正式招收了17名学生，到现在已经有四届本科生毕业了，在校学生人数达到98人。不过在新闻与信息传播学院这个大家庭里，我和我的学生们时刻感受到温馨和幸福。如果说一定要用一个词来做个总结的话，我想那一定是爱！因为有爱，所以心中有情，爱让我和华中大播音与主持艺术专业，与我的学生，与新闻学院成为命运共同体，爱也让我收获了更多。为了心中的爱，我将会义无反顾地走下去！

2018年9月于天源城书斋

彭松　华中科技大学新闻与信息传播学院副教授，传播学博士，硕士生导师。先后就读于北京广播学院（现中国传媒大学）（文学学士，1989—1993 年），武汉大学（新闻学硕士，1999—2002 年，传播学博士，2012—2018）。1993 年进入湖北广播电视台新闻部，在电视台工作的二十年间，曾在主播台播新闻，主持各类节目，出入现场做直播报道，在机房编辑制作节目，曾荣获“全国十佳法制节目主持人”奖项。2012 年转型来到华中科技大学新闻与信息传播学院，担任播音与主持艺术专业的负责人。

求新博闻，传承不倦

彭　媛

当秋风渐起，红叶新发时节，华中科技大学新闻与信息传播学院，这片汇聚我们梦想与希望的热土，这处值得一代代华中大新闻人感念与骄傲的所在，迎来了她三十五岁的生日。

从 1983 年华中大新闻系初创，前辈们筚路蓝缕、以启山林的精诚开拓，到 2018 年喻家山下醉晚亭旁，崭新的学院大楼里结出的累累硕果、一路芬芳。我深知，学院的每一次变化都包含了无数华中大新闻人的汗水和心血，即使这过程再困难重重，华中大新闻人都挺住了，并且不断地继续前进着。三十五载的变迁无不体现着华中大新闻人秉中持正、求新博闻的精神，也注定了学院未来发展的不平凡。我于 2012 年加入这个集体中，虽然没有机会见证学院发展的每一步历程，但我时刻感受到了她强劲的发展气息与时代脉搏。时光流淌间，六年已悄悄而过，蓦然回首，发现这里已经自然而然成了我生命中最重要的一部分，无数的情感与回忆在这里荡漾……

依稀记得第一次独自漫步至学院，迎面即是一片青青荷塘，起伏的小路延伸至古旧的东六楼。走进那红色的院门，扑鼻便是一股丰裕浓厚的书香，一切都是那么的静谧，但这厚重的历史沉淀之中却也有着一股年轻活力和无限生机。望着身边与我一道走进学院的年轻身影，院门外呼朋引伴骑车归去的白衣少年，看着二楼教室里讨论热烈的师生群像……我清楚地认识到，这里就将是我未来人生为之奋斗、为之奉献的地方，身体里的每一个细胞都在不自觉地隐隐跃动。时光荏苒，我在学院领导与前辈师长的谆谆教导下逐渐成长、成熟起来，我明白脚下的路会是一条精诚求索、不断开拓的学术苦旅，肩上背负的也正是教书育人、以“生”为本的传道重任。从校园走向社会，从国家迈向国际，学院已经成为我逐梦的起点与奋进的支点，我明白年轻的自己将会是学院精神的传承人，但这段传承之路并非是坦途大道，我暗暗下定决心，将以院训精神为明灯，指引我——“不管每个人选择如何，都要走好自己的路”。

一、在教学的路上学会思考、坚守本心

“教师是太阳底下最光辉的职业”，这是我进入华中大新闻学院教师大家庭后理解的第一句话。当我有幸参与到学院三十周年院庆的“院史展”制作时，我目睹了学院资料室里一张张泛黄的陈年旧照、一面面鲜艳的荣誉锦旗、一张张发黄的表彰奖状，它们无声地记录了华中大新闻学院一批又一批的优秀教师在立德树人、教书育人、服务育人等方面所做的卓越成绩。对于华中大新闻学院三十年的发展历史来说，当时的我只是一个刚刚工作一年的华中大新人。尽管如此，我仍然能够从记录的每一件陈列品中，深深感受到华中大新闻人孜孜不倦、甘于奉献的育人精神：在白天昼夜的轮回交替中，他们用不畏劳苦的精神和勇攀高峰的激情指示学生们户外报道的坐标；在时空经纬的纵横交错中，他们秉持求真务实、脚踏实地的治学态度为学子们指引新闻思想的航道。我一直认为，学习永远是学生的主题，但是

来到华中大新闻学院，我意识到，我这名青年教师需要学习的地方也很多。无论是什么课堂，新闻学院的老师们总能用他们渊博的思想带给学生知识的内涵、收获的喜悦——张昆教授的睿智，石长顺教授的激情，赵振宇教授的风趣，陈先红教授的优雅……如果说知识的习得得益于课堂与教师的人格，那么浓厚的学术氛围和平易近人的师者形象或许又给了我们一个认识学院、爱上学院的机会。

在潜移默化间，我的教学能力也在学院优秀师长的耐心指导与亲切关怀下有了一些提升。我奉行以"生"定教，让学生自主选择上课方式。每学期的第一节课，我都会向全班学生征集上课方式的建议，并且适时地加入自己的教学计划中。我秉持以"生"为本的理念，不断学习、钻研新型教学方法与技术，力求全方位满足学生的专业训练需求。由于自己所在专业的特殊性，为了鼓励学生坚持播音专业的晨间训练，打磨学习毅力和耐力，无论寒暑，我都与他们一起站在晨间的东操上，指导、参与集体练习。忆往昔峥嵘岁月，我也曾经历迷茫，一边面对毕业后同窗们各有所成的诱惑，一边又面临着个人学术能力滞后与提升的瓶颈。在安稳与理想的选择面前，我最终选择了坚持博士深造的梦想。因为我知道，只有选择坚持本心，追求科研理想，实现自身价值，才能更好地丰富课堂、投入课堂。我开始学会独立思考教学的意义、教师的意义，对学生少了敷衍，多了耐心，当学生有疑问前来求助、求解时，我脑海中总会闪现出学院教师前辈们的身影，我暗暗告诉自己："要像他们一样，既要解答学生的知识困惑，更要解开学生心里的疙瘩，这才是为人师最重要的。"我也希望自己这种认真的态度能够感染每一个学生，让他们以后也能这样做人、做事。如果说我的教学有什么抱负与理想的话，那就是勇于"拆掉专业知识的高墙，让语言表达真正流行起来"。作业展示、弹幕点评……我努力用博采众长的教学方式让自己的课堂"活色生香"。花开花落，几度寒暑，终于，我迎来了收获的季节，那就是为新闻学院捧回了学校 2016—2017 年度的课堂教学优质奖。对我个人来说，这份荣誉离不开学校领导对教学的重视，离不开学院领导对我们青年教师的关怀，更离不开我自己执着教学、热爱教学的一颗初心。初心来自哪里？来自我对那些多年如一日坚守三尺讲台的学院前辈们的仰望，来自我对学院精神文化的践行与坚守。有人问我，作为一名"双一流"名校的教师，重心是否应该放在科研而非教学上？我回答："两者不可分割，实质是相辅相成，课要上得好，研究也一定要先期做得好；反过来，研究做得好，课也能上得好。"

二、在科研的路上保持自信、缩小差距

踏实认真，是通往成功的一条最真实的路径，对大多数人来说，也是最难坚持的一条路。回想起我三十年的人生经历，任何一次成功的实现好像都没有什么特别的秘诀，尤其是我现在所走的这条科研之路。我是从踏入华中大新闻学院之后才开始接触科研的，于我来说，这是一条漫漫长路，走起来也是异常艰辛。不同的教育背景与专业属性使我对新闻传播的学术话语体系依然陌生。初读传播学的一部部经典著作时，非常抽象且难以理解，这是我对科研文献的初始印象。这些话语变换背后的意义是什么？它们在传媒社会中对应的现实图景又是什么？诸多疑问不停地在我脑海中盘旋，也催促着我向博士学位的入学考试发起挑战。备考的过程有过艰辛，更有过迷茫：既需要应对繁重的教学任务，还需要晚上赶回家继续攻读堆积如山的复习资料与文献。一次我把我的复习困扰向同系里的老前辈石长顺教授倾诉，他鼓励我调整好心态，并且在学习上给我了三个建议：第一是不要有太强的目的性，要抱着一种学知识的态度备考；第二是有问题就要问，要学会大胆去寻求帮助，因为身边的每一位同事都称得上是我的老师，要学会适应与学者的对话；第三就是要注重以往考生的经验之谈。那天下午与石教授的一番对话让我重新燃起了学习的信心，如果说交流是一泓清泉，那么语言就是那宽广的河流，可以让泉水汇集，发挥更大的能量；如果说关爱是一叶轻舟，那么这种互动就是那徐徐微风，可以将两代华中大新闻人之间的传承泊送到恬静的港湾。

其实学院里像石教授这样优秀的老教师还有很多，他们学高为师，身正为范，用自己的学业、道德、人格感染着我们这些后生，也继续激励着我迎难而上，努力缩小与同事们之间的差距。也正是这种艰难的科研备考经历，让我收获了成功，并看到了自己未来的潜能。对于今后科研的求索和未知的成长，我不再惧怕，就算我落后于人，我也可以迅速学习、掌握知识；就算科研如此艰难，我也可以坚持到底、勇敢面对。

三、在提升的路上培养师德、挖掘潜能

师德，是我们从教者应该重视和培养的，更是值得全社会共同拥护的。它不仅

是中华传统美德的集中体现，更是全人类共同宣扬的崇高精神。“授人之业必先以德”这是我所理解的师德内涵，而这份理解来源于每一次经过院门口那高达7.8米的院名石时内心的千回百转、反复吟诵。“秉中持正，求新博闻”这八个大字被篆刻进伟岸的石碑中，也将学院的理想、信念与精神注入其中。时至今日，院训石碑已然成为华中大校园内一处著名的文化景观，吸引了无数学子和家长驻足、合影、留念。但是于我而言，这八字院训犹如我职业生涯的座右铭，不断告诫我——教书育人，教书者必先学为人师，育人者必先行为示范。只有一路秉持初心，规范自身，拿出开拓创新的勇气，挖掘为师从教的潜能，才对得起华中大新闻人的称谓，才不负学院师长的栽培与重托。

当然，我理解中的对自身师德的锤炼，不仅仅是指知识技术层面的提升、对老一辈优秀教师的研习，也指人文思想对精神的洗礼与熏陶。这份洗礼来自每年学院开学典礼上全体师生齐唱院歌、齐颂院训的仪式感，加强了我们青年教师对学院情感的皈依与认同；这份熏陶也来自在学院一楼阅览室里对一部部大师著作的拜读——《中国新闻传播教育年鉴(2017)》《三思新闻教育》《传播观念的历史考察》《融合新闻学导论》等，都为我教书育人理念的树立贡献了力量。除此之外，对《论语》《曾国藩家书》《孟子》等国学经典的浏览，也使我感触颇深：与圣贤对话，启迪了我的心智，培养了我对师德传承的责任感与使命感。

知之者不如好之者，好之者不如乐之者。作为新一代的华中大新闻人，我目睹了老一辈师长、学者们对自身事业的热爱。他们勇敢执着、不懈追求，所取得的学术成就令我骄傲，所收获的教学成果让我钦佩。正是源于这份对毕生事业的钟情与热爱，恍惚间我仿佛能从他们在讲台上的从容姿态中，看见他们深夜里匍匐在书桌上备课、研学的身影，而日积月累的优质成果更是他们不懈努力、秉持真心的证明。芳林新叶催陈叶，流水前波让后波。我想，华中大新闻学院的壮大并不仅仅在于院舍和人数，更在于一代代华中大新闻人的质量。作为学院精神的传承人，我们也将在“秉中持正，求新博闻”的院训引领下，在学院精神的持续感召下，以育人为己任，以育才为己乐，用拼搏与奋进去完善自我，诠释自我！

三十五载岁月，印刻着华中大新闻学院的沧桑与峥嵘；三十五载春秋，见证着华中大新闻人的拼搏与进取。新闻学子，来自四方，齐心筑梦创辉煌；春风化雨，满园芬芳，争创一流美名扬。我如此有幸，能与我的学院一起见证三十五周年的辉煌，那就让我们继续唱响改革创新的主旋律，高奏科学发展的进行曲，抓住机遇，勇往直前，共同进退，追求卓越，共同创建华中大新闻学院美好昌盛的未来！

2018 年 9 月 10 日

彭媛　1987 年生，湖北武汉人，中共党员，毕业于中国传媒大学播音主持艺术学院，现任华中科技大学新闻学院播音与主持艺术专业教师，2016—2017 年度华中科技大学课堂教学优质奖获得者。曾获全国高校“小 DJ，大不同”主持人大赛二等奖，“中央三台”奖学金获得者，并先后担任中央电视台中文国际频道《中华医药》、新闻频道《24 小时》，以及社会与法频道《平安 365》等栏目的出镜记者。研究领域为广播电视语言艺术表达、电视新闻播音业务研究。

回顾华工新闻系文理交叉办学特色的创立

申　凡

在大学办新专业，没有特色就是平庸，即使办上十年、二十年，也会淹没在大批相同的专业中而难以出头；有了特色，就会“一招鲜，吃遍天”，就能在办学竞争中脱颖而出。所以说专业的特色，就是它的品牌，其重要性怎么说都不为过。有幸的是，华工新闻系(现华中科技大学新闻与信息传播学院)从成立之初，就看清了这一点，并且十分自觉地打造自己的特色，这也为后来的大发展奠定了一个基础。

一

1983年，华工新闻系成立之初，朱九思院长提出了两条办学原则：一是教新闻的必须干过新闻——这是为了使专业成为新闻的主流；二是在理工科院校办新闻专业，要与综合性大学不同，要充分利用本校的理工优势，形成文理交叉的特色。

对于第一条，这里我不想多去讲述。单说第二条，朱九思院长就讲过很多次，并且亲自过问具体的课程、学生的教材、教学师资情况等。显然，他是想通过华工第一个正式招生的文科专业——新闻专业，探索在理工科大学办特色文科的办学经验。

这一点，新闻系的认识非常明确，而且在后来的办学中，成了一个十分突出的指导思想。比如，讨论人才培养目标，大家一定会讲特色怎么体现；设置课程，一定要确保文理交叉课程的数量和质量；引进师资，必然会想到要有文理交叉学科背景的教师。

众所周知，中国从20世纪初开启的新闻教育多是以中文课程加新闻课程的模板来培养新闻人才的，这一模式盛行了大半个世纪。如果打破这种模式，那需要什么样的知识结构，课程又该怎样设置呢？华工新闻系从1984年就进行了大胆的探索，该年招收的第一届本科生，除了公共课、专业基础课和新闻专业课外，还开设了高等数学、自然科学概论、计算机及算法语言等必修课，以及科学学与科学哲学等选修课。因为总学时的限制，对专业基础课进行了压缩与调整，产生了与以前完全不同的培养方案。这一举措，打破了新闻教育几十年一贯制的培养方案，是教学模式的重大改革，所以在国内新闻教育界，甚至是整个教育界引起了巨大的反响。《光明日报》1986 年 11 月 19 日头版的《培养新型新闻人才　华中工学院新闻系开设现代科技课程》，报道了华工新闻系新的培养目标与新的课程体系。《人民日报》1987 年 11 月 10 日头版的《改革教学　推动理工结合、文理交叉　华中工学院培养跨学科人才》，报道了以新闻系为例的新的人才培养模式。还有《湖北日报》1987 年 9 月 25 日的《应用为主　交叉见长　一专多能　华中工学院新闻系力求办出特色》，《光明日报》1987 年 12 月 2 日的《工科院校办新闻系　新事新特色　华中工学院着力培养新型新闻人才　应用为主　交叉见长　一专多能》。《经济日报》1988 年 1 月 9 日的《适应信息社会的需要　华中工学院将输送出新型新闻人才》报道了华工新闻系的改革，文中写道："该系自创办以来，对新闻教育进行了大胆改革，使学生的知识结构由单一文科型变成文理工管渗透型，从而使培养出的学生能适应当今信息社会的要求。"

也就是这一破天荒的改革创举，使华工新闻系很长时间里成为国内众多媒体争相报道的"热新闻源"。

但是，说起来容易，做起来难。对于文科教育来说，这些课程的开设确实不是那么简单的事情。比如开高等数学，一方面，学生有抵触心理。有的学生对我说："我之所以考文科，就是不喜欢数学。"可是，根据我们的分析，学生只要能考进华工，数学分数都不可能很低，否则就无法被录取。也就是说，他们的数学并不是很差，只是没有像对文史课程那么喜欢。因此只要讲明情况，教学方法得当，这个问题是可以解决的。于是，系里就在大会、小会上讲，学习高等数学不仅是学习一种技术，而且是学习一种思维方式；学习了高等数学，才能学习统计方法，才能学习经济管理知识，搞科技报道等。系里同时还强调，教学计划是经过科学论证的，纳入学校的必修课，不及格就留级，甚至退学。做了这些工作后，大多数学生还是能学好的。另一方面，没有教高等数学的老师和教材。数学系的老师是有水平的，但他们像大医院的医生一样，对疑难问题的研究更加关注，而对于"科普式"的文科生数学的教学，没有人感兴趣。另外，一般的高等数学教材都有相当的深度，对文科生来说太难了。这两方面就只有请学校协调，至少在开始的几年里请数学系固定一两个老师来上课，让他们摸索教文科生的经验，也筹备编写华工的文科数学教材。几年下来，这门课的教学与教材问题逐步解决了，学校的文科数学教材也出版了。

自然科学概论的老师教学，基本是按科技史的思路来讲课的，由学校自然辩证法教研室的老师来上课。我记得是李思梦等几个老师，他们知识面很宽，教学内容丰富，学生比较感兴趣。后来，系里调进了工科生刘燕南，让她担任这门课的教学。为了学生科技知识的学习，朱九思院长还请理工科各个领域的著名专家给学生开当代科技知识前沿讲座，比如讲述“老三论”“新三论”，以及生物工程、海洋工程等，以开阔学生的眼界。几十年后学生遇见我，还说起当年那些课程给他们带来的新知识、新理念，让他们一直不落后于形势。

计算机课程的学习，学生都很认真。不仅有理论课，也有相当多的实践课，如学习简单的编程，学习五笔打字技术。学生学习后，打字的速度非常快，在后来的实习和工作中优势很明显。一个学生在羊城晚报实习后对我说：“报社的编辑才刚刚学习打字，像小鸡啄米样一个字一个字地敲，我一会就把他们几个人的稿子全部录完了。”得意之情溢于言表。

华工新闻系的这些特色课程，引起了全国新闻教育界的关注与借鉴。到了20世纪80年代末，中国人民大学、复旦大学等学校也开设了高等数学、自然科学概论、计算机等课程(更多的是选修课)。

为了实现文理交叉的特色，新闻系也在努力物色合适的有理工科背景的师资。1983年就陆续从华工毕业生中选择了文字功底比较好的陆晔、王志荣、刘燕南、幸志敏留校，让他们到新闻媒体实习、进修、读研，承担自然科学概论、科技新闻采写、经济新闻写作、统计学等文理交叉课程。后来，又调进了屠忠俊、严赤卫、罗晋华、陈少华、江传惠、鲍立泉、史旻昱等教师，还一度从加拿大多伦多大学引进了有理工科背景的传播学博士杨伯溆。这种坚持引进文理交叉师资的做法，是华工新闻系长期保持自己特色的一个重要保证。

二

进入20世纪90年代，中国新闻业的发展进入了一个新的阶段，即由手工操作

申凡老师在 1989 届毕业生的毕业典礼上致辞

迈向计算机操作的时代。新闻写作逐步由手写字变成了计算机打字，更重要的是报社开始告别“铅与火”，由铅字排版转向计算机照排，整个编辑部的工作技术和生产流程发生了根本性的变革。

这个转变先从个别探索型的小报开始，然后由中央媒体和一些省会报纸跟进。这些转型对于新闻生产的流程和技术，是一次革命性的变革。当时的一些地方报纸因为既无人才，又无技术，多在观望；而报社的大多数编辑、记者有畏惧情绪——学习、使用了几十年的技术、经验没用了，怎么工作呢？

可是，对媒介技术革新十分敏感的华工新闻系此时认识到了这个变革的重要性，决心全力进行教学改革，适应这种转变。这个教改，就先从报纸编辑学开始。从 1992 年起，以周泰颐为首的报纸编辑课教学组，对已经实施了技术改造的报社进行了调查，了解他们的技术设施、工作流程、管理方式的变化，以及编辑记者掌握技术过程中的难点。教学组回校后进行了反复研究，决定从技术和设备两方面着手进行教学改革。他们了解到，当时国内最好的制作报纸编排软件的公司是北大方正，于是就派年轻教师柳泽花到北大方正去学习；几个月学成后，柳泽花回来和周泰颐一起研究课程改革方案，制定了新的教学大纲，使这门课既教编辑学的理论知识，又教软件使用的理论知识。而技术学习部分，则是一个环节一个环节地把传统的纸上画版变成了计算机编排。学生上课，既有理论学习，也有上机实验，考试也在计算机上完成。这项教学改革比较成功，它为学生进入正在转型或将要转型的报社进行技术改造，提供了新式技能。

至于教学设备，周泰颐老师到北京相关部委争取到了一个编辑教学改革的项目，获得了20万元的资助；新闻系购置了几十台计算机，在东五楼的二楼设置了专门的机房；又找到北大方正集团，购买了几十套报刊编辑软件，很快就上课了。好在我们的学生前面已经学习过计算机使用的一些技术，也有了熟练打字的技能，所以很快就学会了计算机写作与编辑技术。由于周泰颐老师在这项教学改革上的特殊贡献，当年的文学院授予了她特别贡献奖。

这是国内第一个进行计算机报纸编辑教学改革的高校。当时正赶上大报编辑转型，我们的学生去后大显身手，成为技术上尚不熟练的编辑部的生力军。在这以后的八九年间，全国各个新闻专业的领导和老师，不断地到我们系参观、学习我们的教学经验。正因为这样，我们也对北大方正集团说，各个高校不停地参观、学习，是我们在给他们做营销宣传。他们知道我们的教学在国内的领先地位，以及其他学校参观的情况，后来卖给我们的升级软件一直是打折后的最优惠价格。

由编辑课开始，华工新闻系的其他各门专业课陆续都进入了电子化教学改革时期，除了一些史论课程外，大部分课程的教学计划，都有学生的上机操作学时，全面适应了媒介电子化时代的发展。

三

20世纪90年代中期，互联网开始向社会扩散，一部分大报开始办网络版。华工新闻系敏锐地认识到，这是对中国新闻业的一次更大挑战。在这样的形势下，我们按照文理交叉办学的思路，就想到要培养适应这种变化的网络新闻人才。1996年，我们派人到《长江日报》调查，看到该报的网络版请的是北大方正的技术人员协助，并聘请了几位退休的老编辑，把日报上的内容拷贝到网络上。可见，以当时报刊媒体的网络版来看，需要既懂得网络技术应用，同时也能做报刊编辑的复合型人才。

那么，怎么培养这种文理交叉的新型人才呢？我们首先想到了华工理工科的学生们，他们在一、二年级学的是理工科知识，是否可以让一部分学生转过来学习新闻与网络呢？经过讨论，我们认为这种思路是可行的，理由有二：第一，学校校报、广播台记者团，每年都有大量的理工科学生报名参加，我都应邀给他们讲过采访写作课，他们学习新闻的积极性很高，其中不少人毕业后还去了媒体工作；第二，每年总有一些理工科的学生要求转到新闻系，我问他们转系的理由，他们说自己喜欢文科，但高考报志愿的时候是家长、老师做主，填报了理工科。

那么，网络技术部分的课程由谁来上呢？1998 年，在新闻系的基础上成立了新闻与信息传播学院，学校的电教中心与学院合并，电教中心的罗晋华、江传惠都是教理工科课程的老师，同时学院也调进了陈少华、鲍立泉、史旻昱三位学计算机的老师。为了新闻学院的文理交叉办学，周济校长还专门请信息系主任朱光喜兼任学院副院长，他也带来了相应的教学网络课程的老师。

在这样的基础上，学院就给学校写报告，准备通过考试从全校理工科二年级学生中，招收一批文史知识较好、有较强写作能力的学生，组成一个网络新闻班。经批准后，1998 年 4 月，在 57 个学生报名的基础上，考试文史知识和写作后录取了 22 名学生，这些学生转入新闻系学习，组成了网络新闻班。

这个班开设的课程有古代汉语、古典文学、中国传统文化、外国文学、现当代文学、艺术概论、新闻学概论、新闻采访学、新闻写作、中国新闻事业史、外国新闻史、报纸编辑学、新闻摄影、广播电视概论、新闻评论写作、新闻事业管理、广告学概论、大众传播学、社会学概论、经济法、逻辑学、计算机文字处理与文稿编排、多媒体制作基础、网络传播、C 语言、平面设计、数理统计与社科软件应用、数据库应用程序设计、新闻网页设计以及汽车驾驶等 30 余门课程。在这么短的时间里开这么多的课，时间是不够的，只好暑假补课。

给这些学生上课的过程中我们发现，他们首先有一个思维转换的问题。学生上了几次新闻课程后，向我反映没有学到东西。我问他们，为什么说没有学到东西。他们说，理工科课程一堂课，或是学了一个原理，或是学会了解决一个问题，收获很具体，而文科课程一堂课讲了一大通，没有具体可落实的东西。面对这种说法，我真不知道怎么和他们解释。理工科的知识具体，往往是逻辑求证的结果；而文科的知识，很多时候无法求证，无法计量，是讲一个观点或一种观念。比如新闻时效性，就是一种求快的观念，这源于新闻的信息特质。新闻信息价值大小，会随着时间增加而价值衰竭，这就要求采编人员从新闻采访到写作，再到编辑、发表都要抢时间，都要迅速。在这样的较长时间的磨合中，他们才成为既掌握了一定理工科知识，也拥有新闻知识的文理交叉复合型人才。

2000年6月，当这批网络新闻班的学生毕业的时候，正值各个新闻媒体大办网站的时候，这种文理交叉复合型的新闻人才被全国各大新闻媒体"一抢而空"。全国新闻媒体又一次聚焦到了这时的华中科技大学新闻学院，新华社发了通稿，《新华网》和《新华每日电讯》在报道这一事实时说："这个班的最大特色就是实现了人文、社科和计算机、信息等学科的大跨度交叉"，"适应市场需求，为迅速崛起的第四媒体培养人才"。在这之后，国内一些重点大学，比如清华大学、中国传媒大学、复旦大学也相继创办了类似的专业。

在办学设备方面，1998年，由新闻学院毕业的校友、武汉有线电视台新闻部主任程小萍牵头，武汉有线电视台出资30万元，学校投入30万元，建成了多媒体网络实验室。这是国内新闻院系创建的第一个网络多媒体实验室，其超前的理念和技术的现代化，令其他大学的参观者大为赞叹。

进入网络新媒体时代，华工新闻教育的文理交叉实践又走在了时代的前列。

申凡教授

在几十年的办学实践中，正是因为文理交叉这个特点，华中科技大学新闻学院迄今为止所获得的三个省级教学成果一等奖，全是这一特色的展现。

2001年，《文理交叉培养复合型新闻人才——华中科技大学新闻人才培养的特色研究与实践》获省级教学成果一等奖，课题由申凡、吴廷俊、余奇敏、石长顺、刘洁完成。

2005年，《文理交叉复合型新闻人才培养模式综合改革研究与实践》又获省级教学成果一等奖，课题由吴廷俊、石长顺、申凡、顾建明、刘洁完成。

2012年，《基于学科交叉的传媒复合型人才培养模式改革与实践》再获省级教学成果一等奖，课题由张昆、何志武、石长顺、钟瑛、陈少华完成。

申凡 华中科技大学二级教授、博导，享受国务院突出贡献特殊津贴。1983年，毕业于中国社会科学院研究生院新闻系，后到华中工学院新闻系（华中科技大学新闻与信息传播学院前身）任教，曾多年主管教学工作，主持的“文理交叉培养复合型新闻人”教改项目，获得2001年湖北省优秀教学成果一等奖。

亲历华中大广播电视学专业的那些事儿

石长顺

20世纪90年代初期，随着数字传媒技术的发展，广播电视传媒迅速崛起，导致业界对广播电视学专业人才的需求十分迫切，进而促动全国高校陆续开办广播电视新闻学专业。在这种情况下，传统新闻学又被教育部通知为限办和限招专业，于是1996年，我校在开办多年的广播电视教学基础上正式申报广播电视新闻学（后更名为广播电视学专业），并于当年获得批准。经历十年的快速发展，在2006年全国首次广播电视本科专业评估中，我校广播电视学专业排名居全国第二位，在中国人民大学之后。2017年中国科学评价中心发布全国广播电视学本科专业排行榜，华中科技大学以5星级稳居第二名，排在中国传媒大学之后。2018年是我校新闻传播教育创办三十五周年，也是广播电视学专业发展的第二十五个年头，的确有些事儿值得回顾。

石长顺教授

一、广播电视学专业发展历程

时间	广播电视学专业大事记	负责人(部门)	亲历者角色
1993	广播电视教研室诞生	主任汪苏华	华工新闻社会学硕士生
1996	广播电视新闻学本科专业获批	教育部	获华工硕士学位
1999	(1997级)广播电视新闻学专业首届分班上课	新闻与传播学系系副主任兼广播电视教研室主任石长顺	组织实施
2000	广播电视新闻学专业晋升首位教授石长顺	华中科技大学	晋升对象
2002	广电专业开办播音与主持专业(方向),在全校范围内选拔招收2001级8名学生,按“1+3”模式试点培养	副院长石长顺	组织实施
2004	石长顺教授被遴选为广播电视传播学首位博士生导师	华中科技大学新闻与信息传播学院	2005年招收首位广电博士生
2006	申报获批广播电视传播学博士点(继复旦大学后,全国第二个广电专业博士点)	华中科技大学和教育部	撰写填报申报材料及表格
2006	广播电视学系成立	系主任何志武	提议从新闻系分离设系
2007	“985高校”一级学科授权自主设置广播电视传播学硕士点	新闻与信息传播学院	学科带头人

续表

时间	广播电视学专业大事记	负责人(部门)	亲历者角色
2008	《电视专题与专栏——当代电视实务教程》获批"普通高校教育'十一五'国家级规划教材"	石长顺教授著	独撰
2009	广播电视学专业申报获批为国家级特色专业	新闻与信息传播学院何志武	负责组织申报
2009	与湖北广播电视台合作建立广播电视与新媒体研究院	院长石长顺	主持理论与实务研究
2011	首次招收广播电视传播学博士后	导师石长顺	已指导出站两(拨)人
2013	广播电视学专业获批首位二级教授石长顺	华中科技大学	受聘人
2013	广电专业获批首个国家社科基金重点项目"构建和发展现代广播电视传播体系研究"	负责人石长顺教授	主持人

二、广播电视学专业的那些大事儿

1. 开天辟地:华中科技大学广播电视新闻学本科专业开班(1999年)

广播电视学专业的发展历程可追溯到华工新闻系建立初期的1985年。我校新闻系成立的第二年,就建立了广播、电视、摄影实验室。1993年,首建广播电视教研室,开始相关专业课程教学,由汪苏华老师任主任。1996年,申报广播电视新闻学本科专业获教育部批准,1997年开始与新闻学专业联合招生64人。1999年秋季,广播电视新闻学本科专业正式与新闻学分班上课。当年由新闻学系系副主任兼广播电视教研室主任的石长顺老师负责组织实施,从1997级大新闻系中采取自愿报名的方式分流学生进入广播电视新闻学专业单独培养学习。

(1) 学生宣誓。广播电视新闻学专业于 1999 年正式开班,当年采取"2+2"方式教学,即 1997 级的 64 名本科学生在前两年不分专业,统一进行通识课和新闻学基础课程学习,在大学三年级初期通过自愿报名的方式,约一半学生分流到广播电视新闻学专业学习。

当时我想,这是一个新专业的开端,为了开好头,激发首届学生的专业热情和教师的高度责任感,我提议在开班之初举行隆重的首届广播电视学专业学生宣誓仪式,得到院领导的大力支持。全班 30 名学生在新闻学院三楼会议室,举起右手庄严宣誓:热爱广播电视新闻学专业,忠诚党的广电事业,认真学习广电知识,力争成为优秀的专业人才。宣誓活动在学院引起了较大反响,很多其他专业的学生羡慕、询问,甚至要求开展此项活动。

(2) 专设教室。广播电视新闻学专业的教学不同于一般文科教学,其教学内容的视听形象性,要求授课教室必须具备相应的视听播放功能设备,而不仅仅是一块黑板。此前(1998 年)我在东一教学楼上电视摄像课时,没有专门的视听教室,但为了对经典电视画面进行分析,每次上课都要请一位实验老师帮忙,在课堂教学中需要展示播放镜头时,都必须隔空(玻璃墙)向另一个播控室的实验老师做一次播放或暂停的手势,这样既耽误上课时间,又影响教学效果。因此,在广播电视新闻学专业正式开班教学前,我获得院领导的大力支持,在当时办公经费和办公场地都很紧张的情况下,仍然将新闻学院会议室(学校东六楼三楼)专门辟出做广播电视新闻学专业课教室,并拨出专款购买了两台当时最大尺寸的彩色电视机,悬挂于讲台两侧,还安装了控制台、配置了磁带录像机和投影仪等设备,并为每位专业教师配备了一台录像机和每年发放一盒空白录像台,以做教学录像资料及备课专用。这在当时的高校教学设施中,已算是比较专业的了。

(3) 教学计划。广播电视新闻学作为新闻学院第二个专业,在通识课、专业基础课方面与新闻学专业基本相同。不同的是在专业核心课程的设置方面,基本上是按照教育部 1998 年专业课程目录稍做调整,共安排了 10 门专业课,有广播电视概论、广播新闻写作、广播节目制作、电视摄像、电视新闻、电视节目制作、电视专题与电视专栏、电视作品赏析、节目主持人概论、影视美学基础等。

(4) 首届去向。首届广播电视新闻学专业在教师和学生的共同努力下,30 名毕业生去向非常理想。

约有 8 人考上研究生，包括华中科技大学录取的曹林(现为《中国青年报》著名评论员)、薛江华(现为《羊城晚报》采编室主任)、黄文杰(现在复旦大学出版社工作)、陈娜(现在武汉工程大学任教)、曹玲娟、周扬、陈林和中国传媒大学录取的高静郁。

约有 10 人进入中央电视台等媒体，如张璟(中央电视台专门负责报道李克强总理的时政新闻)、杨阳(中央电视台)、罗曼(广东电视台)、米骅(重庆电视台)、许愿坚(江西电视台，现任《东莞日报》新闻中心主任)、周颖(福建电视台)、刘雄满(中山电视台)、李卓为(青岛广播电台)、郑华如《羊城晚报》等。其他人成为公务员、高校教师和公司职员等。

优秀学生代表曹林，在校期间就非常勤奋，不断写作、投稿，发表评论文章，从院报到媒体大报，屡屡发声，当时就小有名气，信箱里经常有他的稿费单。近来，微信上盛传一篇《中国 100 名意见领袖名单大全及简要评点》的文章，曹林校友荣列其中，对其的点评是：他恐怕是 100 人中最年轻的，从学生时代开始写政论和时评，及至今天，几乎每篇文章都能掀起一个舆论热潮，他一定是年轻人的偶像。曹林阅后也认可一个事实："我在《中国青年报》发表的评论常能引发业界、学界和舆论界的讨论。我自认评论写得并不好，但我对中国问题有着一定的评论敏感，评论所涉及的话题和观点常能成为讨论的热点。"

2. 广播电视传播学获准设置博士点(2006 年)

博士点走过的路：

2004 年，石长顺教授被评聘为广播电视学方向首位博士生导师。

2005 年，华中科技大学新闻与信息传播学院获得新闻传播学一级学科博士学位授予权，广播电视学与新闻学、传播学并列单独招考博士生。

2005 年，石长顺教授首次招收全日制博士生一名。

2006 年，根据博士学位授权一级学科范围内自主设置学科、专业的相关文件规定，于当年 9 月 18 日成功申报二级学科博士授权点——广播电视传播学(communication of broadcasting)。当年，石长顺教授招收全日制博士生两名。

2009 年，何志武教授被评聘为广播电视学方向第二位博士生导师。

2014 年，郭小平教授(当时为副教授)被评聘为广播电视学方向第三位博士生导师。

2007年迎接教育部本科教学评估，右一为时任中国传媒大学校长苏志武教授

至今，广电专业已形成本科、硕士、博士、博士后全链条培养体系。

(1) 为什么要申报博士点？

理由很简单，博士点代表了学科专业建设的水平与地位，也有利于推动专业教学与科研发展。例如，2003年中国广播电视与新媒体研究会筹备成立时，要求副会长以上人选单位必须是一级学科博士点单位。我校石长顺教授依托华中科技大学新闻传播学一级学科博士点资格当选为副会长。

随着数字电视技术的发展，广播电视媒体进入飞速发展期，除了传统广播电视频道(率)的大量增加外，数字视听新媒体也急剧涌现，如网络广播电视、移动电视等。媒体的发展，对相关广播电视人才的需求大增，许多高校因此纷纷开办了广播电视学专业，师资力量严重匮乏。

与此相适应，广播电视内容产业的社会需求日益增长，受众收视(听)的多样化倾向也对广播电视教育提出了挑战。传统的广播电视新闻学已不能满足当代媒体改革与发展的需要；同时媒体间的激烈竞争对广播电视传播学高层次人才的需求显得更为迫切。因此，该专业开办博士生教育是适应当前及今后相当长一段时间社会需求的重要举措。

更重要的是，我校自1997年开办广播电视学专业本科、硕士教育以来，在专业教学、研究生培养、科研等方面取得了较为丰富的成果，这些都为博士点的申办奠定了良好的基础。为此，广播电视传播学博士点的申报设计了四个研究方向：广播电视传播史论、广播电视传播实务、广播电视传播文化及广播电视艺术。

(2) 广电博士点培养什么样的人?

本专业培养热爱祖国,拥护中国共产党的领导,有社会主义觉悟,在广播电视与视听新媒体传播学科领域具有广博而坚实的理论基础,有独立进行科学研究的能力,并善于运用国际理论视野,对广播电视媒体创新与发展给予理论阐释与指导,能够胜任广播电视与视听新媒体等相关领域的理论研究,能够从事高等学校新闻与传播学的教学工作,以及新闻实务单位管理工作的高层次专门人才。

(3) 华中大高水平国际化优秀博士课程榜上有名(2013 年)。

根据华中科技大学《2013 年研究生高水平国际化课程评估通知书》的要求,经课程负责人石长顺教授申报,研究生高水平国际化课程评估专家随堂跟踪听课评价,研究生院组织评估专家根据课程负责人提供的评审材料及评估专家、学生对课堂教学效果的评价等材料进行综合评审。在被评估的 111 门课程中,有 36 门课程被评为优秀研究生高水平国际化课程,75 门课程评估为合格研究生高水平国际化课程。石长顺教授申报的博士课程"广播电视学理论体系研究"被评为华中科技大学优秀研究生高水平国际化课程,成为全校 36 门优秀研究生高水平国际化课程之一。

3. 试办播音与主持专业(2002 年)

20 世纪初,广播电视以其广泛的传播力、深远的影响力成为当之无愧的"第一传媒"。继而,在数字传媒技术的推动下,广播电视频道(频率)资源不再稀有,一个省级广播电视台竟拥有近 20 个频道(频率),随之而来的频道专业化和节目栏目化媒体发展,需求大量专业有素的播音与主持人才。我院洞悉了这一发展趋向,经学校批准,于 2002 年在广播电视新闻学专业基础上拓展试办播音与主持专业(方向),学院决定由我具体负责实施。

为广泛选拔优秀播主后备人才,我院在学校的支持下,从全校(不论工科、理科、文科)大学一年级学生中挑选了符合播音与主持特殊条件的人才共 8 人,到我院按"1+3"培养模式组织教学,即一年级在各专业学习的学生,到我院修读三年的播音与主持专业基础课、专业核心课和专业选修课。

为了保证试点班的质量,我们从湖北广播电视台和武汉广播电视台高薪请来了具有播音指导职称(教授级)的名播、名主持人为小班学生上课,让学生享受到研究生的待遇。在课程设置上,我们不同于有些"权威"院校一味强调播音技巧课,在播音与主持专业基础课外，安排了部分文学、艺术、社会学等课程，强化学生的人文素养；打通广播电视学专业的平台课，强化学生的专业通识素养；注重学生的媒体实践训练，培养与媒体对接的出镜记者和播音主持人。毕业时，这批学生受到招聘单位的青睐，基本都进入了媒体担任主持人、出镜记者或电视编导。其中，有3名同学进入中央电视台，一名同学进入湖南电视台。如今，该班同学万俊已成为凤凰卫视的知名主持人。

遗憾的是，在风头正盛时，华中大播音与主持专业方向只招了一届就停办了，为什么呢？原因是开办该专业时，外请名师费用较高，请示学校后对学生的学费按高于普通生一倍收取，然后返还部分学费给主办学院，用于补充播音与主持专业教学费用。此后学院主要领导与学校多次汇报、交涉未果，且当时学院也无其他经费来源补充，因此只得作罢。后来又于2011年正式申报获批播音与主持艺术专业，在高校艺术类批次重新招收新生。

4. 广播电视学专业申报获批国家级特色专业(2009年)

广播电视学专业申报国家级特色专业前的2007年，教育部在全国高校中组织开展了首批国家级特色专业申报工作。我在学院提出积极响应，先申报新闻学专业，得到了学院主要领导的首肯。主要依据是，新闻学专业作为学院的母系学科，创办历史较长，师资队伍力量较雄厚，教学科研成果较多。接着，我与时任新闻系主任的刘洁教授商定申报材料框架，几经修改定稿上报，于当年12月获批国家级特色专业(学校同时获批的还有信息安全、电子科学与技术、软件工程和临床医学等专业)，每个点下拨经费90多万元。

2009年，教育部再次下发通知申报第四批(其中2007年有两批)国家级特色专业，我征得学院主要领导的同意后，决定再申报广播电视学专业。但学校有关部门表示为难，因为当时许多学院还没有一个国家级特色专业，希望我们学院放弃。我极力说服学校给新闻学院一个申报机会，如若在学校第一关被淘汰掉了，我们绝无怨言。后在教务处领导的支持下我们如期申报。我在当年还受邀作为学校一级评委参加学校第一关的评审。当时申报的还有光信息科学与技术、药学、物流管理等优势专业。我院由时任广电系主任的何志武教授汇报，院长张昆教授随行督阵。参与这批申报的专业实力较强，特别是工、管、医学的科研实力太强，动辄上千万的科研课题经费令我们吃惊。我当时作为与广播电视学申报专业有关的评委不便发言，但眼看受到强势工科申报情况的威胁，我觉得不能沉默，便举手示意校领导和评委组长，要求做一分钟的发言。在得到允许后，我首先从学校战略层面提出要平衡发展文科和工科、医科，特别是综合型大学要重视扶持文科；然后又强化补充了我校广播电视学专业在全国高校的影响力和前列地位，并保证如若学校批准，我们（广播电视学专业）一定会努力在全国层面获得批准（会后想起来还是有点害怕，万一在全国评不上咋办?）。结果如愿以偿，我如释重负，当年我校广播电视学专业获批为国家级特色专业。这是仅次于中国传媒大学（第一批）之后国家第二个广播电视学特色专业，我校也是全国高校新闻学院极少获得两个国家级特色专业的学校。

三、广播电视学系的建立与师资队伍建设

教师是专业教学与科研的重要基础和保障，不论是专业人才的培养，还是各类项目、课题的成功申报，都离不开一支结构合理的高素质师资队伍。但从我 1999 年接任新闻系的系副主任兼广播电视教研室主任开始，直到 2006 年广播电视学系成立，广播电视学专业的师资构成都不尽合理。从学历结构看，没有一个取得博士学位的教师；从职称结构看，长期以来只有我一人为教授；从性别结构看，基本都是"淑女加一男"，我长期被称为（娘子军）"党代表"；从师生比看，广播电视学专业教师人数一直只有五六人，人数最少，且当时还办有两个专业（包括播音与主持专业）。鉴于上述情况，为了加快广播电视学专业发展，我于 2005 年首次向院领导班子提出，将广播电视学专业从新闻系分离出来，单独成立广播电视学系。此后又几次提出，并经过激烈争论方才统一意见，学院在 2006 年决定成立广播电视学系，由何志武（博士）教授担当首任系主任（自此开始改变广播电视学专业教师性别、学历结构）。

广播电视学系成立后，我作为学科带头人将师资队伍建设作为首要考虑的问题，决心优化本系师资队伍结构。先后引进了郭小平（武汉大学博士），邓秀军（中国传媒大学博士），以及后来的彭松（湖北电视台名主持人、武汉大学博士），龚超（中国传媒大学博士），彭媛（华中科技大学在读博士生）等。

由于有了一支较强的师资队伍，广播电视学专业的教学和科研突飞猛进。

在教学上，2008 年，石长顺教授主编的《电视专题与专栏——当代电视实务教

程》被评为国家级规划教材；2008 年，石长顺教授主讲的“电视专题与专栏”获评为湖北省级精品课程；2009 年，广播电视学专业被评为国家级特色专业；2010 年，石长顺教授主持的教改项目“学科交叉见长　培养创新人才”获教育部新闻学教指委、中国高等教育学会新闻与传播学专业委员会“教学创新项目”奖；2013 年，教改项目“基于学科交叉的传媒复合型人才培养模式改革与实践”获湖北省高等学校教学成果奖一等奖；2014 年，教育部本科专业评估中，我校文科仅有 3 个专业获优秀，广播电视学专业位列其中；2016 年，龚超博士获湖北省第五届高校青年教师教学竞赛(文史组)一等奖第一名，并荣获“湖北五一劳动奖章”。

在科研上，从 2008—2017 年的十年时间里，广播电视学专业教师科研实力不凡，获得了 8 项国家社科基金项目，其中有两项国家社科基金重点项目(见下表)。其他省部级重大、重点和一般社科项目近 20 项。

广播电视系获得国家社科基金项目统计表

时间	项目名称	项目类别	主持人
2008	基于科学发展观的风险社会与媒体的生态文明传播研究	国家社科基金青年项目(08CXW008)	郭小平
2009	中国广播电视公共服务研究	国家社科基金一般项目(09BXW015)	石长顺
2011	“三网融合”与广播电视新闻传播研究	国家社科基金一般项目(11BXW015)	何志武
2012	风险社会的媒体传播研究：社会建构的视角	国家社科基金后期资助项目(11FXW005)	郭小平
2013	构建和发展现代广播电视传播体系研究	国家社科基金重点项目(13AXW008)	石长顺
2014	基于用户行为大数据分析的微博反腐机制研究	国家社科基金一般项目(14BXW050)	邓秀军
2016	基于新媒体的民意表达与公共政策的互动机制研究	国家社科基金一般项目(16BXW083)	何志武

续表

时间	项目名称	项目类别	主持人
2017	老龄化的风险议题、媒介话语转型与“积极老龄化”社会建设研究	国家社科基金重点项目（17AXW009）	郭小平

2018年8月31日

石长顺　1998年任教于华中大新闻与信息传播学院，曾任副院长。2000年评聘为教授，2004年遴选为博导，先后获华中科技大学“三育人奖”“华中学者”“二级教授”和“第二届全国百优广播电视理论工作者”称号。

历任教育部新闻学科教指委委员、中国广播电视学研究会副会长、湖北省新闻传播教育学会会长、华中科技大学广播电视与新媒体研究院院长。发表论文100余万字，出版专著和教材10余部。主持完成国家社科基金重点项目、省部级重点课题多项。3项教改成果获省级一等奖，10部著作和论文获全国和省级一等奖。

十八年弹指一挥间

舒咏平

从 2001 年初到华中科技大学人事处报到，到 2018 年办理退休手续，正好十八个年头。这是我在华中大新闻与信息传播学院潜心学术、教书育人、心系学科、服务社会的十八年。十八年也就只有 6500 多天，弹指一挥间，时间倏忽已逝。在这次学院建院三十五周年的征文中，我想从自身的视角来谈几项工作，以见证学院初创期的艰辛发展。

一、老传播系的那些日子

所谓的老传播系，指的是 2000 年冬天成立，到 2006 年秋分离出现今的传播系、广告系这一段时期的传播系。记得 2000 年 12 月，学院在鄂州凤凰山庄召开学科发展研讨会，当时我还在安徽师范大学担任新闻系主任，尚不能到华中大入职，但学院仍然邀请我来参加会议。会上吴廷俊院长、程世寿书记、申凡副院长等就学院学科发展、学位点申报进行了谋划与布局。而申凡教授则借与我同宿一舍的机会，把华中大新闻办学的始末、波折、复苏等向我娓娓道来，令我感受到华中大办新闻之初的高瞻远瞩，感受到华中大办新闻的雷厉风行，也感受到华中大办新闻曾经有过的起起落落。也是在这次会上，学院成立了传播系，在我没来报到之前，由屠忠俊教授负责系务。而我在 2001 年春来华中大报到后，就担任了传播系主任一职。

那个时候，传播系可以说是学院发展的新希望所在：仅有的两位具有博士学位的教师在传播系，学院文理交叉的办学特色以及全国最早的网络新闻班在传播系，学院新增设的广告学专业在传播系，时任校长周济希望进行深度文理交叉而培养的两位理工科背景的年轻教师在传播系。而支撑新希望的当然是传播系的各位老师，至今想来，他们一张张个性鲜明、活力绽放的脸庞犹在眼前：知识渊博且幽默风趣的屠忠俊教授，学者性严肃与顽童般欢笑交融的申凡教授，善辩较真却又纯朴可亲的戚海龙副教授，轻声细语中透露着学术严谨的传播学"洋"博士杨伯溆教授，单纯执着中藏着深厚功力的语言学博士钟瑛副教授，充满活力、滔滔不绝的陈先红副教授，思维敏锐、自信满满的唐志东副教授，总是挂满甜蜜微笑却非常知性的黄鹂老师，还有来自社会学背景的美女"双侠"余红老师与刘瑛老师，深受学生喜爱、才气与帅气逼人的韦路老师，刚刚从理工专业留校任教却在学院跨学科攻读传播学学位的金童玉女鲍立泉老师与史旻昱老师；此外，还有兼职的才思敏捷、笑容可掬的管理学博士余明阳教授，在学院担任书记却乐意在传播系授课、参加活动的大男孩汪佩伟教授等。

记得在那些日子里，学院为了学科上台阶、办学上层次，往往一年会举办两次学科研讨会，即暑假学科研讨会和年终总结与表彰研讨会。会议的举办往往有着前期的扎实准备，会议的主题、形势的通报、学科的规划、成绩的总结、经验的分享、教训的反思等往往使会议紧张务实而有实效。校领导樊明武、朱玉泉、刘献君、冯向东、王乘、李培根等均曾受邀与会，并做出指导性的讲话。而会议议程也会安排一些娱乐活动，增进大家的互动与友谊。记得 2005 年底，在荷田会所召开的学术研讨会后续议程中，各专业集体表演节目，传播系广告专业的老师们表演"时装秀"，并专门邀请吴廷俊院长与史旻昱老师压轴出场，吴院长的台词是"当今时代最重要的是什么？是人才！"结果该节目获得大家一致好评，吴院长的这句台词不仅成为学院的流行语，也成为学院人才建设的格言。

在老传播学系存续的这段时期，学院可以说是掀起了一股科研热潮。结合大家的需求，学院每每会在全院大会之前进行内部的学术讲座交流。印象最深的是新闻系特聘教授孙旭培所讲的“学术专注与学术创新”，他自己本人就因为长期坚守新闻法规研究领域，而成为全国新闻法规研究公认的第一人。那天他开篇就介绍道，国外博士生入学开始授课，往往第一课就会接收到祝福：祝贺你进入知识创新的行列！他进而结合自己的科研经历与体会说道：“不在一个领域里持续坚守，你就不会有创新发现，即使自以为有发现，那也往往是前人研究过且已经有结论的；而如果没有创新发现，你的论文就是制造学术垃圾。”在加拿大多伦多大学拿到传播学博士学位加盟我院的杨伯溆教授，可以说是当时我校乃至我国国内为数不多的传播学“洋”博士之一。他在学院的讲座交流会上更多的是介绍规范的传播学研究方法。要知道，当时传播学学界大多数的学者往往是从新闻学、哲学、语言学、文学、历史学转型而来，采用的多是思辨、阐释、例证的研究方法。而杨伯溆教授则强调，如果说新闻学可以归属于人文科学，那么采用传统研究方法尚是合理的；但传播学乃是典型的社会科学，它研究的是社会中的信息传播现象，因此规范的传播学研究必须采用严谨的社会学研究方法，要有量化实证的思维，如此才可以得到让人信服的研究效果，传播学才真正成为科学。虽然，此后不久杨伯溆教授就调到北京大学去了，但他强调量化实证方法的传播学研究却在我们学院开花结果了，即我们学院拥有了以量化实证方法展开研究的全国最强大的学术队伍，其中有张明新、钟瑛、余红、李贞芳、刘瑛、李卫东、李华君、徐明华、鲍立泉、于婷婷等。

当然，老传播系存续期间最核心的工作是新闻传播学一级学科博士学位点的论证申报。当时全国大多数高校尚处于新闻传播学科本科专业创办或增设的阶段，而已经办有新闻传播学科的重点高校，除了中国人民大学、复旦大学凭实力已经牢牢占据先机，其余多在为申报博士点而奋力冲刺。其中处于全国高校前列的有中国传媒大学、北京大学、清华大学、武汉大学、华中科技大学、南京大学、厦门大学、四川大学、暨南大学、上海大学等。而我校新闻传播学申报博士点的策略，用吴廷俊院长的话来说，就是“积淀实力，广结善缘”。即科研成果的积累、科研队伍的成长是实力、是基础，在此基础之上则需采取“请进来、走出去”的方式，让新闻传播学界的学术大咖们了解、熟悉在武汉喻家山下，有这样一个有成果、有潜力、有希望的华中大新闻传播学术团队，正在按照文理交叉、应用为主的理念勤奋地进行教书育人与科研耕耘。为此，学院曾先后举办了两次“新闻传播学博士生培养经验交流会”，一次是在三峡的游轮上，一次是在黄冈，全国新闻传播学界为数不多的博士生导师均被请到了。当时，全国不少有实力的高校新闻传播学科的学术带头人均挂靠在其他学科带博士生，如我院院长吴廷俊教授就挂靠在高等教育学下带新闻教育的博士生，但对于如何在新闻传播学科体系下培养合格的博士确实值得探讨与交流。这两次富有创造性且务实的会议得到了人大方汉奇、何梓华、童兵，复旦丁淦林、李良荣等资深教授的高度肯定与评价，自然也为我院博士点的申报进行了合理而自然的铺垫。在 2003 年、2005 年，这两个申报博士点的年度，我记得申报方案总是反复讨论、推敲、修改，担任执笔的屠忠俊教授最辛苦，且不说学科方向的提炼、研究领域的阐述，就是表格上的数据与大量附件的准确匹配就非常耗时耗力，我自然也陪着屠老师熬过了无数个不眠之夜。新闻学二级学科博士点以及新闻传播学一级学科博士点的先后获批，使我院的高层次人才培养走在了全国新闻传播学科的前列，为我院学科的发展奠定了坚实的基础，这对于我们学院全体教职员工无疑是最大的价值肯定；而老传播系存续的这段时间也理应留在学院发展的历史进程中，并发出其历史特有的贡献之光芒。

二、学院特色定位与"新新论坛"举办

作为学院学科建设新增长点的传播系，实际上当时面临的最迫切任务是将网络传播的旗帜举得更高，并切实巩固中国网络新闻办学与网络传播研究第一校的既有占位。这实际是学院办学历史与传统所决定的：自从1983年开办新闻专业以来，华中大的新闻办学就牢牢锁定了理工科院校办新闻的特色与优势，从最早的科技新闻研究，到1998年率先在全国办起网络新闻专业，以及学院一直高举着文理交叉的新闻传播学研究旗帜，均决定了我院的网络传播、新媒体研究需义不容辞地走在全国前列。

为此，在2004年初，学院院长吴廷俊教授就与清华大学新闻传播学院副院长熊澄宇教授商议，鉴于新媒体对于社会现实及传播学科的巨大影响，拟由两所均以理工科为背景的学校联合主办一个小规模高层次的学术会议，首届研讨会由华中科技大学承办。该研讨会的具体操办交给了我们传播系。当时两位系副主任均在外地：钟瑛教授在复旦读了博士后，又到英国留学去了；陈先红教授在管理学院拿了博士学位，则去了澳大利亚访学。于是，我找到在学院兼职授课、当时尚在校出版社负责数字出版的陈少华副教授一起来操办会议。对于该会议的名称，我们经过反复推敲与沟通，最后确定为"新媒介与传播革新论坛"，简称"新新论坛"。论坛征稿函于5月发出。2004年11月26—28日，"全国首届新媒介与传播革新论坛"（"新新论坛"）在华中科技大学召开。论坛共收到论文82篇，本着小规模、高层次、交互性、专业化的办会思路，经过论文筛选，清华大学、中国人民大学、南京大学、中国传媒大学、暨南大学和中国社科院、人民网、荆楚网、武汉市电信局等30多家高校和信息传播机构的42位代表入选并应邀参加了论坛。论坛主题为"新媒介·新机遇·新挑战"，子题一为"网络媒介带来的传播革命与信息管理挑战"，子题二为"电子媒介对文化产业所带来的机遇与挑战"，子题三为"新媒介推动下的传播理论革新"。论坛采用主题报告和专题研讨相结合的形式，参会嘉宾从宏观和微观角度，各自畅谈了对新媒介与传播革新的独到见解。论坛举办的一个花絮是，对于诸多会务信息，我们均采用了当时正兴盛的短信方式告知，虽然难以与现在的微信群相媲美，但在当时却是一个创举，也因此得到了与会学者们的高度赞赏。

第二届“新新论坛”则于第二年即2005年11月25—27日，在北京怡生园国际会议中心召开。论坛依然由华中科技大学新闻与信息传播学院与清华大学新闻传播学院联合主办，清华大学新闻传播学院承办、博客网协办。该届论坛主题为“新媒体的个人化趋势及其社会影响”。来自国务院新闻办的网络局领导，清华大学、华中科技大学、中国人民大学、南京大学、中国传媒大学的学者，以及博客网、新华网、和讯网等业界人士与会。

两届“新新论坛”举办的同时，网络传播成了席卷全国各行各业的大趋势，进行网络传播办学的高校越来越多，就网络传播进行学术研究的学者也越来越多。而依靠中国史学会成立的中国网络传播学会此时已经由南京大学牵头成立，同时也开始筹备网络新媒体学术会议，组委会由南京大学、清华大学、中国人民大学、华中科技大学、香港城市大学等高校组成。第一、二届网络新媒体学术年会分别于2004年、2005年在南京召开。第三届则于2006年在香港城市大学召开。2007年，相关高校商定，第四届会议与华中科技大学和清华大学合办的“新新论坛”合并，于2007年在武汉的华中科技大学召开。在会议期间，组委会商定自2008年起，由中国人民大学承办的两个会议均合并召开，并将会议名称统一固定为“网络新媒体学术年会”。至此，“新新论坛”结束了其历史使命，但“新新论坛”的举办在一定意义上为中国新媒体学术研究交流开了先河，既为我国的新媒体网络传播教学与科研做出了贡献，也实质性地奠定了我校新媒体研究的特色与领先地位。

三、从新媒体广告占位到“品牌传播”原创

虽然我担任传播系主任，要把学院的特色“新媒体传播”作为重点工作来抓。但我毕竟是作为广告专业的学科带头人引进到华中科技大学的，我个人教学与科研的主业必然是广告专业教学与科研。在华中大广告专业创办之初，我们就在广告公司、广告主、广告媒体等产业链诸环节上进行了办学调研，并在分析讨论的基础上，对华中大的广告专业进行了定位，即新媒体广告与品牌传播。2001年4月，出于广告专业发展考虑，我们从深圳大学引进了余明阳教授，学院拟为他成立一个研究机构，以便他有一个合理的学术身份展开工作。而该机构的名称由我提出，后学院采纳并确定为“品牌传播研究所”，所长为余明阳，副所长由我与陈先红担任。

我当时之所以提出“品牌传播”，出于三方面考虑：其一，华中科技大学网络新闻办学走在全国前列，新开办的广告专业必然要立足网络新媒体特色，而网络广告实际上已经去广告化，只能用“品牌传播”才能更好地揭示其内涵；其二，作为传播系主任，我需要写传播学方面的论文参加全国传播学会议，如《意见博弈：传播的内在图景》一文就是因为要参加清华大学举办的传播学年会而撰写的，也因此在写作过程中认识到传播学对于广告的涵盖，在信息社会，传播学具有更丰厚的内涵；其三，长期给企业做咨询，知道企业已经进入以品牌传播引领产品研发、品牌营销的历史阶段，而在这方面，余明阳教授在全国有很大的影响力，已经为全国 100 多个企业提供了品牌咨询策划服务，成立“品牌传播研究所”正好可以充分发挥余明阳教授的特长与社会影响力。

但要举起“品牌传播”的旗帜，则需要先融入广告专业、广告行业、广告学术圈内，在得到广告业界与学界认可后，提出的新概念才有可能得到认可。

第一，在特色办学上下功夫，其措施主要有：在各主干课程内加大新媒体广告的比重，开设品牌网络跟踪实验课，开设品牌传播策略实战课，在毕业论文实践环节加入广告及品牌传播的毕业设计等。

第二，集中在新媒体广告领域展开研究，并批量性地形成成果。其中论文有《小众传播时代广告战略的选择》《广告互动传播的实现》《搜索引擎：数字广告的集散媒体》《数字传播环境下广告观念的变革》《碎片化趋势与“广告载具”的微观承接》《基于网络的品牌传播“长尾化”》《创意整合：新媒体环境下的研发广告一体化》《“信息邂逅”与“搜索满足”——广告传播模式的嬗变与实践自觉》《受众中心的网络广告呈现》《基于企业自有数字媒体的品牌传播聚合性》《新媒体广告的“原生困境”与管理创新》《新媒体广告趋势下的广告教育革新》《新媒体广告及其融合服务初探》《新媒体广告趋势中的亚洲消解》《广告主微博传播内容分析》《搜索平台上的广告信息呈现》《新媒体环境下广告主的抉择》等；著作与教材则有《广告传播学》《新媒体与广告互动传播》《新媒体广告》《新媒体广告传播》。其中，2010 年由高等教育出版社出版的《新媒体广告》成为全国第一本同类广告教材；随着“新媒体广告”成为教育部设置的广告专业主干课程，该教材受到广泛欢迎。顺应这一需求，再考虑到新媒体广告形态不断诞生，于是《新媒体广告》在 2015 年得以再版，做到了在全国新媒体广告教育领域的动态领先。

第三，同步在品牌传播研究与实践领域扎扎实实夯实基础。其一是品牌传播研究所为安徽鸿润集团、武汉阳光喔文化公司、山东科技职业学院、安徽财经职业学院、武汉黄鹤楼卷烟、湖北英山县乡村旅游进行了品牌咨询服务，并承担了“中国国家形象建构中自主品牌传播困境与对策”“新媒体环境下品牌传播研究”等纵向研究课题。其二是进行了“广告与品牌传播”方向的博士人才培养，至今已有20余名博士生、200余名硕士生通过该方向的学位论文撰写而获得学位。其三是发表和出版了一系列品牌传播方面的成果，其中论文有《论“品牌传播”》《消费者对品牌接受心理的调查》《品牌危机的网上扩散与消弭》《品牌传播：新媒体环境下广告内涵演进的取向》《缺憾的自主传播——自主品牌网站英文版的实证分析》《品牌：传受双方的符号约定》《自主品牌：华夏文明的致效媒体》《基于企业自有数字媒体的品牌传播聚合性》《自主品牌故事中的中国形象》《自主品牌传播的深层症结与战略应对》《国外消费者的中国品牌形象认知》《品牌：信誉主体与信任主体的关系符号》《中国品牌与环境的海外消费者认知》《论国家品牌传播》《品牌传播理论建构的主体性史学观和思维变革》《中国本土品牌洋符化的符号学批判》；著作有《品牌传播策略》《品牌聚合传播》《品牌传播论》《中国大品牌》《品牌传播与管理》，以及“品牌传播系列丛书”等。其四，创办了品牌传播论坛。第一届品牌传播论坛于2001年8月在乌鲁木齐召开，校党委副书记刘献君教授、学院院长吴廷俊教授、余明阳教授、舒咏平教授、陈先红副教授等参加了论坛。第二届品牌传播论坛于2002年4月在江苏江阴市召开。第三届品牌传播论坛于2014年12月与第二届国家传播战略高层论坛联合在本校召开。第四届品牌传播论坛于2017年4月在安徽芜湖市与第一届国家品牌传播研讨会联合召开，并与安徽师范大学新闻传播学院联合主办。第五届品牌传播论坛于2017年11月在本院与第一届全国品牌传播青年学者论坛联合召开，该青年学者论坛由我院青年学者、广告系主任李华君副教授发起，联合中国传媒大学、厦门大学、华南理工大学4校联合主办，并形成一个长期办会机制。第六届品牌传播论坛于2018年6月在广州与第二届全国品牌传播青年学者论坛联合召开，由华南理工大学新闻传播学院承办。

可以说，我院自2001年原创发起“品牌传播”研究以来，已经得到了学界的广泛认可，并逐渐形成一个具有显学性质的全新学科领域。

四、学院演播厅的立项与建设

我于2006年担任学院副院长，分管学院的实验室建设。此时，我院文理交叉、应用为主的办学模式已经声名在外，不少高校新创办新闻传播学科与专业，往往都要到我院来考察学习。随着各个学校对于新闻传播教育中实验、实践环节的重视，其投入也越来越大。相形之下，我院实验教学的一个薄弱环节显得尤为突出，即缺乏演播厅！

实际上，1998年11月，我校新闻与信息传播学院成立之初就不断提出演播厅建设事项，并在1998年、2002年、2003年、2004年数度获得校领导的认可与确定，但均因种种缘由而搁浅。2006年，以张昆为院长、唐艳红为书记的新一届班子刚刚成立，就形成了统一决策，一定要在本届班子任期内把演播厅建成。

于是，经过多次调研与方案商定，2006年12月，我院再次向学校提交《关于我校电视演播厅建设方案的报告》，希望获得校电视演播厅建设项目立项。具体建设方案学院已多次邀请校设备管理处同志，到武汉市部分高校和省市电视台等不同类型的电视演播厅进行了专项调研，提出在东六楼一层阶梯教室的基础上改建演播厅的方案，其面积为200平方米，由演播台、机位及过渡区、观众席(60席位)、控制室等构成，预算为347.37万元。当时分管的校领导是林建华副校长，记得张昆院长、唐艳红书记与我在向他面交报告时，我们还恳切地口头汇报了演播厅对于本院人才培养的重要性，而林校长也表示了理解与支持。不久，校设备处组织专家来现场勘查，结果却认定阶梯教室层高等不符合要求，即无法进行演播厅的改造建设。

针对校领导列入议事日程、但现有执行方案不可行的状况，我们进行了重新选址，并于2008年1月再次向学校提交《关于校电视演播厅规划建设选址的报告》，报告详细写道：

原定的对东六楼一楼阶梯教室进行演播厅改建的方案，因层高限制(现层高6米，而标准演播厅层高需10.8米)以及无法下挖增高的技术限制(地面为钢筋水泥，大梁架空)而无法实行。

而拟在一楼阶梯教室南墙与东六楼走廊合围的空地上建造演播厅的方案，又受到排水、光线遮挡、需迁移变电装置等因素的制约，尤其突出的缺陷是，学校将投入400万～500万元建设的演播厅，依然不规范且隐蔽在一个闭塞的空间，无法对展示学校形象做出贡献；因此，目前设计院只能在遗憾中做方案。

鉴于如上现实考虑，近日，我院主要领导会同从电视台邀请的专家、广电专业教师，以及实验中心教师一同在现场反复考察商议，一致认为：在东六楼阶梯教室的北面有一块约500平方米的空地，可以按演播厅的规范要求来进行全新设计与建设，其好处为：所建造的演播厅规范，人员进出分流合理，便于全校性开放使用与管理，安全性高；演播厅可以进行外观的艺术性设计，从而形成我校文科建设的标志性建筑，并与比邻的法学院（东四楼）、文学院（东五楼）共同形成我校文科景观带；费用略为增加，却使之成为文科建筑群中的一个亮点。

此后，学院数度邀请校园规划处、设计院、建筑规划学院、基建处领导专家进行现场考察，并进行了项目方案的具体设计。在可行性基础上又多次向当时的校领导朱玉泉、丁汉初、林建华、于双清、张七一等进行汇报。终于在2008年，演播厅项目得到立项与拨款，工程也得以务实推进。

2008年8月4日，东六楼和演播厅电力改造会审会；

2008年8月16日，演播厅建设方案会审招标投标会；

2008年9月1日，演播厅建设协调会；

2008年9月19日，演播厅建设开标会；

2008年9月22日，演播厅建设正式开工；

2008年9月27日，演播厅图纸审定会；

2008年10月20日，演播厅设备项目论证会；

2008年12月29日，演播厅建设推进协调会；

……

2010年6月，总投资574万元的演播厅竣工并通过验收，其中主体工程230万元，装修64万元，设备275万元。

可以说，通过十多年的持续努力，学院的电视演播厅终于与学院大楼形成一体，矗立于校园的主干道路上，不仅为广播电视学专业学生的教学提供了实践基地，而且为全校同学开展视频录制实验提供了平台，并成为学校文科办学的一个重要看点。在此期间，我无数次陪同张昆院长、唐艳红书记一同找校领导汇报，与有关职能部门领导、专家沟通，其情其景至今难忘。我忘不了实验室主任张华鸣老师在室内改建方案搁浅后把目光投向新选地址的那个时刻，更有感于张华鸣老师为演播厅从一片平地到大楼矗立、演播设备采购调适到位的无数个日夜的辛勤付出。对此，我谨记录于此。

舒咏平　华中科技大学新闻与信息传播学院教授，博士生导师，曾任传播系主任、学院副院长、品牌传播研究中心主任、广告与媒介经济博士点学术带头人，研究方向为广告与品牌传播。兼任中国广告学会副会长。在全国率先开创“品牌传播”研究，亦为最先进行新媒体广告系统研究的学者。曾在《中国社会科学》《现代传播》《新闻大学》等报刊上发表论文200余篇；主持了国家哲学社会科学重点课题“中国国家形象建构中自主品牌传播困境与对策”等；有《品牌聚合传播》《品牌传播论》《新媒体广告传播》等著作20余种。

喻家山下：十年磨一剑

孙发友

人生的经历，有的是自己独立书写的，有的却深深打上了单位和团队的烙印。我的工作和学习历程，就与华中科技大学新闻与信息传播学院（下面简称新闻学院）有着深深的关联。

我能成为华中科技大学新闻学院一名教师，纯属偶然。1997年，我在鄂东黄石工作，任一家专业报的总编。当时想改变一下环境，拿着刚刚由新华出版社出版的专著《同题新闻写作思辨》，拜访了华中科技大学新闻系德高望重的王益民教授，想得到他的推荐，到《广州日报》工作。王教授十分热情地接待了我，告别时老先生执意要送我，并一直步行送我到学校的南大门。那是我第一次走进华中科技大学，也是第一次接触华中科技大学的教授（当时叫华中理工大学，为了便于阅读，文中统一称为华中科技大学）。当时的感受是：华中科技大学真美啊，华中科技大学的教授真热情！十天之后，我在黄石收到了王益民教授的来信，他说，他把我写的《同题新闻写作思辨》，推荐给当时的新闻系领导程世寿教授和吴廷俊教授看了（新闻系是新闻学院前身，当时为学校文学院新闻系），他们认为很有见解。两位领导建议：孙发友想不想到大学当老师呢？我看信后，又喜又惊。喜的是，华中科技大学是我国著名学府，我还有机会去任教，那是多么光荣的事啊！惊的是，我学历一般，普通话不好，正因为有这些短板，在我的未来预设中，没有当老师的内容。经过半年的思考，又感于新闻系领导和王教授的抬爱，我和妻子决定来华中科技大学。1998年5月，我们高兴地走进了嘉木葱茏的喻园，妻子调到学校党委宣传部，我到刚刚成立的新闻学院。就这样，我成了我们新闻学院成立后调入的第一位老师。

俗话说，四十不改行。而我却在四十二岁改了行，由新闻记者变为大学教师。事实印证了那句话：不听古人言，吃苦在眼前。受学历、学识条件所限，我一进入华中科技大学，便深感不适应，深入学习、完善知识体系成为必修课。命运将我推向

了人生最艰苦的岁月。当时新闻学院刚刚成立，首任院长吴廷俊教授雄才大略，要把学院建成中国一流新闻学院，因而他对中青年教师要求极严。我调进新闻学院的第二年暑假，学院在新洲道观河召开学科建设发展研讨会。会上，院长吴廷俊教授做了主题报告。在报告中，吴院长总结了前面的工作经验，提出了今后的奋斗目标，同时对学院“四条汉子”提出批评，认为他寄予厚望的四位中青年教师科研成果太少。本人“荣幸”名列“四条汉子”。当时有些想不通，有点小牢骚：想当年，老孙在地方媒体做个小头目，占个花果山，哪受过这种气！于是，我就去找吴院长“交流”。吴院长笑着对我说：“你过去在地方媒体做爹，到这里你要从孙子做起。”吴院长说得很对啊，在华中科技大学当老师，必须拼搏，其他说什么都没用。我决定收心聚气，拼搏一番。当时，我们家的曹秘书笑我是：老夫聊发少年狂，夜挑灯，读书忙。2000 年我报考硕士，2004 年报考博士。这期间，我的工作、学习任务绝对是超负荷的：我是专职老师，每学期要带三四门课，还兼任新闻学教研室主任（学院新闻系前身）、院刊执行主编、院工会主席，负责院社会教育部办学、创收工作。那时儿子正处于备战高考的关键阶段。公事、家事又多又杂，奈何只有连轴转，白天搞工作，晚上搞学习。尤其是在读博士期间，我都是半夜三点起床学英语、写论文。一听就吓得发晕的英语考试，这期间就考了七次。记得李汝珍的《镜花缘》中有一个情节，唐敖和林之洋等几个人谈话，发誓：如果说了假话，来生就从小考试，一直考到八十岁。可见古代读书人把考试作为人生最大的惩罚。而我却扎扎实实地考到

了五十岁。

其实，学习、考试是否痛苦，完全取决于自己的心态。我在读书学习期间，虽然辛苦，却感受到了一种充实的快乐。到2008年，经过十年奋斗，本人以出版专著两本、发表论文三十多篇，计近百万字的学术成果，先后获得了新闻学硕士学位和语言学博士学位，取得了教授职称和博士生导师资格。喻家山下，十年磨一剑。我的人生从此进入了一个全新的境界。

人是社会关系的总和。从另一个侧面领会马克思的这个判断就是，个人的成长和成功都不是孤立的，都是社会和工作单位帮助和培养的结果。刚来华中科技大学的十年里，我能取得一些成绩和进步，是我自身努力的结果，更是华中科技大学新闻学院求真务实、勇于拼搏精神的鼓励，还有程世寿教授、吴廷俊教授等的鞭策。没有单位这个平台和领导的帮助，人到中年的我，是很难跃上新台阶的。

2008年，在任院工会主席两届期满的换届会上，应张昆院长的要求，我当时做了一个感想性的简短发言。我说："前几天，我从北京坐飞机回武汉，一千多公里，历时七十多分钟。我在想，怎么会这么快呢？是我在飞，还是飞机在飞？通过这次坐飞机，我悟出一个道理：人和单位的关系，就如同人坐飞机的关系。华中科技大学新闻学院就是飞机，我离开了华中科技大学新闻学院这架超音速飞机，可能什么都干不好。个体的人，你就是发动机，离开飞机你也会掉下来粉身碎骨。"可能有人对我的这个观点不以为然：你说华中科技大学新闻学院是飞机，那我离开华中大、离开新闻学院到别的大学还不是可以吗！那只是你换了架飞机而已，要进步，你必须依靠一架飞机飞行。这依然符合我的“坐飞机理论”。没有单位这个集体平台，专家、教授都是不存在的，就如同你不可能长出翅膀从北京飞回武汉一样。显然，在这里，我强调的是一种集体主义精神、一种团队协作精神。张昆院长当时十分赞赏我的这个观点。

我的这个“坐飞机理论”，不仅是我的一时感想，而且是对我们新闻学院精神内核的概括。从新闻系到新闻学院，三十五年来，我们新闻学院得到飞速发展，靠的就是一种可贵的团队精神和集体主义精神。从当年的程世寿书记到现任的詹健书记，他们都在不断强调：新闻学院是我们的精神家园，团队精神是我们学院的传家宝。

人，只有融入团队，成为单位机体中的一个有机部分，才可能成功。

2018 年 9 月 5 日

孙发友　生于 1956 年 10 月，湖北黄石人。华中科技大学新闻与信息传播学院教授，博士生导师，语言学博士，中国散文学会会员。曾在地方媒体工作十八年，1998 年调入华中科技大学任教。

难忘在华中大的岁月

孙旭培

离开华中大新闻学院已经八年了，但我在那里的生活，与老师、同学一起相处的场景，常常浮现在脑海之中。

2001 年的春天，华中大人事处处长张七一和新闻学院刘洁老师到北京接我。在这之前，刘洁老师代表吴廷俊院长打电话问我是否愿去华中大工作，从电话问询到双方批准程序和办好一切手续，到我来新闻学院报到，总共不到一个月。真可谓神速矣！

我上午到达后，申凡副院长就带着我逛校园，只见到处是树木森林、芳草鲜花，对于来自“水泥森林”的我，有一种莫名的兴奋。此后，清晨、黄昏，我常在校园溜达，心中总是充满幸福感，后来我在校报上发表了一篇散文《绿色的感动》，表达这种心情。其实，这种幸福感主要还是来自我在这里做学问的方便、自由，我在华中大的十年是我出学术成果最多、最成熟的十年。

探索“敏感”问题从未像现在这样获得支持

我几十年来做的研究主要在新闻自由、新闻立法和新闻改革领域，通常认为是比较“敏感”的。可是我在安徽基层工作、思考过十年，了解国情、民情，深知中国的各项改革必须从实际出发，所以我对新闻制度的研究既放眼世界，更脚踏实地。这里的学院领导、学校领导都支持我探索那些所谓的“敏感”问题。幸好学界刊物也很认同我，我几乎所有的论文都或早或迟、或全或不全地得到了发表。

但有一次，有点意外。2003 年，我在学院内部刊物《新闻与信息传播研究》上发表了我主持的课题组写的研究报告《加入世贸与中国新闻传播业的发展》(16 万字)，可是三个星期后，某权威机构的内部通讯《新闻阅评》，就载文《孙旭培课题报告〈加入世贸与中国新闻传播业的发展〉中许多观点值得注意》，指责其中的 7 个观点"误人子弟"。例如，"创立国有民办的公共报纸"，"制定新闻法，党对新闻的具体事务不管或少管"，"我国传媒业长期以来受宣传口径、宣传纪律的约束，依法管理的色彩不浓"，以及"为适应新闻传播企业化运作，加快建构具有中国特色的现代新闻学理论体系，至少要确认以下几个观点：新闻媒介的双重属性，既从属于上层建筑范畴，又属于信息产业范畴"……但这些观点何以"误人子弟"，却并没有说明任何理由。

我是在北京一位新闻界朋友那里听到我的研究成果挨批的消息的，赶紧返回武汉找吴俊廷院长"自首"。岂知吴院长听后淡然一笑，说："这事我们早就知道了。"接着又告诉我，是分管新闻学院的校党委刘献君副书记不让告诉我的，说"不要影响他的情绪"，还说："孙旭培教授该怎么研究，就让他怎么研究。"后来，吴廷俊院长还将此事向校长樊明武院士做了汇报。樊校长说："没有什么可怕的，告诉孙老师，要坐牢，一块去！"这些让我深为感动。原来这些领导都明白，这个时代改革和保守两种思想的斗争随处都有，对于各种信息要善于倾听和鉴别，不能听到风就是雨，那样很容易把科研管死，更别谈创新了。

出乎意料的是，到第二年，那本研究报告和我的专著《当代中国新闻改革》都被人民出版社看中了，要一起出版这两本书。不过，在资金上没有商量的余地，两本书需要作者出资 6 万元。可我的湖北省社科基金的课题只有 1 万元经费，要拿那么大的款项补贴出版，这可怎么办呢？情急之下，我找到了吴廷俊院长，吴院长一听，马上问："你自己能出多少？"我说："只能出五千元。"吴院长说："好，其余我来想办法。"两本书都由人民出版社这样权威的出版社出版，大家都很高兴。经过学院研究决定，由学院补助 2.5 万元，向学校申请 3 万元。为此事，吴院长去找了校领导。最后，刘献君副书记帮助解决了这个问题。很快，这两本书就出版发行了。

孙旭培学术思想研讨会

我到学院工作满五周年的时候，学院内部还召开了一个"孙旭培学术思想研讨会"。师生们坐满了会议室，晚到的同学只能站着。会议开始时，屏幕上播放着"关于孙旭培部分研究成果与专家评价"。

会上，有位老师说："孙旭培写《论社会主义新闻自由》的近7万字论文，是在20世纪70年代末80年代初，那时对"文革"的反思才刚刚开始，许多人把前几十年的非常事件、非常现象归结为个人造就的特殊，他却大胆而有创见地提出，我们的新闻制度没有赋予新闻工作者跟错误路线做斗争的权力和权利，没有保护他们报道真实新闻的自由，他却能把产生问题的根源提到制度的层面。"有位老师指出，我从那篇论文开始，就基本确立了对新闻的总体看法，后来一直忠于这个体系，没有偏离过。几十年中不管政治气氛如何变化，我仍然坚守自己的研究领域，这点很不容易。吴廷俊院长在发言中，概括出作为学者的我具备的四个特点：学术勇气、学术良知、学者风骨、学者智慧。他说："孙旭培倒霉过，也发迹过，但不管在任何情况下都坚持做学问的原则，他在中国这样一个特殊的环境下，触及那么敏感的问题，却能找到一条比发现真理还艰难的表达真理的方式，使自己的学术研究自成一体。"

他的讲话激起与会者的阵阵掌声。这时，我自己倒是很尴尬，不知道是鼓掌好还是不鼓掌好。

从会议现场的气氛中，我深深感到，在这里研究"敏感"问题，不需要担心同行不理解，更不需要担心人家会"扔黑砖头"了。我开始有了在华中大新闻学院再干几年的想法。

感恩戴德学校、学院领导

有一天，我在宿舍办公桌旁听到敲门声，便前去开门，只见来人自我介绍说，"孙教授，我是学校党委书记路钢，来看望你。"原来路书记来华中大任职才一年半，近日听《人民日报》的一位朋友说起我，才知道我在他自己学校工作。他打电话给新闻学院唐书记，问到我的住址，就一个人找到我的住处。我们从我的研究领域谈起，从新闻自由、新闻立法，谈到反腐败和新媒体，觉得很谈得来。

2013年校庆五十周年，我回到已经离开一年多的华中大，在校庆会场上见到路书记，顺手送给他一本我的传记。令我没想到的是，就在我离开武汉的前一天，我接到由新闻学院调到学校机关工作的刘洁教授转发来的路钢书记的手机短信，短信说："刘洁教授：请转告孙旭培教授，院庆会上他送给我的书已读，非常敬佩他为学者的良知和严谨，为人的公道与正义。非常高兴他是同乡怀宁人，一方水土养育一方人，刚直不阿、历艰不移、独秀不催，是我引以为荣的怀宁人的品质，也非常高兴你是请他来华工的第一人，向你表示敬意！转告孙老师务必保重身体。路钢。”我这才恍然大悟，原来路钢与我是同乡。

离开华中大以后，我心里一直为临走时没能见到樊校长向他当面道谢而深为遗憾，好在机会来了，学院邀请我给《深圳商报》的一个班讲课。讲完课，我来到樊校长办公室，落座聊了一会儿以后，为感谢樊校长当年给予的支持，我站起身向樊院长深深鞠了一躬。这种行礼方式，在小学毕业以后就再没使用过。樊院士看来也为此而感动。我临走时送给他一本书，说：“你的宝贵支持已记录在我这本传记里了。”樊院士接过《新闻自由冻土带上的播火者——孙旭培传》，颇为动情地说：“我一定仔细拜读。”

学院领导对我生活和身体上的关心也很令我难忘。2006 年 4 月，我每天投入审读院内外研究生毕业论文的繁忙工作，这时我却有急事回了北京家里一趟。夜深人静之际，我抓紧时间修改硕士生何秋红的文章。次日清晨准备吃早饭时，突然感到一阵晕眩，眼前一黑。等到我醒来后，家人才告诉我，我先是跌倒在椅子上，又从椅子上摔落在地，“扑通”一声，头撞击在水磨石地板上。由于头疼剧烈，无法支撑下去，家里人赶忙将我送进了北京协和医院。据诊断，是颅内蛛网膜出血，病情很严重。消息很快传到学校，我的研究生们都十分焦急，可我不要他们来北京看我。但是，新闻学院还是特地派党委书记唐艳红和办公室主任王唯真，带着慰问金，专程赶到北京协和医院探望我。

我这毛病是 1997 年开刀摘取颞部囊肿后留下的后遗症。开刀两年后，我偶尔会出现癫痫症状，发作时会有两三秒钟的眩晕，所以我有时发现自己莫名其妙地一个人坐在宿舍的地板上，那是癫痫发生而跌倒的结果。

2009 年 2 月的一天，我忘了吃药，又因大雨不能去吃早饭。突然我就什么也不知道了。等我醒来时，发觉自己脸上正流着血，我到卫生间镜子前看，发现满头满脸的血，从卧室到卫生间的地上也都是血。我意识到，又是因为癫痫发作而摔倒，头碰到什么尖利的东西了。我不敢一个人去医院，就赶紧打电话。一会儿，吴廷俊教授来了，唐艳红书记开车来了，他们用车将我送到学校医院进行包扎。随后，张昆院长来了，师生们也到了，我又被紧急转送武汉陆军总医院。在那里输了 4 个人的血，我的身体状况大为好转，大家这才松了一口气。

随后，院长、书记把我送回我的住处，我只向他们叮嘱一条："千万不要告诉我家里人。因为身体的原因，他们早就不让我再在这里干了，可我一定要把《新闻自由在中国》写出来，这是我思考一辈子的东西。否则，死不瞑目！"他们同情和支持我的想法，安排我的博士生牛静等不时给我的房间打电话，问我身体的情况，北京家里也每天来电话问我吃药的情况。直到第二年年底，我的《新闻自由在中国》基本写成，院领导才安排吴廷俊教授、屠忠俊教授陪我游览了中共五大会址、汉阳铁厂博物馆等我没去过的地方。然后，我告别待了十年的华中大，依依不舍地回到北京。

孺子可教，当用深刻而全面的知识

在华中大的十年，给我快乐最多的人是我的博士生和硕士生，有一些学生尽管不是我自己带的。

我觉得我的博士生们都是一些肯钻研真问题的学子。他们都是在我专注的研究领域找选题，做博士论文时有两个人的题目与新闻改革有关，其余都是在新闻自由和新闻立法方面选题。绝大多数人的博士论文都非常成功。吴麟、卢家银等获得了省、校优秀博士论文奖。我重视教育研究生们，特别是博士生们，让他们学会找题目，所以他们到高校教书后，一个个在论文发表上颇有出色的成绩。我还教育博士生们，在做博士论文时一定要符合学术规范，后来多数博士生都写出文章，介绍自己在博士论文中运用某种研究方法的技巧和体会。这些文章后来都收入我主编的《规矩与方圆——新闻传播学研究方法与规范》一书中，由清华大学出版社出版。

我的硕士研究生们也乐于和敢于在我的研究领域找毕业论文题目，我非常喜欢这些年轻人。同时，我鼓励他们把我当作忘年朋友。他们常常会告诉我遇到的一些困难和苦恼，我尽可能地帮他们分析、排解。每当这时，我觉得当教师是最适合我的职业。因为中国教育讲究教书与育人相结合，所以，学生普遍反映我没有教授的架子。吴廷俊教授的研究生杨志在校内的刊物上写文章，这样评说我："孙旭培的平实，让人惊讶。他就是一个善思考、会写文章的农民。和他并肩而立，不会感到任何富丽堂皇的压力。他的学术和他的为人一样，没有任何的富丽堂皇。他像一个教父，用最平易的话语，讲出字字如铁的道理。”

近几年，不时传来大学里担任信息员的学生向上面检举某老师在课堂上有错误言论，弄得有关老师灰溜溜的，甚至从此不得任教。我对此现象和做法颇为反感。社会上也颇多批评，中国人民大学一位副校长称这种告密的做法越过了道德底线。我以为，不要说大学里应该有“独立之精神，自由之思想”，就是中国传统社会中的尊师重教的规范，也不容这样做。师生之间可以在课堂上展开讨论、争论和辩论，体现真理面前人人平等，但是不能鼓励背后告密，不然只能造就学问、做人双失败的后代。

可是，我在华中大从没遇到这种被告密、被检举的情况，也不时应邀到北京和外省的高校讲学，至今也没遇到过这种情况。不过作为老师，我觉得也必须面对、正视在中国讲集中统一可以随心所欲、讲自由独立就要小心翼翼的现实国情。我讲新闻自由、新闻立法的课题，重视调动逻辑的力量，比如总是要讲到为什么马恩全集一开始就有几篇论述新闻出版自由的文章，为什么宪法要把言论出版自由作为公民的权利加以规定，这两点证明，言论和新闻出版自由是人类文明史上出现的进步事物、宝贵东西，这也为我研究和讲授新闻自由提供了足够的合法性。同时由于我国的历史传统和现实国情，新闻自由的表现程度和发展进度都会有所不同，这就需要制定新闻出版法并不时加以修订，以实现适度的、渐进的新闻出版自由。这些基本道理我都会给学生讲，与此同时，我鼓励学生在课堂上积极提出自己不理解或者不认同的看法。

片面深刻的知识容易造就极端的思想。我特别提示博士生们，既要敢于和善于接受和挖掘深刻的知识，又要注意掌握比较全面的知识和资讯。比如研究新闻自由，你得研究它与政治、社会、历史、科技的关系。我让博士生们每人钻研一个重点，然后一起交流。这样有利于培养多方面思考道理的思维习惯。

在此基础上，我特别引导他们以发展的眼光看政治，看学术研究。比如，有些问题当政者没有及时关注、处理，并不是这个问题不重要或无道理，而是他们更关心当前的紧急问题，最怕受到干扰。我把自己经历的事情讲给大家听。我国宣传管理机构的一位领导曾经批判过我对新闻立法的研究，多年后他调到全国人大文史委员会工作，连续两年（2005 年、2006 年）他都邀请我去参加他们召开的座谈会，他两次都很热情地跟我讲了同样的话：“你的文章我每篇都看，你的观点我都同意。

就是有点超前。”我对他解释说：“我是做基础理论研究的，不是政府政策研究室的。我主张，理论要彻底，实践要渐进。”由此可见，只要是关系国家和民族未来的真问题，我们的知识分子就不要怕冒一时的风险，不能只做“跟风”式的研究，同时要熟悉政治、社会，不能只讲书呆子的道理，提一些不切实际的主张。

我与学生们相处融洽，如同一家人，使我在繁忙的工作中不断获得快乐。我那次摔倒，在北京协和医院住院一个月后才回到学校。“孙老师出院了！”获此消息，学生们奔走相告，他们为此兴奋地欢聚在一起，何秋红与姬雪萍俩人在激动之余，写下一篇题为《一位善良、单纯、真诚的老师》的文章，发表在《中国研究生》上。文中叙述了不少关于我关心、帮助学生，以及用说真话、讲真理的身教影响学生的故事。

学生们越是尊重我，我越是要严格要求自己。在十年教学中，我从没有违反教学纪律的情况。只是有一次，一个夏日的傍晚，风雨交加，晚上有我的课。我也担心上课迟到，很早就撑着雨伞出发了。但当我赶到东九楼，走到教室一看，发现里面没有人，于是就在教室等，蓦然想起应该是在东五楼上课。情急之下，我赶紧给何秋红同学打电话：“跟同学们说一下，我走错教学楼了，让大家先看看书，我马上就到。”5 分钟之后，我赶到了教室。脸上满是雨水、汗水，对学生们说：“对不起，刚才走错教室，所以迟到了，耽误了大家的时间，每人 5 分钟，50 个人就是 250 分钟。鲁迅说‘浪费别人的时间等于谋财害命’，这里，我向大家道歉。”话音未落，台下却响起热烈的掌声。

2012 年 12 月，有一天是我给华中大研究生上最后一次课。在课间休息时，同学们突然一起向前涌来，围在我身边，向我献上一束鲜花，与我一起合影。原来大家是早有准备的，只是我不知道那束鲜花藏在哪里罢了。这时我有点激动地想，如果真的有来生，我还是选择当老师，当然最好是在华中大这样的学校。

荣获“我最喜爱的导师”奖

2007 年 6 月，华中科技大学开展了“我最喜爱的导师”的评选活动。评选的形式，是由硕士生和博士生在学校的网上投票。每个学院评出一名。这样的评选，一般学生都是投本学院的老师，因为很少认识其他学院的老师，所以也就很少投到其

在华中大最后一次研究生课上，学生们在课间休息时突然涌上来给孙旭培献花

他学院。我所在的新闻学院只有 250 名硕、博士生，充其量也不过得 250 票。

投票是到夜里 12 点为止。我得票在全校第一，居然得了 1064 票，比第二名多出 800 多票。第二天上午，有一位叫郑焕坚的研究生，作为刊物《华中大导师》的记者，到我的住处来采访。刚一坐定，他就激动地说："选票出来了，孙老师，您的得票是最高的。"我听后，先是一愣，然后有点不大敢相信地说："这怎么可能呢?"他告诉我："昨晚投票截止时间是深夜 12 点，当看到网上显示您得票最高时，全宿舍的人都欢呼起来。"原来研究生们事先在网上打出了"请为中国的新闻自由投一票!"的口号，替自己喜爱的导师拉票，这件事实在让我大为感动。

6 月 15 日，我参加了在华中科技大学礼堂举行的颁奖大会。会场上，人声鼎沸，当我上台从学生手里接过那个银光闪闪的奖杯时，蓦然望见了下面座位中，有 5 位研究生面对主席台举起了写有"老师我爱你"的标语牌。白底红字的牌子在灯光照耀下格外醒目。

面对台下洋溢着热诚的众多学子，我满怀激情地发表了如下获奖感言："校研究生会要把最喜爱的研究生导师奖颁给我，我什么活动都可以不去，也要来领这个奖。这是青年学生给我的奖，是最珍贵的。我曾经在人民日报上发表过一篇文章，叫作《经久不息的掌声》，是写我的老师的，最后两句话是，赢得青年，必赢得未来。我是长期从事新闻自由研究的，所以，我不认为这个奖是颁给我个人的，我把它看作是同学们在为中国新闻自由投票。"话音刚落，台下爆发出经久不息的掌声。

在华中大新闻学院成立三十五周年之际，张昆教授邀请我写篇纪念文章，并告

当孙旭培获得华中大“我最喜爱的导师”奖时，新闻学院的学生举起“老师我爱你”的牌子

诉我学院已在全国“跻身三甲”的消息。学校“跻身三甲”的快速发展令我十分兴奋，我立即启动记忆的闸门，写下我在新闻学院时那些最为难忘的时刻和场景。

2018 年 8 月 30 日

孙旭培　男，1944 年 12 月生，安徽省怀宁县人。研究方向为新闻理论和新闻法。中国社会科学研究院新闻与传播研究所研究员、研究生院新闻系教授。2001—2010 年任华中科技大学新闻与信息传播学院特聘教授、博士生导师。曾为北京大学、武汉大学、上海大学、安徽大学、河北大学等多所高校的客座教授或特聘教授。所出版的《当代中国新闻改革》《新闻传播法学》《新闻自由在中国》《华夏传播论》等著作较有影响。现为中国新闻史学会媒介法规与伦理研究委员会学术顾问、华夏文化促进会传播研究专业委员会学术顾问，被誉为“新闻自由冻土带的播火者”，获得过“中国传媒法影响力人物奖”“中国新闻教育贡献人物奖”和“真、善、美新闻奖海外地区贡献奖”等。

一次难忘的尾牙

唐海江

时光荏苒，不知不觉来华中大新闻学院七年了。岁月催人老，早生华发。一路走来，也真是有诸多感慨。但真要提笔来述，却又感叹人笨笔拙，无以名状。按理说，学历史的人，应该对此会有个系统的梳理，甲乙丙丁戊，娓娓道来。这些暂且留待他日吧。这里我想讲一讲 2014 年我任新闻学系主任时，系里在年底组织的一次尾牙。

尾牙是一种集体活动，我大学本科毕业到湖南省政府工作，当时办公厅年底组织尾牙，全厅上下兴高采烈，厅领导年终总结报告和表彰完后，各处室节目表演，之后就是集体聚餐，觥筹交错。我在政府机关也就参加过一次，第二年考上研究生就离职了，所以印象并不深刻。2007 年去台湾世新大学做博士后，当时世新大学要举行尾牙，似乎是非常重视这个聚会，年底很早大家就在做准备。记得当时全校教职工坐上安排的车到世新会馆，我也被叫上车，迷迷糊糊地成了座上宾。那场尾牙规模盛大，我也有幸见识了当时学校的董事长、校长等一批名流。但是我知道，我只是一个过客。

2011 年我来到华中大，被安排在新闻学系。刚来两年，年终时也组织尾牙，大多是找一个餐馆，聚一聚、聊一聊，当然也就没有政府机关和世新大学那种气派。2013 年我接任新闻学系主任，邀请全系老师在园中园进行过一次尾牙，大家相谈甚欢。2014 年，随着中央八项规定的出台，学校明令通知，禁止年终公款聚餐。当时学院领导层为尾牙一事商量，一方面要严格遵照学校要求，另一方面也需借此联络感情。张昆院长、詹健书记和班子会讨论，决定全院年终尾牙在学院办公室举行，不动用学院办公经费，而是从工会费中拿出资金来操办，并规定基本限额，各系分头组织。

系务会上，将学院精神一传达，老师们还是很活跃，大家认为，包饺子可能是最好的方式，既简便，也卫生。特别是新闻学系的牛静、顾建明和闫隽，都是河南人，包饺子拿手。通过商议，大家分工，购买餐具、选购食材、托带烹调用具。

当然，我的主要任务是组织和联络各位老师。当时新闻学系正处于新老交替时期。原新闻学院院长吴廷俊老师是新闻学系老师，我与吴老师取得联系时，他人在美国，还没有回来，得知有这样的尾牙，说非常想参加，可惜人在国外，言语中颇有遗憾。跟赵振宇老师联系，他欣然应允，说："好，我一定来！"

尾牙那天，老师们很积极，牛静老师很早就到菜市场购买食材，准备饺子的佐料；周婷婷老师、闫隽老师、刘锐老师等则采购用具以及各类菜肴；住得近的老师从家里带来锅碗瓢盆，当这些食料、用具放到办公桌上时，已经是满满一桌了。于是大家开始忙碌起来，铺桌布、烧水、包饺子、拌菜肴、倒酒、碰杯，一场自助性尾牙就此开展起来了。

出席这次尾牙的新闻学系老师有在华中大工作几十年的教授，如赵振宇教授、欧阳明教授；也有近两年新来的老师，如刘锐老师、王溥老师和袁艳老师。尾牙真是交流感情的好机会，大家三两个一堆，边吃边喝，聊着各类问题，场面虽未有多么宏大，但是倒也亲近、自然，在打趣和欢笑中随意交谈；张昆教授一一给大家敬酒，代表学院表示感谢。更有趣的是，各个系老师之间的相互串场，也是趣味横生。新闻学系办公室和广电学系办公室相邻，跑过去一看，石长顺老师已经是酒酣耳红，妙语连珠，引得大家哈哈大笑；大家相互敬酒，我们一个办公室一个办公室走过去，互相道贺，并掠取"奇珍异食"。到三楼行政办公室，才发现行政办老师们的美味佳肴，万哲华等老师招呼我们，并推荐了他们的拿手好菜，只是一路过来，肚子已经塞不下什么了。

这次尾牙中，我还有幸见到了原新闻学系主任、已退休多年的周泰颐老师。周老是新闻学系的开创者之一，也是我人大新闻学系的校友。之前我已久闻大名，一直想去拜访，却无缘一见。尾牙前，学院邀请全体退休老师一起参加全院的尾牙，周老师高兴地接受了邀请。周老师神采奕奕，红光满面，进入系办公室跟大家打招呼，我们逐一给周老师及学院退休老师们敬酒，祝他们身体安康。周老师笑容频频，我们还一起合影留念。

在学院三十多年的历程中，这样一次尾牙或许并不重要，也不值得一书。但是细节见证伟大，正是这些细节，让我们见证了学院一代又一代的努力、团结和付出。这几年，也是学院人事变动频繁的时期，一批前辈学者逐一退出教学科研第一线，如吴廷俊老师、赵振宇老师、石长顺老师、万哲华老师等，他们为学院做出了巨大贡献，是尾牙让更多年轻老师跟他们更为亲近。2017 年，当周泰颐老师逝世的消息发布在学院微信群时，我感到很错愕，这么一位笑容可掬、神采奕奕的前辈竟然如此匆匆地离开了我们，真是始料未及。没想到，尾牙一面，既是与周老师的第一面，也是最后一面。

那样一次尾牙，既是一种聚会，也是一种交接，还是一种告别。所以让人记忆犹新，久久难以忘怀。

唐海江 华中科技大学新闻与信息传播学院教授，博士生导师，副院长；研究领域为媒介史和媒介理论。主持国家级、省部级项目5项，在新闻传播学权威期刊发表论文40余篇，多次获省部级科研奖励。曾入选教育部新世纪优秀人才计划，获聘华中科技大学文科学术委员会委员、中国新闻史学会外国新闻史学会副会长等职；主持华中科技大学“双一流”学术创新团队——媒介与文明学术创新团队；担任《中国社会科学》、《新闻与传播研究》、《新闻学研究》（台湾）、《国际新闻界》、《新闻与传播评论》等刊物评审专家。

新疆博州干部新闻与传播专题培训班的记忆

唐燕红

新疆维吾尔自治区博尔塔拉蒙古自治州，简称新疆博州，大家为了方便就习惯用简称了。为什么对新疆博州干部新闻与传播专题培训班这件事记忆深刻呢？一是新疆博州地处祖国的边疆，经济文化均比较薄弱，国家实行内陆省份分区域包干援助，新疆博州是湖北省人民政府的援助点；二是2006年3月，我担任新闻学院党总支书记，这是我到学院后接收的第一个培训班；三是当时学院运行经费十分困难，通过培训班的微薄收入可以暂时改善学院运转的困难。也可以说这次培训为后期的《嘉兴日报》新闻骨干培训、广州番禺新闻媒体骨干培训、海口政府机构新闻发言人培训、湖北省政府机构新闻发言人培训提供了可借鉴的经验。

2007年4月15日学院新、老领导调研中国人民大学

2007年4月的一天，申凡老师领着一位校友来学院和我、张昆院长见面。申凡老师给我们介绍说，校友王洲洋，是湖北省委组织部派往新疆的援疆干部，时任新疆博州党委组织部副部长。对校友的到来我们表示热烈的欢迎。王洲洋副部长向我们介绍，新疆博州是湖北省定点援疆点之一，他作为省委组织部干部派驻新疆博州，在新疆博州组织部工作，工作中经常下到各个市、县调研，也时常和市、县的各报社、电视台等媒体打交道，出于新闻专业出身的职业敏感性，发现博州基层新闻宣传干部队伍的基本素质比较薄弱，理论基础知识欠缺、新闻专业素养有待提高，经博州党委研究决定，面向博州各市、县的报社、电视台选拔四十名优秀青年骨干干部集中进行新闻专业培训，但由于新疆博州经济不发达，政府无力支付培训经费，整个培训费用只能向湖北省人民政府援疆办公室申请支持，支持经费也是捉襟见肘。王部长说，我是华中科技大学新闻学院培养出来的，所以我首先想到母校，希望得到母校支持。在他介绍完情况后，我和张昆院长首先感谢了他对学院的信任，张院长将学院的基本情况做了介绍，我将学校相关政策做了说明。我们表示，本着对湖北省援疆工作的支持、对校友工作的支持，以及新闻教育培养人才的宗旨，我们会尽最大努力来促成这项培训工作。

培训工作涉及教学、实验、考察调研、住宿生活管理、安全保障、多民族信仰等方方面面，为了统一思想，我们召开学院党政联席会议进行了认真讨论，大家一致认为应该承接新疆博州新闻宣传干部培训班这项工作，虽然学院教学任务繁重，只要合理协调是完全能解决的。关于培训经费，大家认为在对方提供的经费前提下，首先满足教学、实验、考察、专家讲座、交通等基本开支，厉行节约，减少不必要的支出。会上大家就培训方式、教学内容、实验考察等进行了广泛讨论，为了保证培训工作规范有序，会上决定成立课程领导小组、后勤保障及日常管理小组，设立班主任制。课程领导小组由张昆院长亲自负责，协调教学大纲的实施、专家讲座的聘请等；后勤保障由办公室主任王维真负责，落实学员住宿、交通、生活等；申凡教授担任班主任，负责学员的答疑解惑、学业指导。虽然学院是办学主体，鉴于新疆博州新闻干部培训班是在新疆博州党委的统一部署下，由湖北省人民政府援疆办公室出资，在省委组织部大力支持下推进的，我们必须向学校党委及党委组织部报告，设立相应的领导小组。

经多方协商研究，我们设立了“华中科技大学新疆博州干部新闻与传播专题培训班”领导小组：

冯友梅　　华中科技大学党委常务副书记

王兴於　　新疆博州党委副书记

王新和　　新疆博州党委常委、宣传部部长

杨育清　　新疆博州党委常委、组织部部长

毛卓水　　湖北省委组织部干部教育处处长

覃宁生　　湖北省人民政府援藏援疆办公室处长

王洲洋　　新疆博州党委组织部副部长

马小洁　　华中科技大学组织部部长

张　昆　　华中科技大学新闻与信息传播学院院长

唐燕红　　华中科技大学新闻与信息传播学院党总支书记

培训时间从 2007 年 5 月 20 日至 2007 年 6 月 29 日，为期四十天。在培训计划确定后，办公室主任王维真去落实住宿问题时遇到了困难。这次培训班的四十人都是年龄在三十岁左右的青壮年，按住宿标准和集中居住以及四十天的培训时间这三个必须条件，学校招待所三号楼是最合适的，但三号楼已基本住满，只空余几个房间，我和王主任在学校内四处探寻，学校后勤集团虽然改扩了几处培训公寓，但不是容纳不下四十人，就是住宿环境存在很多隐患，最后我们找到原财务处处长戴宝玉负责的宏嘉集团。戴处长告诉我们，她们从宏景花园接管的一栋公寓楼，刚修整完毕，已被其他学院会议预定，不知还剩余多少。她即刻打电话帮我们询问，回话还有十二个房间。她让负责公寓的经理带我们先去看看，有什么要求随时提出，会尽量给予满足，戴处长的热情让我和王主任十分感动，我们在经理的引导下查看了所有空余房间，三人标准间，电视、空调、洗漱间一应俱全，但房间板凳只有两张，学员们要学习、写作，坐在床上一两天可以，四十天是不行的。我希望每一个房间多配备一张座椅，经理表示没有问题，保证每个房间的座椅与住宿人数相同。十二间房分别在两层楼，我们学员有四十人，王主任说还差两间，经理说只有十二间。我们又找戴处长请求她与兄弟院系协商给我们调整两间，戴处长说她尽量想办法。两天后戴处长给我打电话说她给解决了两个房间，她让另一个院系去公寓对面的别墅住，把公寓楼的房给我们让了两间。因为兄弟院系是预定，调整也还方便，这样保证了我们四十个学员的集中整体性，使我们学员的安全管理有了基本的保证。住宿问题解决后，我心里也就踏实了。

我们制订了新疆博州干部新闻与传播专题培训班培训规划，规划包括培训目标、培训管理、培训方式、培训大纲、媒体考察、专题讲座、学习计划等。培训大纲，开设十二门新闻与传播主干课程，共计 176 课时，学院十二位教授全部登台为学员们授课，可见规格之高；专题讲座，学院聘请政府官员、业界精英、教授就当前中国新闻宣传及国内外形势进行深入探讨；媒体考察，组织学员到湖北日报报业集团、湖北广播电视台参观体验，考虑到学员们从新疆博州跨越半个中国来到湖北，学院决定由班主任申凡教授和办公室主任王维真带队，组织学员们到宜昌三峡大坝去看看，目睹世界级水电大坝的雄姿。从三峡大坝观光回来后，学员们激动得睡不着，太壮观了，很多学员遇到我说，感谢学院为他们提供这么难得的机会。

新疆博州干部新闻与传播专题培训班在我院培训，得到湖北省人民政府、湖北省委组织部、华中科技大学党委的高度重视，湖北省委组织部干部监督督察员蔡勇（副厅级）、校党委副书记刘建凡教授、湖北省委组织部干部教育处处长毛卓水、湖北省人民政府援藏援疆办公室处长覃宁生、新疆博州党委组织部副部长王洲洋、新疆博尔塔拉报社副总编辑兼副社长谢智出席了 2007 年 5 月 21 日的开班典礼。整个培训工作有序进行，博州带队干部曹爱群团长工作细致、干练，自己以身作则，与学员们同吃、同住、同学习，带领党支部、班委会干部充分发挥了组织领导的核心作用；学员们自觉严格遵守培训规则和纪律。我和王维真主任经常到学员们的住处了解学员们身体、生活状况；申凡班主任经常深入学员班级答疑解惑，与他们讨论学业上的问题，学期中，学员们自发地与老师们举行联谊活动，充分展现新疆人的多才多艺。四十天的培训，在送别的晚宴上，曹爱群团长说，四十天培训，教授们精彩纷呈、超大信息量的讲授，使学员们感到自己要学的东西太多了，时间太短了，满

教职工大会颁奖

脑子的知识、厚厚的笔记还需在工作中慢慢消化吸收，感谢学院领导和老师们为这次培训班做出的努力，大家会深深记住华中科技大学新闻学院这段学习时光。最后学员们以他们民族特有的方式向我们在场的各位老师敬上白酒，献上哈达，表示了他们美好的祝愿！

附：新疆博州干部新闻与传播专题培训班学员名单

序号	姓　　名	性别	工作单位
1	曹爱群	女	博州党委讲师团
2	祁新舒	女	博州党委宣传部外宣办
3	张慧敏	女	博州经委办公室
4	周　燕	女	博州图书馆
5	敖　卡	女	博州塔拉报社
6	沙茹丽	女	博州塔拉报社
7	巴依尔塔	女	博州塔拉报社
8	邹　玲	女	博州塔拉报社
9	古丽巴合	女	博州塔拉报社
10	盛国英	女	博州广电局宣传科
11	王小芸	女	博州电视台
12	娜木琴	女	博州电视台
13	陈明娜	女	博州人民广播电台
14	王晓玮	女	温泉县电视台
15	卡·格丽	女	温泉县电视台
16	李　荣	女	温泉县安格里格乡宣传办
17	杨永华	女	博乐市党委宣传部
18	于彩燕	女	博乐市电视台
19	张新玲	女	博乐市香班哈日根牧场宣传办
20	徐　莉	女	博乐市阿拉热托海牧场宣传办
21	段革委	女	博乐市顾力木图街道宣传办
22	曹　华	女	精河县芒丁乡宣传办
23	冯海洲	男	博州党委宣传部新闻科
24	韩之光	男	博州党委组织部远程办

续表

序号	姓　名	性别	工作单位
25	阳　松	男	博州卫生局保健办
26	蔡　立	男	阿拉山口口岸委办公室
27	王　瑜	男	博尔塔拉报社
28	阿布都素甫尔	男	博尔塔拉报社
29	吴金亮	男	博州电视台
30	玉素甫	男	博州电视台
31	李　刚	男	博州电视台
32	王永吉	男	精河县党委宣传部
33	那生德力格尔	男	精河县党委宣传部
34	陈志伟	男	精河县电视台
35	王　勇	男	精河县电视台
36	杨　龙	男	精河县电视台
37	廖　强	男	温泉县党委宣传部
38	朱　超	男	温泉县博格达尔镇宣传办
39	翟永成	男	温泉县哈日市呼镇宣传办
40	徐玮勇	男	博乐市电视台

唐燕红　女，生于1956年10月。就读于原华中工学院电子精密机械专业（现计算机外部设备专业），获得原华中理工大学思想政治教育与管理学士学位，曾在原华中理工大学高等教育研究所“高校中层管理干部硕士研究生班”进修学习。曾担任原华中理工大学计算机系党总支副书记，原华中理工大学党委组织部（党校）副部长（副校长），华中科技大学党委研究生工作部副部长、研究生院管理处副处长，华中科

技大学社会学系党总支书记，华中科技大学新闻与信息传播学院党总支书记。1997年“整合与更新：计算机学科本科教学改革与建设”获湖北省政府高等学校优秀教学成果一等奖，2010年获“湖北省高等学校优秀党务工作者”称号，2012年退休。

"参差不齐"和"整齐划一"

唐志东

华工(原华中工学院,今华中科技大学)的新闻教育已经走过了三十五年,从宏观上说,它是我们国家改革开放四十年新闻教育画板上的一缕亮色。自 1998 年华中科技大学成立了新闻与信息传播学院,我有幸参与它的成长与发展,感觉十分荣幸。最大的收获是认识了很多学生,看了很多不一样的人生风景。

有一年暑假,我到广州探望程道才和汪苏华两位老师,旧友相聚,感觉十分亲切。我们都是教师,坐到一起,谈的最多的话题自然就是学生。说到学生的培养,有一个总绕不开的话题,就是华工新闻教育和武大新闻教育的比较。依程老师所言,武大的学生是"放养"的,毕业后的发展未免有点"参差不齐";华工的学生培养注重"整齐划一",因此似乎欠缺尖子生。这个话题如果要往深处说,相当复杂,事关两个学校的教育理念与办学思想,片面地比较学生,是不够准确的。

不过,华工也有不少特立独行的学生。就拿我关注比较多的"@卢祎杠霸子"来说,我与"@卢祎杠霸子"的相识是因为他的毕业论文选题。他是广告专业的一个本科生，提出毕业论文想研究“足球电视转播与射门区的机位布置”，这个题目对他所学的专业来说，相关性不大。当时我担心他的专业理论基础，还有时间等条件是否能够完成一篇毕业论文。但这个来自长沙的学生非常执拗，用时尚的网络语言来说就是“拗把子”，用他自己的网名来说就是“杠霸子”。写作过程中，他硬是顶住了指导老师的一次次否定，中规中矩地写出了毕业论文，虽然最后没有得到很高的评分，但他也不计较。

“@卢祎杠霸子”毕业之后去了深圳，在腾讯游戏事业部当产品经理，职场收入很不错。按他自己的话来说，他已经在“80后”职场收入最高的10%序列里了。况且这个“杠霸子”是1988年生的，还只是一个“85后”。

我跟“@卢祎杠霸子”的交往，较少涉及专业问题。每当我们有机会见面的时候，他聊得比较多的就是他的两个心结。一是网络游戏行业的社会评价问题。当前社会对网络游戏的评价更多是负面的，很难看到正面评价，导致他虽然有不错的职业成绩，但似乎找不到成就感与价值感，也得不到“光宗耀祖”的荣誉。二是买房子的问题。在深圳，就算他有不错的职场收入，按照目前的房价水平，他要买一个大房子祖孙三代甚至四代同堂，达到其乐融融的境界，可能性也不大。其实我与“@卢祎杠霸子”之所以一直有交往，对他而言，除了师生之情，或许是因为我这个行业外之人，适合充当聆听者，他时不时有了敞开心扉去倾诉的机会。

“@卢祎杠霸子”今年30岁，有了不错的经济基础，再加上一点独立特行的勇气，他毅然辞职离开了腾讯，离开了深圳。在选择自己下一个职业之前，他说他先要践行一个“文青”行动：一个人骑一辆宝马摩托，三个月游历欧洲90天。在人生的30岁，彻底放空自己，完成一次诗与远方的旅行。他在外介绍华中科技大学新闻与信息传播学院的时候，说得最多的是，传播学专业有许多毕业生去了BAT（百度、阿里巴巴、腾讯的合称）一类的高科技公司；最新的一任院长张明新，是工科背景、跨界教授。“@卢祎杠霸子”这一次单人独骑游历欧洲三个月，还让我邀请他几个做自媒体的编辑同学，替他编辑旅欧游记。这个“杠霸子”还给一个华中大毕业的同学做了一次产品代言，代言的主题就是“30岁的远方”。

不管是“参差不齐”还是“整齐划一”，看着这些后生们，我的人生因此多看了很多不一样的风景。

唐志东　1959年生，1982年于中山大学中文系汉语言文学专业毕业，1998年至今，任教于华中科技大学新闻与信息传播学院。

我对新闻学院的情和意

汪佩伟

我对新闻与信息传播学院是有深厚感情的。

不久前，接到院学术委员会“三十五年回眸”活动组织者张昆教授的告知，希望我能写点什么，参与学院“三十五年回眸”的纪念活动。非常感谢被邀约，也表示愿意提交一篇短文。但说点什么，写点什么呢？

自2006年5月我转岗到人文学院，就基本上没有回来过。此后，主要是在人文学院党总支忙人文学院的工作，并参与同美国韦恩州立大学共建孔子学院的一些活动；同时，读书、学习，“恶补”语言学和汉语言文学的有关知识，在通过了国家汉办、孔子学院总部组织的考试、考核和培训后，便先赴美国韦恩州立大学、后去南非斯坦陵布什大学的孔子学院工作，至2016年初回国。虽多年漂泊海外，工作较忙，但我的心还是不时地被“牵引”到我们新闻与信息传播学院（以下按照平时的通俗叫法，简称新闻学院）的网页上；邮箱的邮件里，也不时看到学院部分老师和朋友的问候；每次回国休假或出差，也会在校园里邂逅学院的师友，我们或伫立马路边长谈，或于餐桌上闲聊，而所谈内容往往离不开一个主题，那就是“我们的新闻学院”。

建（系）院三十五周年了，我离开学院也有十二个年头了。因多年离家在外，当年在学院工作时的笔记本和有关材料也没有时间去找，要写点东西全凭记忆。如何着笔呢？经过一些天的回忆和思考，突然，一个标题浮现在了我的脑海，那就是“我对新闻学院的情和意”。

情，自然是感情，对学院的感情。在创建之初的新闻系，以及后来发展时期的“新闻与信息传播学院”，算起来，我总共在这里工作了七年，可以说，感情是相当深厚的。

1983年，华中工学院（现华中科技大学）新闻系成立。这是学校由单一的工科院校向多学科、综合化大学转型和发展的标志性事件之一。

1983 年 8 月，我在北京大学历史系进修学习一年后回到母校。这时，我所在的中共党史教研室，已从哲学研究所划归新闻系，在东五楼办公。直到 1985 年暑期，党史教研室并入新组建的社会科学系，并迁至东七楼。

在新闻系工作的两年时间里，从业务关系上来说，党史教研室主要承担着全校本科生的中共党史、中国革命史、近现代史和共和国史的公共课教学，以及全校研究生的政治课教学，同新闻学科的业务课程基本不搭界，在教学工作方面是相对独立的。党史教研室有十几位老师，包括室主任李炤曾老师、副主任兰毓娟老师，以及李泮泓老师等，职称都是副教授；还有几位资深的老教师，如刘励平、蔡福谋、舒文康、孙志强、简木兰、肖沫香、官本滔、陈立志等，都是有很高水平的老讲师；青年教师有李军山、徐晓林、刘武桥和我。党史教研室，在新闻系成立之初，在各专业教研室先后建立并逐步引进专业教师之时，从师资队伍规模和教师职称阵容方面来看，凸显和壮大了新闻系的实力。这应该是校党委和行政部将这个教研室划归新闻系建制的一个重要考虑吧。

我们平时也积极参加全系大会、政治学习和工会活动等。党史教研室主任李炤曾老师，担任系党总支的委员。他和刘春圃书记、汪新源主任、申凡副主任、胡元斌副书记、程道才老师等党政领导，始终有着良好的合作关系，参与系里重大事项的讨论和决策。当然，李老师也是党史教研室同系党政班子联系、汇报、上传、下达的主要负责人，亦为与系办公室沟通、协调的总联络人。

在新闻系初创的两年里，说来惭愧，我并没有为系里做什么工作。值得一提的是，担任了新闻 1983 级干部专修科一班的班主任。当时的学生工作，由胡元斌副书记主管，学院分团委书记杨勇同志担任干部专修科的辅导员，同时兼任二班的班主任。

系里决定让我担任一班的班主任，作为一名青年教师，我感到十分光荣，也有一定的压力，因为公共课教学任务比较重，1984 年又开始备考研究生，家里孩子还很小。但我还是认真负责地开展工作，不辜负系领导的信任。

第一次做学生工作，一开始有点儿“心虚”。好在干部班的学员大多都很优秀，他们分别来自省、市、地、县的各个媒体，具有新闻行业的从业经验；同时，我和他们虽经历有异，但年龄相仿，利于沟通。班委会的三位同志办事也认真、负责。班长张立功非常能干，在班上颇有号召力、影响力。我们的班委会，一般在学员宿舍教三舍召开，但他们三位班委有时也主动到我家（西二区的青年教师住宅）来开会，分析情况、商量工作，包括党员发展的事宜等（王云霞是党支部负责人）。班委会提出的学习计划、工作安排和有关事项，他们回去都落实得很好，班会也组织得很好。全班同学思想稳定、学习刻苦、工作积极，班风良好。我和班上的学员之间，也相互信任，感情融洽。特别是和班长张立功联系最为密切，在他毕业离校后的一些年里，我们还不时地走动，但凡去汉口时，有时间我都去他那儿坐坐。有一次得知他住院，我专程赶去协和医院看望、安慰。可以说，我和"老张"及班上同学之间建立了深厚的友谊，这种感情是同学之情，同事之情，并非师生情。我至今仍怀念当时我们相处的时光。

在新闻系的两年，我的印象是，这是一个富有朝气的团体，一个开拓、进取、探索、创新的团队。刘春圃书记、汪新源主任两位主要领导，我基本没有什么接触，他们是老干部、大专家，是开拓者，令我景仰。对于申凡老师，我还比较熟悉，他同李军山、徐晓林和我，关系都很亲密。在干部专修科学员宿舍教三舍，老申总是"常客"，或为学生释疑解惑，或检查学业，我们也时常碰面。老申同志长期分管教学工作，为新闻学科教学质量的提高和教学改革的推进，付出了大量心血，取得了很大成绩。由于专业的限制，我同系里的新闻学老师联系并不多，与刘燕南、陆晔、刘绩辉、严赤卫、王木林等留校或调入不久的青年老师有一些接触，同程道才、汪苏华、周泰颐（她后来接替我任干部班的班主任）、曹承容、戚海龙等老师有较多的联系。同系行政办公室、资料室老师的接触就更多了，蒋开仙、李常玉、沈贞明、蒋风云、姚军等同志，至今我们都还很谈得来，我夫人同他们也成了好朋友。

团结、和谐、包容、进取、开拓，这是我们新闻学院建系以来的文化传统，值得继承和发扬。

从 2001 年 5 月到 2006 年 5 月"轮岗"去校人文学院的这五年间，正是学院学科建设和发展的关键时期，我有幸亲历了这个过程，并尽了自己的绵薄之力。我个人对学院的情感、情谊，在这期间，可以毫不夸张地说，上升到"新闻学院是我们共同的精神家园"的境地。

在离开学院后的十六年时间里，我考取并完成了中共党史专业硕士研究生的学业；赴四川外国语大学出国人员培训部学习、培训（教育部思政教师出国计划），并到英国阿伯丁大学(University of Aberdeen)历史与经济史系留学一年;个人业务水平逐步提高,职称由讲师(1987 年)、副教授(1992 年)提升为教授(1999 年);兼职做党务和科研管理工作,先后担任政教系副书记(1992 年)、文学院副书记(1993 年)和校科技处副处长、人文社科办公室主任(1997 年)。

在这段时间里,我的心还是时时系着新闻学科,连着新闻系的。

20 世纪 90 年代初期,学校的多学科、综合化转型进入一个新的发展阶段。当时,学校于 1989 年暑期成立人文学部,将文科多数院系(除经管系外)的党务管理、人事管理和学生管理职能集中到学部里,各文科系、所的教学与科研工作等仍各自为政。应该说,人文学部的建立在当时情况下是必需的,但这种管理模式对于文科的发展并不利。1991 年,学校撤销人文学部。人文学部的老领导、校党委宣传部部长刘献君教授时任我们政教系系主任(我于 1992 年下半年担任系党总支副书记)。刘献君教授是一位具有宽广视野和战略思维的教育管理专家、学者。在刘献君教授教育思想和发展观念的启迪下,我和张峰(政教系党总支委员、哲学教研室教师),徐晓林(政教系中国革命史教研室党支部书记),毛羽(党委宣传部副部长、政教系哲学教师)等青年教师,积极思考本学科的建设,特别是学校文科的未来发展。我们或撰文,或接受记者访谈,呼吁学校重视文科建设,提出"大文科"的概念,提倡"异军突起,特色取胜",建议文科部分专业采取"2 + 2"文理工相结合的人才培养模式,等等。文章和报道在校报上刊发后,可以说,在一定程度上推动了学校教育思想的革新和向综合化发展的转变。

1993 年下半年,学校正式成立文学院,下辖政教系、新闻系、中文系、哲学系、社会学系、外语系等。刘献君教授担任第一任院长。文学院的成立,极大地加强了党的领导,加强和改善了文科各学科、各系所的教学与科研管理,加强了文科的师资队伍建设,摸索和创新了文科学生的管理工作思路。文学院的工作生机勃勃,文科的建设步步推进,成为学校文科建设与发展的"孵化器"。几年以后,从这里相继"走"出了法学院、公共管理学院、新闻与信息传播学院、社会学院、外国语学院和马克思主义学院,当然,还留下了一个以文学、史学、哲学三大门类为主体的人文学院!

我在文学院工作(担任副书记、工会主席)的时间并不长。1994 年,按照刘献君教授的工作布置,我们策划并推出了"人文讲座"的第一讲(4 月 10 日,地点就在我们新闻系所在的东五楼410)，打响了“人文轰炸”的第一枪。月底，我即根据教育部通知去四川外国语大学出国人员培训部学习，年底以较高分数通过国家EPT考试后赴英国留学一年。

在文学院期间的工作，有两件事情记忆较深。一是我曾陪同院长刘献君教授到新闻系调研、学习。副院长兼系主任程世寿老师、申凡老师、吴廷俊老师等介绍了新闻学科建设的情况，刘献君教授谈了对学科发展的建议——刘献君教授对学院各学科都非常重视，但对新闻学科似乎“情有独钟”。二是当时学院成立了科研与开发委员会，程世寿老师为主任，他推荐我做他的副手，担任副主任。可惜不久之后我另有学习任务，没有能配合他做更多的工作，学更多的管理工作经验。程世寿老师作为一名资深报人，调来学校后，对新闻系的建设和新闻学科的发展，做出了重要贡献。后来我到新闻学院后，程老师还专门与我交流，在一个上午的时间里，详细介绍了学院方方面面的情况供我参考，并鼓励我大胆工作。我非常感谢他的信任和支持。

1997年8月底，我从英国留学回校。其时，为进一步加强文科建设，校党委已决定成立校人文社科办公室(挂靠在科技处)，并在教务处、科技处分别设立一个分管文科工作的岗位。根据党委副书记刘献君教授的推荐和校党委的决定，1997年9月，我被调至学校科技处担任副处长兼人文社科办公室主任。党委的决定，文科发展的需要，广大文科教师希望文科大发展的呼声，以及领导的信任，所有这些使我深感责任重大、不可懈怠。近四年的工作，通过文科各院系和老师们的共同努力，文科的科研项目和科研经费翻了两番；“文科丛书”书稿的评审和出版有三批十余本(程世寿老师系书稿评审组的主要负责人)；“文科基金”资助的校内文科科研项目每年有二三十项；对文科有关学术会议的部分经费资助有中文系和新闻系。在这些工作的管理当中，我们坚持公开、公平、公正的原则，在政策、法规和规则的前提下办事。当然，有时也会在符合规则的基础上向新闻学科做适当的倾斜。

对自己在科技处、人文社科办公室期间工作的回忆，有两个同新闻学院有关的会议值得一提。

一是1998年4月，新闻与信息传播学院的成立大会。新闻学院的成立，既是新闻学科的主要领导和教师为“重振雄风”、谋求发展的一次学科“大突围”，又是新闻学科重现辉煌、更上台阶的“再出发”，同时，还是学校多学科发展、综合化的转型，特别是文科大发展的标志性事件之一。记得成立大会在一号楼二楼报告厅举行，我作为人文社科办公室的负责人荣幸地应邀出席了会议。电信系系主任、新闻与信息传播学院副院长（兼）朱光喜教授的发言，张昆教授代表校友的致辞，在某种程度上体现了学院办学“文理结合，特色取胜”的基本思路。特别是张昆老师的脱稿讲话，幽默风趣、激情四溢，赢得阵阵掌声，使会场气氛更加热烈。

二是1999年底至2000年初学校组织召开的文科工作会议。这次会议是校党委副书记刘献君教授提议召开的，系学校举办的第二次文科工作会议（第一次是在1987年）。会议从开幕式到闭幕会，开展了文科建设的大讨论，持续了两三个月。

当时，根据党中央关于紧紧抓住国家发展的“重要战略机遇期”的方针，结合学校文科发展的实际状况，校党委决定召开全校文科工作会议。会议的准备工作由科技处、人文社科办公室负责。会前，我们专门拜访了老院长朱九思同志、原党委副书记姚启和同志（访谈内容详见陈敏教授编辑的《姚启和文集》，华中科技大学出版社）和文挽强同志（原校办主任）等老领导；分别召开了文科院、系领导座谈会，教师座谈会和青年教师座谈会；我和办公室的方梅同志还到几个文科院系走访，听取意见和建议。在这个基础上，党委召开了常委会，专题研究文科建设问题，审议为会议准备的文本材料。我本人列席了这次会议，向常委会汇报会议准备情况。常委会的讨论十分热烈，会议持续了三个多小时。

1999年底，也是在一号楼二楼报告厅，第二次文科工作会议正式召开，党委书记朱玉泉同志和有关校领导、校机关各部处领导都出席了会议，加上文科各院系领导和教师，共400多人。党委副书记刘献君教授代表校党委所做的主旨报告《聚精会神，抢抓机遇，努力实现我校文科的跨越式发展》，全面分析了我校文科建设的现状、面临的发展机遇与挑战，提出了文科“跨越式”发展的指导思想、发展战略、发展步骤和十大措施，并宣布学校决定每年投入800万元人民币（在当时，可以说是一笔巨款）用于文科的建设等等。会议气氛庄严而又活跃，刘献君教授的报告不时被热烈的掌声所打断。

大会发言的文科院系代表有两个单位，其中之一是我们的新闻学院（另一个我记不准了）。我们在安排大会发言的院系时，有多方面的考虑：一是学科建设有特色，二是人才培养模式可示范，三是各方面工作做得好。至于说在安排时，我个人有没有私心，没有，应该没有。如果非要说有的话，只能说，我是为新闻学院的工作点赞的。在会上，副院长申凡教授代表学院发言，具体内容我不记得了，但印象中反响比较好。这个发言稿，我认为，应该是学院院史资料中一篇比较重要的文献。

第二次文科工作会议，对于学校文科的发展意义重大。会议起到了鼓舞人心、凝聚力量、谋划布局、有所作为的积极作用。校党委、校行政和刘献君教授的这种学科发展的战略思维，这种文科建设的大智慧和大手笔，引导和推动着学校文科的快速、优质、健康发展。仅仅经过了几年的努力和探索，文科各院系和各学科的师资队伍建设、科学研究水平、教学培养质量、思想文化建设等硬实力和软实力，都上了一个或几个崭新的台阶，真正实现了文科的跨越式发展。我们新闻学院也不例外。

以上点滴或片段回忆，记录的是我第二次到学院工作前所经历的与学院有关联的一些往事。

俗话说，万水千山总是情。同许多人一样，我也是一个“性情中人”。我对新闻学院，有感情、有感激，虽然不是“生死相许”之情，但确有感激之情、感恩之意。这种感情，自 2001 年我调到学院工作，逐渐升华了起来。

2001 年 5 月，根据学校党委的决定，我调到学院工作，担任党总支书记。五年后，2016 年 5 月，也是按照校党委的安排，我又轮岗到人文学院党总支任职，回到了“老地方”，“大文学院”时期的两个副书记再度合作，院长是何锡章教授，我任党总支书记。在新闻学院工作的这五年，是新闻学科建设和发展的关键时期。此前，学院已拥有了新闻学的硕士学位授予权，2002 年又获得传播学的硕士点。说这个时期很重要、很关键，是因为这个时期学院学科建设的主要任务，就是要进一步提高水平，申报博士学位点，取得我校新闻学科建设“零”（无博士点）的突破。

这五年中，经历的事情很多。多年来，一直匆匆忙碌着，也从未花时间去回忆、去总结。先说说几件印象比较深的事，再简单谈谈我在院党总支书记岗位上开展工作的一些思考。

一是更改学院英文名称。在东六楼进门的厅堂中央，摆放着一个大屏风，上书学院的中、英文名称。原来使用的英文名称是 News and Information Broadcasting College，我们都觉得不妥，而且会闹笑话。我们更改为 School of Journalism & Communication 。更名，不只是一个面子问题，还关系到我们办学的规范和水平，否则，如果来个外教或我国港、台学者，就会很尴尬。进一步说，规范英文名称，事实上也关系到我们办学的国际化程度。除了更正院名，我们还将所有办公室、系、所、室门口悬挂的小标牌，都换上了中、英文双语的牌子。

与此同时，2002—2003 年，吴廷俊院长让我直接抓教师申报国家留学基金项目的工作（当时分管副院长的工作在调动之中）。经过动员和分享我个人申报的经验，许多青年教师都积极行动起来。结果，我们先后获得了四项（4 人），这是学院历史上的“破天荒”。

我们还积极支持对外学术访问和交流。吴廷俊院长率团访问澳大利亚大学之后，几位青年教师向我汇报拟去英国参加学术会议的事情。我表示支持，并由学院召开党政联席会议（吴院长主持），批准了这个请求，决定由副院长申凡教授带队，访问英国高校并参加学术会议，成员有钟瑛、余红、刘瑛老师。

特别值得提及的，还有韦路、李贞芳、黄鹂、余红等青年教师发起和组织的英语沙龙。他们组织得很好，除了请院外的老师（包括新加坡的）来讲，还请院内的青年教师主讲。年轻老师学术兴趣广阔，英语口语好，积极性又很高，我不仅支持他们举办这一次活动，而且每一期我都参加了，还主讲了一次，采用了 2001 年 8 月我在华盛顿美国国家图书馆做讲座的稿子（刚到新闻学院不久，我需完成国家留学基金项目计划，遂于 2001 年 6—8 月访美，在 UC Berkeley 中国研究中心做高级访问学者）。

今天，学院与国外高校和研究机构之间的学术交流活动越来越多，出访学习、交流的老师也越来越多，这是学院办学开放式、国际化发展的可喜景象。我感到由衷的高兴，我个人认为我们新闻传播学科的建设，应该是“高水平，开放式，国际化”的。

二是积极开展群众性文娱活动。一个单位，一个组织，群众性文化体育和文娱活动开展得如何，折射出这个单位和组织的团结性与和谐度。党总支副书记陈业美同志、工会负责人孙发友教授、胡道立教授等，在这方面做了大量工作。他们积极组织开展了许多活动，诸如迎新晚会、新年晚会、舞会、爬山、步行，参加学校每年的“三八妇女节”庆祝活动、教工趣味运动会，等等。各类活动的开展，有益于营造团结和谐的气氛，有利于加强干部和群众之间的联系，增强大家集体主义意识和凝聚力、向心力。我积极支持、参与、配合他们和办公室的同志把工作做好，和老师们打成一片。在这方面，申凡老师也是非常积极的活跃分子。

三是新闻系柳泽花老师生病的事情。2003 年，青年教师柳泽花突然病了。对于她的病因、治疗和方方面面的问题，她年迈多病的父亲和妹妹等家人，数次来院里反映情况。我和工会主席孙发友、办公室主任万哲华等同志一起，除了安排身体检查、到医院慰问、去家里探望之外，也深入了解各方面的情况，并多次同校工会、有关学院以及学校办公室磋商、会谈，寻求合理的解决办法。在这件事情的处理上，我们总的原则是，必须坚决维护我院教师的合法权益，争取事情合法、合理地解决，使柳老师此后的治疗、康复和生活条件有必要的保障。这件事的处理，反反复复，交涉很多，可讲的故事也很多，这里不赘述。

在新闻学院学科建设与发展的关键之时，我来到新闻学院工作，“压力山大”自不待言。记得第一次主持星期四下午的“政治学习”全院大会，差一点就“砸了锅”。会上，有两位同志争吵了起来，会议气氛特别紧张，不得不停下来。好在我比较机智，讲了一番话，控制住了局面，会议还是善始善终的（事后，有几个同志说，这种事以前也发生过几次，会议都不欢而散了）。

我意识到，作为基层党组织的负责人，需要把握工作重点，明确工作思路，紧密联系群众，化解矛盾纠纷，营造良好环境，保证发展大局。五年中，根据上级党组织的要求，结合学院的实际情况，我逐步理清了党务工作的思路，提出了一些思想工作的理念。

第一，牢牢把握大局。

党总支的工作，必须紧紧围绕学院的中心工作来展开。实现“零”的突破，这是学科建设与发展的中心任务，这就是大局。

把握大局，就要充分发挥党总支的政治核心作用、党支部的战斗堡垒作用和党员的先锋模范作用，做到“党要管党”。

把握大局，就要紧密联系群众，认真听取教职工的意见，用心解决老师们提出的各种问题。

把握大局，就要加强思想建设，塑造学院文化，重在凝聚人心，建造和谐学院。

把握大局，就要科学管理，制度化管理，坚持公开、公平、公正原则，依法治院。

把握大局，要求学院的任何个人，都必须服从大局、维护大局，任何影响或损害这个大局的言论和行为（如“打横炮”、匿名信、非组织言行等），都是必须坚决反对的。

第二，坚持基本方针。

或许由于我原来长期从事中共党史教学和研究，对毛泽东同志 1956 年在《论十大关系》中提出的基本方针，我一直是“情有独钟”的。毛泽东同志说：“我们一定要努力把党内党外、国内国外的一切积极因素，直接的、间接的积极因素，全部调动起来，把我国建设成为一个强大的社会主义国家。”1957 年，毛泽东同志又说，“……要造成一个又有集中又有民主，又有纪律又有自由，又有统一意志又有个人心情舒畅、生动活泼，那样一种政治局面，以利于社会主义革命和社会主义建设，较易于克服困难，较快地建设我国的现代工业和现代农业……”

毫无疑问，毛泽东同志提出的这一基本方针，以及我国社会发展的建设目标，即使在当前，仍然具有指导性意义。作为学院党总支书记，当时我在工作中也是以这个基本方针和建设目标为依据，经常在一些会议上讲到。我希望在我们学院这个“大家庭”里，为了实现学院工作“零”的突破，所有成员都能同心同德，积极工作，心情舒畅；希望我们在各项管理工作中，能够“统筹兼顾，适当安排”，使每一个人“各司其职，各尽其能，各有所为，各得其所”。即使在分管成人教育工作期间（学院曾办有 200 多人的新闻学自学考试校内班），我也提出了“有所不同，一视同仁”的八字方针，同样安排辅导员、班主任做好学生工作，以调动学生的积极性，帮助成教生同学树立信心、克服自卑、立志成才。在这方面，沈贞明老师、万哲华主任等同志做了很多工作。

第三，共建精神家园。

我们学院并不大，人不算多。在前几个月的工作时间里，我同老师们基本上都谈了心，了解情况，听取意见。当然，有时也是为了化解矛盾。

在工作实践中，我意识到，我们每一个人都应该有一个“主人翁”的态度，都应该有把学院当作“自己的家”这样一种归属感、责任感、光荣感。记得刚到学院时，我有过新闻学院是我职业生涯的“最后一站”的感想，一定好好学习、努力工作、善始善终。几年中，我购买了广告学、新闻学、传播学、公共关系学、心理学等类别的新书、杂志等，花费近一万元，含在美国加州大学伯克利分校做高访时购买的300多美元的书。在刚领到每个月发的几百元院津贴时，我在全院会议上发过这样的感慨：“钱虽然不多，但我感到沉甸甸的。学院就是我们的家，我们要珍惜这个家。”后来，我也多次在大会小会上讲，“新闻学院是我们共同的精神家园”。学院、学科和学科建设，是我们安身立命的基础和平台，没有学院，我们无处安身；没有学科，我们将一事无成。即使我们将来退休以后，学院还是我们的家，我们共同的家园——精神的家园，物质的家园(学院的离退休人员工作一直做得比较好)。

2006年5月，我离开了这个“家”。事实上，在年初，我就知道自己要“离家”了。当时，南三楼的朋友，以及学院里的两位朋友，都希望我留下来。到了4月，校党委书记召见我，告知我需要“轮岗”。我表示，我只希望继续留在新闻学院当教师，保证潜心做学问，保证做一个好老师。后来，书记又找我谈了两次话，但我的态度坚决不变。接着不久，一位“老领导”约我谈心，我就改变了初衷。

回顾我在新闻学院的五年，我个人对自己工作的基本评价是：①能以共产党员的标准严格要求自己，工作是努力、认真、负责任的；比较民主，联系群众也比较紧密。②具有比较坚定的大局观、发展观，对学院建设和发展的大势、大局的把握是准确的。③党总支“政治核心”作用发挥得较好，学院的思想基础和文化建设有所加强。五年中，个人为学院的学科建设尽了绵薄之力。

人贵有自知之明。五年中我个人的问题和缺点主要也有一些。

①作为一名教师，我不够优秀。为广告学本科生开设的“中外广告史”（系双语教学）教学效果一般；同何志武老师合作的硕士生课程“中西新闻写作比较研究”，我讲授的部分远不及经验丰富、教学效果优良的何老师；所带的20多名硕士生都很优秀，但我的专业指导比较一般；同管理学院一位博士合作，建立“当代中国广告评估研究中心”及网站；指导研究生团队结合热点问题进行研究，共发表了19篇广告学方面的论文，但我个人准备写作的《中国广告史》虽搜集了大量资料、史料，但书籍没能完成；此外，完成了一个4万元的横向项目课题，结题报告还可以，得到了企业的认可。

②作为学院工作的负责人，在党的思想组织建设、党风廉政建设、党员教育管理等方面，缺乏力度，缺少制度建设的文本。在学生工作方面，党总支副书记陈业美同志和2003年接手的副书记张耀同志，工作认真负责，勇于和善于创新，学生的党建工作、思想政治工作和文化活动等都做得很好，我也积极支持和参与他们的一些活动。但在学院建设的制度化、程序化、规范化方面，比较薄弱，我应负主要的责任。

③工作中，有一些认识和想法不切实际，太理想主义；有时候，讲话、发言的时候，可能有点啰嗦，有点“发肠炎”（长言，个别老师的调侃）。

2006年，我离开了学院，离开了这个对于我来说“有情有意”的大家庭——我们的新闻学院，我们共同的精神家园。带着五年中我在这里学习到的方方面面和许许多多的宝贵体验，走上了汉语和中国文化国际推广的大舞台，为国家软实力的发展，为中华文化的国际传播，再尽绵薄之力。

汪佩伟 1951年生于武汉。中共党史硕士研究生毕业，武汉大学法学硕士。1964—1968年，武汉一中学生；1968—1975年，空军航空兵15师地勤；1974年入党；1983—1985年，新闻系党史教研室教师；1992—1994年，政教系、文学院副书记；1996—1997年，在英国阿伯丁大学历史系留学；1997—2001年，校科技处副处长兼文科办公室主任；2001年，美国加州大学伯克利分校高级访问学者；2001—2006年，在新闻学院广告学系教授，同时任学院党总支书记；2008—2010年，美国韦恩州立大学孔子学院教授；2010—2015年，南非斯坦陵布什大学孔子学院教授。

难忘常德采访行

汪苏华

1994年暑假期间，中宣部下文，要求各校新闻系的学生参加社会实践，到革命老区、少数民族地区、边区、贫穷地区进行采访报道，名曰“老少边穷行”，并指明要到县以下地方采访。当时申凡老师负责华中工学院新闻系（现华中科技大学新闻与信息传播学院）的教学工作，系里指派我带队，带领5名学生（4名研究生、1名本科生）前往采访。这五位学生分别是刘洁、朱丽、黄磊、张家彭和一位陈姓本科生。采访活动为期一个月，采访经费由中宣部提供，大概是每人两千元，有中宣部新闻局开的介绍信，还发了印有“老少边穷行”红字的白色T恤衫。中宣部新闻局分给我系的采访地为湖南省。于是，我们师生六人便直奔长沙而去。

汪苏华　1985年春摄于华中工学院西二区教工宿舍

到长沙后，我们来到湖南省委宣传部，请他们介绍情况，提供帮助。他们说，常德有特点，不用出国去游“新马泰”，常德就有“新马泰”。另外，怀化地区也不错，也值得去看看。于是，我们便将采访的地点定为常德和怀化。我和朱丽、黄磊、张家彭等4人去常德，刘洁和那位陈姓本科生去怀化。

当时，我的大学师兄庞道沐正在常德地区任地委书记，我打算找他帮忙。到常德后，我先去找了在当地工作的其他老同学，说明此行的来意。但他们都说："不要去找他，他当了书记后从不关照我们。"我说："我的情况不一般，是受中宣部指派的，又有湖南省委宣传部的介绍信。"

我请他们提供了庞道沐的电话，打电话去说明了来意。没想到老同学庞书记很爽快地答应了我们的采访要求，还说："请原谅，我没有时间接待你们，但我提供一辆车和一位管宣传的科长，帮助你们联系工作。"

他说到做到，第二天就派来一辆越野吉普车，车号是001号。车上除了司机，还有一位中年干部——常德地委宣传部杨科长。他从事宣传报道工作十多年，对各县的情况了如指掌。我们问："常德有'新马泰'吗？"他笑着回答说："有！我带你们去采访。"原来，在常德的单位或地名中，有的叫"新技术公司"，有的叫"马家庄""泰公河"。我们笑着说："好，常德也有'新马泰'！"杨科长还告诉我们："这辆车是地委1号领导坐的车，走起来很方便，不用缴管理费。"

于是，我们便请杨科长带队，乘着001号越野车开始了采访，在一个月的时间里走遍了常德地区有影响的农场、林场、茶场、猪场、鸡场……

其中最有戏剧性的一次采访，是访问高山茶场。它的海拔有一千多米，上山时真是"山路十八弯"。在之字形的山路上攀行，我们的车不停地左右摇摆，大家的脑袋就像拨浪鼓一样左右晃动，经常撞到车玻璃上。刚开始登山时，同学们还兴致很高、谈笑风生，可没走多久便安静了下来，大家都有些不舒服了。

上山后见到一层层、一片片茶树，大家顿觉眼睛一亮，精神又焕发起来。我们乘兴采访了茶场场长。他三十多岁，是长沙市的下乡知识青年。他说，好多人都回去了，但他和部分人坚持留了下来。我们都被他的精神所感动。茶场进行着多种经营，除了种茶、制茶外，还养了鹿，生产鹿茸和鹿茸酒。场长带我们一一参观。

当天晚上，场长还在农场餐厅里招待我们。餐厅里配有闭路电视，电视屏幕上滚动播出着这样的字幕："热烈欢迎党中央派来的同志们！""热烈欢迎北京来的客人！""记者同志们辛苦了！"

餐厅除准备了丰富的菜肴外，还备了不少鹿茸酒。我们过去由于没有喝过鹿茸酒，觉得很新鲜，纷纷开怀畅饮。有的喝了 8 杯，有的喝了 12 杯。结果，几位学生喝醉了，有一位竟然趴在桌子上打起鼾来。当晚休息时，我告诉学生们以后注意，不要因酒误事，大家都表示下不为例。

我当时只喝了 4 杯酒，脑袋还算清醒。我对茶场的同志们解释说："我们是华中理工大学(现华中科技大学)新闻系的师生，是被中宣部安排来进行暑期实习的。"但他们就是不予理会，只是说："你们的介绍信是中宣部开的，上面那个'红巴巴'清清楚楚，是我们见过的级别最高的介绍信。"

第二天，我们采访了茶场瞭望塔的守望者。这个瞭望塔只有两名守望者，每人每天工作 12 小时，任务是守望、观察林场，防止火灾。他们兢兢业业，忠于职守，令人感动。

结束了茶场采访后，我们下山一路前行，可以说走过了常德的村村寨寨。路过某个大山山脚时，只见几间破败的草房，杨科长介绍说："电影《乌龙山剿匪记》拍摄组来过这里。"我们还去过某水电站工地，工地上一片繁忙；去过大型的养鸡场、养猪场，去过许多农家。至今给我印象最深的有以下几种现象：一是当地深山农村有的农民很贫穷，他们住在山洞里，衣裤很少，冬天靠烤火取暖。二是一些农民没文化，上级发下的救灾物资分不清是什么，把化肥当水泥糊墙，把水泥当化肥种田。三是有些农民缺乏胆识，不要银行的无息贷款，说再穷也不能借别人的钱。

学生们尽管吃住行不用愁，但天天要写稿、发稿，并且要上中央的主要大报，实属不易。但他们都很积极认真，及时写稿、发稿，不少稿件质量较高，在中新社、《湖南日报》《长江开发报》，以及湖南的一些地市报纸刊登。有的报道很快就产生了反响，一些组织、单位、个人还向被报道单位和个人寄来捐助的钱财物资。同学们都觉得一个月的"老少边穷行"不虚此行，接了地气，了解了农村，练了本事，出了成果。我这个带队老师也感到很高兴，尽管当时没有奖金，也不算工作量，但当我看到学生们的进步与成长，亦觉欣慰。

我们与杨科长、司机配合得很好，和谐安全，有组织，有计划，有小结。他们对我们的付出十分肯定，感谢我们的采访和报道。最令我高兴的是，几位学生后来都有了理想的工作；我的那位担任常德地区地委书记的大学师兄，不久后也因工作出色，荣升为湖南省分管农业工作的副省长。

往事已逝，但岁月难忘。今日写下以上文字，以纪念当年之芳华。

1990年6月程道才、汪苏华与华中理工大学学生合影

汪苏华　女，1945年生，1969年毕业于武汉大学哲学系；担任武汉人民广播电台编辑、记者多年；1984年7月调入华中工学院(现华中科技大学)新闻系执教，1993年晋升为副教授；1998年8月调入广州大学新闻学院执教；2004年荣获广州市优秀教师称号。先后撰写、主编专著、教材9部，在省级及以上学术期刊发表学术论文50多篇。其著作《录音报道概说》在1995年获得广播电影电视部优秀论著三等奖。先后讲授的课程有广播编辑与节目制作、节目主持人概论、美学概论、演讲与口才等，教学效果优良。

走入社会第一站

——回忆在华中科技大学的二三事

王木林

当迷茫的老年渐渐到来，回忆往事，总是会想起自己走入社会第一站时的情景。是的，人生的第一次都弥足珍贵。

那是一个意气风发的年代，也是一个懵懵懂懂的年代。

一、编辑

1984 年，大学毕业后，我分配到华中科技大学(以前叫华中工学院)新闻系(现在叫新闻与信息传播学院)，当了一名教师。说实话，当教师并不是我的初衷，考上大学前，我是民办教师，离职后复读考上大学。

当时，在我的家乡，很多人看不起教师，受此影响，自己也不大喜欢当教师。现在想来，或许人们只是看不起民办教师吧，对有正式编制的教师还是很尊重和羡慕的。

我虽然对教师这个职业没有多大兴趣，但既来之则安之。到学校报到后，我没有马上教课，而是做了一名报纸编辑。

1984 年，光明日报社驻湖北记者站与华中科技大学合作创办了《改革信息报》，学校从新闻系抽调了几名教师，搭起了编辑部的架构，王益民老师是编辑部主任，成员有刘燕南老师等。因为人手紧张，我们既当编辑，又当记者。当然，大量稿件还是靠社会提供——包括当年在新闻系就读的在职大专班学生，他们中很多人是报纸、杂志或广播电视台的骨干，边读书、边写稿，学了知识，挣了外快，岂不快哉！

开始，我编辑理论版，后来又增加了健康养生类版面。因为当时的气氛比较宽松，加上那个年代人们主要从报纸获取新闻信息，《改革信息报》办得风生水起，发行量竟然超过了3万份，广告收入基本能维持报纸的正常运作。

一年以后，由于纸张涨价，加上广告收入减少，或许还有其他因素，《改革信息报》停办，我回到新闻系，开始了教师生涯。

二、教课

我开始教评报课，就是跟学生一起对各种报纸进行评判，哪些报道写得好，哪些写得差，原因何在。

后来又教学生英文打字，那时，电脑还没有出现，系里买回十几台打字机，说实话，我自己打字都一般般，更谈不上教学生打字了，主要是给他们讲些操作要领。十几台打字机，一起操作，噼里啪啦，发出的声音悦耳动听，像在演奏一首交响乐。如今，打字机早已被电脑替代，科技进步，时代变迁，日新月异。

工作后的第三年，我开始教授新闻评论写作课。教科书上说，新闻评论是报纸的旗帜和灵魂，我学了四年新闻，深知此话不假。要教评论写作，得有"两把刷子"。我在这方面有短板，理论知识有，实践却很少。我在《改革信息报》编辑评论版，也写过一些短小的评论，但实践经验仍然偏少。

业余时间，我尝试着写评论，寄给《湖北日报》，不久就有一篇题为《节约就是创造效益》的评论在该报一版发表。

新闻评论非常重要，但写起来却不易，也是不少学生的弱项。但既然开了这门课，就得努力教好，现在回想起来，我觉得自己是尽了最大努力的。只要学生们受到了些许启发，我就感到心满意足了。

三、校园

华中科技大学的校园是我见过最美好的校园，树木葱茏，浓荫蔽日，清风徐来，舒适宜人。更有鸟声不断，蝉声如雨，唱着夏日的歌谣，宛若世外桃源。多年没回去了，现在还是那样吗？

喻家山，又名瑜珈山，位于华中科技大学北部，是武汉市中心城区最高峰，属大别山余脉。在校期间，我曾多次登上喻家山，看山下风景，别有一番滋味。

校园里还有几个小小的湖泊，或许叫池塘较为贴切。每当荷花绽放，蜻蜓、蜜蜂闻讯而来，在荷花上流连忘返。最近看到一个视频，慢镜头拍摄。夜晚的荷塘里，荷花开放，鲤鱼跃起，一口咬掉一朵荷花。有时没咬到，它们便接连不断地跳起来，张开大口，荷花被鲤鱼咬得面目全非。大自然真的很神奇，要不是科技发达，哪能拍到这样的画面！

鲤鱼吃荷花，残忍吗？或许，大自然就是这样，每一个物种都是食物链中的一环，人是最高等动物，但也是细菌的食物。这个链条，谁也改变不了。

校园的湖泊有没有鲤鱼，它们是否也吃荷花，我不知道。但看到这个视频，我就想到了曾经的校园，带给我许多温馨的回忆。

四、考研

时光易逝，转眼间，两年就过去了。1986 年，为了能更好地教课，我报考了母校中国人民大学新闻学院研究生，一击而中，我欣喜若狂。但系领导汪新源老师、程道才老师等认为，我去读研可以，但必须是委托培养，毕业后要回校工作。学校每年出资 5000 元给中国人民大学，三年 15000 元，这在当时是一笔不小的数字。

当时虽有不甘，但既然系领导抬爱，我没法不同意，签了协议，毕业后回学校工作。

接到研究生面试通知时，我跟当时的办公室主任周贵谟老师在安徽招生，当时没有手机，不记得是怎么收到通知的，本想去游览黄山，但时间不允许，匆匆赶回去，马上乘坐绿皮火车去北京。

三年后，拿到硕士学位，我如约归来。不久，程世寿老师受命创办《长江开发报》，承蒙他厚爱，我跟他一起做了几个月的记者和编辑，后来有高人加入，我及时退了出来。

这期间，系里准备开设对外宣传方面的课程，系领导派我去北大国政系学习对外宣传课程，记得好像是 1992 年 3 月到 7 月。培训结束，回到学校，却由于多种原因，没有开设这方面的课程。这个时候，我在华中科技大学新闻系已经待了八年，对教师这个职业产生了些许厌倦。

五、离别

1993 年 3 月，系领导派我去海口看望在《海南日报》等单位实习的学生。

时值邓小平视察南方的第二年，改革开放的气息越来越浓，经济特区像吸铁石一样，吸引着无数不甘于现状的人，我也是其中之一。

到了海口，我看望了学生，记得在海南电视台实习的有林晓霞等人，我向他们转达了系领导对他们的关怀和期待。

我请几个实习生在路边小店吃饭，其间，不记得是谁说，王老师，海口发展很快，何不在这里找个工作？我一听，正合我意。第二天我来到《海南开发报》(1997 年停刊)，老总说："你是学新闻的硕士，人才难得，可我们这里要能通过写新闻报道拉到广告才是真本事。"我面露难色，做个记者编辑，勉强还行，可要在人生地不熟的地方拉广告，无异于与虎谋皮，我知难而退。

后又找到一家房地产公司，在办公室做了文秘，主要工作是编辑公司的一本杂志，做了几个月后，感觉不适合在公司工作，于是跳槽到《海南开发报》，先做记者，后做编辑。

时间过得很快，几个月仿佛眨眼过去了，系里几次催我回去，我一而再再而三地推迟。实在没办法推迟了，才在当年的 10 月收拾行装，离开海口。当时还不知道，这一走，就永远不会回海口了。

离开海口，我先到了珠海，找到了已联系好的朋友，在一家房地产公司干了几天，算是试用，合格后，请假回学校，办理了离校手续。档案托管给一家人才公司，每年交点保管费。

离开时，学校以我没有服务三年为由，要求我补交 5000 元——当年委托培养的合同上写明了要为学校服务三年。为了顺利离开，我只好忍痛割爱，从羞涩的囊中摸索出“银子”交上去。

人在一个地方待久了，就爱上了那个地方。走出校园，我频频回头，似有不舍。

离开学校，一晃近三十年过去了，除了上述提到的几位系领导和老师外，记得当时系里还有申凡、汪苏华、曹成容、周泰颐、黄匡宇、陆晔、周萍、胡道立、雷动天、刘绩辉、饶军、屠忠俊、欧阳华、沈贞明、钱锋、彭巧莲等老师。

那些过去了的，都已成为亲切的回忆。感恩在华中科技大学度过的岁月，感恩那些曾经遇到过的人！

祝愿老师们：无论在何方，一切都安好！祝愿华中科技大学新闻学院，风正一帆悬！

王木林　男，1961 年 10 月生，湖北咸宁人。1984 年毕业于中国人民大学新闻系，1989 年获该校法学硕士学位。1984 年至 1992 年在华中科技大学新闻与信息传播学院任教师，1993 年至今，在《珠海特区报》工作，目前为该报编委、纸媒编辑中心主任。2009 年获广东省新闻界金梭奖，2015 年获广东省新闻一等奖（编辑）。

为建设校友的精神家园添砖加瓦

王维真

我从2002年来到华中科技大学新闻学院工作，到现在已经有十六年了，其中，担任党政办公室主任十多年。作为学院的普通一员，处于学院党政事务核心枢纽，我见证了学院发生的大大小小的事情。虽然不过十余年的时间，但学院的革新与变化之大也足以让我感慨万千。在与新闻学院共同成长的这些年里，我目睹了无数的华中大新闻学子在这里入学、上课、毕业，看着他们在各地实习、求职、工作，也看到了一批批青年学术骨干的努力、拼搏与成长。新闻学院在一任任的书记和院长的带领下，始终秉持着“文工交叉、应用领先”的教育理念，如今已形成了国内完整的新闻传播类高级专业人才培养链，是国内的新闻传播学术重镇。学院平台的提升，也给我们这些员工带来了视野的开拓和境界的提升。我深为我们的学院而自豪。回顾在新闻学院工作的点点滴滴，有一件事关系全局，持续多年，影响深远，这就是学院的校友工作。我作为学院的党政办公室主任，受书记、院长的委托，在校友工作中扮演了一个比较重要的角色。今天想起来，还常常激动不已。

校友工作是学院工作的重要一环。新闻学院自创立以来就比较重视校友工作，但主要是配合学校校友总会的工作安排。自 2006 年张昆教授调任华中大新闻学院院长以来，学院开始从战略高度重视、筹划校友工作。其中，又把重视、组建各地校友分会一事，作为工作的重中之重。学院专门成立了校友会工作组，专门设立了校友工作办公室，院长直接担任校友工作组的负责人，任命我兼任校友工作办公室主任，直接负责与各地校友团体的对接和组织筹建校友会活动等事宜。

学院是校友的精神家园，众多学子在这里完成了学业，离开母校到社会，扮演着社会建设者的角色。大家事业有成之后，一方面希望及时报告学校、学院和栽培自己的老师，感念母校的栽培之恩；另一方面，又希望能以各种力所能及的方式回报母校的教学与科研，为母校的发展尽绵薄之力。他们还需要借助学校、学院的平台，加强校友之间的沟通与联系。在这个背景下，校友会将校友与学院、学校结成了命运共同体，成为校友们的感情纽带和互助平台。同时，校友资源更是一笔无尽的财富，学院通过校友可以将触角延伸到社会的各个方面，使学校、学院与业界、社会的交往更加密切，为学院和学生的发展提供更多的机会。我们新闻学院这些年的快速发展就离不开校友们的鼎力支持。他们或亲自带领新闻学子奋战在新闻一线，或在本单位顶着压力给予我们新闻学院更多实习名额，或捐款支持学生的实践活动，或帮助我们打通与社会各界的联系。在校友的支持和关照下，新闻理想之火在一代又一代新闻学子之间传承，点燃了在校学子的斗志与希望。

这些年来，我作为办公室主任和校友办公室的联络人，成了校友与学校、学院沟通的桥梁，肩负着穿针引线的工作，最重要的职责就是服务各地的校友会。我有幸陪同学院领导参与了数十次新闻学院校友会的调研、筹备、成立及返校等活动，心中有不少感想与难忘的记忆。

我记忆中最早成立的是新闻学院湖北校友会。时值 2008 年早春，在东湖之滨，校友代表与学院领导共同召开了校友会第一次筹备会议，商议组建湖北校友会的相关事宜。与会的校友非常积极，畅所欲言，提议为了更好地发挥校友会的作用，要建立健全信息平台，加强与学院的联系，并拟定了常务理事等机构名单。同年 11 月 29 日，新闻学院湖北校友会成立大会在学院的东六楼三楼多功能会议室隆重举行，不大的教室里挤满了自新闻学院建系以来的第一至第二十五届校友，大家对湖北校友会的成立满怀期待。当时新闻学院湖北校友会的成员多是 1983—

校友合影

1985 年干部专修班的学生，他们读书期间，正是新闻系（新闻学院的前身）草创时期，教师人数不多，办公条件和实验条件也与今天不能同日而语。虽然当时条件艰苦，招收的学生人数也不多，但是学生们对学院的感情却很深。他们作为新闻系初期培养出的第一代学生，在各行业、各领域已经取得了相当大的成就，他们纷纷利用自己的资源和能力支持学院的各项活动，比如主动地捐赠，或主动为师弟、师妹们的实习和就业提供力所能及的帮助，为学院的发展壮大献出自己的一份力。校友会成立后，时任新华社湖北分社党组成员的方政军，任校友会的会长。他是一个非常热情、非常认真的人。学院的事对他而言就是头等大事。他多次组织校友活动，就在 2017 年的“十一”前夕，他还组织了广东、湖南、湖北三省的七十多名新闻老兵重返校园，在与母校阔别了三十余年后，那些白发苍苍，甚至拄着拐杖的老校友们重新回到了新闻学院，仿佛又回到了意气风发的当年。他们再一次上了新闻课，再一次吃了食堂，还在篝火旁举行了师生联欢的活动。

新闻学院的学生对母校的感情很深。从我调任办公室主任以来，就不断有校友组团集体返校，重拾校园记忆，而我总是作为学院的代表组织接待工作。其中，规模最大、影响最大、印象最深的要数 2013 年新闻学院三十年院庆期间。

2013 年是华中科技大学新闻传播教育创办三十周年。这是一次非常成功的院庆活动，其规模之大、规格之高、反响之大，可谓绝无仅有。院庆之际，不仅来了国内外近百所知名大学新闻学院的院长参加院长论坛，学校校长和党委书记也联袂出席；更有国内外的 150 多名校友纷纷赶回武汉为学院庆祝生日；广东、北京、湖南、河南、湖北等省市的校友会也都派代表重回新闻学院参加院庆活动，其中，1984级干部专修班的60多名校友全部返校。这群校友中不乏已白发苍苍的老者，大家回忆起在校的一幕幕往事，纷纷感叹那些在新闻学院求学的岁月是一笔宝贵的人生财富。在院庆时节，个人与团体纷纷自愿为学院捐赠物资与钱财，以表达自己对学院的感念与感恩。其中，最具纪念意义的捐赠应当要数院名石了。院名石是宜昌三峡日报传媒集团赠送的，集团总编辑范长敏是我院的第一届校友，因对母校感情深厚，在他的努力之下，我院与三峡日报传媒集团结成了战略合作关系。这块院名石来头可不小，是一块三峡石，花岗岩质地，产自神农架，高达约8米，重达数十吨，价值不菲。范长敏先生还专门请来石刻艺术家在巨石的正面刻上我院的院名、院训和院徽，背面还刻上了由张明新教授、张昆教授、詹健书记和范长敏先生共同编撰的纪念文字。这块院名石如今屹立在学院西侧，成了学校的地标性建筑，也成了新闻学院的一块鲜亮招牌。

新闻学院三十周年院庆是一个重要的契机。学院党政领导抓住这个机会，从2011年开始，就集中发动、联络、走访了各地的校友，在各省会城市校友比较集中的地方，如广州、武汉、长沙、郑州、南京等地成立了省级的校友会，并且在一些条件成熟的城市，还成立了市一级的校友分会，如深圳市校友分会。这些校友会在学院与校友的沟通、服务学院和学生等方面，起到了关键作用。

2011年，张昆院长和时任新闻学院党委书记的陈钢老师，带领我和申凡老师等去湖南长沙走访校友，调研当地的媒体机构。长沙是新闻传播事业繁荣的文化都会，有众多建院初期招收的本科生校友在此打拼。我们一到长沙，就受到了校友们的热情接待。当天晚上，二十多个校友团团围着我们，现场的气氛非常热烈。会后的酒宴，大家都很开放，非常尽兴。这次调研发动后不久，湖南的校友积极行动起来，迅速地组建了自己的校友分会。

北京作为全国的媒体中心、政治经济中心，自然也汇聚了我院大量优秀的毕业生。许多年来，校友们纷纷联系上我，表达了迫切想与学院加强联系的愿景。我向书记、院长建议，要把北京的校友会作为重中之重。于是新闻学院北京校友会便开始了筹办活动。2012年的冬天，北京大风凛冽，天气严寒，但却吹不散校友们的热情。我跟随张昆、吴廷俊两任院长以及学院老师抵京，为筹建北京校友会而进行探讨调研。《工人日报》编委、原武汉站站长王四新作为华中大新闻系最早的一批本

毕业十周年校友返校

科毕业生代表，为这次校友座谈会的召开积极召集了北京校友，参会的校友们对学院的感情颇深，大家献言献策，讨论得好不热闹。之后又召开了多次筹备会，大多是由林晨负责召集。林晨是新闻学院网络新闻班2000级校友，毕业后，他先是进入媒体，干得风生水起，随后也加入了自主创业的大潮，创立了庄凌控股集团。为了组建校友会，每一次他都主动自掏腰包提供经费和场地，可以说，北京校友会的成立，林晨是立了大功的。由于各种原因，北京校友会的正式成立拖得比较久，正应了“好事多磨”的俗话。2017年2月26日，新闻学院北京校友会正式成立，当时，我跟随学院的领导和老师共同见证了这一刻，在成立大会上，张昆院长打趣道：“虽然比其他城市晚了一些，但是好事不怕晚，重要的人物往往是在后面登场的嘛。”引起了场内的阵阵笑声。会上确立了北京校友会成员名单，任命王四新为会长，林晨为秘书长，他们既有威望又有感召力，让北京校友会办得生龙活虎，有声有色。

河南校友会的创建也充满了热情与激情。2012年11月，我作为院庆筹备工作领导小组的一员，同各位老师一同来到了河南。时任河南大学副校长的邢勇主动牵头，联络上了包括河南大学新闻学院党委书记许俊峰和大地传媒的副总经理陈金川等二三十名校友，与我们在开封相聚。大家多年未见，却如同昨日般熟络，似有说不完的话与追忆不尽的过往。人生得意须尽欢，当晚师生情谊意难平，校友们的热情不禁让大家在席间开怀畅饮，纷纷醉倒在桌前。我许久没有看到如此纵情之景，多年后回想，也不禁莞尔。

广东不仅是我国改革开放的最前沿，而且也是中国新闻传播事业最发达的地方。20世纪80年代中期以来，大量的毕业生背负着满满的新闻理想与抱负，要么选择了北上，要么选择了南下，而南下者主要集中于广东。据不完全统计，聚集在广东的新闻学院校友近千人。这些校友在不同的行业、不同的领域取得了骄人的成绩。他们也渴望找到组织，搭建交流的平台，建设自己的精神家园。曾为1988级本科班班长、时任《新快报》总编的陆扶民为组建校友会，时常通过我与学院建立联系，还积极地为在校学子提供就业及实习的机会，让我备受感动。历经多年的筹备，2013年8月26日，广东校友会成立大会在广州长隆酒店举行，有三百多名来自广东各地的校友代表欢聚一堂，共叙同窗情谊。广东省政协副主席、党组书记唐国忠被选为名誉会长，1984级本科校友赵志刚当选为会长。他们在校友中享有很高的威望。广东校友会一成立，就表现出了强大的向心力和动员力。在华中大校长助理袁汉桥以及张昆院长的带领下，校友总会副主任朱鲁斌及学院数名老师一同参加了大会，参会的校友有新闻系建系初期的本科生，也有刚毕业不久的学子，场面颇为隆重。在返汉的途中，袁汉桥不禁打趣道："你们学院的校友会办得比学校的校友会规模还大啊！"随后，在广东校友会的基础上，还成立了广州分会、深圳分会等各地的校友会分会。

2013年8月26日，华中科技大学新闻与信息传播学院广东校友会成立大会在广州长隆酒店举行，三百多位来自各地的校友欢聚一堂

因为学院与校友联系紧密，且校友会的活动办得出色且新颖，因此得到了华中大校友总会的认可，不仅将新闻学院增补为校友总会的理事单位，并多次为我院颁发校友先进单位等奖项，而我个人也屡次被评为先进个人等荣誉称号。

同门为朋，同志为友，回忆起那些同窗共话的日子，感动着校友，也感动着我。

校友会的活动既让人感叹又让人奋发，勉励着众人在自己的人生轨迹中坚持理想、肩负责任，实现幸福而又有价值的人生。学院永远敞开怀抱，欢迎每一位校友的归来，同时，学院也是每一位校友共同的精神家园和后盾。

王维真　中共党员，本科毕业，2000年8月之前在湖北省荆州卫生学校（现湖北省中医药高等专科学校）工作；2000年9月—2002年6月，在华中科技大学图书馆工作；2002年7月至今，在华中科技大学新闻与信息传播学院工作；2005年11月起，任学院党政办公室主任。

新马泰之行散记

王维真

2007年7月26日，是一个令我们难忘的日子。我院教职工及家属一行35人，在这天开启了为期十天的新马泰之旅。

出发时，大家异常兴奋，人人脸上洋溢着幸福的笑容。当天上午飞机从汉口天河机场起飞，到香港启德机场转机飞抵泰国曼谷。曼谷国际机场面积相当大，整个建筑金碧辉煌，免税商品琳琅满目，大家激动的心情难以言表。接我们的导游是一位嫁到泰国的东北美女，口才特别好，普通话讲得非常流利，她带我们开启了游玩第一站，泰国之行。在旅游车上，她一路口若悬河，滔滔不绝地给我们讲解泰国的名胜古迹、风土人情。大家听得津津有味、如痴如醉。

在导游的带领下，我们游览了大皇宫、大城府遗迹等泰国最著名的旅游景点。大皇宫金墙碧瓦，闪闪发光，每一个闪着金光的玻璃片构成了一幅流光溢彩的壁画，美得动人心魄，强烈吸引着我们的眼球。

傍晚在湄南河的游船上吃自助餐，我们一边品尝美食，一边欣赏河两岸的风景，徐徐的凉风把每个人吹得心花怒放。晚上，在芭堤雅，我们观看了泰国特有的

"人妖"歌舞表演，大家都是第一次看到"人妖"，感到新奇而有趣，有的"人妖"非常漂亮、妩媚。不少游客花五元钱与"人妖"合影，跟他们互动、游戏，并融入他们的队伍里一起跳舞，尽情狂欢。

次日上午，我们游金沙岛，碧海共晴空一色，银沙与白云相映，大家急不可耐地换上泳装扑向大海。我和孙旭培老师不会游泳，在沙滩上玩起了电动游戏车，起先由于操作不当，我们被摔得满嘴都是砂子，但是我们心情愉悦，躺在沙滩上仰天大笑。舒咏平老师到海边捡拾海胆时，不小心被海胆蜇伤了脚，有两个老师将他扶到椅子上坐下，并给他的伤口擦拭药水。石长顺老师的夫人身体不适，石老师就背着夫人下船蹚过数十米浅滩上岸，这幅恩爱画面，让大家十分感动。上午半天很快就过去了，午餐时间，我们围坐在海边的椅子上，面向大海，尽情享受海鲜大餐给予我们的快乐。

泰国真是娱乐的世界，不仅有精彩的"人妖"表演，还有大象表演。骑大象十分有趣，记得我们当时组对骑行，张昆老师与夏长征老师组合在一起时，象背上的座椅向一边严重倾斜，张昆老师几乎要从高高的象背上掉下来，姿势滑稽，我们笑得前仰后合。在泰国的吃住条件很好，每天在餐厅吃饭，都有丰盛的食物和各色水果，我们只管大快朵颐。购物也是一件很开心的事。导游说，泰国出产红宝石，并带我们来到一个号称最有信誉的皇家购物中心，里面全是闪亮的红宝石饰品，数量之多、品种之全，见所未见。大家尽情地挑选、购买，基本上每个人都买了不少饰品。购买最多的是杜生鸣老师的夫人，他们自带的金额不足，还借用了其他老师的银行卡。

在泰国游玩时还有一个温馨的小故事。导游带我们到鳄鱼养殖基地观看，鳄鱼凶猛及张牙舞爪的表演令人心有余悸。随后导游带我们去了旁边的鳄鱼皮制品加工店购物，店里有很多鞋包、衣服及小物件等商品，我和胡怡老师不约而同地盯上了鳄鱼皮皮带，反复摸看。皮带标价一千八百多元，当时感觉挺贵的，犹豫着要不要买。后来我们俩还是下定决心各自为爱人买了一条鳄鱼皮皮带，胡怡老师还调侃道，要让她爱人带着这条皮带干劲十足地赚更多的钱。鳄鱼皮皮带质量真的很好，我爱人用了好多年，皮质成色依然如新。

第二站是马来西亚。马六甲夜景、吉隆坡双峰塔、荷兰红屋、钟楼令人至今难以忘怀。印象最深的还是乘坐缆车，前往号称东南亚蒙地卡洛的云顶高原，直达云

雾缭绕的神秘山顶——云顶娱乐场。云顶是一座集世界品牌购物、星际娱乐、豪华餐厅、电影、赌场为一体的综合性娱乐场所，游客可以自由进出，这里也是马来西亚唯一合法的赌场。偌大的娱乐场应有尽有，让人眼花缭乱，游客在里面住上一个月不出来都是可以的。我们在云顶住了两天，大家集体出行时就像一家人，互相照顾，互相帮助，年轻的帮年长的。在马来西亚时，有一次乘坐扶手电梯，屠老师夫人拖着大旅行箱，没有扶稳差点从电梯上摔下来，站在她身后的万哲华老师眼疾手快，马上上前用身体拦住，防止了事故的发生。

第三站是新加坡。新加坡和其他东南亚国家一样，车辆、行人都一律靠左行。没有人闯红灯、违章超车，没有人拥挤、吵闹，没有人乱扔垃圾、随地吐痰，听不到噪音，也看不见污染，到处安静、清爽，井然有序。令我们记忆深刻的当属在那里购物的经历。当地导游小姐说，李光耀治理的新加坡没有假货，因为新加坡是法治国家，直到现在，仍然保留了英国殖民者留下来的鞭刑，谁要是犯了错误或者干了坏事，就会被鞭打，卖假货更是不能饶恕的罪行，所以在新加坡不可能有假货卖。导游小姐鼓动我们放心大胆地购买，新加坡的东西都是真东西，且物美价廉。于是大家都动心了，你买我也买，史旻昱老师准备结婚了，就买了一套钻石首饰。张昆老师也动心了，他看中了一款钻戒，钻石一克拉，大约是 12 万人民币，比国内便宜一些。他当时手里没有那么多钱，恰好刘洁老师带着信用卡，准备帮他支付。这时唐燕红书记提醒，小心假货。还有几位老师也附和着唐书记的意见。于是张昆老师犹豫了，决定打电话跟家里人商量。他夫人虽然非常感动，但态度也很坚决，反对他购买。

旅行结束以后，回到国内不久，史旻昱老师去找专业机构鉴定，发现她在新加坡买的结婚首饰是假的。后来通过消费者协会等一系列法律程序才追回了当时付的现金。知道这件事情后，大家才意识到，差一点被骗了。真是有点后怕，即便是在新加坡这样的法治国家，卖假货的人也不少啊，善良的人们一定要擦亮自己的眼睛，否则一不小心就会落入圈套。

在整个旅程中，唐燕红书记、张昆院长时时刻刻都把安全问题放在首位，不断地提醒大家相互关照，别脱离队伍擅自行动。尤其是我和舒咏平副院长，不但积极主动与导游联系，协调解决问题，而且随时都在清点人数，生怕落下一个人，因此我们的整个旅程都非常顺利。最后，还要特别感谢胡道立老师，一路上为大家拍照留念；工会主席孙发友老师在我们的权益和利益方面与导游方据理力争。

我们一路潇洒前行，穿越了三个国家，领略了这些国家不同的语言、风土和人情，都感到非常满足和欣慰，既开阔了眼界，又陶冶了情操。大家乘兴而去，满意而归，其乐融融，感觉是相亲相爱的一家人。这次旅行着实给我们留下了弥足珍贵的记忆。

华中大十年：致我们永不褪色的青春

韦　路

从1994年到2004年，我人生中最宝贵的十年是在母校华中科技大学度过的。在这十年中，我收获了友情、爱情、恩情，实现了从高中到本科、硕士、博士的跨越，经历了从学生到教师的角色转变，并最终找到了自己的人生方向。母校十年，青春无悔！

一、求学之路

1994年，我的母校还叫华中理工大学，武汉人简称华工。去华工读书，是机缘巧合。我高中就读于华中师范大学第一附属中学，在文科班学习。毕业时，由于成绩优秀，我获得保送资格。当时全国各地高校都来学校招收保送生，我在父母的建议下，申请了中国人民大学国民经济管理专业、北京外国语大学图书情报管理专业和华中理工大学新闻学专业。结果华中理工大学最先录取，人民大学之后才录取，所以与人民大学失之交臂。当时颇为惋惜，因为人大毕竟是当时中国人文社科专业最好的大学。但是武汉人有句老话，“玩在武大，学在华工”，能够在家门口这所学风极好的大学学习，也不失为一件幸事。另外，从专业的角度来说，当时作为高中生的我，对国民经济管理一无所知，但对“指点江山，激扬文字”的新闻记者却异常崇拜，所以内心仍然充满期待。

第一次踏进华工校园，就被震撼了。有三个极为深刻的印象。一是大。堂姐在武汉大学念书，所以我曾经去过武大校园。当时已经被武大之大所折服，没想到华工感觉更大，从东到西，非脚力所能至。二是方。华工校园方正整齐，格局对称，特别是正大门毛主席像后的南一楼，典型的苏式建筑，稳重庄严，与武大中西合璧的校园风格迥异，有浓浓的理工味道。三是树。进入华工校园就仿佛进入了一座森林，几乎每一条道路的两旁都是参天大树，据说有近百万棵，得益于朱九思老校长“广积才，多栽树”的办学思想。

高中三年的“魔鬼”式学习，使我一进入大学便如饥似渴地参与各种社团活动。广播台、戏剧社、书画协会、学生会、分团委的各种活动和事务把我的大一生活填得满满当当。记得当时校团委的一位老师对我说，“韦路，你就像氧分子一样，到处都是。”我狂热地参加各种比赛，书画大赛、朗诵大赛、校园歌手大赛、主持人大赛、辩论大赛上都能看到我的身影，我还在戏剧社的校园话剧《雷雨》中演过周萍。在社团活动中的如鱼得水，使我得意忘形，完全把学习抛在了脑后。大一期末，我的成绩排在全班倒数几名，数学差一点挂科。

学习上的打击，使我不得不停下来，思考大学生活究竟应该怎样度过。很快，我为自己定了一个新的目标，学习成绩必须名列前茅。于是，除了保留广播台这一与新闻专业密切相关的兴趣社团之外，我退出了其他社团。之后的三年，我几乎每堂课都坐在前排，经常向老师请教不懂的问题，每一门考试都反复检查才交卷，用尽全力把每一门课程都学好。功夫不负有心人，毕业时，我获得了免试推荐攻读本校研究生的资格，这为本科阶段的学习画上了一个圆满的句号。

1998 年本科毕业班合影(后排右一为作者)

1998 年，新闻系与学校现代教育技术中心合并组建新闻与信息传播学院，吴廷俊教授出任首任院长。我非常幸运地成为建院之后，也是吴老师担任院长之后招收的第一批硕士研究生。研究生三年过得很快，印象最深的是 1999 年，吴老师推荐我到新加坡南洋理工大学传播学院进行了一个学期的交换学习。这是我人生第一次出国,也是改变我人生轨迹的一次重要经历。虽然时间不长,但是我在南洋理工大学接受了国际化、高强度的课程训练,接触了郭振羽、郝晓鸣、汪炳华、John Merrill、Lars Willnat 等国际知名学者,这使我萌发了到海外继续攻读博士学位的想法。虽然这已过去快二十年,但我抵达新加坡的第一个晚上,在郝晓鸣老师家里借宿、郭振羽院长百忙中抽时间接见我的情景还历历在目。前不久,在杭州听郭老师谈起,那时也是他刚担任院长不久,是传播学院开始腾飞的关键时刻。非常有幸能够见证南洋理工大学传播学院奇迹般的发展历程,也非常有幸与郭老师成为忘年之交。

二、"青椒"时光

进入教师这一行业,也是机缘巧合。大一之后,我逐渐确定了自己的职业理想:做一名电视节目主持人。这也是为什么我退出了其他所有社团只保留了广播台的原因。也因为如此,我在大一刚刚学会抽烟不久,就为了保护嗓子而毅然决然地戒掉了。渐渐地,我开始主持越来越多的节目和活动。那几年,华工学生的午觉基本上是被我播送的通知吵醒的,学校大大小小的晚会活动也基本上都是我主持的。大三暑假,我开始在湖北电视台青少部实习,一直到毕业,从帮忙拿机器到出镜主持,到独立承担专题节目的编导,再到主持大型综艺晚会。当时电视台编制紧张,加上我又获得了保研资格,所以毕业时选择了继续读研。研究生期间,我在武汉有线电视台主持一档健康类谈话节目。2001 年,我参加中国节目主持新人奖大赛,一路过关斩将,最后代表湖北电视台参加全国总决赛,获得社教类最佳男节目主持人大奖。当时一同参赛的湖北电视台当家主持田野,赛后对我开玩笑说,"既生瑜,何生亮啊"。后来,我满以为可以就此进入专业主持人这一行,但几次碰壁之后,我开始又一次停下来,思考未来究竟要做什么。

好在当时读的是师资研究生,毕业后就顺其自然地留校任教了。在接下来的三年中,我在母校度过了一段轻松快乐的"青椒"时光。当时,国内高校还没开始实行现在的"非升即走"人事制度。作为刚留校的青年教师,评职称的压力还不大,我主要的任务就是上课、读书,做自己感兴趣的研究。记得当时我主要讲授"传播科技史"这门本科生课程,阅读了大量关于技术史、科技哲学、媒介生态学的文献,特别对当时国内传播学者颇为关注的麦克卢汉如痴如醉。在南洋理工大学学习期间，我就把麦克卢汉的几本英文原著全部复印了，回国以后慢慢“啃”。后来“啃”出了我第一篇有一定影响的论文——《媒介：讯息还是权力》，于2004年发表在武汉理工大学学报（社会科学版），同年被人大复印资料《新闻与传播》全文转载。2004年6月，我撰写的第一篇英文论文“From determinism to interaction：Building a new model of technological evolution”被第四届技术与传播的文化态度国际学术研讨会录用，并前往瑞典卡尔斯塔德宣读论文。这也是我第一次出国参加国际学术会议。

三、2001年硕士毕业留念

三年的“青椒”经历使我更加坚定了出国继续深造的决心。一是因为当时博士学位已经成为晋升高级职称的必要条件，二是因为新加坡的交流经历点燃了我的出国梦想，三是因为家人和导师的理解和支持，我开始迎接人生的下一个挑战。第一个要攻克的难关是英语。虽然已经学了十几年的英语，但离出国的要求还相距甚远，只能去新东方学习了。第一次是到北京的新东方学雅思。那是一个零下16度的寒冬，教学点在玉泉山旁的一所破旧学校，条件艰苦到厕所竟然没有隔间。咬牙挺过来，雅思考过了，却发现英联邦国家大多没有奖学金，当时美国主要还是看托福和GRE。之后又在武汉报了两个辅导班，终于考过。然后，开始泡留学论坛“寄托天下”，了解申请程序。作为“小青椒”，由于有教学和科研经历，也积累了一些初步成果，再加上导师吴廷俊院长和南洋理工大学郭振羽院长的大力推荐，我顺利拿到了美国得克萨斯大学奥斯汀分校、华盛顿州立大学、加拿大西蒙菲莎大学、香港中文大学和香港城市大学的全额奖学金。当时美国签证拒签率很高，在香港城市大学祝建华教授的大度宽容和鼓励下，我最后选择了美国，实现了飞跃梦想。

四、师恩难忘

华中大十年，难忘的事情很多，但最难忘怀的，还是导师吴廷俊教授的言传身教和备至关怀。吴老师身上有三种特质最让我印象深刻。

一是治学严谨。同学们现在谈起当年对吴老师的印象,一个共同感受就是“严”。首先,吴老师很严厉。吴老师的气质属于不怒自威型,往讲台上一站,就让人肃然起敬。加上吴老师讲课时不苟言笑,就更加让同学们敬而远之。但接触多的人就会知道,吴老师其实是一个很有幽默感的人。其次,吴老师很严格。吴老师后来对我说,他儿子在读书时代从来没有被他表扬过。吴老师儿子是一个标准的学霸,在华中大自动控制系获学士学位,在清华自动化系获硕士学位,在美国伊利诺伊大学香槟分校获博士学位,现为美国西北大学终身教授。如此优秀的儿子,竟然读书时没有被父亲表扬过,可见吴老师的严格程度。吴老师对学生的要求虽然不像对儿子那么严苛,但对学生的严厉批评也是常态,女学生挨批后哭鼻子是常事。最后,吴老师很严谨。记得本科时在吴老师的第一堂课上,他提到一个小故事。大意是他出版的一本教材,被一位同学指出一个注释的页码有误,他把这位同学表扬了一番,并以此勉励自己和学生治学要加倍严谨,不能有半点马虎。

二是开拓创新。吴老师的研究方向是新闻史,特别是关于《大公报》的研究,在新闻史学界享有盛誉。但吴老师从来没有停留在这一个点上,而是从新闻史延伸到传播科技史,从新闻纸研究延伸到互联网研究。1998 年,互联网在中国大陆开始迅速扩散,对新闻传播业的影响初现端倪。吴老师敏锐地捕捉到了这一重大研究议题,带领我们从不同角度研究新技术对新闻传播的影响,并在《当代传播》杂志发表了一系列研究论文。其中,1999 年吴老师与我合作撰写的《多媒体技术与全球文化整合》一文,也是我在公开刊物上发表的第一篇学术论文。值得一提的是,1998 年,吴老师提出,在理科二年级学生中选拔对新闻学感兴趣的学生,并组成网络新闻本科班。1999 年正式招收网络新闻传播学本科生,并提出“文理交叉见长,复合特色取胜”的办学宗旨。这在中国新闻教育史上是一次创举,也趟出了一条理工科大学新闻传播教育的特色之路。

三是爱生如子。吴老师不仅在学业上对学生的要求非常严格,而且在生活上对学生关爱有加,有求必应。每逢佳节,吴老师都会请学生们在校园团聚,打打牙祭。记得一次中秋节,吴老师把家里珍藏的一瓶轩尼诗 XO 拿出来招待我们,让我们开了一次“洋荤”。为了让学生能够有好的成长和发展,吴老师千方百计为我们创造机会。我的新加坡访学经历,是吴老师凭借与郭振羽院长多年的交情争取而来的,也是学院首次派研究生到国外交流访学。在海外知名学者来校讲学或主办国际会议期间，吴老师也常常给我们提供宝贵的学习机会，让我们得以近距离感受名师的魅力。在母校期间，我有幸参与众多知名教授的接待工作，包括郭振羽、陈韬文、祝建华、李少南、洪俊浩等。2004年，在母校任教三年的我，忐忑地向吴老师提出了出国攻读博士学位的想法。因为尚未完成师资研究生毕业后的服务期，我满以为会被吴老师一口拒绝，但没想到吴老师非常理解和支持，让我感激涕零。可以说，当时没有吴老师的支持和鼓励，我的人生轨迹可能就不是现在这样了。

2017年与吴老师和师母在杭州

五、母校长青

母校的新闻传播教育从创立于1983年的华中工学院新闻系开始，迄今已有三十五年的历史了。三十五年来，在几代师生的共同努力下，母校的新闻传播教育取得了令人瞩目的辉煌成就。从最初的一个新闻学本科专业，发展成为一个羽翼丰满的新闻与信息传播学院，拥有新闻学、广播电视学、广告学、传播学、播音与主持艺术等五个本科专业，新闻学、广播电视与数字媒体、广告与媒介经济、传播学等四个学术硕士学位点，新闻与传播、出版两个专业硕士学位点，新闻学、传播学、广播电视与数字媒体、广告与媒介经济、公共关系等五个二级学科博士点，以及新闻传播学一级学科博士点和博士后流动站。

新闻系第一任系主任是汪新源教授(1983年9月—1992年7月任职)。1982年，时任中共湖北省委宣传部副部长兼湖北日报社党委书记、社长雷行向朱九思提出希望华中工学院能够办新闻系。作为从延安走出来的老新闻工作者,朱九思雷厉风行,率先在工科院校创办新闻系,甚至比武汉大学还早几个月。第一任系主任汪新源是从湖北日报社引进的,时任《湖北日报》理论部主任。汪老师给我的印象是亲和儒雅,一口吴侬软语,脾气很好,很有耐心。作为复旦新闻1954级的本科生,汪老师功底扎实,而且非常重视应用和交叉导向,确立了初期"应用为主,文理渗透"的办学方针。

第二任系主任是程世寿教授(1992年8月—1998年4月任系主任,1998年5月—2001年3月任党总支书记)。程老师也是一位资深报人,曾任《襄阳日报》副总编辑和《长江开发报》总编辑。与汪老师的风格截然不同,程老师是大嗓门、牛脾气,大口吃肉,大碗喝酒,典型的性情中人。在我的印象中,程老师的手上总是夹着一根烟,眼睛从那副黑框眼镜的上方看着你,说到兴头上,眼睛就笑成了一条缝。程老师做事风风火火,极有魄力。在他的主持下,新闻系继续强化与传媒业界的联系,同时将文理渗透进一步发展为传播文化与传播科技结盟。

第三任领导也是成立新闻与信息传播学院之后的第一任院长吴廷俊教授(1998年5月—2006年7月任职)。吴老师1969年毕业于武汉大学中文系,毕业后就投身教育事业。在经历了两任报人背景的领军人物之后,学者背景的吴老师对学院的办学理念进行了优化升级,从侧重技能训练转向技能训练与学理教育并重,从单学科教育转向多学科综合教育,正式提出"实行新闻学与传播学并重,人文、社科与信息学科大跨度交叉,传播文化与传播科技紧密结盟,培养既有扎实的人文、社科功底,又能掌握现代传播工具的现代化新闻与信息传播人才"的学科发展和人才培养新思路。在吴老师的带领下,学院取得了若干里程碑式的成就,如1998年创办全国第一个网络新闻传播学专业,2003年获得新闻学博士学位授予权,2005年获得传播学博士学位授予权,成为当时全国仅有的五家拥有新闻传播学一级学科博士授予权的院校之一。

第四任领导是建院后的第二任院长张昆教授。张教授是科班出身,1986年从中国人民大学新闻学院新闻学研究生班毕业后,在武汉大学新闻系任教,曾任武汉大学新闻学院院长和大众传播与知识信息管理学院副院长。2006年,在吴院长的力荐下,张教授接任新闻与信息传播学院院长,直到2018年4月卸任。虽然我2004年离开母校赴美留学,但一直心系母校,见证了母校学院在这十二年时间里的高速发展。张院长主政期间，秉持“文工交叉，应用领先；与时俱进，开放办学”的办学理念，在人才队伍、重大课题、硬件条件、文化建设等方面取得了显著成效，特别在第四轮教育部学科评估中取得了A类佳绩，与复旦大学并列全国第三。

如今，第五代领导班子在“少帅”张明新教授的带领下，朝着更高的目标迈进。明新是我学弟和好友，本科在母校获工学学士和管理学学士学位，之后获传播学硕士学位，在武汉大学获新闻学博士学位。明新本人就是母院大跨度交叉培养的杰出人才，在湖北大学、武汉大学和母校具有丰富的工作经历，入选2014年度国家“万人计划”青年拔尖人才支持计划，是国内新闻传播学院“少帅”的代表人物。我和明新曾合作发表多篇论文，非常钦佩他的问题意识、理论素养、方法训练和创新能力。我相信，在他的领导下，母校学院一定能够在历经汪新源时代的初创期、程世寿时代的探索期、吴廷俊时代的跨越期和张昆时代的攀登期之后，继续秉中持正，求新博闻，敢为人先，勇立潮头，追求卓越，臻于至善。

作为浙江大学传媒与国际文化学院的现任院长，我一方面深深为母院的成就感到骄傲和自豪，另一方面也要努力向母院学习，真诚希望两院能够加强交流与合作，共同为中国乃至世界新闻传播教育做出更大的贡献。

韦路　美国华盛顿州立大学传播学博士，现为浙江大学传媒与国际文化学院院长，教授，博士生导师，教育部青年长江学者，教育部新世纪优秀人才。曾获首届“新闻传播学国家学会奖”之杰出青年奖、浙江省哲学社会科学优秀成果一等奖、浙江省“五四”青年奖章等重要奖项。主要研究领域为新媒体传播、政治传播、国际传播等。现为Communication and the Public执行主编，Journalism and Mass Communication Quarterly编委，担任中国新闻史学会网络传播史委员会副会长、中国应急管理学会舆情专业委员会副主任委员、浙江省政协委员。

新闻学院，我永远的家

夏长征

早就准备写一点关于新闻学院的文字，但迟迟没有行动。潜意识中好像有一个声音在告诉我，文字一旦写下来就代表了一种分离，而这种分离感是我不愿意去面对的。因为我一直都觉得学院就是我的家，我从来没有离开过。

细细算来，从人事关系的角度来说，我离开新闻学院已经整整十年了，也许是一直都待在一个地方的缘故，也许是学院的各位老师到行政楼办事时特意到我们办公室给予的一个热情招呼或一个暖暖问候，让我觉得自己从来没有离开过学院，我始终有一个温暖的家，一个坚实的后盾。

2004 年 10 月，我以新闻学专业研究生三年级学生的身份开始在学院从事辅导员工作，2005 年 6 月正式毕业并办理了入职手续，担任学院分团委书记和 2004 级、2005 级本科生的辅导员。2004 级、2005 级一共有 10 个本科生班级，学生近 400 人，作为辅导员，我主动入住学生宿舍，与学生共同生活，共同成长，并针对不同专业和班级的特点，积极创造良好的学习环境。我所负责的 10 个本科生班级连续多次获得学校“优良学风班”等荣誉称号，现在想来，仍感到十分欣慰。担任新闻学院分团委书记期间，我积极开展与专业特色相结合的校园文化活动和科技创新工作，组织举办了“传媒人文化节”“校园主持人大赛”等活动，积极倡导健康向上的校园文化；积极组织学生开展科技创新活动，所指导的团队共获得国家级金奖一项、银奖两项，并得到学校“科技创新优秀组织单位”“科技创新先进集体”等荣誉。我个人也获得了华中科技大学“优秀辅导员”“研究生优秀思想政治工作者”“大学生科技创新活动优秀组织者”和学院“优秀共产党员”等荣誉称号。2008 年 5 月，根据学校安排，我调到学校人事处开始从事教师服务工作，但我克服两边同时开展工作的困难，继续担任 2004 级本科生辅导员，坚持为每一位学生办理毕业所需的一切事宜，送他们顺利毕业。特别值得一提的是，就在刚刚过去的 2018 年端午节期间(6月16日至17日),2004级新闻学专业的两个班级共同举办了主题为“十年再聚首,归来仍少年”的毕业十周年回校活动,并邀请到张明新院长和大家共聚一堂,缅怀青葱岁月,畅谈师生情谊,共谋学院发展,活动举办得非常成功。

写下这些文字的时候,在学院学习、工作的点点滴滴不断地涌上心头,忘不了吴廷俊老师、张昆老师、申凡老师、石长顺老师、舒咏平老师、赵振宇老师、张耀老师等各位师长前辈在学业上给予的严格要求,在工作上奉献的支持和包容。迢迢人生路,漫漫长悠远,往事历历在目,我们有缘一起走过,感谢一路有你们!

夏长征　男,1979年9月生,中共党员。主要学习及工作经历:2002—2005年,华中科技大学新闻与信息传播学院研究生;2005—2008年,华中科技大学新闻与信息传播学院分团委书记、学生辅导员;2008年,华中科技大学人事处教师工作办公室职员;2008—2009年,中国工程院学部工作局一处借调工作;2009—2010年,华中科技大学人事处教师工作办公室职员;2010—2011年,华中科技大学人事处人事调配办公室副主任;2011年至今,华中科技大学人事处教师工作办公室主任。

峥嵘岁月稠

——原华中理工大学新闻系任教生涯回忆

幸智敏

之所以没有用华中科技大学来做副标题，是因为我从 1984 年 7 月到 1991 年 12 月任教之时，学校先是叫华中工学院，后更名为华中理工大学。至于现在的华中科技大学之名，更是后来的事了。为着尊重历史，也为了更好地还原那一段教师生涯，所以还是用了华中理工大学这一名称，同龄人会觉得很亲切，后来人会觉得历史没有被埋没。

一、入职机缘

我本是华中工学院（华中理工大学改名前的名称）机一系液压自动化专业的 1980 级本科生，为什么会留校到新闻系教书了呢？

说起来有一段机缘巧合的故事。

读书阶段，因为爱好文学，喜欢弄点“小资”的文字，所以进了学校广播台当编辑。后来团委要办一个学生杂志《青年园》，船舶系 1979 级的王志荣兄当时奉命创办这个杂志，找到了我，后来还让我成了副主编。1983 年，华工新闻系创办，王志荣和同是 1979 级计算机系毕业的陆晔留校到了新闻系，让我对新闻系有了初步的认识：原来工科学生也可以从事文科职业。所以 1984 年我本科毕业时，有两个选择摆在我面前：一是按正常分配回我老家广东，到广东工学院当老师；二是学生工作处有老师推荐我留校到新闻系任教。我想，毕竟学校环境我很熟悉，从事文科工作也是我喜欢的，前面又有王志荣兄留下来了，所以我决定就留在新闻系。

讲这个故事，是想说明，当时华工的开放意识、用人环境是可圈可点的。朱九思院长是当时全国闻名的大学校长，致力推动文理渗透，培养复合人才，所以新闻系引入人才也是不拘一格的，有从媒体单位直接来的，有从新闻专业毕业来的，也有像我这样的工科学生留校而来。比如 1983 年留校的工科专业学生有王志荣、陆晔，1984 年留校的工科专业学生有我和刘燕南、童俊。

没有学校的开放意识，就不会有我到新闻系工作的机缘。

二、初学办报

1984 年夏，毕业分配留校到新闻系的手续还没办，我就来到了《改革信息报》编辑部工作。这份报纸是华中工学院与《光明日报》湖北记者站合办的，专事全国改革开放信息的集纳与报道，在当时是一份创新型报纸，由一所大学主办、面向全国，可谓绝无仅有。可见当时我国改革开放的形势是彻底的不破不立。就如同工科院校办新闻系一样，都是改革的新鲜事。

老院长朱九思亲自领导这份报纸。他是老报人出身，对办报要求很严格。编辑部设在学校中部一所绿树掩映的别墅式房子中，条件算是非常好的。从《长江日报》来新闻系任教的王益民老师担任编辑部主任。我负责一、二版的编辑，刘燕南负责三、四版的编辑。

让一个刚从工科专业毕业，连新闻概念都不了解的年轻人来担负报纸的编辑工作，其实是很冒险的。但当时到处都讲创新与突破，大胆地让我们做这一工作，也是体现了改革精神。而我们两个年轻人，好像也没有什么心理负担，让干就干呗，没有一点畏难情绪。现在想起来，当时好像也是有点不知天高地厚吧。

好在上面有老院长、王益民老师这样的老报人指导、把关，让我们边干边学，倒也把报纸办得有声有色，在全国引起不小反响。

记得当时最辛苦的，莫过于每周出报之前，就要跑到湖北日报社印刷车间去值班。坐公交车远不说，主要是在车间里没有坐的地方，只能站着，陪着工人捡字，因为那时是铅字印刷。有时一版的稿子字数多了一些或少了一些，工人就来问我怎么办。我也没办法与编辑部取得联系(那时没手机)，只能当机立断，就地删改稿，让字数刚刚好。中午就在湖北日报社的饭堂里吃，下午接着站车间。一天下来，挺累的，也体会到了印刷工人的辛苦。

这期间，新闻系办公室主任周贵谟等人在发行方面做了许多努力，后来基本实现了收支平衡。

1985 年，因种种原因，《改革信息报》在经营一年后不得已停办了。宣布这个消息时，我们都很无奈，依依不舍。这份报纸曾为我国的改革事业做出了应有的贡献，也在中国报业史上留下了值得记忆的一页。

三、赴沪学习

虽然离开了报纸，但得到了诸多经验，对新闻的认识也开始走向规范和深入。

为了更好地适应教学工作，根据系里的安排，我和刘燕南于 1985 年秋到上海复旦大学新闻系进修学习。在这里，我们系统地接受了新闻专业的知识培训。

这段时间，我们都如饥似渴地学习。这话并非夸张，作为一个理工男，我虽然参加了一年的办报实践，但其实对系统的新闻理论与业务知识还知之甚少，想到年后回系里就要上讲台，心中是忐忑的。所以，除了上课，就是泡在图书馆里，甚至春节也没离开学校。

在复旦的一年，为我以后的教学打下了很好的基础。这里的新闻学术相对比较开放，每位教师的授课都有自己的个性和特点，这也影响了我日后的教学工作。

四、接受新职

记得那时从武汉到上海之间的交通，最方便的是乘坐轮船，虽然江上风景如画，但就是慢。

1986年夏天，我结束进修，刚从回汉的轮船上下来回到华工，系里就告诉我，给我安排了一项新工作：接任本科851班的班主任。

说实话，当时我一点心理准备都没有。但多年养成的纪律意识不容我推卸责任。这是我第一次真正面对自己的学生，“老师”的角色第一次这样清晰。为此，我整整思索了两个晚上，决定对学生实行“无为而治”的方针。

一方面，我从自己做学生时的体会出发，觉得管理不能僵化，不能管死；另一方面，当时有一股被称为自由化思潮的风气正在蔓延，我认为适当的自由还是有必要的。所以，我与班上学生干部约法三章：平时由班干部负责管理，有问题或是有矛盾时再来找我协调。这样一来，学生觉得轻松，我也觉得轻松。效果倒也不错：学生们没有做什么出格的事，学习成绩普遍不错，大家的思想保持了一个相对自由的状态。记得班上有个学生陈小佩，还成了学校辩论队的主力队员，拿过一些奖。

我当时比较注重学生政治上的进步。因为同时担任了年级党支部书记，所以我推动发展了不少学生党员。这些党员在日后的岗位上都表现不俗。

感觉这种无为而治的管理方法还不错，在后来我又担任了1990级班主任时，也照此办理。这个班上后来出了罗振宇（“罗辑思维”的创始人）、冯雪梅（中青报评论部主任）等一批杰出人才。

五、外出招生

不记得是1987年还是1988年初夏，系里安排我和周贵谟老师一组去安徽招生。

具体的招生细节已经记不太清了，只记得我们去过北部的颍上、桐城，去过南部的安庆、屯溪、休宁、歙县等地。周老师是安徽人，又是系办公室主任，所以招生工作由他负责，我算是个跟班。

我们时分时合，到各个比较好的高中去了解情况，寻找合适的考生。那时到一个地方后全靠两条腿走路。

有一天，我独自坐公交车从屯溪到休宁中学，回程时已近傍晚，又热又渴，在公交站台前正好有一个当地瓜农卖西瓜，想吃，摸摸口袋又没有几块钱。那时我们刚毕业不久的年轻老师的月薪是四十元左右，自己留点伙食费，给家里寄一点，就没有多少钱了。当时那个年代风清气正，出差在外，也不会有人请你吃饭，只能自己精打细算，靠出差补贴吃饭。可那天走路实在是走累了，犹豫再三，还是掏出一块钱，让瓜农切了半个西瓜，也顾不得斯文，埋头猛吃，一嘴红汁。

现在回想起来，那时为了招到一个好考生，老师们真的是靠两条腿一所学校一所学校去寻找的，要付出许多艰辛和汗水。

六、八俊探秘

我的手头还保存着几张老照片，记录的是三十年前新闻系8位青年老师一起骑车郊游的情景。当时我们戏称是“青年八俊”，有我，有创办新闻系时就留校任教的王志荣，有从复旦大学分配来的周萍，有从北师大分配来的胡延品，有从华东师大分配来的张德鹏，有从云南大学来的毛老师，还有一位帅哥和一位靓女（已经忘记了名字）。

当时的我们，是真的年轻啊，大家清一色里穿白衣，外穿西服，身上有一股英气，一股朝气，一股帅气。在春日的阳光下，我们结伴骑自行车出游，一路欢声笑语，一路你追我赶。那时的纯净，现在看来还是那么有感染力。有一次出游的目的地是龙泉山。那时的龙泉山，刚刚开始发掘和保护明昭王陵，还是一片荒山。我们是听说那里发现了古尸，出于好奇才去的。我们通过一条狭长的墓道，进入了地宫。其实也没有什么好看的，因为地宫中除了一个棺椁，好像什么也没有，心中有点失望。不过，这样的探秘却是我一生中仅有的一次，因为现在的陵墓大多都是景点，而我们这一次是真正的原始状态。后来这里被开发成了著名景点。

参观完地宫，我们兴致勃勃上了山巅。凭高望远，倒是一片美景，让我们不禁有了指点江山的豪迈气势。在春日的阳光中，周萍一袭红衣，显得特别耀眼。

七、群星闪耀

新闻系当时主要是由两批老师组成的，除了我们这一批血气方刚的年轻人，还有一批年富力强的中年教师。由于时隔已久，我这里简单描绘一下我记忆中几位老师的印象。

汪新源老师,《湖北日报》的资深报人,时任系主任。他是一个时刻把自己收拾得干干净净的人,永远整整齐齐、一丝不苟。记得去他家里,也是一尘不染。我看过他写的手稿《新闻心理学》,字迹非常工整,体现出一种严谨的态度。

刘春圃老师,时任系党总支书记。他慈眉善目,笑容可掬,满头银发,少了点威严,多了点宽容。

程道才老师,来自湖北广播电视台,接任系党总支书记。他是一个特别和蔼的人,待人厚道,处理事情不温不火。同时,他坚持精研自己的新闻业务,勤于写作。给我的印象就是笔耕不辍。他的夫人汪苏华老师,与他相得益彰,也是一个表面温和内里坚毅的人,与学生关系特别融洽。

申凡老师,社科院新闻专业硕士,在业务上非常专心,能心平气和与人讨论问题,颇受学生敬重。他和我们这一批年轻老师很谈得来。有一年暑假他一家人回陕西去了,委托我和另一位年轻老师替他看房子。其实房子里没有什么值钱的东西,但足见他对我们的信任。如今这个年代,可能很少有像我们这样互信的友情了吧。

王益民老师,《长江日报》资深报人,时任新闻学教研室主任。他在我参与办报时就是编辑部主任,后又成为我的教研室主任,还是我读研究生的导师。他严谨认真,文字力透纸背,性格也刚烈,容易与人起争执。在新闻理论的研究上比较开放,不囿于传统,敢提新论,如他的著作《系统理论新闻学》,有很多好的见解。顺便一提,他还是我的媒人,介绍了一个很好的同乡、华工校友丁红梅给我,成就了我的美满婚姻。

胡道立老师，一位气质优雅的女性，因为是搞摄影的，身上总有一种艺术气息。为人谦和，不露锋芒。

李运抟老师，崭露头角的青年文学评论家，对文学作品有独到见解，经常在报上发表文学评论。同时，他还是乒乓球爱好者，当时系队的主力。

曹承容、周泰颐夫妻，非常恩爱的一对楷模。两人都是沉稳干练的类型，对工作极其认真，极其细心。记得我考系里的研究生时，周老师面试我的新闻业务，问了一道编辑学方面的问题：消息标题与通讯标题最大的区别是什么？虽说可以有多种解答，但她给我一语点到了最核心的部分，让我醍醐灌顶。

周贵谟老师，系办公室主任，个子不高，但身上总是充满了干劲，凡事爱较真，管理做得井井有条，字也写得工整漂亮，像魏碑体。

吴廷俊老师，深攻新闻史，卓有建树。给人印象是温良忠厚，很有书卷气息。

程世寿老师，报人出身，学者风范。戴深度近视眼镜，老派知识分子形象。

还有戚海龙老师、屠忠俊老师、胡元斌老师、李幸老师等，还有资料室的蒋老师、沈老师、钱老师等。

我在学校时的这一批老师，大都从实践领域中来，而且都是当时业中翘楚，可谓群星闪耀。大家却相处得很好，氛围融洽，让我们这些年轻老师浸润其中，受益匪浅。

八、鸳鸯楼记

1980年代的华工，校园虽大，但教师住房还是非常紧缺的。我那时刚成家，还得住在教二舍这样的单身宿舍里，不得已要把同住的胡延品“赶走”。

当时运气好点的，可以通过积分排队，分到鸳鸯楼的住房。这种住房，名字很好听，其实就是一间住房另带一间厨房、一间卫生间。一个楼梯上去，左右各有两套住房，倒也不算复杂。

后来我、刘燕南、王木林都在校园西边不同门栋各分到了一套这样的房子。刘燕南被分在一楼，省了爬楼梯之苦。我分在五楼，经常要自己去后面山边的气站换煤气，扛煤气罐上楼会出一身汗。王木林最惨，分在顶楼，更加辛苦。

即使如此，我依然觉得很开心，毕竟是一个正式的家了。为了和外侧隔壁的一家互不干扰，我想办法在两家交界的走廊处用木板进行隔断，让自己家成为独立的封闭空间。

那时的学校自由市场中，买菜的大都是男教师，这成为一种“景观”。我也是这之中的一员，将家庭“妇男”与大学教师的身份有机结合起来了。

从校园西边的住房到校园东边的院系，路途遥远，一般只能骑车去上班，碰到大太阳、风雨天，也就更加无奈。就是在这样的条件下，我们生活得依然很快乐。

九、自学考试

其实，真正让我们在经济上感觉到快乐的还是当时的自学考试大潮。

那时，大学录取率相当有限，很多人上不了大学，但时代又要求人们有一张文凭，于是，自学考试应运而生。当然，这是国家政策，也是国家需要。湖北省新闻专业的自学考试，当时主要就由我们新闻系来承担。我虽然年轻，但却承担了一门新闻专业课题库的200道题的出题任务。那时考试环境宽松，出的题不需要讨论审核，都进入了考试题库，可见对出题人的充分信任。

为了鼓励更多的人来参与自学考试，省里允许学校对考生适当进行考试辅导。于是，我作为其中一名出题人，到处被邀去讲课。记得有一次去沙市讲课，是坐一辆顺风大货车去的。那时还没有高速公路，只有普通省道。坐了五六个小时的夜车，又累又困，到达目的地已是半夜，便找了一家便宜旅社住下。第二天一早上课，教室里密密麻麻坐满了人，有人到中年的，也有青春年少的，都是如饥似渴的眼神。我知道，他们都是从市里、县里各个地方来的，非常不容易。于是，我就动了恻隐之心，没有按部就班去讲课，而是在不违反大原则的前提下，给考生们划出了考试重点，期望能帮他们考出理想成绩。

到了考试季节，老师们就集中在一起批改试卷。虽然天气闷热，没有空调，但大伙也热情不减。我通常手下留情，能给分的尽量给分，将心比心，觉得考生们付出那么多汗水也不易。

因为有了自学考试，大家批改试卷都可以获得奖金。在工资不高的当时，这算是一笔可观的额外收入。

十、讲授新论

也许是因为初创时的华工新闻系教师来自四面八方，也许是新闻教学本就充满创新精神，总之，20 世纪 80 年代时的新闻系似乎没有统一的教材。谁主讲，谁就负责组织教材。这也给了年轻教师们发挥主观能动性的空间。

我是主动选择在新闻学教研室工作的，也下决心在新闻理论方面的教学与研究中形成自己独到的见解。为此，我在系里读研究生时，确定了“马列主义新闻理论体系建构”这样的大题目。看起来有点不知天高地厚，但也算是一个大胆的创新举动。结合我本科时的工科基础，我试图用系统论、控制论、信息论这几门横断学科为基础，打破传统的工具论、阶级论，去重新建构新闻理论体系。

其他老师也大致是这样的情况，各自都有自己的研究成果，也都在课堂上讲述这些研究成果。这样做的结果，就是形成了百花齐放的局面，学生们都思维活跃、敢言敢为。譬如现在因“罗辑思维”出名的罗振宇，在我当时任班主任的班上就是个善辩、机灵的学生，从管理角度讲，是个不太“安分”的学生，但创新思维非常活跃。

在论文形成后，我把这个还未经过任何检验的新理论体系搬上了讲台。说实话，未上讲台前，心中真是七上八下，毕竟与过去传统的新闻理论相去甚远。但心中又充满期望，因为对自己研究形成的新理论体系还是有信心的。没想到，一堂新课下来，竟然得到了听课的干部班学员的热烈反响。这些干部班学员，都是实践经验丰富的新闻人，对新闻理论也多少有过了解，他们普遍反映，以系统论、控制论、信息论为基础来构建新理论体系很新颖，而且也符合新闻实际，可以用来指导新闻工作。

我在离开新闻系教学岗位后若干年得知，放在资料室中的我当时的硕士毕业论文还是经常被学生翻阅的资料，这让我备感欣慰。

华中大新闻传播学院现在能位居全国同行前列，除了得益于数代师生的共同努力，恐怕也和一直秉持的创新精神分不开吧。

十一、惜别校园

1991年底，为了和爱人团聚，我依依不舍地离开了居住、生活了十一年之久的华工校园。

记得那时天正下着大雪，我抱着刚出生一个半月的儿子，坐上了南下的列车。望着车窗外的漫天飞雪，思绪万千：亲切熟悉的校园，共同奋斗的同事，青春勃发的学生，从此就要渐渐隐于我的记忆中了……

告别略显沉静的教师生涯，投身明快火热的记者工作，倒也实现了无缝转接。只是，每每得到和新闻系同事、学生碰面的机会，心中又难免泛起诸多回忆，青年园、东五楼、喻家山等在脑中挥之不去。

离开华工之后，申凡老师曾力邀我回系工作，但我终因各种原因下不了决心。欣慰的是，新闻系在一代一代师生们的共同努力下，不断发展壮大，成为名列前茅的新闻教育名院，让我们这些曾经的拓荒者心生自豪。

屈指算来，离开新闻系已经二十七年了，多少物是人非，多少日月流逝，当年的青涩后生而今也是白发满头。长江后浪推前浪，真心祝愿母校走向更大的辉煌。

愿以我二十年前的两首旧作、曾经收录在《瑜园诗选》中的小诗来结束我的回忆。

（一）绿色印象

风吹不掉的枝叶
挂满了学子热切的神往
秋雨声声
我只听见你奏出生命的昂扬

调色板前
是你涂遍了我的课堂
和着相思
是你把我的希望一节节拉长

红彤彤的太阳
无法改变你的执着
我愿把你融进血液
锻造出人生的辉煌

校园的绿荫啊
连洒水车也冲洗不掉
留在我记忆中的
永远是那一片迷人的芬芳

(二) 不准掉头
冬夜
寒风裹着漫天大雪
却吹不冷
我炽热的心

抱着四十五天的爱子
捧起溢出心外的希冀
我登上
南下深圳的列车
穿过无言的惆怅
穿过错位的时空
疾行
疾行

妻用温柔的眼光
考问
一朝割舍大学园
他日可会梦里寻

我默然以对
眼泪
却从心底飞出窗外

或许
喻家山的倩影
会成为心头抹不掉的画
或许
东湖的涛声
会成为耳畔不绝的回响
但我
固执我的脚步
胸中呐喊
拼搏
永远是一面生命旗帜

南国的阳光
灿烂得让世界变了颜色

我疲惫地驾车
疾驰在
人生的高速公路
经过一个又一个
目标
却又觉得
那目标
还很远很远

多想

转回头去

找一个港湾

舒适地吹吹空调

多想

坐在家中

燃一支蜡烛

怡然地享受宁静

突然

一块拖着惊叹号的路牌冲进眼中

心底不由升起万般豪情

人生的旅途上

不准掉头

2018 年 8 月忆于深圳

幸智敏 男，广东人，1962 年出生。

1980—1984 年，华中工学院液压自动化专业本科；

1984—1991 年，华中理工大学新闻系任教；

1984—1985 年，《改革信息报》编辑部编辑；

1985—1986 年，复旦大学新闻系进修；

1987—1990 年，华中理工大学新闻学硕士研究生；

1991—2012 年，《深圳特区报》记者、编辑、主任；

2012 年至今，砺剑防务技术集团副总裁。

永远的良师益友

——追忆王益民教授

幸智敏

翻开手上两本王老师生前所著并题赠给我的书，仿佛看到他正微笑着对我说："小幸，新闻不是无学，而是要看我们怎么治学。"

这两本书，一本是《系统理论新闻学》，由华中理工大学出版社 1989 年 3 月出版。王老师在扉页上题赠：幸智敏同志批评指正。其时，他在我工作的新闻学教研室当主任，是我不折不扣的上司。同时，我正在就读本系新闻学研究生，他又是我的导师，是我不折不扣的恩师。但他依然非常谦和，在送我书时让我"指正"。

那时候，我正在构思和起草我的硕士毕业论文。中国人讲究师承，照理我应当在理解王老师所奉行的理论概念基础上确定我的题目，以发扬光大导师的论点。而当时他又恰好出版了《系统理论新闻学》，将其关于新闻理论的观点系统地进行了阐述。但我当时有自己的想法，认为我原本是学理工科的，希望能从系统论、信息论、控制论这三个当时最热门的理论出发，去建构逻辑关系全新的新闻理论架构。

王益民教授工作照

于是，我怀着忐忑的心情去他家里求教。他和师母项琦一起接待了我。我陈述了我的想法，他静静地听，没有插话。然后，他就和我认真讨论，认为他的书也是从建构一个新的理论体系出发去思考的，也可以理解为以系统论为基础形成的架构。我们在讨论中还回忆了当年一起在新闻系里办《改革信息报》时的情景。那时全国改革浪潮一波接一波，新人新事层出不穷，我们在选稿用稿时，都敢于站在时代前沿思考，比如改革风云人物温元凯、步鑫生等人的新闻，甚至都敢于和当时的华中工学院院长兼报社总编辑朱九思争辩。新闻的精髓，就在于创新。所以，我们很快达成了共识，既然老师的理论论著是一次新的尝试，为什么学生的论文就不可以以创新精神去建构呢？

为此，他不仅同意了我的论文选题，而且还与复旦大学的余家宏教授（我的另一位导师）联系，告知论文方向。

就是这样，我和王老师在不同的方向上试图建构更新、更科学的新闻理论架构。

在这一点上，王益民教授的包容让我感动。

王老师1934年生，湖北鄂州人，1952年就参加了工作，1961年毕业于复旦大学新闻系。从年龄、资历、学识诸方面，他都是长者，但他从不故步自封，更不倚老卖老，对新鲜事物、年轻人总是充满热情，以开放的态度讨论学术。虽然他的性格耿直，有时难免会与人起争执，但他行为磊落、襟怀坦荡，有话直说。这种真诚、唯实的做派也影响了我，让我在近三十年的新闻生涯中一直坚持真诚做人、唯实做事。

王老师的另一本书叫《系统-比较理论新闻学（讲稿）》，它于2003年由华中科技大学出版社出版。这时，王老师已近古稀，我离开新闻系南下深圳也有十余年了。我在认真拜读后发现，王老师增添了许多与时俱进的内容，多达十余万字。可见他一直注重新闻之“新”，高龄之身亦保持“新”的心态。

王老师在扉页上给我题赠——幸智敏学友：研讨新闻学　同心共奋力　欲借“东风”便　弘扬新学理，寄赠拙作新世纪修订本，带着微笑，带着花的芳香……

王老师喜写诗，是我离开华工后才知道的。1993年，《瑜园诗选》第一辑约我写一首诗，出版后送我的书上，我才看到收录了王老师的三首旧体诗和两首新诗。1998年，《瑜园诗选》出第二辑，我又看到了王老师的三首诗，或激情歌咏新的时

王益民教授

代，或低吟浅唱情的悠长。所以，王老师以诗的形式题赠我，倒并不让我感到意外，意外的是，他称我为“学友”。那个时候，王老师在业界已是大家，而我还在报社的日常工作中疲于奔命，但他依然对待昔日的学生、下属这样谦逊，依然对新闻治学如此充满激情。

就是在这本书上，他还特意在后记的最后空白处，专门给我写下了他家里的电话。我想，他是多么地愿意与昔日的“学友”常常对话啊。可惜，我未能深刻领会他的心思，总是以忙为借口，和他通话少之又少。这成为我一生的憾事。

其实，我一直对王老师心存感激。这不仅是因为他是我办报工作、新闻求学、新闻教学诸方面的良师益友，他还是我和妻子成就姻缘的“红娘”。犹记得1987年秋，我正在帮助一位年轻的同事搬家，浑身是汗，王老师从校园东边的家里骑着自行车到校园西边来找我，说一定要让我认识一个优秀的女孩。盛情难却，我随王老师到了他家，见到了我后来的妻子，原来她也是华工校友，还是王老师的同乡。此后，我们常去王老师家，享受王老师和项师母的美食。

如今，我已是五十多岁。回想当年，我未出大学校门就开始参加报纸工作、新闻教学，而那时王老师正以知天命之年从《长江日报》的实务中转到新闻教学岗位，却充满了年轻人一样的火热情怀，成为原华中理工大学新闻系的新闻理论研究与教学的奠基人之一，实现事业“第二春”。对新知的共同探索，让我们结成了忘年交。以我今日之年龄，可以充分体会到他当时的心境：时不我待，奋蹄疾进，冀能在有生之年，再书写一篇人生的华章。

诚如他在《心绪》一诗中所写：残冬过尽人无憾，入眼春光喜放怀。大地有情披绿绮，花枝烂漫向阳开。虽然他已离开了我们，但他在新闻实践和新闻教学中的呕心沥血，以及沉淀的累累果实，当得起“向阳开”的那一树花枝。

王老师，您在书的后记中自问：“后记”，我还能续写吗？如今，华中科技大学新闻与信息传播学院的师生们以其熠熠生辉的成绩可以响亮地回答您：后记，正在由华中大的新闻学人骄傲地续写！

2018 年 9 月于深圳

我与华中大不得不说的故事

徐明华

来华中大新闻学院应聘的那一刻，我至今记忆犹新。当年我独闯张昆院长的办公室，毛遂自荐。看到张院长略显惊讶但却有一丝赏识的目光，我便壮起胆来，开始滔滔不绝地介绍自己，并陈述我未来的工作构想。张院长耐心地听完我这个“菜鸟”的发言，来了句：“你这个女孩子胆儿很大，不错！你的研究特色和未来展望留到全体学术委员会面前展示，期待你的表现！”我高兴极了，脑子一热，感谢都没来得及说，傻里傻气地跑了。

回想当时那么幼稚但充满激情的我，再重新看待近些年来一个个加入新闻学院的年轻老师们，我突然茅塞顿开，华中大新闻学院近几年来的快速成长离不开这样一群看似“年轻傻气”但其实很“轴”、很倔、很有干劲的老师们的努力。正是张昆院长这种继往开来、任人唯贤的用人策略，让这个学院充满了活力和竞争力。

如今的我，在华中大校园里待了快十年的时间，也已步入中年。转念一想，学院的老前辈、老教授们，何尝没有年轻过，何尝没有和我们一样激情洋溢过?！在物质条件更加匮乏的过去，他们的青春献给了这个学院，他们用勤奋和努力搭建了后人勇攀高峰的基石，没有他们，哪有我这个傻丫头表现的舞台，哪有年轻学者发挥才干的空间？一颗感恩的心，不仅是对前辈的敬仰之情，也幻化成了我和更年轻的学者们努力的源泉。

说起我和华中大的情缘，可以追溯到孩童时期了。小时候，我就对华中大校园的一草一木如数家珍。见过大名鼎鼎的朱九思老校长，也见过会写诗的杨叔子校长，但对大学的理解和感悟还是源于本科就读的新闻学院。高考前夕，我曾被新闻学院1997级的一位师姐带入南三舍(当时还是女生宿舍)。当时的我紧张坏了，不知道怎么和大学生对话，也不知道传说中的大学生是怎样生活的。正当我迷茫之时，漂亮的师姐拉着我的手参观了她们的寝室，我看到了整洁漂亮的上下铺，看到了摆放在书桌上的时尚录音机，看到了军训服和美丽的长裙，还看到了放在枕边的《大学英语四级词汇表》，我感叹着：大学生活就是这样的啊！师姐亲切地说，新闻学院的大学生生活不仅仅是这些，他们还学摄影、摄像，拿着话筒采访人，学习跳舞，学习各种乐器。那时，我就立志，要成为一名新闻专业的本科生。

幸运如我，真的考上了华中大新闻学院。上学第一天，我就迫不及待地布置了自己的小天地，按照记忆中的组合，我准备了录音机、英语四级词汇表、干净的床单、军训服，当然，还有漂亮的裙子……大学四年一晃而过，我也成了一个会唱歌、会跳舞，还会拿着麦克风铁肩担道义的记者。但是毕业之际，我有些迷茫了，我该何去何从？有的同学去了媒体单位，有的同学去了宣传部门，有的同学去了其他公司，可是我真的舍不得离开这个美丽的校园，我更想为这个充满活力的专业再做些什么，留下些什么。

在吴廷俊和申凡老师的推荐下，我选择了出国留学。两位教授前辈给我的建议是，新闻学是需要跨学科发展的，最好选择一个其他专业读研，将来用以拓展新闻领域的理论知识。前辈的指点直到今天仍深深地影响着我，我一直督促自己不断地扩展知识领域，积极开创新的研究方向。进入科研领域之后，就开始沉迷其中了，我爱上了阅读科研文献，爱上了严谨推论的科研过程，爱上了完成并发表学术论文之后的那种喜悦之情。即使是在国外求学，我仍然关注中国传媒的发展动向，研究的核心始终是与中国相关的媒体社会学理论。我发现，我的内心深处，早已与新闻专业紧密地联系在了一起。我关注的、了解的、感兴趣的、深究的都是与中国传媒相关的议题，所以，博士毕业之后，我毫不犹豫地选择回归母校，于是发生了文章开头的那一幕。

张昆院长亲和的面容又再次浮现在我的眼前。感谢张昆院长没有嫌弃我当年的傻气，感谢张昆院长透过现象看到我勤奋的本质。虽然是句玩笑话，但是领导的用人策略，会在很大程度上影响一位年轻老师的发展空间。我在进入新闻学院之后发表的系列成果，可以说都是在学院这个优秀的平台上获取的。我非常认同张昆院长的一句话："学院平台搭建好了，大家才能在这个平台上有更好的发挥！"我是幸运的，来到新闻学院任职的时候，这个平台已经在前辈们的努力之下搭建得很好、很高了。

人常说，中年是最焦虑的年龄段，因为上有老、下有小。在学院，我也有类似的感觉，上有资深的前辈，硕果累累；下有奋进的晚辈，激流勇上。作为中年群体的一员，我可能要重新调整好工作规划和研究方向，以让自己更好地适应学院更快的发展速度。虽然每天上完课很疲惫，带完孩子很倦怠，但是想到处在一个这样优秀的平台上，机会难得，于是我又充满了活力和干劲，努力学习跨学科知识和技能，逼迫自己不断进步，这样才能配得上华中大新闻学院！

来新闻学院工作快十年了，经历了几届领导班子的更换。从亲切的唐燕红同志到陈钢同志，再到现任的詹建同志，各届党委书记都对学院默默付出了很多。特别是现任的詹书记，为所有老师提供耐心的党政服务的同时，也为学院带来了浓厚的文艺色彩。虽然詹书记曾在光电实验室工作过，但他的到来让新闻学院一下子焕然一新。从楼层色彩、功能设计、墙体装饰等各角度，让东六楼成了一个年轻、时尚、活泼的形象代名词。学生都喜欢在东六楼楼下小憩，因为我们有非常人性化的木椅和藤条设计。在党政班子的热情组织下，学院老师们参加各类体育和休闲项目，过年包饺子，春季郊游，还有秋季暴走等，大家更加团结友爱，集体感愈发浓烈。学院发展得这么好，老师们都洋溢着自豪的表情，这是有目共睹的！

最近的学科评估，我们是全国第三啦！这是近期最大的喜讯了。张昆院长教导我们戒骄戒躁，向优秀院系看齐，继续努力奋斗。我深以为然，放下高昂的头，心里默念，其实优秀的院系还有很多很多，骄傲使人退步。在这样的大好形势下，现任的张明新院长接下重任，带领我们这个集体继续往前冲。大家开玩笑说，这是全国最年轻的领导班子了。我虽然没有认真考察过，但是"75后"和"80后"组成的领导班子，确实很年轻，充满了活力！作为一名普通老师，看着大家为了学院的发展不辞辛苦地忙碌的身影，着实心疼。做好自己的工作，不拖后腿，能力之余相互协助，我想这也是一种对学院的回报吧。

就像张昆院长的回忆录邀请函所描述的那样，“追忆过去能带来一系列连续且相互关联的愉悦感”，我感受到了。这篇犹如流水账一样的文章，缺乏文采和美感，但充满朴实的情怀。我对华中大有着深深的情谊，对华中大新闻学院有着更深的眷念，这里承载着我的青春，还有那些抹不掉的记忆！我对华中大人也有着浓厚的好感，对华中大新闻人有着更强烈的亲切感，这里是我洋溢激情授课的地方，是我殚精竭虑写论文的地方，是我又像姐姐又像妈妈一样和学生讨论问题的地方，也是我感觉温暖可以发呆、可以放空自己的地方，新闻学院这块宝地就是我情感的归属之地！因为你，我倍感自豪和满足！

徐明华

2018 年 9 月 10 日于喻家山下

徐明华　华中科技大学新闻与信息传播学院副教授，新加坡国立大学社会学博士。长期从事国际传播、新媒体与人工智能技术研究。主持国家社科基金、教育部人文社科项目等 10 余项，在国内外知名学术期刊发表论文 30 多篇，其中包括多篇 JCR 排名一区的 SSCI 期刊论文以及国际高影响因子 SCI 期刊论文等。出版专著和主编教材多部，撰写研究报告 10 余部，一篇研究报告被中共中央宣传部采纳刊发，一篇学术论文被《中国社会科学报》头版刊发，被《人民日报》引用。

我记忆中的非典型新闻系

严赤卫

一、结缘

我上大学的时候，是 20 世纪 80 年代上半叶，当时母校华中科技大学，还叫华中工学院，简称华工。一听校名就知道，这是一所典型得不能再典型的理工科大学，著名的专业，大都沾“机”带“电”。然而，就是在这样的华工，突然就冒出来个新闻系，这在我们这些在校生眼里，本身就是个大新闻。

在当时的背景下，理工科大学办新闻学科，不是谁都敢干，更不是谁都能干成的事情。当时主校的朱九思院长，敢于突破，善于转化，志在将华工建设成为综合性大学。因此，在学科布局上，既深谋远虑，又步步为营。新闻系的创办，便是学校发展大局中重要的一招棋。

我得承认，作为一名对文科有偏好、课余也时常舞文弄墨的理科生，新闻系确实吸引了我的目光。我印象中新闻系最早招收的并不是通过高考入校的应届生，而是现在很少见的干部进修班，其中多为各类新闻媒体委托培养的骨干，他们不光年龄普遍长了我们许多，气质风度也与一般学生迥异，挎着书包出没于教学楼、图书馆，很是打眼。而且，他们中的活跃分子，一进入校园社团便显山露水，大抢风头。当然，新闻系很快开始招收应届生，校园如潮的人流中也多了些耀眼夺目的小学妹，令正值青春期的众多理工男们欢欣鼓舞！说句玩笑话，在改变学校严重失调的男女生比例方面，新闻系是很有些贡献的。

但即便如此，说实话，我当时也想不到我与新闻系会有什么瓜葛，当然更不会想到多年以后自己还真成了其中一员。似乎是命中注定，这些想不到的事情，却偏偏都发生了！

1985年初夏，当时担任新闻系党总支书记的程道才老师到东六舍数学系毕业班宿舍找一名学生，问他是否愿意分配到新闻系工作。那个学生犹豫几天后，最终还是选择去了早就说定的校党委宣传部校报编辑室。没错，这个与新闻系失之交臂的学生，就是我。

严赤卫

而有意思的是，九年后，经当时的校党委宣传部部长兼文学院院长刘献君教授批准，我完成岗位和身份的切换，终于成了新闻系的一名教师，弥补了这些年时常萦绕于心的遗憾。

这种缘分的缔结，当然首先要感谢新闻系师长投以青眼，感谢我生命中的贵人助力成全。但往更深处看，又与新闻系开办的背景及发展的轨迹有关，换句话说，正是因为华工新闻系的非典型性，才使这种机缘得以发生。

现在的人可能想不到，在那个年代，理工科学校开办文科专业有多么难，说是筚路蓝缕一点也不为过。首先遇到的大问题就是师资从何而来。因为没有综合性大学那样强大而宽阔的文科群支撑，也就不大可能从相邻的学科抽调人手。那么可以做的，只能是一边外部引进，一边内部培养。

当时全国办有新闻专业的高校屈指可数，引进成熟教师尚不容易，何况名师大家。因此学校另辟蹊径，大量从中央和地方新闻单位引进有丰富新闻实践经验的行家里手，主导学科建设，同时就地取材，从本校理工科学生中挑选文科基础突出的毕业生，在职进行新闻专业学习，培养学科发展后备力量。

这种看似无奈之举，恰恰成了华中大新闻系起步时的一大特色。来自媒体一线的老新闻人，在撑起学科专业架构的同时，在传道授业过程中，自然散发出经年累月的媒体实践所打磨出的真知灼见和独特感悟。而从理工科毕业生中挑选留校的一批青年教师，在接受系统的新闻传播理论训练后，广阔的视野和多向的思维，为他们创造了更多更大的发展空间，他们中的一些人后来也成了新闻传播学术领域的中坚。

二、相知

我与新闻系的相知，其实在我调入新闻系之前就开始了。因为此前几年，我就以新闻社会学方向在职研究生的身份，在新闻系接受过专业培养。

至今还常常想起新闻系的老师们给我上课的情形。当时一块上新闻专业研究生课程的，只有一位本系保送读研的女生，课堂总是安排在东五楼的教研室，有时还是晚上。这样的课堂氛围自然与常规的课堂迥异，而不同老师们的授课风格也大异其趣：汪新源老师讲新闻心理学，一贯的条分缕析，波澜不惊；程世寿老师讲新闻评论学，则往往提纲挈领，抓大放小；而吴廷俊老师讲的马列新闻理论和申凡老师讲的新闻采访学恰成对比，虽然面前只有两个学生，吴老师却依然声音洪亮，抑扬顿挫，内容的铺排也是一板一眼，逻辑谨严；申老师呢，脸上永远挂着微笑，讲课时喜欢即兴发问，让我们一起敞开讨论，偶尔还会讲趣事，喟叹一下人生。

这种开放式的课堂，传承的不仅是专业知识，还有老师们的职业精神。而身为学生，从中感受最深的，则是老师们鲜活的个性风采。

调到新闻系后，与老师们有了工作上的交集，因而也加深了对彼此的了解。这里仅谈谈接触较多的周泰颐老师和程世寿老师。

与周老师认识比较早，她的爱人曹承容先生曾担任学校党委宣传部部长，是我的老领导。宣传部组织活动时，周老师作为家属偶尔来参加。曹老师是下属们公认的谦谦君子，而周老师则是我们眼里标准的大家闺秀，言行举止自然而然透着一股优雅。只是令我有些惊异的是，与似无偏嗜的曹老师不同，周老师常常一烟在手，这在女性知识分子中颇为少见。后来听周老师说，那是长期做编辑记者伏案熬夜养成的习惯。

我到新闻系后不久，便被任命为新闻学教研室副主任，直接领导就是担任教研室主任的周老师。新闻学专业是新闻系的主力专业，人多、事也多，周老师和我一起研究工作时，总是掏出一个本子，上面一条条记着她对教研室工作的想法，包括课程建设、师资队伍建设、教学质量评价等。然后总是仔仔细细地说明她的初衷，认认真真地听取我的建议。后来文学院起用年轻教师骨干进入各系班子，我被任命为分管教学的系副主任，而周老师依然担任着新闻学教研室主任，我们在一起商讨工作时，周老师依然是坦诚直率谈自己的意见，毫无保留地为我出谋划策。

如果说，在行政管理上周老师以行动给我做了示范，那么在教学上，周老师更是我看齐的标杆。我到新闻系，接手的第一门课是新闻评论，虽然学生时代常常在演讲比赛中获奖，但以教师身份上讲台，还是不免紧张，课堂节奏也控制不好。周老师知道后，首先宽慰我："初登讲台，紧张难免，我当年也一样。"继而又传授经验："要想课堂效果好，关键是备课要充分，心里有底，台上不慌。"后来我观察到，周老师上报纸编辑学一课，学生反响特别好，其原因除了周老师的表达天赋外，更与她备课所付出的辛劳有关。有一次我在教研室遇到刚上完课的她，手里拎着装满教案和学生作业的挎包，腋下还夹着一大卷白纸，我好奇地接过白纸摊开来看，原来是周老师为上划版课亲手制作的各种效果的示范版样。这样备课得花多少时间和精力啊！

与周老师的周全细腻不同，程世寿老师则是另一种风格，他当时担任文学院副院长和新闻系系主任，好像还兼任着一家报纸的总编辑。每次见到他，他总是风风火火的状态，加上口音重，他老人家三言两语就交代了工作，我常常一知半解。但是接触多了，就发现他其实是一个粗中有细的人，该别人考虑的事情，他只是提示一下，而重要的事情，他却会再三斟酌。

记得我曾随程老师参加过一次中宣部组织的高校新闻院系教师座谈会，赴京途中和会议间隙，有机会聊到学科建设等方面的话题。我当时是初生牛犊不怕虎，说长道短，毫无顾忌。而程老师在我大放厥词时只是笑眯眯地听着，手上一支接着一支香烟。事后我想，在领导面前说了真话、直话甚至错话，是有几种截然不同的后果的。后来我不但没有被暗地穿小鞋，反而受到器重，这多少也显示了领导的胸襟和肚量。

进新闻系领导班子后，我参与了本科教学管理和课酬分配制度等方面的一些改革，有些改革对某些习以为常的利益格局有所触动，也不免引发一些非议。我记忆中，程老师作为班子之首，面对问题不回避，发现困难不退缩，有担当、肯负责。正因为如此，班子成员都能在各自负责的工作领域敢于尝试、敢于创新，全系教职工也心齐、干劲足。无论教改、科研，还是创收，新闻系在文科各系中还是比较突出的。特别是在争取国家社会科学重大攻关项目上，新闻系还率先实现了零的突破呢！

三、挥别

时光匆匆。离开新闻系，已经二十多年了。

人生中总有新的机缘，而抓住新的机缘尝试新的生活，也是一种有趣的经历。

右一为严赤卫老师

1997年夏天，我接受本地一家证券公司的邀请，投身自己一无所知但却充满诱惑的金融行业。此后公司更名，又跃升为上市券商，业务版图逐渐覆盖全国。而我身处其中，经过若干个岗位的历练，用二十多年的时间把自己定义成了一名不折不扣的证券业资深人士。

但即便如此，我并不认为进入新的行业，就一定意味着与自己的从前说再见。事实上，转行之初，我能在陌生的证券业立稳脚跟，凭借的恰恰是我的新闻专业基础。

我进入这家券商时，正值其迅速崛起并谋求自我突破之际，我躬逢其盛，参与主导了这家券商的文化梳理、品牌塑造和公关宣传。在做这些工作时，运用得最多的，是多年新闻实践和理论学习所积累的能力、知识和人脉。而主编企业内刊，发挥的还是自己在编辑和评论方面的技能。更有趣的是，由于我在学校工作的经历，很长的时间里，许多年轻同事并不按职场规矩对我以职务相称，而是习惯称呼我严老师。

我虽然因为忙碌和个性上的原因，很少再与自己过去的工作圈子接触，但还是会时常回忆起曾经的岁月中那些熟悉的面孔和温暖的片段。而对自己曾经工作过三年的新闻系，更是多了一份牵挂和关注。比如，进入华中科技大学网站，我浏览得最多是新闻学院的网页，看到当年的新闻系升格为新闻与信息传播学院后，在几任领导班子带领下，快速发展，已经成为新闻传播教育重镇，跻身国内一流之列，心里总是涌起强烈的自豪感。当然，看到师资队伍的名单越来越长，而熟悉的名字却越来越少，也不免有些惆怅和感伤。

不久前，少华兄把我拉进新闻学院新建的微信群“三十五年回眸”，这才知道新闻学院正在组织创办三十五周年纪念活动。前任院长张昆教授亲自约请大家撰写回忆录时，引用了伊壁鸠鲁名言，“老人们通过追忆往昔，兴许能在美好的事物中找回青春”。对于记忆已经开始模糊、文笔已经有些生疏的人来说，我感到，这句话显然是约稿的最动人的理由，也是写稿的最直接的动力。因为往昔只可追忆，而青春却始终是人们最留恋、最珍惜的财富。

35 岁的新闻学院风华正茂，相信未来也会青春永驻！

严赤卫　男，出生于 1964 年 8 月。1985 年毕业于华中工学院(现华中科技大学)，留校任校报编辑，1994 年调入新闻系任教，主讲专业课“新闻评论写作”、公选课“人类谋略精华”等，先后担任新闻学教研室副主任、系副主任。1997 年 7 月调离学校，进入证券行业，现为长江证券战略发展部总经理。

我与新闻学院的缘分

余　红

从2000年到2018年，蓦然回首，我与华中大新闻学院结缘已有十八载。

与华中大新闻学院的邂逅，是一场缘分。

2000年10月，我的研究生论文答辩通过后，在是否留在高校任教上有过一点小纠结。导师刘欣教授建议我去应聘华中大新闻学院，他说新闻学院建院伊始，正在招兵买马，或许需要受过完整社会科学方法训练的人才去充实、优化师资队伍和师资结构。于是，我向新闻学院提交了应聘材料和导师刘欣教授的推荐信。很快，新闻学院就启动了试讲、面试等考核流程，这样开启了我与新闻学院的缘分之旅。

新闻学院的办事效率很高。雷厉风行、风风火火是我初进学院的直观感觉。记得我递交简历和应聘材料后不久，接到通知，要讲一堂研究方法的课。我记得试讲的时候，台下坐了一二十个老师，他们非常认真、表情严肃地听我讲了大约半小时。试讲通过后，当时的院长吴廷俊老师跟我谈话，希望我能在正式办理入职手续之前提前上岗上课，并豪迈地表示："新闻学院不会亏待你的，该发的课酬一分不会少"。谈话期间，进来一位个子高高的女老师，进门就声音洪亮地说："吴老师，我跟你反映一个问题……"三五分钟后，该女老师以频率极快的步伐离开了院长办公室。后来才知道，那位风风火火的女老师是我以后的同事，新闻学院引进的第一个博士——钟瑛老师。传播系的陈先红老师也有着巾帼不让须眉的爽朗豪迈气质。与女老师的风风火火相比，传播系的几位男老师倒不显性急，与他们交往，有种如沐春风之感。舒咏平老师的儒雅、陈少华老师的慢条斯理、鲍立泉老师的帅气，还有我可敬的博导屠忠俊教授，老是操着非常地道的武汉腔——“有么事啊?”新闻学院是一个包容多种性格、人才济济的学术共同体。

在国内新闻传播学科中，华中大可谓是后起之秀，因此学院上上下下都有强烈的危机意识和奋斗激情。我记得入职新闻学院后，学院非常重视学科建设，每年都举行学科研讨会议，邀请学校领导和专家莅临指导，几乎每年都会有一次全员参加的学科大讨论。也正是在多方论证、研讨的基础上确定了传播学的特色发展之路——理科招生，实行文工交叉大跨度复合培养模式。依托华中大优势理工学科的品牌效应，传播学主攻网络与新媒体方向，人才培养直接面向市场需求，培养既具有深厚人文社科底蕴，又具备技术视野的技术与理论两手都硬的网络传播人才。为了办好传播学专业，吴廷俊院长说服了当时拿着高薪的华中大电子音像出版社社长陈少华老师加盟新闻学院，陈少华老师为创办华中大网络与新媒体专业可谓殚精竭虑，做出了巨大贡献。2011 年，我接任传播系系主任后，深感责任重大。传播专业一直在理科生中招生，入学后的理工科课程也有相当大比例，但毕业后发放的是文科文凭。具有强烈理科身份认同的理科生就常常纠结自己来到新闻学院后，为什么一下子从理科生变成了文科生。为了破解这个难题，张昆院长提出“课程打包”的创新性想法，鼓励传播专业探索一条“借力培养方式”，即后来大家都熟悉的“文工交叉双学位”跨院系联合培养模式。学院领导张昆院长和唐艳红书记鼎力支持，唐艳红书记还亲自带着我去跟华中大计算机学院的陈书记接洽，商讨合作事宜。计算机学院工作效率非常高，我记得当时不到半个月，我们就敲定了新媒体技术工学学士的培养计划并迅速启动招生，传播学 2010 级同学成为第一批“文工双学位”学生。从 2011 年至今，学院大约培养了两百多名“文工双学位”网络传播人才，这些人才大多就职于国内知名的互联网公司，成为华中大新闻学院网络与新媒体专业响亮的名片。“与时俱进，拥抱技术”，我想这是华中大网络与新媒体专业在多年的探索过程中得到的宝贵经验。

余红
2018 年 9 月 17 日星期一

余红　女，华中科技大学新闻与信息传播学院教授、博士生导师，香港城市大学和美国纽约州立大学访问学者。研究方向为网络舆情与传播效果研究。主持科研项目包括国家社科基金规划课题、教育部规划课题、教育部留学回国人员启动基金项目和湖北省新闻宣传与舆论引导重大调研课题等。在《社会学研究》《新闻与传播研究》，以及SSCI权威学术期刊发表论文三十多篇，著有《网络时政论坛舆论领袖研究》《互联网时代网络舆论发生机制研究》等。

精准的定位　精益的精神

——华中科技大学传播板块印象

余明阳

作为一名大半辈子在高校里度过的读书人，我经历了各种风格的大学。我本科在浙江大学，硕士、博士在复旦大学，又在复旦大学和北京大学从事两站博士后研究，在中国科学技术大学、深圳大学、华中科技大学和上海交通大学任教过，除了正式工作过的7所学校以外，还在十几所大学担任过客座教授。而这些履历中，华中科技大学的这段经历，显然是最难忘的。

记得在2001年，经舒咏平教授、陈先红教授力荐，吴廷俊院长、程世寿书记、申凡副院长及当时的校党委副书记刘献君教授、副校长王乘教授诚邀我加盟时，华中大传播板块的显性优势并不显著。九省通衢的武汉，看似交通便捷，实际上既缺乏北京、上海名校的区位、政策、资源优势，又不具备深圳、广州等经济活跃地区的资金、外向、机制优势；在武汉本地，又有武汉大学等老牌名校的同城竞争；在学校里，在传统工科见长的背景下，人文社科板块本身就比较弱势，更何况新闻传播这类相对缺少底蕴和理论体系的学科，其生存环境肯定比较边缘化。

然而，自从第一次给师生们做了一个大型的学术讲座，我的顾虑就被彻底打消了。老校长杨叔子院士和时任校长周济院士对人文社会科学的关注，可以说在中国的综合性甚至人文社科背景见长的高校中，都极其罕见；朱九思老校长等一大批学校功臣，更是在特定环境下引进了一大批学术权威。他们早已开始布局综合性、国际化、研究型发展架构，从办学理念、支持力度、行政体系、办事效率上，都给我耳目一新的感觉。合并同济医科大学，推崇发展经济学泰斗张培刚教授，进行文科与理工科交叉，选送青年学子出国深造等一系列举措，仿佛让我读懂了她能快速发展、弯道超车的成功密码。

学院的文化和氛围更是令人着迷。吴廷俊教授学养深厚，谦和中透出坚毅，具有前瞻性又富有执行力；程世寿教授豁达开朗，在业界有广泛的影响力；申凡教授治学严谨，认真中不乏亲和力；屠忠俊教授知识渊博，言谈中又风趣幽默；张昆教授诚恳坦荡，富有人格魅力；钟瑛教授功底扎实，每每能斩获重大题材与热点课题；舒咏平教授聪明善良、谦和大气；陈先红教授思维敏捷、运作能力极强……以至于每次学院举行学科发展研讨会，都像精神大餐一样令人期待。也正是这样的文化与氛围，使学术性格很强的加拿大海归博士杨伯溆教授，才华出众、个性鲜明的胡道立教授等风格迥异的才俊们，都能找到独特的发展空间。而不断选送出国培养的青年学子，也极快地成长为栋梁之材。例如，韦路教授已成为浙江大学传媒与国际文化学院的院长，更多的年轻教授已成为当今中国传播学领域的领军人才。

新闻传播学科，原来北有人大，南有复旦，人才济济，实力雄厚；武大也是历史悠久，大牌如云；清华、北大凭借学校影响力快速崛起，势头迅猛；中国传媒大学更是举全校之力，综合布局、全面发力。在这样的态势下，华中科技大学的传播板块一直在第一阵营中独树一帜，令人尊敬。其中重要的一点就是精准定位。记得两任院长吴廷俊教授和张昆教授都跟我讨论过这个问题，当时有不少人建议将“新闻与信息传播学院”中的“信息”二字去掉：一是与大部分的兄弟院校表述不一，显得另类；二是似乎有重复的嫌疑。两任院长的态度很明确：信息传播是我们的独特之处，也是交叉发展的优势所在。我非常认同这一观点。从建院之初，华中大就将传播与工科技术板块交叉发展，当时有一位副院长就是工科背景的教授；此后，我来华中大后，成立了品牌传播研究所，我任所长，舒咏平教授、陈先红教授任副所长，后来舒咏平教授拿到了国家社科重点课题，陈先红教授拿到了教育部重大公关项目，都是交叉发展的成果，是对传统新闻传播学科的发展和拓宽。在今天信息化被提升到无以复加的高度时再回溯过去，很是感慨当时领导的决策真是眼光独到，颇具前瞻性。入主流、上台阶、做特色，是华中大传播板块一直坚持的方针，也是在强手如林的新闻传播学术生态中能持续保持影响力的重要支撑。

“学在华中大”，优秀的教学风气，同样是华中大新闻传播板块成功的基因。华中大教师严谨，学生认真，这在圈内是有口碑的。从2001年起，我在华中大上了五年本科和研究生课程，带了大约20位研究生。学生的刻苦认真、勤勉上进给我留下了深刻印象，学生的优秀也成为华中大在社会上的重要招牌。我在华中大招收的第一名研究生就是张明新，现任新闻学院院长、教授、博导。我第一次见明新时，就很喜欢这个小伙子，谦虚、踏实、认真、有钻研精神。记得他做毕业论文时，我要求所有参考文献不得虚列，必须认真研读。他做得很好，答辩时教授们提到任何一条参考文献，他都能对答如流、如数家珍，获得一致好评，还拿到了湖北省优秀硕士毕业论文奖。毕业以后，无论在武大期间还是回到华中大以后，凡是节假日，他一定会致以问候；每次来上海，也必定会找我谈最近的研究设想与课题。他不但学问做得好，人品也非常好。我带的硕士生中，杨姗姗、杨芳平后来跟随我到上海交通大学读了管理学博士，她们从纯文科方向转向对数理能力要求较高的经管方向，也得益于她们扎实的学术底子和超乎寻常的学习毅力。罗彬彬后来在中国人民大学读了哲学博士，现在是一位优秀的大学教授。陈欧阳后来在华中大读了博士，现在在华中师范大学任教，也硕果累累。其他学生，有的赴海外名校深造，有的在国内名校任教，有的成了企业副总，有的成为媒体名人。这与在华中大求学期间，良好的学风带给他们的坚实学术基础有着非常密切的关系。

喻家山是一个充满灵气的地方，每每从教室走回宿舍，总能体会到这一方山水带给我的启示与灵感。在这里，读书人总能找到一份独有的宁静与学术沉思，总能有志同道合者共同探究充满魅力的未知世界，总能让更多的年轻人插上理想的翅膀、放飞希望的梦想。尽管今天的光谷与十八年前相比，已是热闹非凡、商贾如云，但一进入校园，依旧有一种特有的恬适与怡然。人生可能没有几个十八年，但十八年前的经历定当铭记一生。数年华中大人，终生华中大情。在华中大新闻与信息传播学院35岁华诞之时，应张昆兄之邀，拉拉杂杂写上几笔，既是对学院的回忆，更是对学院的美好祝福。

2018年8月20日于加拿大多伦多

余明阳　1964年生，浙江宁波人。教授、博士、博士生导师，现任上海交通大学中国企业发展研究院院长，曾任上海交通大学安泰经济与管理学院党委书记、上海交通大学发展联络处处长和上海交通大学教育发展基金会秘书长。兼任中国公共关系协会常务副会长兼学术委员会主任、上海市行为科学学会会长。是中国第一位品牌研究方向的博士研究生，中国第一代咨询人，也是中国第一个公共关系专业的创始人之一。2001年至2010年，曾担任华中科技大学品牌传播研究所所长、华中科技大学新闻与信息传播学院教授。

湖北省艺术联考回眸

詹 健

2015 年，教育部下发了关于做好普通高校部分特殊类型招生工作的通知，要求各个省份普遍开展艺术联考，尽可能逐步取消校考在艺术类型招生中的作用和程序，由各省组织艺术联考(以下简称“艺考”)，进一步增加考试的公平性。湖北省响应教育部指示，由省教育考试院统一组织，各相关考试机构和组考院校具体负责组织实施，对普通高校招收四类别艺术专业实行全省统一考试。

为了做好当年的艺术类专业统考，教育考试院将音乐学类、舞蹈学类以及戏剧与影视学类的表演专业的考点设置在武汉音乐学院，戏剧与影视学类的服装表演专业的考点安排在武汉纺织大学。而戏剧与影视学类的播音与主持艺术专业和广播电视编导专业的考生人数是最多的，考点的选择非常重要。教育考试院组织全省艺术联考就是为了响应教育部指示，推动艺考这一高考的环节更加公平公正。因此，广播电视编导专业、播音与主持艺术专业这两个考生人数最多的专业，其考点的选择能否产生一个窗口性的示范效应，对全省艺术联考的口碑和认可度都很关键。

当时湖北省很多高校都希望可以承接这项工作，综合湖北省内高校的办学实力和知名度、认可度，湖北省教育考试院的领导更加信任华中科技大学，希望我们新闻学院能够承接全省的艺考工作。这不是一件简单的工作，出于种种考虑，我们学院起初并未同意。后来，时任省教育考试院院长刘荣山由时任校党委书记路钢牵线，再次与我联系，我马上与时任新闻学院院长张昆商量，经过领导班子的慎重考虑后认为:第一，艺考确实是我们学院服务社会的一个契机，相当于我们学校为社会做贡献，为大众做贡献;第二，承办艺考对新闻学院在社会上的影响力和认可度的提升是有帮助的;第三，艺考可以为我们的学院和老师带来收入，是对老师们的一个激励。基于以上三点考虑，学院同意了这件事情。

不过，随后在开展艺考这项工作的时候，我发现我们接手时远远低估了这个“山芋”的烫手程度。

首先，艺考的性质决定了我们每个决定、每项工作都必须慎之又慎。

艺考是高考的一个环节，人数众多，每一个环节都关系着考生的命运，组考工作的好坏，直接关系着社会的公平、公正，乃至国家稳定。艺考确实给了我们很大的压力，大家要经历许多烦琐和具有挑战性的工作，我们每一个微小的举措都要考虑到它可能产生的巨大影响。

比如考试系统的建立。当时一些传统的考试和比赛仍然采用纸质打分的方法。但是随着社会的进步，也为了保证考试的公正性，我们希望研发一个艺考专用的网络系统。获知我们的想法后，教育考试院给我们推荐了一家单位，但是费用太高，支出较大。经过考量后，我了解到本院的博士生陈盼其时正在创业，曾做过全国的记者证培训考试系统，就想要给本院的学生一个机会。陈盼根据学院提出的严密考试要求，组织人员开发了一套全新的考试系统。事实证明我的选择没错，陈盼根据要求将这个系统做得非常好，不仅价格非常优惠，而且实践证明，这是一个非常公平公正的考试系统。它的特点可以称为“六随机”。学院曾邀请包括《湖北日报》在内的六家主流媒体体验了一遍考试程序。“六随机”包括评委分组不确定，我们按照严格的标准遴选了 60 个评委，每单元面试前 20 分钟评委刷身份证将会被系统随机安排在不同考场，评委每天三次随机变换考场。评委的所有通信工具必须上交，不许带入考场。评委必须保证间隔距离，独立使用电子打分器现场判分，上传省教育考试院的服务器，上传的信息可随时分析、监测评委打分的情况。考试时考生进入考点检录室后才会获得自己的流水号和考场号，进入考场后考生不能报姓名、学校等个人信息，只能报流水号。考生的考场也是不确定的，刷身份证以后随机安排不同的考场。另外考题也是随机的，上午使用过的考题下午就废弃，下午启用的考题晚上就再次更新。

考试系统的社会反响非常好，得到了广大考生与家长们的一致认同。武汉音乐学院也采用了这个系统，湖北省高考体育生的考试系统制作也找到了陈盼。我们非常高兴，承接艺考也为我们自己的学生创造了机会。

学院在艺考工作中遇到的第二个困难，也是最为棘手的问题，即如何组织协调好这个庞大的考生队伍。2015 年，在新闻学院考点参加艺考的考生接近 10000

人，比华中科技大学每年招收的本科生都要多得多，艺考又分为笔试和面试两个环节，服务这么庞大的考生数量和复杂的考试程序，相应的组织工作确实非常困难。

考生多，对于笔试监考老师的需求就很大，学院没有这样的监考经验，就需要教务处统筹大量的监考人员在东九楼监考。面试时的专业评委需求也很大，而且评委的挑选要严格公正，还要经过培训。考场所需的技术设备，考生的笔试、面试数据都要有专人保管。另外，考试期间，考点及周边的交通和安全工作必须做好，考试期间的水电供应、环境清洁、工作人员的后勤保障等都必须到位，这就需要保卫处和后勤部门人员的努力。其他，还有医务卫生、财务等相关部门都要负责。

为了做好我省首次艺考工作，由省考试院和学校联合成立了领导小组，由时任省教育考试院院长刘荣山和时任华中科技大学党委副书记周建波担任组长，时任新闻学院院长张昆担任副组长，我和时任新闻学院副院长何志武、新闻学院党总支副书记李磊作为组员参加。

为了确保工作万无一失，我和李磊副书记在考前与各相关职能部门进行了多次协调和部署，同时动员新闻学院全体教职工参与，成立了六个工作小组。

考试的主考由时任新闻学院院长张昆担任，全面负责笔试、面试的组织工作；我担任副主考，负责组织、协调、监督、检查考风考纪工作；时任新闻学院副院长何志武担任副主考，负责考试专业测试环节的组织实施；时任新闻学院党总支副书记李磊担任副主考，负责协调考试整体过程的调度与衔接。我们还特别邀请了学院广电专业的知名专家石长顺教授负责第一次艺考的命题工作。

考试工作小组，由时任新闻学院副院长何志武、时任校教务处副处长李鹏程、时任校保密办副主任郑超、时任新闻学院院长助理郭小平担任负责人，成员包括彭松、杨秀清、熊利萍、郑超。这个小组负责面试与笔试的命题，制定笔试和面试的评分细则和标准，面试评委的遴选，面试评委及笔试阅卷教师的培训与管理工作；负责面试与笔试试题的制作和保管，笔试试卷、考生答卷及笔试监考情况登记表的发放、回收与保管，其他有关保密资料(录像带、考生流水号等)的保管工作；负责统一协调各面试考场考试进度与笔试评分等工作。

最纷繁复杂的考务工作小组则由新闻学院党总支副书记李磊作为负责人，小组成员包括姚坦、陈盼、张梅兰和胡经纬。考务小组要完成考点氛围的营造与考场布置、报名系统、打分系统、网络系统等系统制作与维护、考生网上报名、考生准考证的制作与发放、工作人员证件的制作与管理、考生的候考与导考等六项具体工作。

学院采用了严格、先进的考试系统，因此也需要一个专业的数据及设备工作小组。小组负责人由时任院长助理郭小平担任，主要负责面试和笔试数据的管理。小组成员陈盼负责考场所需技术设备的准备、保障与保管，面试考场的摄像工作。小组成员邹春安负责网上评卷电脑的准备与维护。

监督工作小组由我和时任校监察处副处长熊志伟担任负责人，负责考试纪律的维护和监察，调查、处理考试过程中出现的偶发事件和突发情况；调查处理考试过程中出现的违纪作弊行为。省考试院还从全省高校选聘工作人员作为监督员协助监督工作的开展。

为了更好地服务考生，学院还成立了安全保卫与后勤服务工作小组。由校保卫处副处长周小炎、时任新闻学院办公室主任王维真担任负责人，负责考点及周边交通和安全保卫工作，以及负责考点及周围环境卫生的维护，评委和工作人员的食宿及后勤保障、考试期间所需物资的前期准备等工作。

这六个小组，各司其职，共同努力做好考生网上报名、考试组织实施、面试评审与笔试评卷、成绩公布与复查等工作。在组织考试中，为了应对考试突发事件，特别成立了统考偶发事件应急处理领导小组，由时任省教育考试院纪委书记和我分别担任正、副组长，时任校学工处副处长王作红、时任校监察处副处长熊志伟、时任新闻学院副院长何志武、新闻学院党总支副书记李磊、时任院长助理郭小平作为组员，依据《2015 年湖北省戏剧与影视学类（编导、播主）统考偶发事件及异常问题处理办法》，共同维护考风考纪、应对突发事件。

成立了职责分明的工作小组后，为了规范各小组的工作，经过严密讨论与反复推敲，学院制定了一系列的工作管理办法细则，努力做到每项工作都有据可依。

这些条例包括《湖北省戏剧与影视学类（广播电视编导和播音与主持艺术专业）统一考试评委管理办法》，顾名思义，这是对评委进行规范管理的办法。为了严肃普通高校招生艺术科考试纪律，杜绝徇私舞弊行为，确保考试的公平性、公正性，评委和考试工作人员必须遵守相应的行为准则。比如，不准当年有子女、亲属参加某艺术科考试的教职工担任相关科目的评委或考试工作人员；不准无当场考试任务的人员进入考试场地；不准向其他评委和考试工作人员打招呼或暗示关照，不得接受任何人的招呼或暗示；不准在考场内使用通信工具和摄影摄像设备等共计11条。条例还包括《湖北省戏剧与影视学类笔试监考员职责》等，这是对笔试监考员提出的行为规范。每一个考试工作人员还要签订一份《2015年湖北省普通高校艺术类专业招生全省统一考试工作责任承诺书》，承诺严格遵守考试纪律，如有违反的情况，将对由此造成的后果负全部责任。这份责任书，不仅仅是考试工作人员对自己的承诺，也是新闻学院对广大艺考生及其家长乃至社会做出的承诺。严肃工作，廉洁自律，努力保证省统考工作的严肃性和公正性。

经过学院严格、科学的统筹布局，各工作小组同心协力、夜以继日地工作，第一年的艺考已经有了一个比较科学规范的框架。但是，"零经验"打造一个公平公正、具有社会公信力的考试平台和程序，确实是一个巨大的挑战，需要考虑到很多细节问题，比如，考生入场怎么入，请哪些专家和评委作为评审人员，网上报名是否可以由考生自主选择考试时间，考试准考证上的文字叙述是否合理等。要精准地限定出一个对考生来说公正严谨、便捷可行的考试流程，"零经验"的我们在考试进行过程中确实也遇到了一些问题。

2015年第一次组织艺考时，虽然我们已经制定了公正便捷的考试流程，但是仍然遇到了一些突发情况。在东九楼进行编导专业的笔试时，周边的信号无法全部屏蔽。培训机构妄图借助这个条件，与考生策划舞弊。这种情形下，我们的考试监察小组的任务很重，做出了巨大的努力，使考试舞弊的问题得到了控制。2015年艺考的面试环节是在东六楼的办公室进行，面试开场时，考生按照顺序在考场外等候进入。相关工作人员在报考须知上强调了开考半小时后禁止入场，但在准考证上没有再次申明这个要求，有一个培训机构送考的车未能按时到达考场，就利用了准考证没有标明迟到半小时后不能入场的细节漏洞，组织考生家长拉横幅，制造社会舆论。媒体报道后，我们的工作非常被动，社会上产生了一些误解，我们的团队也承受了很大的压力和质疑。从第二年开始，我们把具体的细节也进行了详细规定，比如考生迟到半个小时不能进场，哪半小时、截止到几点几分、考场的界限在哪里等都写得很清楚，同类事情才没有再发生过。另外，艺考的笔试规模非常大，和 12 月份的英语四六级考试、研究生招生考试时间相近，因此对监考人员的需求很大。我们还非常重视监考人员的专业程度，加强监考人员的培训。在这些突发及应急事件处理中，时任学院党总支副书记李磊作为一线主要负责人，付出了艰辛的努力和辛勤的工作。

艺考也使我们学院的教职工们感受到了法与情的博弈。曾经有考生因迟到一分钟而无法入场，当场就跪下来磕头，恳求我们的工作人员给他机会。但工作人员只能硬下心肠选择关门。湖北省的考生那么多，为了考试的公平公正，我们只能选择坚持原则。新闻学院每一个教职工，都要做到严格执行规则和纪律，维护考试的公平公正。

一年又一年，学院不断总结艺考经验，使艺考的流程不断优化，越来越科学、规范、公平公正。

时光飞逝，今年马上就要进行第四次艺考了。前三年的工作，学院扪心自问，没有辜负初心。我们确实服务了大众，为社会做出了贡献；也宣传了学校、学院，获得了良好的社会评价；同时也为学院争取了一定的经济效益。我们没有忘记，承接这个艺考的初心是什么。

艺考对于考生们来说，也许就是几天的焦虑和奔忙。但是，对于我们的工作人员来说，是十天十夜的鏖战。从准备阶段到收尾工作，许多老师长时间战斗在一线，从清晨到深夜每天不停歇，甚至还有 24 小时连轴转的情况。如此繁重的工作，大家为了节约时间只能吃盒饭，有些老师吃盒饭吃到吐。也有很多老师因为超负荷的工作而病倒了，却仍然在坚持工作，毫不懈怠，这是敬业精神在支撑着他们为了艺考的公平公正而无私奉献。还有我们充满了朝气的学生志愿者，几乎全是新闻学院的学生，每天配合着教职工们的工作，为艺考生做好服务。省教育考试院为了表彰学生志愿者们的服务工作，为他们颁发了优秀志愿者证书。

艺考也让学院的全体教职工有一种成就感。高考对考生和他们的家庭，对整个社会来说，都是非常重要的事情，能够通过我们新闻学院的努力，维系整个艺考的工作流程，保证公平公正，是非常值得的事情。其他学院的教职工都非常羡慕我们的工作气氛，希望能参加我们的艺考工作。朝气蓬勃的志愿者、青春可爱的考生，使艺考成了我们华中科技大学 12 月份的一道亮丽风景线。

艺考工作的顺利进行，首先要感谢校领导的高度重视，全校各部门的全力配合与支持；其次要归因于学院领导班子的周密部署与精心组织，学院全体教职工的敬业奉献，学院可爱的学生志愿者们的热情参与。

感谢新闻学院全体师生的敬业奉献，热情参与，是大家共同的付出，才把艺考工作做得公正规范，有社会公信力和影响力。“靡不有初，鲜克有终”，相信大家团结一致，未来的艺考工作会越做越好。

特别感谢李磊副书记为此文提供的生动细节，以及关若琳同学为此文所做的文字整理工作！

詹健 华中科技大学新闻与信息传播学院党委书记。主持多项省部级及学校思政研究课题，发表相关学术论文十余篇。曾历任华中科技大学校报编辑、宣传部办公室主任、建筑与城市规划学院党委副书记、武汉光电国家实验室党委副书记，2013 年起任新闻与信息传播学院党委书记。

难忘的神农架会议

张　昆

2006年7月30日，我调任华中科技大学新闻与信息传播学院院长。8月12—16日，新闻学院刚刚完成行政班子换届后，在神农架举办了学院第九次学科建设研讨会。这次会议，在学院发展历史上，是一个非常重要的节点。它不仅为行政班子交接、学院的新老交接，画上了一个圆满的句号，而且还为未来十多年的发展，谋划了总体的方略，确定了行进的路径。可以说，这是一个承先启后、继往开来的会议。

一、神农架会议的背景

神农架会议召开之前，学院刚刚完成行政班子换届。7月30日下午，正值暑假期间，天气炎热，学校党委书记朱玉泉、党委组织部部长马小杰到新闻学院宣布对新一届行政班子的任命。我被任命为院长，石长顺、舒永平、钟瑛被任命为副院长。

会上，吴廷俊院长先做了述职报告，讲述了四年副院长、八年院长任职期间的工作成绩及遗憾，娓娓道来，讲了一个多小时。其中不少事情，我原来也知道。但在这天经吴院长集中梳理、陈述后，深感佩服。讲到动情处，吴院长很激动，我的眼眶也湿润了。

学院前三任领导，首任系主任汪新源，二任系主任程世寿，吴廷俊院长，还有我一同出席换届会议，四届同堂，参会的老师、干部二十多人，场面十分温馨。

学院党委朱书记充分肯定了前任班子的工作，并向吴院长表示敬意。同时提出要团结、创新，以科学发展观统领工作，通过发展解决工作中存在的问题。我在会上也做了即席发言，主要的意思是感谢老院长、老班子的贡献，感谢学校朱书记的支持。同时分析了学院的地位及存在的问题，提出了未来的工作目标。最低目标是保住家业，在此基础上，在四到八年的时间，争取建设文科基地、重点学科，设立博士后流动站，使学科整体水平上一个新的台阶。

散会后，我和党总支书记唐燕红、吴院长留下来商量了几个问题。其中之一，就是利用每年一度的学科建设研讨会来统一思想，稳住阵脚，对学院未来发展做系统的战略谋划。我们三个人的想法完全一致，决定利用假期，在12—16日间，把学院的干部和学术骨干拉到神农架，排除外界的干扰，召开一个封闭式的学科研讨会。

张昆教授与吴廷俊教授在神农架合影

这一倡议，在8月1日的学院党政联席会议上得到了大家的认同。于是委托副院长舒永平、办公室主任王维真负责筹备第九次学科建设研讨会（神农架会议）相关事宜。

8月9日，在学院党政联席会议上，班子听取了舒永平副院长、王维真主任对神农架会议议程的安排，同时要求各个班子成员做好相应的准备工作，在会议正式召开前，要把会议文件全部发给与会代表。

二、会议的主要议题

作为一个常规性的学科建设研讨会，把全部二十多个人都拉到几百里外的神农架，我心里到底还是有一点不安，我主要是担心安全问题。但是唐书记和班子成员都叫我放心，办公室主任王维真也说，华中大新闻学院的执行力很强，不会有问题。11日上午，我们一行乘坐学院的中巴车从学校出发，一路颠簸，到达目的地时，已近傍晚。大家比较困乏，晚饭以后，各自休息。

我自己也需要安静下来，厘清一下自己的思路。刚刚上任的几天以来，我的工作非常繁忙，既要接洽各个重要职能部门，同时也要了解学院的情况，抽空找学院的老师交谈。我知道老师们还在观望：看你这个外来的年轻院长，前面的三板斧到底怎么舞？我自己也内心忐忑，一个人到一个全新的环境，人生地不熟，怎样才能打开局面呢？虽然有点年轻气盛，但是底气还是有些不足。

在会议的官方议程之外，我自己还想利用这次会议，利用与各位老师难得的交流机会，做深入的了解，真心地和他们交朋友。同时，也希望得到他们的理解和支持。我希望通过这次会议，凝聚共识，在发展学科的基础上，实现平稳过渡。

会议集中谈论了以下几个议题：关于学科建设，关于本科评估工作安排，关于研究生培养，关于科研与文科基地建设，以及学院新班子的工作思路。

1. 关于学科建设

12 日上午，华中科技大学新闻与信息传播学院第九次学科建设研讨会正式开幕，唐燕红书记主持开幕式。会议的第一个议程就是吴廷俊教授做学科建设报告，这个报告是华中大新闻学院二十多年经验的总结，内容丰富而且深刻。

吴院长认为，学科建设是学院发展的龙头，我们必须抓住这个龙头。学院的负责人尤其是院长，要研究大学、研究高等教育。大学教育有其特殊性，大学既是人才培养工厂，又是科研中心。两者犹如车之两轮，缺一不可。对于学院和院属系，职责要区分清楚。系管专业（本科），院管学科。在学科建设方面，要新闻与传播并重，人文与科技交叉。学院的学科建设涉及学位点的建设、申请，师资队伍建设，课题申请与成果发表，经费与基地建设等。学科建设具有整体性、战略性、指标性，所以抓学科是学院行政一把手的事情。

吴院长回顾了华中大新闻学院学科建设的历史，他认为这个历史经历了从不自觉到自觉的发展过程。20 世纪 80 年代中期，新闻学院初创时，没有明确的学科意识、科研意识，这主要是因为工科院校的氛围。进入 20 世纪 90 年代，学科建设进入了自觉阶段。1994 年获得硕士研究生招生权，1996 年获得硕士点，以后每年一个学科建设研讨会。2003 年，获得了博士点。如今有了一级学科博士点，进入了第一梯队。但是还存在着不少问题，如学术带头人老化。现在的重点是，培养青年学术带头人，同时建设文科基地。要处理好质与量的关系、规模与效益的关系。要增强实力，苦练内功。

吴院长还讲到了学院今后学科建设要注意的问题。这方面要处理好三个关系：入主流与创特色，应用研究与基础研究，扩大规模与保障质量。

会议组织了对吴院长报告的讨论。老一辈学者孙旭培、屠忠俊、申凡、赵振宇等充分肯定了这个报告，也肯定了近十年来华中大新闻学院的学科发展思路及其实绩。中青年教师也纷纷发言。大家意识到新闻学院已经来到了一个新的节点，未来该怎么做，他们对新班子充满了期待。他们希望我在后面的总结报告中，谈谈新班子在学科建设方面的基本思路。

2. 关于本科评估工作安排

开幕式后，紧接着第二个单元由我主持，主题是关于本科教学评估工作。石长顺副院长做了主题报告。他在报告中说，本科教学是大学的基础性工作，虽然不大受到重视，但是非常重要。此次本科质量评估十分重要，我们必须参加，也不能不参加。参评就要评好，就要拿优秀。石院长说，这次评估的内容，分六大类，56 个二级指标，81 个观察点，而且观察点有可能还会进一步细分。这些评估的指标、观察点，只会有遗漏，不会有多余的，都要做。他特别说明，有六大项要抓紧：试卷、毕业论文、实习工作材料、教学成果、获奖情况、新专业等。

石院长认为评估的难点在试卷和优秀校友。评估的盲点在教师的教案、实验报告。这两点过去都没有做，没有记录，很麻烦。为了落实评估，石院长做了具体的安排。将 81 个观察点进一步细分到系、研究室。同时提出了倒计时，要求在 11 月底以前，完成所有的历史资料。

石院长报告后，舒永平副院长紧接着就《新闻与信息传播学院实验课程改革意见》做了解读。

张耀副书记就学院的本科评估问题，从学生的专业实践角度做了补充说明。张耀介绍，新闻学院一贯重视实践能力，重视专业实践基地、社会实践基地建设，领导学生重走长征路。学院也有自己的实习平台，如校园媒体上的人有 50%是新闻学院的学生。但是这方面也有不足，如对学生专业实践指导(课外)不足，实习实践基地层次不高，中央级媒体太少，实习基地地域不够开阔，对研究生实践能力提升不够重视等。为此，张耀提出了四个问题：如何为学生开辟更多更好的实习基地？如何加强对学生实践环节的指导？如何加强研究生实践能力的培养？如何拓展提高学生实践能力的途径？

围绕着石长顺、舒永平、张耀的发言，会上展开了热烈的讨论。吴廷俊院长说，评估时没有商量的余地，但怎么做是可以讨论的。要处理好作“假”(原来没有做的事情，现在不做），在做好上做文章。要利用评估这个契机，改善我们的办学条件，规范我们的教学过程。屠忠俊教授则说，评估要按照上面的规矩，有些是必要作"假"的，也是必需的。但是这种作"假"，也应有个底线。陈先红建议要尽快将评估的任务落实到系，落实到教师个人。孙发友教授指出，对于本科评估，要调整心态，不要被动适应，而要把它作为一个机遇。孙旭培教授则强调，尽量不要作"假"，华中大这样的大学，没有必要作"假"。说到底还是平时的要求要严格，如果平时做到位了，现在就不需要作"假"了。

在听取了大家的发言后，我做了一个小结。解读了评估的目的，认为评估对于华中大这所大学而言，既是走过场，也是难得的机遇。如果华中大新闻本科教学不合格，还有哪些能够合格？但是通过评估，能够发现问题，找到差距。平时该做未做的，平时想做未能做的，这次动真格了，就必须做，今后坚持做下去，就成了习惯。我们要变被动迎评为主动去迎接评估。对于当下存在的问题，如教学文件不全、档案遗失、环节缺损、教学手段落后等，要马上报告学校，争取改善。但是对于作"假"，我持反对意见，可以做些修复工作、做些拾遗补阙工作，如试卷补签字是可以的，但是没有试卷做一个试卷出来，那是不行的。

3. 关于研究生培养

13 日上午，讨论专题是"一级学科框架下的研究生培养"，会议由陈先红主持。老师们围绕这个问题进行了热烈的讨论。吴廷俊教授说，最应关心的就是研究生教育的问题，将来可能砸我们牌子的就是研究生。他注重研究生的分类培养，应用型、研究型应该有所区别。要解决好研究生的生源问题，想办法吸收一流学校的学生。非新闻专业出身的硕士，应该补上本科生的基本业务课程，其学制原则上应该比专业出身的延长半年。研究生同样也要安排专业实习。吴教授还强调，要加强导师队伍建设，导师不一定都要给研究生开课，但导师要有责任心、专业精神。学院要尝试制定导师工作规范。

孙旭培教授说，研究生教育存在着大问题，应该注意。可以感受到研究生质量在下降，希望新一届领导能够抓实，不要怕得罪人。对硕士研究生的学制定位，应该有周全的思考，到底是两年还是三年？是不是所有的硕士生都要写硕士毕业论文？关于研究生的答辩，建议拉开分数。现在都是 80 多分，优秀论文出不了。要重视论文答辩环节，对于真正优秀的论文，要敢于打高分。

关于研究生的学制，舒咏平、刘洁两位老师都主张维持两年制，要考虑教育成本，也要从学生方面着眼。至于研究生质量下降问题，要在修订培养方案方面下功夫，调整课程设置，增加实验实习的分量。舒咏平教授还建议增加设置两个硕士点即广告与公关、广播电视学，同时还建议增设一个媒介学博士点。

赵振宇教授说，研究生教育的讨论，过去说得多，但总是没有结果，希望这次不要空谈。关于研究生入学考试问题，应该适当提高门槛。对面试，应该进行改革，把真正的好学生招进来。孙发友教授提出了导师与研究生的双向选择，要考虑到老师和学生的心理，不要过于简单、粗暴。

张耀副书记向老师们报告，学院准备出台导师负责制，旨在建设和谐的师生关系。为此，要进一步明晰导师对学生到底要负什么责任，导师的责权利体现在什么地方。

4. 关于科研与文科基地建设

13 日下午，会议讨论的主题是科研与研究基地建设。陈先红宣布了学院关于建设文科基地的文件。我向老师们介绍了当前高校文科基地的建设情况，主要有四所大学有教育部重点文科基地：中国人民大学、复旦大学、中国传媒大学、武汉大学。华中大可以努力争取设立第五家。学校统一给予支持，每年资助 30 万，连续三年。在我们学院自设的科研基地设置课题，面向国内招标。老师们知道这一信息后，都十分兴奋。

吴廷俊教授认为，在目前的情况下，文科基地的建设十分重要。两年前学院就开始谋篇布局，原来计划按二级学科设置。现在争取成为工科院校的第一个基地。石长顺教授接着说，两年前吴院长安排申报文科基地，取名为“科技与传媒发展研究中心”。报告写了，交到学校了，但学校没有交上去，后来又准备以陈先红的金马广告研究院为基础申报，也没有结果。现在可以好好规划，基地以什么为主要研究方向，设置哪些课题，怎样招标。

孙旭培教授很激动，看到华中大不断地从胜利走向胜利，现在要建设文科基地，又是一个重要举措。孙教授说，现在已经有了四大基地，我们再申请，一定要有特色。科技牌，担心被清华、上海交大抢去，建议聚焦传播科技与社会传播，如网络色情与猥亵画面识别与控制、传播的逆反心理产生机制、网瘾的心理控制、网上违法信息的取证、垃圾邮件等问题，可以纳入讨论，作为招标的选题。

舒咏平教授说，有一个新的角度，基地要重点研究政治传播。申凡教授认为，可以使用科技与传播这个词，至于具体的招标课题，可以回家后再仔细思考。钟瑛也赞同使用科技与传播这个名称。孙发友教授建议，要把科技放在突出的位置。陈先红也认同科技与传播。余红则指出，科技应该是个很好的卖点，不能丢掉科技。

刘洁教授提出了一个问题，科技究竟是旗帜还是包袱？她认为，人文与科技的大跨度交叉有难度，两者之间有道鸿沟，很难捏合起来。申凡教授接着说，文工交叉为什么难以落到实处，关键在于人，关键在于人才的引进。

除了基地建设外，大家还就科研进行了讨论，达成了一个共识，那就是不能再延续过去的个体生产，要基于国家、社会的需要，选择重大课题，组织团队进行协同攻关。这种对科研的热情，是我在武汉大学工作时没有看到的。

5. 新老班子恳谈会

8 月 13 日晚上，根据吴廷俊院长的建议，我们在神农架进行了一个新老班子恳谈会。参加会议的有吴院长、申凡、屠忠俊、赵振宇、唐燕红、石长顺、舒咏平、钟瑛、张耀和我，会议由唐燕红主持。

申凡教授第一个发言。他说，很高兴新班子过渡，完全放心交班。新闻学院有几个传统：一是领导班子团结，班子会上什么都可以说，但一形成决议，就必须服从，所有的矛盾在会上解决；二是要有前瞻性，干现在，想未来；三是形成的决定必须慎重，不能朝令夕改，要充分地讨论，要代表不能参加会议的人的利益。班子属于强势群体，要代表弱势群体的利益。

屠忠俊教授说，新班子很好，很整齐。建议重大问题都提交相关委员会集体决策，凡事要事先制定好游戏规则。要按程序办事，按规则办事。当领导的既要干大事，也要干小事。

孙发友教授说，他 1998 年进入学院，是学院发展的见证人。老班子是一个做事的班子、一个团结的班子、一个有成就的班子。

吴廷俊院长讲得比较理性。他说，新班子令人鼓舞，新班子中看中用，年轻化、专业化，高职称、高学历。唐书记很不错，新班子一把手都是新来的，新来的就有一个适应过程，看一看，看大家，大家也看班子。他讲了三点体会：一是知与行的统一问题。认知是第一位的，凡事预则立，要认识办学规律，世界趋势、国家大势、教育大势。知难，行也难。行要落到实处，抓事情要抓到位。二是原则性与妥协性的统一。自己反思，原则性强了些，妥协性不足。党政一把手要有原则性，要担担子。同时也要妥协，这样才有团结。团结是个人品问题，要真诚。三是做好人与好领导的统一。朱九思是个好领导，但没有人说他是好人。杨校长是好人，但不是好领导。杨校长不能正视矛盾，碰到问题绕道走。这只有短期效应，没有长期效果。

接着石长顺教授发言。他说在三十年前、八年前都开过这样的会。三十年前从西藏退役，八年前离开钟祥电视台到华中大。新闻学院对我很好，重用我，2000年提教授，我很感恩。现在新老交替，有几个想法：加强组织观念，维护一把手；要有发展的观念，要有前瞻性；要有权力观，但不以权力谋私利；要有务实观念，踏踏实实干活。

舒咏平教授接着说，我们今天大家能坐在一起是缘分。要珍惜这个缘分，不仅是感情，更重要的是我们的事业。

听了这些老师的发言，我很激动。大家是发自肺腑的真诚。我刚来到学院，感到担子很重，压力很大。但是几天下来，慢慢地有信心了。在这里，首先感谢各位前辈的无私贡献，新闻学院有今天，是因为大家的勤奋劳动，无私奉献。老班子思路清晰，目标明确，始终维护班子的核心，这个传统要继承。其次，我代表新班子，恳请老班子一如既往地关心、支持学院的工作，为我们多出主意，多做参谋。再次，我们新班子也要学习老班子的工作作风，严格要求自己，集思广益，科学决策，分工协作，搞好团结，率先垂范。最后，新班子刚刚起步，当务之急，是做好当前的本科评估，建设好文科基地，进一步凝练学术方向，做好学科规划，准备挑战大项目、大课题。我相信，有各位前辈的支持，有了大家的团结，我们一定能够实现自己的目标。

三、新班子的工作思路

8月14日上午，新闻与信息传播学院第九次学科建设研讨会进入到闭幕阶段。会议在听取了刘洁教授、何志武教授的小组总结后。我作为院长做了题为“关于学院发展的基本思路”的总结报告。这实际是在会场上博采众议、集思广益的结晶。

张昆教授与新闻学院党委书记唐燕红、副书记张耀在神农架合影

我在报告中首先对我们学院的办学水平进行了评估，这是我们今后一起工作的出发点。衡量学科发展水平的标准我列出了七条：人才培养规格上的差异；科研水平的高低，是否有大课题、大平台、大成果；重点学科的有无；在民间学术机构中的位置；在政府权威学术机构中的位置，如国务院学科评议组、教育部教指委；学术队伍及其重量级学者的影响力；学生就业及学术出路等。综合这些标准，我认为华中科技大学新闻与信息传播学院的整体水平，应该排在国家第一梯队末尾，第二梯队前列。而第二梯队之中，北京大学、清华大学、浙江大学、暨南大学等，各有特色，它们虽然没有一级学科博士点，但是其综合品牌优势、地域优势、学科特色，绝对不能低估，稍不留意，转瞬之间它们就会超过我们。所以，我们没有休息的资本，必须继续创业，再上一层楼。

接着我分析了华中大新闻学院的优势或特色，有四点：一是求实严谨的学风。有一句大家十分熟悉的话：学在华工、玩在武大、爱在华师。华中科技大学工科的影响力无处不在。工科要求的严谨、求实、细致的学风，深深地影响了置身于其中的新闻传播学。二是独特的办学理念和研究方向，文工交叉，应用见长。三是团结协作的精神。四是丰富多元的师资结构。华中大新闻学院是一个“移民学院”，我们的老师来自五湖四海。

在此基础上，我又分析了学院的存在的问题与不足。四个方面值得注意：一是师资力量总体匮乏，且结构极不合理。哑铃结构，两头大中间小。二是缺乏地缘优势，人才竞争不过北上广。三是学校政策环境与支持力度不足。华中科技大学是一个以工科、医科为主体的学校，学校的资源分配自然会向这些优势学科倾斜。四是社会偏见的消极影响。

我认为，华中大新闻学院面临着空前的机遇，同时也面临着难以预估的困难。怎样才能在现有的基础上，排除万难，推陈出新，履行我们的社会责任，提升新闻传播学科的发展水平，取决于我们对以下十大关系的处理：教学与科研的关系，入主流与创特色的关系，数量与质量的关系，学科建设与社会服务的关系，员工关系，稳定队伍与引进竞争机制的关系，院系关系，师生关系，不同办学层次间的关系，积累与消费的关系。以上十大关系，关系到学院工作、学科发展、员工生活的方方面面，具有全局性的意义。只有统筹兼顾，妥善处理，才能落实学院的发展战略。

我认为今后三四年，是新闻与信息传播学院发展的机遇之窗。抓住了这个机遇，我们就上去了，就进入了国内新闻学界的顶尖行列，融入第一梯队；若失去了这个机遇，恐怕又要等上十年。我这样说是有道理的，绝不是危言耸听。原因有三：一是近两年国家重点学科、教育部文科基地、博士点、博士后流动站将开始新一轮申请，为我们提供了新的机遇；二是国内主要新闻学院面临班子换届、著名学者退休的问题，可能会出现一定的震荡；三是我们的骨干教授在三四年后也将大量退休，给我们的学科建设带来一定的冲击，但也会给队伍成长、人才引进预留空间。综合这些因素，我认为，近三四年中国新闻传播学界将面临新一轮大洗牌。

关于未来五年的发展目标，我归结了五点：其一，在现有的省级重点文科科研基地科技与传播研究中心的基础上，申报教育部重点文科研究基地。其二，冲击国家重点学科。现在国内新闻传播学二级学科国家级重点学科有三个，即中国人民大学的新闻学、复旦大学的传播学、中国传媒大学的新闻学。今年，我院打算集中力量以新闻学申报国家级重点学科。其三，完善人才培养链，建设新闻传播学博士后流动站，同时开办新闻传播专业硕士教育。其四，建立一支结构合理、充满活力的学术队伍。其五，推出一批学术精品，彰显我们的学科特色。其中，前三项目标是硬指标，完全操之在人，实现的难度很大，但要争取实现其中的一个；后两项目标，基本上操之在我，相对比较容易，但内部的争议可能大些，但一定要努力实现。总之，经过五年的努力，我们要全面提升学院的科研水平和办学水平，争取进入新闻传播学界第一梯队的行列。

为此，我提出了今后学院的工作要强化六个意识，即责任意识、忧患意识、团队意识、国际意识、精品意识、规范意识。要抓住两大任务，夯实四个支点。一个任务是文科科研基地的建设，要围绕着文科科研基地建设，凝练学术方向，整合研究力量，构筑高水平的创新平台，是我们当前的重要战略选择。第二个任务是本科教学评估和省部级实验示范中心的建设，利用机遇，以评估促建设，提高教学水平。不论是学科建设，还是两大任务的实现，都有赖于如下四个重要的战略支点：一是学术队伍建设，二是人才培养，三是科学研究，四是社会服务。

我的报告得到了与会老师的认同，上一届班子的成员和一些资深教授，如孙旭培教授、赵振宇教授、屠忠俊教授等，充分肯定这个报告，认为报告思路清晰，有高度、有跨度，让他们看到了未来的希望。

四、神农架会议的历史意义

神农架会议是我就任华中大新闻学院院长，融入新闻学院这个命运共同体之后，与学院骨干职工的第一次系统深入的交流，第一次全方位的沟通。在神农架前后六天的时间，除了会议期间与大家正式的交流外，会议之外、休息期间、用餐期间、风景观光期间，与各位老师的片段交流，加深了老师们对我的了解，也深化了我对华中大新闻学院的认识，让我更加真切地认识到了华中大新闻学院的学术传统与学院文化。

在与老师们的接触中，我被他们的热情、真诚所融化。吴廷俊教授，是我的前辈，也是我在武汉大学的老学长，是华中大新闻学院的功臣，为华中大新闻学院的发展打下了百年基业，从他的几次发言可以看出，他是真正的以学院为家，把学科发展作为自己毕生的事业。现在换届了，虽然心有不舍，但是他真心交班，真心希望新班子能够接上去。孙旭培教授，是新闻学界的权威，原中国社会科学院新闻与传播研究所所长，在新闻法、新闻改革研究方面成就卓著，是一个谦谦君子、忠厚老者。我跟他的交流没有任何隔阂，他毫无保留地介绍了他在管理方面的经验和教训。还有申凡教授、屠忠俊教授、石长顺教授、舒咏平教授，他们都是那样的坦诚、热情，是完全可以交心的朋友。与这些学者不同，党委书记唐燕红、副书记张耀我是第一次见面，但是通过这次会议，我们建立起了深厚的友谊。

2013 年新闻学院三十周年院庆大会上，张昆院长接受
中国新闻传播教育学会会长高刚赠送的礼物

我感到幸运，离开了学习、工作二十六年的地方，来到了过去陌生的华中大，我却丝毫不感到陌生，仿佛是回到了亲密的精神家园。直到今天，我仍为我的选择感到庆幸。

在神农架召开的第九次学科建设研讨会，在充分民主基础上达成的共识，成为新闻学院党政班子的行动纲领，为今后十二年的学院发展，奠定了坚实的思想基础。这是一笔重要的精神财富。从神农架回到学校，我开始了新的人生。在华中大新闻学院院长的任上，一干就是十二年。现在卸任了院长的职务，但是回首往事，回忆起在神农架的一幕幕，仍然让我怦然心动，仍然让我激情满怀。

张昆　博士，1962 年 10 月出生于湖北省云梦县。1984 年毕业于武汉大学历史系中国史专业，1986 年研究生毕业于中国人民大学新闻学院。1986—2006 年，在武汉大学新闻学院任教，先后担任助教、讲师、副教授、教授、博士生导师，新闻系主任、新闻学院院长、传播与信息管理学院副院长。2006 年 7 月调入华中科技大学新闻学院任院长至 2018 年 4 月。

院名石落成记

张明新

初秋九月，阳光和煦，秋高气爽，窗外一片郁郁葱葱。1997 年初秋，作为原华中理工大学新生的我第一次踏入喻园，至今已整整二十一年。其中有十三年，我一直在这里学习和工作：前面的七年，我是学生，在材料科学与工程学院、管理科学与工程学院、新闻与信息传播学院读过本科和硕士；后面的六年，我是教师——2012 年 5 月，我从武汉大学新闻与传播学院调回到母校工作，转眼又是六度春秋。岁月悠悠，往事如歌。回到学院工作以来，留下了许多感人、动人的故事，其中，让我印象最为深刻的，是参与院名石的设计和安装等工作。

2013 年 9 月，是学院创办三十周年的庆典。2013 年伊始，在张昆院长和詹健书记的倡议和推动下，学院准备在秋天举办系列学术活动，以示隆重纪念。5 月，学院召开了一次知名校友座谈会，许多校友从海内外回到母校，为院庆活动建言献策。我的同乡、时任宜昌三峡日报传媒集团总编辑的范长敏先生，也在其中。范先生是我院第一届校友，对母校有着很深厚的感情。我与他相识已久，深为他高超的业务水平所折服，也被他的真性情所触动。范先生故地重游，萌生了为学院捐赠院名石的想法，并希望能促成两家单位的合作。从武汉返回宜昌后，范先生便积极推动此事。8 月初，学院领导班子和部分教师代表前往三峡日报传媒集团实地考察，与集团签订了战略合作协议，并开始切实推动合作。

与此同时，范先生开始在长江三峡一带物色适合做院名石的石料。经细致考察，他在当地相中了一块学名为“三峡红”的巨石。巨石产自神农架，系花岗岩质地，高 7.8 米，宽 2.4 米，平均厚度 0.9 米，重 38 吨，巍然耸立，气势磅礴。经与学院沟通后，范先生请来石刻艺术家在巨石正面刻上了学院的院名、院训和院徽，在背面刻上了纪念文字。为安全起见，范先生请来专门从事石材施工的覃经理，研究制定巨石的运输和安装方案。覃经理在宜昌市经营着一家石场，专门从事石材装运和施工业务。8月下旬，覃经理带领两位师傅专程来学校做好院名石安装基础，并和我们约好在9月15日，将院名石运送来学校并安装到位。

9月15日凌晨，我在睡梦中被电话铃声叫醒。一看时间，五点整，覃经理一行已经到了。只听他在电话里说："张老师，我们的车已经停在你们学校东北门外了，麻烦你过来接我们。"放下电话，我即刻起床穿衣，拿上车钥匙就出门。天才蒙蒙亮，雾气环绕。东北门外，一辆长达十多米的大型卡车停在那里。

"覃经理，你们辛苦了！"我快步走上前去，与他握手。"哪里，张老师，吵着你睡觉了，真是抱歉！""覃经理，你们都一夜没有休息吧？"我不禁问道。"我和郭师傅没怎么睡，两位司机轮流休息了一会儿。驾驶室后面的李师傅和陈师傅睡了一会儿。"覃经理一行六人，自头天夜里8点多开始装车出发，一夜长途奔波，不得片刻休息。他们在凌晨四点不到，就已到达学校东北门外，但为了不至于过早叫醒我和李磊副书记，在清冷的大雾中等候了一个多小时。李书记很快也到了。半个多月前，覃经理一行来学校做前期准备，也是李书记负责安排的。当时，两人虽是第二次见面，已俨然老朋友一般。当知道覃经理一行赶到时，才凌晨4点不到，李书记直埋怨覃经理为何不早点给他电话。

运输巨大的院名石来校非常棘手。首先，石头太重，加上重型卡车，总重约50吨，城区许多道路不能通行，来自宜昌的司机不可能熟悉武汉城区的道路。因此，需提早精心设计行车路线。再者，巨石运送抵达后，为提高工作效率，施工方希望尽快施工后返回，但拟安装院名石的紫荆路十字路口，人、车流量大，施工只能在夜间或凌晨进行，才能最大限度减少对安全和交通的影响。经沟通，我们商定在一个天气晴好的周末运送和施工，并设计好行车路线。最终选择在9月14日夜间从宜昌市郊装车出发，15日凌晨5点左右达到学校，6点开始施工，8点左右完成主体施工，10点全部完成。15日是周日，在清晨6点至8点，施工路段行人、车辆相对较少，这是一个合适的选择。

接下来，我和李书记进行分工。由我在前面开车，带着覃经理一行和卡车前往施工场地附近，李书记则在原地等候此前已经约好将要前来的吊车和配重车。我们在门卫室向工作人员出示文件，门卫于是起杆放行。凌晨的雾气很重，挡风玻璃上弥漫着厚厚的水雾，即使开着远光灯也难以辨清前方路面。校园里树多路窄，卡车行进速度较慢。大约在凌晨5点40分，卡车才到达并停在眼镜湖（华中科技大学校内景观湖)中间的道路上。

十分钟后,李书记也带领着大型吊车和配重车来到现场。张昆院长、詹健书记、党政办王维真主任也先后到达。大型吊车系130吨级,长达10多米,配重车长达七八米。三辆大型车辆的到来,使学院右前方紫荆路的十字路口显得异常拥挤。此前,李书记已安排并存放好施工所需的各种工具器械,包括水泥、钢筋、梯子、绳索、塑料桶等,借助于这些设备和材料,施工人员开始在基础坑点工作,此时,天色尚未完全放开。

吊车操作员的工作是负责将巨石从卡车上卸装、起吊、移位、下落和校准。尽管在两天前,吊车服务提供商曾派人前来研究地形,但操作员却发现,东六楼十字路口附近梧桐树过于密集,在20米高以上的空中,树枝过多,使吊车起重臂无法自如伸展。如果不顾离地20～40米高空中树枝的阻扰强行操作,便有可能划破臂杆上的电脑控制线,使起重臂失控,甚至会使起重臂坠落造成事故。这时,一位工人师傅自告奋勇,脚踩着一米见方的吊车钢板,在吊车协助下升上了20多米的高空,很快锯断了阻挡作业的树枝,施工场所附近十字路口的空中顿时显得开阔起来,吊车起重臂伸展的问题解决了。

天色渐亮,路上行人和车辆越来越多,从吊车和配重车身边穿行,十分危险。李书记紧急联系学校保卫处,请求对方派出4名保安人员支援;与此同时,学院已安排好维护交通秩序的几位同学也赶了过来,他们共同担负起设置警戒线和交通安全方面的任务。

约8点半,开始正式作业。配重车上的40吨配重块被吊起放置在大型吊车上,以维持巨石起吊过程中吊车自身的稳定性。然后,配重车被开走以挪出位置,装载着巨石的卡车则开了过来,进入吊车的工作半径。接下来,将巨石从卡车上卸装的工序开始了。

覃经理手下的施工人员和吊车组的工作人员通力合作。首先,在巨石的关键受力位置系上钢绳;然后,工作人员撤退;接下来,吊车开始发力,在众人的关注和惊呼声中,重达38吨的巨石被稳稳吊起。与此同时,司机启动卡车向前开走。卡车开走后,吊车将巨石缓缓往下放,最后,在工作人员的协助下,巨石平稳下降,落在路面早已垫好的木块上。虽然十字路口的四面早已封路,但紧张的施工仍然吸引了百余人驻足观看。

接来下的工序是对巨石的打包，以及为垂直起吊做预备。施工人员将接近手臂粗细的钢绳从巨石和地面之间的缝隙中穿过，拦腰打包。然后，吊车开始发力。在众人的关注中，巨石底部擦着地面，顶部则慢慢地开始上升，角度一点一点地增大，最终竖立起来了。吊车继续工作，准备将巨石通过垂直吊起，然后水平位移到事先准备好的基础中。巨石慢慢升起，并逐步向安装基础移动。这个基础是在半个月前做好的。当时，覃经理和两位施工人员在十字路口边上的花坛中，从地表垂直向下挖去约 0.9 米的土层，在土坑中浇筑了约 0.5 米厚的混凝土，以增强坑点地面的承受力，防止巨石安装完成后可能出现的塌陷。

巨石从空中缓缓回落到地面，施工人员前来扶住底部，通过和吊车操作员的默契配合，缓缓落入事先用混凝土浇筑好的基础中。由于基础中的混凝土表面并不完全平整，施工人员用事先准备好的小块花岗岩将巨石底部与基础表面的缝隙填满，以防止倾斜。从垂直起吊到空中位移，从垂直下降到落点确定，从方向定位到成功校正，整个过程一气呵成。当这一系列工作完成，巨石最终恰到好处地落在基础中时，周围观看的人群中不禁发出了由衷的赞叹声。如同一件期待了很久的事，终于如愿、完美地实现了。

院名石被吊车吊起

长满着法国梧桐树的紫荆路口，古朴的东六楼一角，初秋和煦的阳光从树叶的间隙洒落，一尊高大的三峡石端庄而安详地竖立在水泥花坛的草丛中，这一切浑然天成，仿佛自然就是如此。巨石浅灰色的表面上，夹杂着一抹抹亮丽的红色，在其正面正中，自上而下排列着“新闻与信息传播学院”九个大字，以深红色的油漆喷涂，庄重而热烈。院名系北京大学新闻与传播学院院长、中华全国新闻工作者协会名誉主席、前人民日报社社长、知名书法家邵华泽先生所题。在院名左侧，院训“秉中持正，求新博闻”字号稍小，以黑色呈现。深红与黑色相互搭配，显得端庄、大气而自然。院名正上方是学院院徽，为深蓝色。

在院名石的背面，刻有一段文字，叙述学院发展的历史、现状和成就。当年7月初，张昆院长嘱我草拟，后经数次修改润色，其文曰：

三十春秋勤耕耘，万千学子扬风华；改革创新立潮头，新闻学苑放异彩。

金秋十月，喻家山下，丹桂飘香，硕果满枝。海内外二百余专家学者汇聚于此，同庆华中科技大学新闻与信息传播学院三十周年华诞，纵论学术，共襄盛举。值此大典，三峡日报传媒集团赠予此碑，以兹纪念！

公元二〇一三年十月。

突然间手机一阵震动，是范先生给我在QQ上发来留言，他关切地询问院名石的安装情况。我给他打去电话，告知院名石已快安装完毕。张昆院长从我手中接过电话，非常兴奋地说道：“老范，院名石基本安装好了。感觉非常好，大家都觉得很好！今天在施工时，好多人都在边上观看，阵势很大呀。施工过程非常顺畅。从今以后，您母校的新闻学院有了自己的标识性纪念石了，我们都非常兴奋，今天我们都在见证着历史！衷心地感谢你们，感谢三峡日报传媒集团！”然后，张院长又拨通集团党委书记、社长罗春烺先生的电话，再次表达感激之情。

接下来是后续清理和加固工作。施工人员搭上梯子，用低浓度盐酸水将施工过程中院名石在打包时受到钢绳磨损的部位进行处理，使其平滑和美观。工人们也将此前准备好的混凝土浇筑在安装基础中的间隙部位，等到数日后混凝土充分凝固，将会产生很强的固着作用，维持院名石的长久稳定。

工人在施工时，广告学系甘世勇老师也来到现场。甘老师从事艺术设计、视觉传播方面的教学和研究。他是学院院徽和许多文化纪念品的设计者，也负责了院名石的艺术设计。他在充分吸收学院和三峡日报传媒集团双方意见的基础上，对院名石正面和背面的文字与图形的规格、位置、颜色等做了全方位设计。8月初，他按照1∶1的比例设计了院名石安装后的效果图，我们在现场对比了安装后的实际效果，几乎是一模一样。院名石树立起来后，引得许多行人驻足观看，红灯亮处，

院名石落成后不久

等候的行人纷纷举起手机拍照。

等到覃经理一行完成全部施工，已接近正午。此时，从宜昌装载巨石来汉的卡车，早已开始返程，大型吊车和配重车也在院名石校正后离开。待到收拾好施工器械，并对施工现场做初步打扫，已经 12 点半。王维真主任在校内餐厅安排了便餐，招待覃经理一行。从头天夜里 8 点装车出发开始算起，他们已经快连续 17 个小时没有休息和进餐了！

午饭时方知，当天是李磊副书记的生日，他没能在家及时与家人共祝生日，还在凌晨 5 点前就起床张罗，全程在现场协助指挥施工，并陪同施工人员共进午餐。在座各位得知，深为感动，纷纷祝他生日快乐。他高兴地说："院名石的诞生之日和我的生日是同一天，这实在是我与学院莫大的缘分！"

午餐之后，覃经理对院名石的护理工作做了说明，便准备和三位工人返程。我将他们送往火车站，送达后，挥手告别，互道珍重。2016 年夏天，学校道路扩建。由于院名石距离紫荆路太近，存在安全风险，根据规划，要向北转移 10 米。由于这项工作的需要，我们再次邀请覃经理一行来校施工。当时覃经理正带领工人在外地出差，了解到我校的工作紧急，他在第二天即返回宜昌，带着施工方案和设备来到学校，令人深为感动。

冬去春来，时光流逝。从院名石落成至今，不知不觉间，已整整五年。紫荆路口的院名石，已然成为华中大校园里知名的文化地标。院名石作为近些年来学院文化建设的重要载体，在培育师生对学院和专业的认同上，起到了不可低估的作用。院名石落成后的五年来，学院在文化建设上不断取得新的成绩，先后建设了以学院史稿（注：指学院老领导申凡教授所著的《华中科技大学新闻传播教育史稿》）、文化长廊、院训、院徽、院歌等为依托的文化载体，以传承学院三十多年来沉淀的文化精神。从1980年代新闻系初创至今的历任系主任和院长，从汪新源教授、程世寿教授，再到吴廷俊教授和张昆教授，都特别强调学院的文化建设，都认为"团结、实干、创新"的文化风气不仅是学院的发展之魂，也是学院的底色和特色。这块巍峨耸立的院名石，无疑是凝聚这种精神和风气的象征之所在。在未来，新一届党政班子将致力于继续传承和努力营造推进学院可持续发展的文化氛围，深入挖掘学院的历史传统，加快完善制度体系，进一步丰富文化载体，继续改善办学条件，建设有温度、有情怀、有规范、有理想的学院文化生态，强化师生的专业认同和心理归属，以激励华中大一代代新闻传播学人和学子奋力向前、臻于至善。

张明新　湖北宜昌人，1997年考入原华中理工大学，2004年毕业，后在武汉大学攻读博士学位。先后获得工学学士、管理学学士、传播学硕士、新闻学博士学位。2009年在武汉大学新闻与传播学院晋升副教授，2012年调回母校工作，2014年晋升教授，2018年起任新闻与信息传播学院院长。入选2014年度国家"万人计划"青年拔尖人才支持计划，是教育部新闻传播学科教学指导委员会委员、国家社科基金通讯评审专家、海内外多家学术期刊通讯评审人、中国新闻史学会公共关系分会副会长。

记忆，越过喻家山流连在醉晚亭

张欧亚

2014年6月15日，我在微信朋友圈中写下这样一段话：新闻生涯中的一程，我有幸在华中科技大学新闻学院挂职一年。喻家山下，醉晚亭侧的那些日子，我深刻感受到学院老师们的博学与谦逊，于是我不再惊叹这里培养的学生为什么如此优秀，短短三十年已经覆盖全国几乎所有的新闻机构！院长张昆的豁达与儒雅，书记詹健的豪气与严谨，还有各位老师之品学，我不自觉中将自己融为他们之中一员，并将这段经历作为自己值得终身怀念的梦！

这个感受是深切与由衷的。

张欧亚

这一天，距我到华中大新闻学院挂职报到，整整一年。

这一天，消息报道说，全国新闻传播专业呈现三大集团，华中科技大学与清华大学新闻学院评分在全国并列第四名，继续昂首第一方阵。我微信中的那段话，就发在这个消息的链接中。

2013年6月，我根据中宣部和湖北省委宣传部的安排，作为学界、业界双向挂职的干部，从湖北日报传媒集团来到华中科技大学新闻学院挂职，担任院长助理。那是我第一次走进华中大学新闻学院的大楼。

但实际上，在我新闻道路成长的每一个重要阶段，都打有不可磨灭的这所学院的印记。

这记忆飞跨时空，越过喻家山，越过醉晚亭。

一、穿越时空，有种记忆叫华工

三十年历史的华工(华中科技大学前身)新闻毕业生，有着长长的名单，列在华工新闻学院校友名录之首的是朱学诗。这位华工校友第一人，就是我新闻道路上的第一个导师。

打开华中科技大学新闻与信息传播学院1983年至2013年历届校友名录，朱学诗赫然排在第一页第一个位置。

三十年前，朱学诗从华工新闻学院毕业后，分配在《湖北日报》郧阳记者站驻站。那时，我还是十堰市茅箭区委的一名新闻干事，虽说是新闻干事，但实际上那时，我还根本没有学过新闻写作。《湖北日报》关于十堰的新闻报道，就成为我学习新闻写作的主要范本。

在这过程中，我记住了一个名字：朱学诗。

这不仅仅是出于对十堰本地新闻的关注，更有朱老师如他本人那样的朴实的文风、清新的文字，还有抓取新闻的角度。

犹记1986年9月14日，朱学诗采写的消息《郧阳地区摸索出“飞来飞去”引进人才新途径》，在《湖北日报》一版头条位置发表，引起社会广泛关注与好评。这篇报道获得当年湖北省好新闻奖一等奖，全国好新闻奖二等奖。

朱学诗在偏僻的鄂西北郧阳地区山乡采访，不辞劳顿，或乘长途班车，或顺搭拖拉机，在房县、竹山、竹溪、郧西、丹江口等几个县市间往返奔波。“在一次去房县采访的路上，我乘坐的班车内突然冒起浓烟。”朱学诗回忆说，他一拳打破身旁的车窗玻璃跳出逃生。

十堰市和郧阳地区在当时还没有合并，是两个独立的地级市，但机关所在地在同一座城市。那时我们经常可以听到朱老师的采访故事。因此，只要有时间我就找朱老师学习，随其采访，学习新闻实践第一课。

我那时在区政府工作，算是个公务员了。是他鼓励我走进了新闻队伍，1989年，我最终辞去公务员职务，成了《十堰日报》的专业记者。我这一辞就是三十年，至今仍工作在新闻战线，再也没有离开这个岗位。而朱老师的“华工风格”，也一直影响着我，成为我前进的方向和目标。

这之后，我还差点成了朱学诗老师的部下。1997 年，我由《十堰日报》调到湖北日报社主办的《楚天都市报》。2000 年，“9·11”事件发生的那个月，受《湖北日报》安排，我调整到《楚天金报》担任机动记者部主任。读者知之不多的是，《楚天金报》的前身就是《市场指南报》，而朱学诗就是《市场指南报》的创始人和第一任总编辑。

朱学诗是华工新闻学院干部专修科新闻学 8301 班的学生。8301 班，是华中大历史上招收的第一批新闻系学生。在这期校友名录中，还有易志豪和鲍勋。

他们正是朱学诗的同班同学，也是我走向记者职业生涯的第一任老师和领导。我的第一篇新闻稿，就是由易志豪修改、编辑和刊发的。巧合的是，朱学诗曾任《市场指南报》的总编辑，易志豪则后来回到武汉，担任《市场时报》的总编。

鲍勋在华工求学期间，先后任楚风文学社、夏雨诗社社长，参与组织武汉高校诗歌大赛。他的诗歌《校园里，倒下一片白桦林》，作为校园诗歌代表作在武汉高校诗歌大赛及上海《文汇报》、教育出版社“全国校园诗歌征文大赛”中荣获大奖。他也是武汉校园“三剑客”里的一员，20 世纪 80 年代中后期名声大噪，成为著名的校园诗人。

华工毕业后，鲍勋回到十堰，先是在报社当编辑记者，后是到文联当编辑，文学、诗歌始终如影随形。在十堰策划举行了多种诗歌活动，为十堰诗歌传统优势的形成做出了重要贡献，也成为我的良师益友。

1989 年 3 月，我由区政府调任十堰日报社。当时，易志豪是《十堰日报》新闻部主任，鲍勋是周末版和副刊的负责人。在华工学长的教诲下，我得以不断成长。

从这个意义上说，我走向记者职业生涯的第一步，就深深打上了华中大新闻学院的烙印。

“问道沧桑远，东湖望月，指点天下，论豪杰，喻家山下，传播真理，传播真理勇担当。”这是华中大新闻学院的院歌所唱。“传播真理勇担当”，也将一直成为我职业生涯的圣经。

私下我们更喜欢将华中大称为“华工”。实际上，不仅我个人深受“华工系”影响，我所服务的团队，也与华工有着很深的渊源。

记得 2004 年或 2005 年，《楚天都市报》展开业务大研讨，请学院派专业老师到报社做讲座。请到的第一个人，就是华中大新闻学院的越振宇老师。

张欧亚在新疆解放军阿拉山口英雄连采访途中

那时《楚天都市报》正如日中天，一纸风靡武汉三镇和荆楚大地。没想到，越振宇教授在讲座中谈到了这样一个问题，那就是，今天《楚天都市报》虽然辉煌无比，但也许有一天也会面临困难。当时我在台下听到这席话，很有些诧异和震撼，更有些不以为然。

越振宇教授的讲座，是从哲学的角度谈到一个行业有高潮，也必然会有低潮。但在当时，至少我是听不进去的，感觉有如天方夜谭。在我当时看来，《楚天都市报》必将从一个辉煌走向另一个辉煌，从一个胜利走向另一个胜利，怎么可能会有"低潮"？

但现在回头来看，今天报业面临的形势，正如越振宇教授当初所担心的那样，经历着波折和考验。

十多年后，在华中大挂职期间，我和越振宇老师谈到他在《楚天都市报》的这次讲座，还专门交流了这个问题。世事沧桑，我们不禁生出无限的感慨。

二、感受醉晚亭岸侧的辉煌

在从事新闻工作将近三十年时，我有幸走进喻家山，零距离沐浴华中大新闻学院的雨露，这是我所没有想到的。

在华中大挂职新闻学院院长助理时，恰值学院成立三十周年院庆。张昆院长和詹健书记安排我负责整个院庆活动的宣传工作，并主导了校庆专刊。

华工的日子，宁静的校园，我却感受到了火热的激情。

2013年10月4日院庆那天，国内外170多位中外新闻学院院长、新闻传播学者，会聚喻家山。分布在各地的校友，不约而同赶回母校分享这个时刻。省内外媒体，也纷纷聚焦华中大新闻学院三十年，盛赞华中大新闻教育成果。

新华每日电讯在《“文工交叉”育新闻人才　华中大成功探路》报道中写道：三十年来，华中工学院经历了华中理工大学、华中科技大学的阶段性演变，其新闻学院秉持“文工交叉，应用领先”的办学理念，经过几代学人的开拓奋进，已经形成十分完整的新闻传播类高级人才培养链。

新华网刊发《华中大新闻与信息传播学院跻身全国五强庆祝30大典》，给予了学院办学成果很高的评价：“华中大新闻学院紧密结合社会需求变化、学院自身特长，大力引入理工课程，注重培养传播科技素质，培养了一大批高素质新闻人才，取得了良好的办学效果。由最初的一个学系，发展成为拥有四个学系，教学科研水平跻身全国新闻教育第一方阵的学院。”

《湖北日报》刊发《华中科技大学新闻教育创办三十周年》一文，认为，华中科技大学“作为国内最早创办新闻专业的工科院校，该校在新闻人才培养上，以人文社科为基础，实行文理、文工大跨度交叉，形成了特色鲜明的跨学科人才培养模式”。

《楚天金报》的《华中大新闻学院三十而立》写道：“新闻教育专业是华中大的第一个文科专业，是全国高校第一个开设计算机、高等数学等理工课程的文科学院。随着网络的兴起，新闻学院在全国第一个开设了网络传播专业。面对社会需求，新闻学院建立了第一个新闻评论实践班。”

正如时任校长李培根在院庆三十年时所谈到的那样：“理想连接着现实，希望延伸着希望。诗人泰戈尔说过：‘一路地走过去，鲜花还会继续为你开放！’我相信，在各级领导、国内外同仁、校友，以及社会各界的大力支持、帮助下，新闻学院一定能够取得更大的发展，为华中科技大学的腾飞，做出新的更大的贡献。”

我还一直记着张昆院长在三十年院庆中饱含深情的致辞：“对于人生而言，30岁是一个重要的节点。也许大学的生命周期不同于个人，但华中大新闻教育的三十年，是令人骄傲和自豪的。今天我们纪念华中大传播教育创办三十周年，不是为了发思古之幽情，而是为了弘扬我们的传统，传承我们的文化，更是为了积极地面向未来。在历史的长河中，今天只不过是历史在时间上的延续，而且注定将成为明天的历史。为了使不确定的明天，变得确定下来，为了辉煌的愿景早一点实现，让我们沿着前辈开辟的道路，共同打拼，一起拥抱新闻传播教育灿烂的明天。”

张昆院长的致词冷静而深刻，校友们的聚会激情飞扬。

1984 级干部专修班学生熊红的一首诗《今夜我们激情飞扬》一直感动着校友们。他这样深情地写道：

这是一次浓情岁月的探访
尽管我不愿在皱纹里回忆
这里有我暗恋过的同窗
但我还是不能不喃喃自语
这里的确给了我做梦的温床
……
我离去的时候带走了云彩
也带走了一双渴望搏击的翅膀
我归来的时候带回了尘土
也带回了一身风雨洗礼的沧桑
老师们你们可好
我知道黑板的黑粉笔的白
黑白之间是你们秉中持正的思想
同学们你们可好
我知道影像的动文字的静
动静交替是你们求新博闻的成长
喊一声老师
这个金秋满校桂花飘香
叫一声同学
杯中的酒没喝心里就滚烫
喊一声老师
叫一声同学

今夜，我们激情飞扬……

那日，在院庆校友联欢晚会上，熊红和一名女校友同台朗读，激起一阵又一阵掌声。热烈的掌声之下，我看到校友们眼角闪动的泪花。

后来，我们在办专刊时，将这首诗完整地收进了报纸。当时李磊副书记给我安排了四名本科大二的学生协助办周刊，他们是佟邵将、王梦元、谭雨倩、鲁军宜。他们那时还只是大二的学生，业务素质却非常高。四个对开大版，安排下去，不几天，各自都编辑成章，这就是《华中科技大学周报——新闻教育创办三十周年专刊》。

如今，新闻学院办公楼前的院名石，也记录着院庆的盛况：三十春秋勤耕耘，万千学子扬风华；改革创新立潮头，新闻学苑放异彩。金秋十月，喻家山下，丹桂飘香，硕果满枝。海内外二百余专家学者汇聚于此，同庆华中科技大学新闻与信息传播学院三十周年华诞，纵论学术，共襄盛举。值此大典，三峡日报传媒集团赠予此碑，以兹纪念！公元二〇一三年十月。

三、感怀喻园的每一个日子

能成为华工学子，一直是我学生时代的梦想。而华工宁静美丽的校园，在我的想象中都有些抽象，譬如我们当时只知道，那校园大的可以装下几个县城。譬如，那校园有一片“倒下”的白桦林。

在华中大挂职的日子，我没能找到华工那片“倒下”的白桦林。

白桦林，是我对华工第一个稍稍有些具象的想象。

华工新闻学院干部专修科新闻学 8301 班的鲍勋告诉我，当时新闻学院男生所住的华工东五宿舍旁，有一片白桦林，安静而优雅。他这样描述，白桦树亭亭玉立，充满诗意，他和同学们经常流连其中，写诗作文，复习备考。忽然有一天清晨，一群女工在林中砍伐。他一问才知道这里将建一座新的教学楼。鲍勋说，我在百般惆怅之后又顿悟，于是激情洋溢，一挥而就《校园里，倒下一片白桦林》：

白桦林，我生命中的白桦林啊
润养我四年青春四年青春的神韵
左边那条石径，还走着我的诗歌
右边那个木櫈，还坐着我的爱情

那高高的树梢，还放飞我扑啦啦的外语单词
那深深的树根，还缠绕我乱纷纷的数学方程
……
可白桦林是倒下去了真正倒下去了
一群女工笑着唱着
很抒情很别致地放倒了它们
树汁汩汩流着
乳汁汩汩流着
女工们忽然想到了自己
于是，她们与它们都感到很神圣
风知道这儿将矗立一栋明亮芬芬的教学楼啊
所有倒下去的精灵会沿着那旋转的楼梯冉冉上升
……

那片白桦林早已芳踪无存，然而，紫荆路口东六楼学院草丛中，那座高大的院名石，继续照耀着华工新闻学子前进的路。镌刻其中的“秉中持正，求新博闻”的院训，诠释着一代代华工新闻学子的执着和理想。

这座米黄色的院名石的来历有个故事。

由三峡日报集团捐赠的“三峡红”巨石，高7.8米，宽2.4米，重达38吨。从宜昌运送到华中大，仅运费就不少。

2013年9月15日凌晨五点还不到，“三峡红”巨石运到了东北门。当时的院长助理张明新接到电话，第一个赶到东北门，将“三峡红”巨石和安装所用的吊车迎到紫荆路口的东六楼。这卸载和安装是技术活。卸车时，须起落、移位、下落和校准。安装时难度更高了，38吨的庞然大物，要垂直起吊，凌空水平精确移动到事先浇筑好的水泥基座上。

安装院名石用了五六个小时，待安装完成，已过正午。

事后，张明新写了一篇文章《院名石落成小记》，完整地记述了这一过程，刊登在了院庆周刊。那时，我和张明新同为院长助理，经常会有业务交流。明新年纪轻，为人厚道，思想活跃，内秀而智慧，又非常谦虚。我开始时是称他张教授或院长，他总是有些不安，谦逊地对我说，不用这样叫，喊我小张、明新就行。

院名石浅灰色的表面上，夹杂着一抹抹亮丽的红色，正面正中自上而下排列着“新闻与信息传播学院”九个大字，用深红色油漆描红，庄重而热烈。张明新对我说，院名是北京大学新闻与传播学院院长、中华全国新闻工作者协会名誉主席、前人民日报社社长、书法家邵华泽将军所题。左侧，院训“秉中持正，求新博闻”字号稍小，以黑色显示。

张昆院长告诉我：中者，中央，公允；正者，端正、正义。所谓中正则公，中正则雅；中正公方，则在朝在野，人皆敬重。秉中持正，即为人为学，不偏不倚，秉持公允，坚守正义。意指华中大新闻传播学人将肩担道义、守望真理，公允见证历史，忠直传播美好；立一身正气，扬一席正言，求无悔正果。

在华工的日子，于我个人而言，更重要的是，身处这样一个集体，我不断受到熏陶，得到提升。

我过去的二三十年新闻生涯，多是在一线冲锋。而在华工这一年，我在向老师们学习与交往，也有了更多时间去思考。就在这一年，我结集出版了个人的第一部作品集《欧亚新闻案》。

我很感动，张昆院长专门为这本书作跋。他深情地写道：“本书收录的是作者过去的旧作，而成书却是作者在华中科技大学新闻与信息传播学院教授的任上。看到这本书，读到其中的篇章，品味着文字内外的意涵，我一方面感到欣慰，因为这本书的出版可以看作是欧亚兄职业新闻生涯的一个小结，经过这一小结的梳理、归纳、总结，作者本身在理论和修养上会实现一个重大的飞跃；另一方面，作者以挂职的形式暂时离开火热的新闻职业前线，开始以学者的理性思维分析、剖析其早期的职业的行为，透视新闻现象，解析新闻传播规律，给新闻学术界注入了新的活力。随着这种作品越来越多，可以想象我们的新闻传播学科定会实现跨越式的发展。我对此充满了期待！”

张昆院长在跋中还说道：“我们在一起工作近一年，正逢华中科技大学新闻学院创办三十周年。他一到来，就直接参与各种筹备活动，特别是院庆活动本身的宣传，欧亚提出了很多建设性的意见，做了大量的工作。从与他的日常工作交流开始，逐渐地我们成了无话不说的朋友，就这样彼此进入了对方的内心。”

我感怀在华工的每一个日日夜夜。张昆院长亲自帮我办了华工食堂的饭卡，詹健书记亲自安排，为我制作了学院的名片。

特别是，我差一点成为华工真正的一员。

2013 年，学院在引进师资上有了新创新：面向全国招收 10 名业界人才。

有一天，学院党总支书记詹健找到我说，新闻学院将面向全国招聘 10 名业界人员，并经校领导批复同意。张昆院长和他商量了，看我是否能够借这个机会留下来，征求我的意见。

于我而言，这是我最大的梦想。但我深知自己学识、水平等各方面与华中大还有许多差距，我依然只能是华中大校园的匆匆过客，最终抱憾放弃，未能成为喻家山下的一员。

不过，后来我的一位优秀同事，最终来到了醉晚亭。

那是初夏的一天，凌晨一点多，我正在报社大院的操场上闲走，路遇刚刚值完夜班回家的王溥。王溥担任过《楚天都市报》的常务总编，时任《楚天金报》的常务，又是博士。我们交谈中，将这一消息告诉了他。

如今王溥终于成功进入华工，圆了他做教师的梦想。这世界少了一名优秀的报人，但多了一名优秀的新闻学教授。

鲍勋的《校园里，倒下一片白桦林》中还写道：

风知道这儿将矗立一栋明亮芬芬的教学楼啊
所有倒下去的精灵会沿着那旋转的楼梯冉冉上升
据说，今夜有雪，一场纷纷扬扬的大雪
大雪如箴，将抹去白桦林的芳踪
如果有一天，你流连喻园
或有幸端坐在知识的面前
嗅着树木的气息阳光的味道
别忘了，这儿曾倒下一片白桦林，一片纯女性的白桦林……

华中大新闻学院师生创作的歌曲《醉晚亭梦想》中也唱道："喻家山下醉晚亭旁新闻学院声名扬，我们怀着青春热血梦想从这里起航。铁肩担道义，妙手著文章追求真相无止境，我们一直在路上。"

是啊，新闻人一直在路上。如今，华工第一代新闻教师多已年在花甲之上，而第一批新闻学子朱学诗、鲍勋和熊红他们，也渐染华发。三十年，对人生而言，是一个时代的结束，或是一个时代的开始。但无论如何，新一代学子又会不断从醉晚亭起航。

“问道沧桑远，东湖望月，指点天下，论豪杰，喻家山下，传播真理勇担。”无论多少年，华工的新闻精神，依然会薪火传承，照亮学子们前进的航程。

其实，人生就是这样，一代代传递，生生不息……

张欧亚 历任《十堰晚报》记者、《十堰日报》经济部副主任、《楚天金报》机动记者部主任、《楚天都市报》深度报道部主任、《湖北日报》高级记者。为湖北日报传媒集团《楚天都市报》《楚天金报》第一个，也是长达九年时间里唯一的首席记者。

入选南方日报出版社出版的《真相再报告——与18位中国知名记者的对话》，以及《新闻爱好者》封面人物；2011年，被推荐为全国网友最受欢迎的十佳记者候选人。

他开启了中国地方媒体记者首次随军采访军事演习的先例。2015年，走进中国陆海空三个英雄连队，即陆军阿拉山口英雄连、海军索马里护航功勋舰微山湖号、空军黄继光英雄连采访，并被授予“黄继光连荣誉战士”称号。

致力于新闻深度调查报道。曾参与三峡截流、国庆阅兵、北京奥运、神舟飞天系列、嫦娥一号发射、九八抗洪、汶川地震、烟台海难、大连空难、包头空难、广西矿难，以及张君抢劫运钞案、刘汉涉黑集团审判等重大事件的报道。

新闻作品《伤心漫过那片海》《宁静的常德》《候鸟含悲的草原》《奔向格拉丹冬：穿越死亡的握手》《余震还在继续，希望已经种下》《穿越戈壁八千里路云和月》等，为读者所铭记。

出版《欧亚新闻案：中国事件见证与亲历》文集，荣获中国新闻奖，被誉为“湖北社会新闻第一人”。

五载喻园人　一世华工情

赵星耀

从 2007 年 7 月入校工作，到 2012 年 7 月正式调走，我在华中科技大学（前身为华中工学院，简称华工）新闻与信息传播学院任教整整五年。这五年的时间对我而言，固然不能算弹指一瞬间，但终究是短暂的。在喻园享受快乐成长的幸福，即使是二十年、三十年，我都不会觉得长久。如今每每回想起这段美好时光，我心底涌出的只有无限的眷恋，一种逝者如斯的感觉也油然而生。我深知，华中科技大学新闻与信息传播学院这个已经铸就并将继续铸就一系列不朽传奇的名称，早已在我内心烙下无法磨灭的印迹。饱含于这印迹之中的，是我一生一世对华工新闻传播教育事业的由衷敬意和珍爱。

2011 年 7 月 19 日在全国新闻理论教学研究专题研讨班闭幕式上讲话

一、如愿成为华工新闻人

我本科、硕士和博士就读的专业都是新闻学，但均非师出华工。在我求学的每一个阶段，华工新闻传播教育在圈内的口碑都不错。多渠道传递给我的信息是，华工新闻传播教育在全国独树一帜，其教学科研团队和衷共济，既严谨务实，又不断开拓创新，走出了一条不同寻常的特色发展之路，收获了一个接一个的喜人硕果。这使我坚信，一名教师或学生，若能在如此有朝气、有锐气、有成就的大家庭中工作或学习，何其幸哉！

所以，当我博士毕业前，导师郑保卫教授告知华中科技大学新闻与信息传播学院需要一名新闻理论方向的博士并建议我去应聘时，我欣然应允。那一刻，我很兴奋，也很忐忑不安。兴奋的是我面临着一次成为心所向往的华工新闻人的宝贵机会，不安的是担心自己若未遂愿，不知会留下怎样的遗憾。

与张昆院长的第一次电话联系后，我的不安消去了大半。张院长早已是国内新闻传播学界和新闻传播教育界年轻有为的大咖级人物，我在几次学术会议上听过他的报告，无一不口若悬河，声若洪钟，满堂喝彩，气场十足。但没想到在电话中他是那么的平易谦和，那么的善解人意，让我的紧张感顷刻全无。他说，已看过我发去的电子材料，完全符合学院的用人标准，非常欢迎我来学院工作。他很关切地询问了我的家庭基本情况，叮嘱我有什么工作和生活上的需求尽管说，他会尽力协调满足。最后，他表示会抓紧安排时间与我面谈。

此番电话交流让我对到华中科技大学任教更加充满了期待。一天，两天，三天……我在焦急的等待中盼着早日与张院长面谈。一天晚上，我忘带手机，运动后直接去学校浴室冲澡，返回宿舍时发现导师打了几次电话，回过去得知张院长已到北京，要见我。我看了下时间，导师的第一次电话距离当前已过去近三个小时，也就是说，张院长已经等了我近三个小时。我连忙下楼打车往张院长住的宾馆赶，一路上思绪万千，没想到这些天反复念叨的面谈竟以这样的方式拉开了序幕。

终于，气喘吁吁的我在宾馆见到了面带微笑的张院长。和他一起的还有一位女士，个子不高，讲话的声音却很有穿透力和感染力，颇为顺耳。经张院长介绍，得知她是新闻系系主任刘洁教授。看到我面红耳赤，为迟到而显得甚是局促，刘洁教授开玩笑说："你的架子好大呀，让院长和系主任等了这么久才出面接见！"此语既出，张院长在一旁爽朗地大笑起来，也附和着调侃了几句，然后笑眯眯地招呼我坐下，让我喝口水喘喘气再聊，气氛就这样一下子轻松了许多。

左为赵星耀

接下来，在一种自由聊天的状态中，张院长和刘洁教授认真听取了我的基本情况和今后的教学科研计划，又向我较为详细地介绍了学院的发展现状和用人要求，并对我的工作设想提出了不少中肯建议。不知不觉中，已过去了一个多小时。看到时候不早了，我便起身告辞，他们坚持一起送我到电梯口，这让我感到些许受宠若惊的同时，更多地体会到一种彻骨的暖意。我原本把面谈视为一种严肃紧张的面试，却不料成了一场促膝谈心、获益匪浅的漫聊。张院长和刘洁教授都温文尔雅，从容大度，待人真诚，可亲可敬，言语中掩饰不住对新人加入的热切渴望，一个新闻学院有这么富有魅力的院长和系主任，怎会不让人神往？

这次面谈之后，张院长带领学院领导班子成员到中国人民大学新闻学院访问时，又特意借着用餐之际安排我与所有院领导见了面。其他每位院领导看起来都如张院长一般谦逊和蔼，质朴无华，求贤若渴，对学院的未来发展也均满怀信心。他们对外展现了一个齐心协力、团结一致、目标明确、思路清晰的学院领导班子，也昭示了华中科技大学新闻与信息传播学院实现进一步腾飞的强有力的中枢动力和组织保障。

就这样，我以一种破例的、异常便捷的方式通过了"考试"，于 2007 年 7 月初，和爱人一起背负行囊，如愿以偿地走入了郁郁葱葱的华中科技大学，肩负着新闻与信息传播学院诸位领导和同事们的无比厚爱和期望，开始了为期近五年的喻园生涯。

二、在生活上得到家人般的温馨照顾

入职之前，我和爱人从未到过武汉，在这座城市中没有任何亲朋好友。可面对一个完全陌生的环境，我的陌生感和不适感既不强烈，也不持久。学院是一个温馨的大熔炉，各位院领导和同事纷纷用无私的关心和帮助，让我及时化解各种问题和困难，始终安心、顺心、快乐地生活和工作。

张院长非常繁忙，但他事无巨细，有求必应，不知为我解决了多少生活难题，"有困难，找张院长"，很长时间内一度成为我的主要生活法则。然而，每当我因为屡屡烦扰他而表达愧疚时，他总是爽朗地笑着安慰我："不要觉得麻烦我过意不去。年轻人拖家带口，到一个新的环境中生存和发展很不容易。我也年轻过，也有过这样的经历，所以完全理解你们的难处。再说，作为院长我有义务首先确保我的新兵顺利地生活，然后才可以要求你努力工作呀！"类似的话他一次次说起来都很随意、很轻松，但在我心中积淀下来的是越来越深厚的情谊。这种情谊令我丝毫不觉得他是院长，而是一位长辈，或者更准确地说是一位兄长，一位可以无话不谈的兄长。

被我时常烦扰的远不止张院长一人。刘洁教授作为我的"顶头上司"，工作之余经常嘘寒问暖，关怀备至，是一位典型的知心大姐。办公室主任王维真老师，性格直爽，做事干练，特别热心肠，她在生活和工作上给予我的关照，也是数不胜数，令人感激不尽。何志武教授热心地通过家里人找关系，在我爱人即将临盆之际，提前为她在中南医院争取到舒适的床位，选定经验丰富的主治医生；顾建明副教授得知我儿子出生后黄疸高，立即联系省妇幼保健医院的朋友，让孩子得到最佳的治疗。其他的许多学院领导和老师，都曾在我需要帮助的时候毫不犹豫地伸出援手，让我这个新人从他们那里不时地得到家人般的支持和照顾。

三、学院格外重视年轻教师的成长和发展

身处一个充满温情和关爱的大集体，自然倍感舒心和幸福。在学院中，绝大部

分年轻老师都能像我一样充分享受这种幸福，因为重视年轻人的成长和发展，正是以张院长为首的学院领导班子大力倡导并身体力行的主旨指导思想之一。

我在学院工作期间，年轻教师的数量不断增加。作为学院教学科研队伍的"第三梯队"，年轻教师的成长和发展，受到了学院格外的重视。这种重视绝不只是口头上的简单表态，而是建基于浓厚的氛围营造和切实的多方支持之上。学院领导在各种场合都强调重视年轻教师成长和发展的非凡意义，将其视为学院可持续发展的关键举措，并为此创造各种有利条件，支持年轻教师尽可能多地外出学习、交流，尽可能快地提升教学水平，尽可能精准地明确科研方向，多出科研成果。学院德高望重的老教授和中坚力量，也大都积极主动，尽其所能地帮助年轻教师完善工作规划，组建或参加教学科研团队，探索教学改革，申报科研项目，修改学术文章。在全院的呵护下，年轻教师丝毫没有单打独斗、自生自灭的孤独感和悲情感，而成了学院的"宝贝"和"宠儿"，无时无刻不从四周得到理解、鼓励和助推。

我在学院的每一步成长，都鲜明地凝聚了众多院领导和年长老师们的倾心扶持。张院长在教学和科研上给予了我很多点拨和启示。他申报《外国新闻传播史》国家精品课程时，特意让我参与进来得到锻炼。通过手把手的指导，他指引我全面感知了如何规范、深入而富有创新地进行课程论证和组织申报材料。他在撰写申报材料的过程中，字斟句酌，一丝不苟，态度严谨，思路开阔，且非常高效，这种作风和品格令我叹服之余，我也为自己树立了明确的标杆。刘洁教授在新学期开学的第一天，就主动约我这个系里的"新兵"细聊，就我以后的教学和科研规划详细地谈了她的意见和建议。为了帮助我快速地熟悉教学流程和教学任务，她毫无保留地把《新闻学概论》和《马列新闻论著选读》两门课程的大纲、课件和各种辅助材料都给了我。她还根据我的科研兴趣，找出她与我类似的研究话题，并希望我们一起合作研究。吴廷俊教授多次被我"任命"为各类项目申报的推荐人，从无推辞。他百忙之中还专门抽出时间，和我一起同我带的研究生畅谈学术与人生。孙旭培教授对我的每一次到家造访，都热情接待。向他求教时，均是知无不言、言无不尽。赵振宇教授不止一次地拉我进入他的教学和科研团队，参加他主办的学术会议，为我做好教学和科研献计献策。石长顺教授审阅我的课题申报方案时，加班加点，忙到深夜，第二天一早就反馈了详细而有建设性的一连串意见。孙发友教授在校园或学院办公楼遇见我，总是笑容可掬，勉励有加，让我大受鼓舞。陈先红教授对我也特别关照，在一起运动、吃饭和闲谈时，她总是帮助我开阔我的学术视野，提升我的学术创新意识。2010 年 4 月，在她的大力举荐下，我有幸获得了去香港城市大学访学的宝贵机会，成为如今在大陆青年学术圈享有盛誉的“多友”中的一员。

回想起在喻园工作和生活的日子，我要感谢的人实在太多了。之所以有那么多的人要感谢，归根结底在于关爱年轻教师已牢牢印刻在学院的发展理念之中，体现在学院每位领导和教师的一言一行中。有了这一点，学院年轻一代教师在幸福中快乐而快速地成长壮大，使学院始终后继有力、生机勃勃。今天，当年的大部分年轻教师都已成为学院新的骨干力量，他们教学能力突出，科研业绩丰硕，为学院不断地增光添彩，积聚影响，做出了巨大的贡献。明新、小平、海江、华军已擎起接力棒，组建新的学院领导班子，铆足劲为学院发扬优良传统、再创新的辉煌而奋斗。这一切都得益于以张院长为首的老一辈人的良苦用心，也是他们不懈付出后理应看到的可喜局面。

四、学院的三种精神气质

重视年轻人的成长和发展，与其说是学院的一种发展理念，毋宁说是学院刻意塑造和强化的一种精神气质。这种精神气质是学院能够在新时期一如既往地打造特色、高歌猛进的必要促因，但不是全部。在我看来，坚韧不拔、多元包容和严谨务实，是学院长期承袭和弘扬的另外三种精神气质。

华工新闻传播教育诞生并发展于一所工科强大的高校中，在或明或暗的“重工轻文”观念影响下，一直以来都不同程度地面临着多方面的学科误解甚至歧视，经历了多种本不该有的挫折和磨难，一些看似常规的进展和成就的获得，其实大都来之不易。面对这种“先天性”的不利情况，几代华工新闻人坚持并延续了一股坚韧不拔的进取精神，使华工新闻传播教育事业总能克服障碍，砥砺前行，最终开辟出越来越广阔的发展空间。

在学院工作期间，我多次目睹过学院领导为学院据理力争项目、资金和政策时，在校内受到一些无端质疑和非难。我也完全理解，当创建国家级实验教学示范中心一事，因方案未能在校内获得应有的“区别对待”而无法从学校出线参加外评，最终功亏一篑时，为此呕心沥血、信心满满的张院长和舒永平副院长的极端无奈。

诸如此类的事情尽管经常性地让院领导和老师们烦恼不已甚至身心憔悴，但从未削弱大家知难而进、奋勇争先的意志和决心。本着“有作为才有地位”“办法总比困难多”的想法，学院的领导和老师们在“内患”面前非但没有气馁，反而总是以乐观的姿态，有智慧地再谋他路，寻求棘手问题的解决之道。这种坚忍不拔也使学院在面对全国新闻传播教育重新洗牌、兄弟院系发展态势咄咄逼人的时候，能够稳住阵脚，运筹帷幄，抓住关键问题逐一击破，获取更多的业绩，令人信服地巩固并提升学院在全国的地位和影响力。

在新一轮的学科评估中，学院的排名达到历史最佳，标志着学院的发展又迈上了新的台阶。在此情况下，学院的“内忧”和“外患”相比于前些年，可能会减弱不少，但华工新闻传播教育骨子里面的坚韧不拔精神需要永远地传承下去。坚韧不拔是一种团结一致、同舟共济的态度，是一种不甘落后、永远向前的追求，是一种扬长避短、另辟蹊径的智慧，也是一种胜不骄、败不馁的境界。凭借这种精神，华工新闻传播教育已迈过一个又一个的坎儿，它必将护送学院在今后成功地攀登更多的高峰。

多元包容是学院另一种显著的精神气质，这种精神气质是一所高校和一个新闻院系纯粹性的检验标准。多元与包容互相交织，没有多元，包容很难实现，多元是包容的基础条件；没有包容，多元的含义是不完整甚至不成立的，包容是多元的精髓所在。

学院多年秉持的“交叉”“复合”“应用”理念，直接造就了教师队伍构成非常明显的多元特点。我在学院期间，全院教师总数不过三十来人，其中有来自新闻传播业界的，有来自文学、历史学、管理学等其他人文社会科学的，也有来自电子信息工程、动力学等自然科学的。像我这样，只有单一的新闻传播学背景且一直在高校的教师，竟是少数。为确保教师来源的多元化，张院长还力推一项举措，即学院毕业的博士一概不能留校任教。这项看似不尽合理的举措，在国内不少重点新闻院校都因“山头”众多、严重内耗而发展缓慢的情况下，有着很强的现实针对性和长远意义，在当时也无疑是一项很有魄力的非凡之举。

教师构成的多元化只是一种形式上的多元包容，或者说是一种硬件上的多元包容，精神意识上的多元包容才是最主要的。我到学院后，丝毫没有“外来人”的感觉，因为“本地人”意识很弱或者可以说压根没有；不同系的不同老师，都基于各自的兴趣和爱好从事特定的研究和教学，大家各得其所，各得其乐，不存在谁主要，谁次要，谁压过了谁；大家在一起商谈问题时，完全可以自由畅谈，而不必拘泥于一个观点、一种思路；说得不妥或者出现争论也没关系，因为对事不对人，没人会对此有多余的想法；院领导和普通老师之间，资深教授和年轻老师之间，没有多少世俗的规矩和繁文缛节，通常都显得平等、随意却互相尊重；在许多场合，院领导尤其是张院长被调侃，老教授与年轻人互开玩笑，均为常见，大家都觉得自然而有趣；男女老少可以在一起认真地探讨教学和学术，也可以开心地约起来，打羽毛球、打乒乓球、聚餐、喝酒、唱歌，不亦乐乎。

总之，在学院中说话做事，除非必要的统一和集中，往往没有"定于一尊"的现象。处于一个多元包容的学院中，我感到很轻松、很惬意。我是一个情绪性的人，往往不注意小节。虽然在学院说了不少欠考虑的话，做了一些欠考虑的事，同事们对我大都是很包容的，少有计较。这种包容至今想来，弥加珍贵。只有在一个亲情浓浓的大家庭中，包容才是最常见且最自然的。也正是有了包容，大家彼此间才多了一份理解和一份关爱，每个人也才能免受复杂人际关系的羁绊和折磨，从而更好地轻装上阵，更为充分地绽放自我，最终形成最大的合力，推动学院最高效地前进。

学院还有一种精神气质就是严谨务实，这应当是华工精神在学院的传承性表现。在跟风主义、功利主义、形式主义等浮躁现象弥漫的中国高校及新闻传播教育界，严谨务实越来越显得少见，越来越难以坚守。

严谨务实的核心意思是从实际出发，说实话，办实事，求实效。华工新闻传播教育自诞生之日起，就一直注重结合工科大学的实际，结合传媒发展的实际，遵循新闻传播教育规律，抵制种种浮躁现象，寻求特色发展之路。我在学院工作期间，学院领导班子很好地秉承了严谨务实的优良作风，在谋划学院各项事业发展时总是审时度势，立足实际，不图虚名和虚利，实施合理可行、切中肯綮的举措。这种严谨务实使学院得以保持准确无误的发展方向，避免了不必要的弯路和误区。

就学院的每位教师而言，严谨务实也是大家工作上默认的共同要求。资深教授们在这方面无疑是最好的表率。他们白发苍苍，功成名就，事务庞杂，但不管是给学生上课，还是指导研究生们写论文、答辩，他们都特别认真、专注和守时。学院的博士培养质量在全国来说绝对是数一数二的，这完全在于各位博导都满怀高度的责任感，悉心指导，严格把关，让学生们选取前沿而具有可持续性的题目，写出可终身受益的毕业论文。

严谨务实还可以把很多人做“虚”的东西变成“实”的东西，学院的会不算少，但决不“空”。每周四下午的例会，形式多样，内容丰富，或通报全国新闻传播教育界最新动态，或告知学院重要事宜，或安排专项活动，有时还演变为教师们外出学习交流会和学术报告会。每学期初举办学科讨论会，是学院多年以来的一个传统。由于学院重视，各系重视，每位老师重视，准备充分，交流互动热烈，每次会议总能抓住学院发展中的焦点问题，让全院教职员工充分地发表意见，深入讨论，一般都较好地起到了凝集共识、统一思想的效果。由于讲求“务实”，学院的会议基本上不会让人觉得枯燥乏味而产生抵触情绪，大家很乐意把会议作为互相交流的一个好平台。

在一代又一代人的努力奋斗下，华工新闻传播教育事业带着诸多非同寻常的精神气质，已历经三十五载，创下了一系列令人瞩目的辉煌成就。在学院工作和生活的五年，不仅是我一段刻骨铭心的经历，更是我拥有的一种无法估价的精神财富。五载喻园人，一世华工情。不管身在何处，我都永远祝愿学院继续乘时代发展的强劲东风，在中国乃至世界新闻传播教育界燃起更多升腾的火焰，让华工新闻的金字招牌越擦越亮！

赵星耀　男，河南邓州人，中国人民大学新闻学博士；2010 年 7 月至 2012 年 7 月在华中科技大学新闻与信息传播学院工作，现为青岛大学新闻与传播学院副教授，主要研究方向为马克思主义新闻观、传媒经营管理、广电改革。

学生是学校的名片

——入职新闻学院十七年点滴感悟

赵振宇

2001年2月，我应时任院长吴廷俊教授的邀请加盟新闻学院，至2017年10月正式退休，在新闻学院工作了十七年。恰逢新闻学院三十五年纪念活动，摘录当年在媒体刊发的旧文和写下现在的感悟，与曾经相处的同事和还未谋面的新老朋友们分享。

赵振宇与新闻评论团特长生陈栋、周虎城、潘晓凌

一、当老师的感觉

因工作调动，来到了位于武汉喻家山下的华中科技大学任教，转眼就是一学期了。常碰到朋友问起：感觉如何？

——“学校太大！”一学期了，我还没有把整个校区走完。记得刚来时我离校回汉口,还是院长派办公室万老师送我出的校门。由于学校太大,教室经常调换,于是,由老师和同学们组成的庞大的自行车群便成了学校的一道壮丽的风景线。

——"学校树多!"前不久开了一个全国的学术研讨会,代表们一进入华中科技大学的校园,"绿树成荫"的感觉顿时而生,在"火炉"武汉之地,这种感觉好像比其他别的感觉要重得多。

……

来到大学感受颇多,人们喊得最多的还是"老师"。"老师好",喊"老师"更好!

学校是传道、授业、解惑之地,当教师的自然多。虽然我刚到校任教,但同学们见到我仍是那么甜甜地喊着"老师好"! 这一声称呼意味着什么,它不仅仅是对人的礼貌,它更意味着对受称者的一份期盼,它意味着我要担起教书育人的重担。我微微地点点头,这点头之间有多大的分量;我轻轻地挥挥手,这挥手之间是一种责任——我既然接受了它,就没有理由不把这份工作做好。我这样想,也努力这样去做。教师是一种职业,是一种向人们传授知识、执行教学任务的专门人员,人们俗称"灵魂的工程师"。

在教师队伍里,有教授、副教授、讲师和助教之分,还有院士、博士生导师的称谓。但是,在大学的校园里,在教师们的会议上,在同学们的称呼中,都只有相同的两个字:老师。"老师好",它抹去了文人相轻的界限——不论是学识渊博者,还是初学出道者,咱们都是教书育人的同事,都肩负着同一个神圣的职责;"老师好",它在模糊之中表明了竞争的态势——虽然都是同一个称呼,但因为学识、贡献的不同,它在劳动的报偿和在人们心中的分量是不相同的。不上则下,是对所有当教师的一个挑战。

在学校里,除了教师还有不少行政管理人员,自然他们也都有自己的职称和称谓。但是,在校园里,我听得多的,仍然是"老师"。想想也有道理。"三人行,必有我师""隔行如隔山"。一个学校发展的好坏,与广大的行政、教务、后勤等方面人员的努力是分不开的;而且,他们中的不少人本身就是各个方面的行家里手——称他们为"老师",应该。

凡有人群的地方,就有领导他们的官员,大学也是如此。但是,在这里除了非正式场合,人们喊得多的还是"老师"。我琢磨,这大概也是有讲究的。学校以教育为本,官本位淡化,领导和被领导的人统称为"老师",这自然是重视教育的表现;学校又是重视知识和才干的地方，从教师中提拔领导干部这是普遍现象，于是，在官员的行列里又多了“老师”的成分；大学里当官不离教学，于是在课堂上，在研究室里，经常可以看到他们的身影——称他们为“老师”，正常。

（摘自《“老师好”，称“老师”好；“老师好”，争取把老师当好！》，原文载2001年9月6日《人民日报》“大地”副刊，有删节，曾获报社文艺部下半年杂文“金台奖”。）

这是我当年入校后的第一篇有关从事高等教育的短文。十七年过去了，这种当老师的荣耀和责任意识仍然还在。只是校园里“老师”的称谓似乎少了一些，就连学院也是“书记”“院长”喊得多。关于去官本位，倡教授治学，时常会因某一新闻事件而被人们屡屡提起，但改革之举起步难、成事更难。但愿有一日大学能在“老师好”的声声朗朗中，被办得真正像老师培养学生的一片净土。

中国大学目前大都实行的是导师制，即一个导师带领一个或几个硕士或博士生，对他们平时的学业和毕业论文进行指导。他们会认认真真地听导师上课，会老老实实地完成导师交办的事，甚至对导师的生活健康都十分关心。我以为是不错的，也是应该的。现在的问题是，学生的这种态度，对自己的导师是这样，对其他的老师却不是这样。

现在研究生大都有缺课的现象，而缺得最多的不是自己导师的课，而是其他老师的课。尽管有的老师的课上得很好，甚至比自己的导师的课上得还要好！研究生大都有一些课外活动或社会活动，是自己导师布置或组织的就比较积极，而其他老师组织的就是另外一种态度了；读研少不了要做一些学术研究，任务完成得好的和比较好的大都是自己导师布置的，对其他老师布置的，有不少学生是敷衍塞责、漫不经心，而最后总会有几条冠冕堂皇的理由；课外读物，大都是读自己导师研究方向的书籍和导师圈点的书籍，其他老师或其他领域的书籍和读物却很少关注；由于对自己导师的尊敬和亲热，一个导师手下的学生们也自然而然形成了一个圈子，与其他老师的弟子来往就少了许多。凡此种种，我以为是不正常的。

学生的问题反映在老师的身上。我们每一个导师首先是一个老师，做老师的应该要求自己指导的学生不仅要尊敬自己，同时要尊重其他老师；既要要求他们很好地上自己的课和完成自己布置的任务，同时也应要求他们认真地上好其他老师的课，并完成好其他老师布置的任务。严于律己，宽以待人，不要在学生面前说自己如何高大，说其他老师如何矮小。这些都没有意义，对学生也不利，为人师表，这应该是题中应有之义。解决这一问题有人提出从体制上改革目前的个人导师制为导师小组制，以便更好地发挥团队的作用，我以为可取。但是，尽管能够做到这点，上述学生或老师中存在的问题也会以其他的方式表现出来。看来，时时抓学风，时时抓师德，是不可缺少的。要把这个问题讲清楚，又得写一篇论述文章了。

（摘自《敬导师更要重老师》，2005 年 12 月 1 日《光明日报》。）

华中科技大学是创“双一流”的全国重点高校，新闻学院在新近学科排名中与复旦大学并列全国第三。十分遗憾的是，我们现行的研究生培养还是“师父带徒弟”的个体模式。它带来的弊端是明显的，改革研究生培养模式，应该是新时代新闻学院可以考虑并开始行动的事情。

2011 年赵振宇教授在人文讲坛上与同学们就讲座内容进行交流

二、学生是学校的名片

近日，华中科技大学新任校长李培根院士在调研时指出，从长远来看，影响学校声誉的是毕业生在社会上的总体表现，而不是经费、课题和 PAPER（论文）。此言甚明。

大学是培养高级人才的地方。每个毕业生都是学校的名片，他们的整体表现都在为一所大学做生动形象的广告宣传。这种力量是广泛的也是长久的。为此，以下几点我以为需要引起注意。

其一，教师的职责首先是教好书。即使是完成重大课题，撰写重要论文，也是要有利于提高教师自身的素质，最终有利于对学生的培养。大学必须以学生为本，这是不容置疑的。

其二，人事考核要有利于促使教师教好书。

其三，教书育人要着眼于全体学生。即使是世界上最著名的大学也不能保证它的毕业生个个都是一流大师或杰出人物，但是，我们只有将培养目标定位于我们的每一个同学，才有可能使他们中的大多数人学成后能从总体上反映我们学校的良好形象。这是个体与整体的辩证法，大家都懂，毋庸赘言。

（摘自《学生是学校的名片》，2005 年 5 月 24 日《光明日报》。）

前不久，在“华中科技大学新闻评论特色教育十年”会上，一位校友说，老师也是学校的名片。一个老师连自己都不懂、不会做，如何教同学们理解和实践，更不用说抓出特色来。

老师也是学校的名片，反映的是学生对老师的期待和要求，这种要求随着形势的发展越来越紧迫了。老师也是学校的名片，这是从教者的一种自律和追求。我们的一切努力和投入，都要从有利于学生的培养和发展着眼，“以其昏昏，使人昭昭”是万万不行的。随着时代的发展，对从教者提出了越来越多、越来越高的要求。到实践中去，向社会学习，向学生们学习，永远是老师们与科学研究并行不悖的任务。这里说的不仅仅是从事业务课教学的老师，我以为，大学里一切走上课堂的老师，对自己的学生应有更多的认知，对学科涉及的社会实践应有所了解，对某一门技术应有所熟悉和专长。所有这一切都是为了我们的学生。当学生们都能以亮丽的名片展现在社会上时，这难道不是我们从教者最大的幸事么？

（摘自《老师也是学校的名片》，2011 年 6 月 30 日《中国社会科学报》。）

“除了上课，教师们为上课做了些什么？”只要我们走进大学稍做调查就可以发现，教师们除了上课，真正为了上课和教学的时间其实很少。

——他们更多地在忙做课题。从中央到地方，各种各样的纵向、横向课题伴随着丰厚的经费和过硬的考核指标，引诱、逼迫着教师们花费大量的时间和精力。

2007年开始与《嘉兴日报》合作实施“评论记者工作机制”，提出党报评论“第一时间发布新闻，第一时间发表评论”。先后在中国记协召开两次研讨会，学院为报社开办业务培训和在职研究生班。《嘉兴日报》为此设立奖学金，并在资助学院设立“冠名教授”

——他们更多地在忙着写论文和著作。这些都是教师们晋升、评职必不可少的内容。于是乎，各种各样的核心、权威目录应运而生，杂志社抬高版面费用，出版社变着花样拉拢作者，而教师们也为着“著作等身”辛勤耕耘。

——他们更多地在忙着参加各种颁奖会、座谈会、咨询会等各种各样的社会活动。每逢周六、周日经常可以看到忙碌的教师们打着“飞的”到祖国各地参加各个学校、各个院系、各个学会举办的“学术会议”，或到兄弟院校“传经送宝”，开“学术讲座”……

不能说上述活动不重要，问题在于，教师们都去干课堂以外的事情了，还有多少时间和精力去上课和上好课。

为了上好课，教师们首先需要加强本课程的知识学习。

为了上好课，认真备课是少不了的。

为了上好课，还要与同学们打成一片。掌握和了解传授对象的课外活动情况，回答他们的问题，批改他们的作业，帮助他们选择参加适宜的社团活动和从事有效的学术研究和社会实践，这一切都是需要老师们花费时间和精力的。我曾以访问学者的身份造访过香港的大学，每当做完当天的功课离开大楼准备回家时，总能看到学院教师的办公室里还亮着灯，一打听才知道他们在为上课做准备。香港的大学教师们很少有那么多与上课无关的社会活动。

能否制定和完善有利于教学的教师考核、晋升制度，要让优秀教学者获得百万奖励、十万奖励的事情成为常态，不要让浙江大学一类的奖励再成为新闻；更要有让上课者光彩照人、物质待遇优厚的教师考核和工资制度。只有这样，才能从根本上改变当下实际上重科研轻教学的办学模式。

（摘自《老师们为上课做了些什么?》,2014年12月18日《中国青年报》。）

我在媒体工作十九年后到大学，很重视也很珍惜课堂教学。关于教学，我还写过《今天，我们怎样教学》(《新闻与信息传播研究》,2003年夏),《将关键词教学贯彻始终》(《湖北日报》,2005年11月16日),《论当代新闻人的特质培养及教育》(《现代传播》,2005年6期),《论调动学生学习积极性和创造性》(《学位与研究生教学》,2005年12期),《新闻专业研究生教学如何以实践为导向》(《现代传播》,2009年6期)等论文。我要说明的是，大学课堂既是一个教学活动的场所，也是一个需要和可以出科研成果的地方。我为本科生开设的"学术规范与学术创新"课程，不仅和同学们一起在《新闻大学》期刊上发表论文，而且以此申报主持了一个教育部专项课题。

三、我们怎样做科研

科学研究是大学老师们的一项重要任务，老师们应在做好教学工作的基础上完成好。我在媒体工作时就有学习理论、研究社会的兴趣，写了好几本新闻学、奖励学和程序理论方面的著作和多篇论文，参加了新闻学、管理学、政治学、社会学、心理学等方面的学会、会议，1992年，我还被中国心理学会评为全国心理学科普工作积极分子(全省两名，另一位是精神病院院长)。那么，大学的科研该怎样做，我写过一些论文，如《学术研究要关注和促进社会发展》(《新闻记者》,2008年4期),《学术研究及意愿表达》(《民主与科学》,2009年4期),《科学研究及申报课题的几个问题》(《现代传播》,2012年2期)等。

我认为，中国在与世界的交往中，一定要学习和关注外国的科学文化，不能盲目自大，自以为是。但是，目前学术界特别是人文社会科学领域，存在一种学术研究怪圈——越通俗的东西越为大众所能理解和接受的东西，在某些人眼里或在某些标准面前，它越没有价值；而那些远离大众、高深莫测、晦涩难懂和大量引经据典的东西，反而受到一些人的推崇，以为是最有水平的。一些所谓高水平的学术论文存在新的“两个凡是”，即“凡是有外国学者参加的会议或参与评审或看好的”和“凡是引用了外国人的著作或语录的”，学术价值就自然而然高高在上。这种过于堆砌理论和文献的文章不是衡量论文质量水平高低的标准，一切只看外国人眼色行事，某种程度上带有崇洋媚外的倾向。中国的学问和科学最终是要解决中国的问题，必须跟中国的实际结合起来。研究中国的问题，从理论到实践，有两层含义：第一，研究的起点来源于实践，是带着实践问题去研究的；第二，研究成果要能应用于实践，解决实际问题，服务于某一个领域。

（摘自《学术评价，别唯洋是举》，2012 年 1 月 30 日《人民日报》，《新华文摘》转载。）

复旦大学新闻学院院长米博华先生在 2018 年第 8 期的《新闻与写作》刊首语上指出：“或问，中国有没有自己的新闻传播理论体系，有没有自己的学术规范？这个问题给我们带来长期困扰。……直到今天，一个新闻传播学的学者，如果没有在西方国家留学的背景，是很难被认可的；一篇论文，如果没有引用若干条外国同行的文献，是很难被称为学术的。”他提出，建立中国的新闻“主场”。我十分赞同他的意见，相关管理部门、大学、学院和学术期刊、出版社可考虑为此设立新的判断、考核、奖励标准。

2014 年 5 月 8 日，新华社发出通稿《武汉市政府发文倡导“时间文明”》。通稿中写道：“记者了解到，倡导‘时间文明’活动源于赵振宇教授在 2014 年武汉市两会中的提议。当时，他通过多张照片，提出武汉市公共场合存在时钟不准，以及部分单位存在不能守时、惜时等问题。”

通稿发表后，中央及地方几十家媒体予以报道和评论。其实，引起对时钟的关注，提出“时间文明”理念更早是在 2011 年我与高校访问团出访美国时的一些感受。

到美国参加一个学术会议，有机会在东部地区的纽约、费城、华盛顿、波士顿和阿默斯特等地行走。在我们经过的繁华都市、幽静小镇，不论是道路还是景点，都会在醒目处悬挂着不同时代、风格各异的时钟或电子计时器，而且每座时钟都与当地的标准时保持一致。美国之行虽是走马观花，但对各处悬挂的准时时钟却是记忆深刻。

但也有偶尔例外的情况发生。在波士顿学院的孔子学院参观时，我惊奇地发现上午 11 时，墙上的时钟却停摆在 8 时 10 分！会后我与中方副院长交谈，她说“电池没电了”，我说“所有停摆都是这个理由”，她回答“马上更换新电池”。

回国后，我将上述感受写进了评论文章《请挂好校准城市时钟》。我在评论中写道：“物质都是在一定的时空中运行的。社会的进步和发展，让人们越来越认识到时间的重要并发明、生产了各式各样与时俱进的计时器具。尽管有了手机等计时工具，但城市悬挂摆放的时钟仍体现着时代的精神，记录着城市的发展。时钟，是一座城市的名片，是一座城市的标志。”

2014 年元月，我列席了武汉市政协会议。根据会议期间多处时钟不准的问题，我参加了与市长的对话会，将上午拍摄的照片和以前在美国拍摄的图片在会场上展示，提出了城市时钟不准的问题。唐良智市长当即回应并要求，市政府办公厅抓紧发文，号召政府机关必须带头把钟调准，公共场所也必须做到时钟准确（2014 年 1 月 8 日《长江日报》报道）。会后，市政府积极组织调研，听取各方面意见，也与我有过交流，于 4 月 29 日发出《关于开展倡导“时间文明”活动的通知》。围绕这一课题，我先后在《人民日报》《光明日报》《文汇报》等发表评论，撰写理论文章《实现中国梦要把握好“中国时间”与“中国效率”》，刊发于《民主与科学》（2013 年 3 期）杂志上。

时间文明讲的是人们在行为过程中必须恪守和践行的时间准则要求。现代社会提倡时间文明，它有利于我们处理好人与人、人与社会、人与自然之间的关系。在制定、遵循、提升时间文明的进程中，它不仅有助于追求个人道德完善，同时也有利于维护公众利益和公共秩序。现在，我在多处做过关于时间文明的演讲，运用新闻学和其他学科知识研究时间文明，仍然是我关注和讲座的一个课题。

有人说，只要在北京大学待上几年，就能闻到他身上的“北大味道”。我时常对同学们说，你与学医、学工、学理的同学交流，无意中就能感觉到他们身上的“学科味道”。那么，从我们新闻学院走出去的老师和学生，是否也能让他人通过言谈举止感受到我们身上的“学科味道”呢？以社会的视角和需要研究并发展新闻理论，以新闻理论知识和实践说明并服务于社会，应该成为新时代新闻传播学者的时代意识和行动。

四、一篇新华社报道引起的讨论

华中科技大学博士生导师赵振宇教授说:“新闻学博士连最常见最简短的消息、通讯、言论都不会写,我认为是不合格的毕业生,至少我会在论文答辩时提出质疑。”对于“新闻学博士要会写简短消息”的说法,引起了部分新闻学博士生的争议。

一持反对意见的博士生说:“自己是跨专业考取博士的,以前根本就没接触过新闻业务,而且自己定位是从事新闻理论研究或新闻教学,要会写消息干什么呢?”

2005级博士生牛静则表示赞同赵振宇教授,她说:“做新闻研究,会写新闻应该是第一步。很多人都参加过实习了,应该都会写一点,没有好的也该有差的。”

赵振宇认为,当前新闻学博士教育距离实践太远,作为一名新闻学博士理应要懂一点最基本的新闻业务,就像医学博士要求会看最一般的疾病一样。如果新闻学院培养出来的新闻学博士连最简短的消息、通讯、言论都不会写,这将是新闻教育的失败。

(摘自《新闻学博士不会写消息,合适吗?》,2005年12月7日新华社报道。)

该篇报道引起了许多媒体的关注和讨论,先后有30多家报纸、网络媒体转载,包括新浪、网易、新华网、《中国青年报》、央视论坛等,有赞同、支持的,也有质疑、诘问的,声声不断。《中国青年报》发表了署名评论《为何出现不会写消息的新闻学博士?》,《信息时报》发表短评《不会写消息算啥新闻博士?》,央视论坛网络版刊发电视评论《从新闻博士不会写消息说起》,人民网发表了网络评论《新闻学博士不会写消息是个伪问题》,等等,引起了网友们的热烈讨论。同时,也引起教育界的关注,有知名教授表示赞同,中国传媒大学电视与新闻学院2003级的研究生就此话题展开了一番讨论。此篇报道被收入当年的《中国新闻年鉴》。

新闻学博士不会写消息,问题是怎样产生的?原因主要有三点:一是生源,非新闻专业的学生跨学科考入新闻学专业的人很多,这些非新闻专业的学生入学前对新闻实践基本不了解;二是考试,博士生入学资格考试中没有对实践能力的考核提出要求,考试的内容基本上还是书本到书本;三是教学考核指标,许多新闻学专业教师本身对新闻业务知之甚少,自己不能身体力行,如何叫学生能够动手?目前,整个新闻教育体制对老师、学生的考核都倾向于论文,而不是新闻实践,对博士生获得学位也没有对动手能力的考核要求。

其实，这种现象不只是新闻学科的问题，也不只是文科门类的问题，它是整个大学硕士、博士教育体制的共性问题。教师、学生的成果评定不能只偏于校园内的单一标准，最终要经得起市场的检验。在高等教育中，我认为对教师的考核既要看论文、著作、课题和教学，还应该要有对他们实践环节和实际本领的考核，否则整个教学中的理论与实践就很难实现有效衔接。

（摘自《试论新闻学博士生的专业动手能力》，2006 年 4 期《国际新闻界》。）

此后，由《湖北日报》编辑部与新闻学院共同举办了“武汉城市圈博士采访行”活动，由 5 位博士生、4 位硕士生组成的采访团，从武汉出发，依次到武汉城市圈的 9 个城市采访、调查，重点考察各地开发区的发展及其在城市圈范围内相互承接、相互促进的情况，采写的稿件在《湖北日报》开辟的“武汉城市圈博士采访行”专栏刊发。

为让报纸多一些新鲜的空气，也为了让博士们关注现实，从 5 月开始，《武汉晚报》与华中科技大学新闻评论研究中心联合创办了“博士论事”评论专栏。

赵振宇教授道出了联合开办专栏的目的：“博士生不仅应能写出高质量的学术论文，而且还应能写出大家普遍接受的高质量新闻评论来；研究身边发生的新闻事件既是关注现实、指导人们生活的需要，更是培养良好学风的需要。”

（摘自 2009 年 6 月 25 日《中国新闻出版报》：〈武汉晚报〉请博士生写评论。）

关于培养学生动手能力问题，不仅仅是对新闻学博士生，对整个新闻与信息传播学院来说，都是需要研究和解决的重要课题。我一直坚持这样的观点：其一，不问考生是从哪里来的，只要你进入了新闻学院的大门，就要按照学院学科专业设置的要求和社会发展的需要，可选择性地培养自己具有一定的适应社会能力；其二，不问你以后到哪个岗位从事何种工作，只要你是从新闻学院获取的文凭，你就要能够讲一点或做一点为社会所需要的新闻传播学知识和技术。是否也可以用这个标准要求老师呢？

五、以事成“势”，抓好新闻评论特色教育

2018 年 9 月，四年一度的第八届国家级教学成果奖评选揭晓，学院申报的“新

闻评论特色教育系统构建与实施"获国家级教学成果二等奖。这是我院三十五年来国家级教学成果奖零的突破，这是我调入大学十七年来，新闻系、新闻学院及学校有关方面的支持、帮助的结果，是评论团队诸位同仁和谐共事、持续努力的结果，同时要感谢来自中央新闻宣传管理部门、众多高校、媒体朋友们的提携和鼓励，在我们行进的路上，记载了太多太多的故事。

现在全国300多个新闻专业本科教学点，绝大多数只开设一门评论课，2500多所大学大都只有大学生记者团。我们率先在国内构建了包括组建新闻评论社团、开办新闻评论方向班、成立新闻评论研究中心和打造精品特色课四位一体的新闻评论人才培养的创新体系，并被媒体誉为中国"新闻评论的黄埔军校"。我们团队8位老师创设了一门主课(新闻评论概论，40课时)和八门专题课(16课时)的课程体系。八门专题课分别是新闻评论的思想与思维、中外新闻评论比较、广播电视与新媒体评论、新闻评论佳作评析、社会认识发现、经济评论、法制评论和文艺评论，还有两位研究员举办讲座。教师除新闻学院外，还邀请马克思主义学院和人文学院的老师加盟。正是这样一个团队不弃不舍的努力，才有了今天的辉煌！"团结就是力量"，这种力量源于对形势的正确认识和对自己优势的把握。

2017年2月18日，由李良荣、郭庆光、陆绍阳、陈昌凤和强月新教授组成的评审组认为，我校新闻评论特色教育是一项独创性成果，已在高校与媒体推广，并产生了较大影响。在申报省级、国家级成果的专家会上，在十七年来我们走过的行程中，经常会听到这样的询问："为什么全国的新闻学院都把评论当成一门课，而你们却能形成一个课程体系和教学团队，创造全国的首例和第一？"我笑而答曰："当你知道为什么1983年能在工科的华中工学院首办新闻系，为什么国家大学生人文素质教育基地主任委员单位设在华中科技大学，你就能明白，看似简单的一门评论课为何能办成特色并进入国家级教学成果奖的行列。"

以事成"势"的基础是据"势"行事，只有认识新时代政治、经济、文化、社会大势，才可能做出正确的判断和锲而不舍的努力。21世纪是人类进入的第三个千年，互联网技术的普及导致了传播革命，公众的参与意识、权利意识和民主意识更加强烈。新闻传播业包括新闻评论的迅速发展得益于两点：一是科学技术的发展与普及，先进的信息载体为迅速传播提供了可能；二是社会交往中的文化沉淀，不同立场、不同观念、不同心理和不同文化素养，对相同的传播信息会产生不同的认同感。

经过媒体的多年实践和到高校后的思考，我给新闻评论予以新的定义："所谓新闻评论是传者借用大众传播工具或载体，对正在、新近发生或发现的有价值新闻事实、问题、现象直接表达自己意愿的一种有理性有思想有知识的论说形式。"并提出，"评论是一项需要普及和提高的公民素质"，分别从新闻传播、民主政治和人的理性认识三个方面解读了新闻评论在当下新时代的重要意义。第一，新闻评论传播的是一种观点信息；第二，新闻评论在民主进程中发挥积极作用；第三，新闻评论有助于提高人们的理性认识。（摘自《一项需要普及和提高的公民素质——关于新闻评论的三点理性思考》，载《新闻大学》2007 年 4 期。）正是在这种理念指导下，我们进行教学与科研、课堂与实践、学校与社会等多方面的不懈努力并取得了实效。

新闻评论作为学院的一门特色课，它要坚持和做好离不开学院领导的支持，这种支持，不仅表现在制度、人员、经费上，更重要的是思想观念的引领。从 2001 年开始，在前院长吴廷俊教授领导下，首创成立了新闻评论团、评论方向班和评论研究中心。更重要的是他在大会和多个场合指出，新闻评论在中国历史上有着辉煌的传统。新闻评论课不能是写作课，而应该是观念课、思想课。新闻是民主，新闻是责任，新闻是精神，这种民主思想、社会责任、批判精神更是言论所不可缺少的内涵。在他的领导下，评论特色教育走出了坚实的第一步，开局良好。2006 年张昆教授出任新一轮院长，在他领导新闻学院的十多年里，每次都参加我们举办的新闻评论高层论坛和教学改革研讨会，应邀做大会致辞，从院长的角度论述新闻评论特色教育的意义（在他出版的《三思新闻教育》中收录他多篇有关新闻评论的讲话和论文）。他在接受记者采访时指出：这是一个信息爆炸的时代，社会需要意见领袖。学院注重新闻评论人才培养，一方面是顺势而为，另一方面则得益于其独特的办学理念，重视与业界联通，引进有能力、有魅力的"高手"，组建起新闻评论教育队伍。他在《新闻评论教育的"华中大模式"》（《新闻记者》，2018 年 6 期）一文中对此有更全面的论述。

在这里要特别感谢媒体朋友的关注和报道，多年来《新闻与传播研究》《新闻大学》《现代传播》《国际新闻界》《当代传播》《中国记者》《新闻记者》《今传媒》《新闻前哨》和《中国新闻出版报》等刊发了我撰写的多篇论文、专访和报道。《新闻与写作》

在不到三年的时间里先后两次邀我开专栏，发表我的文章30余篇，与《新闻战线》合办评论征文并邀我撰写年度评论多篇。强月新教授在《21世纪以来国内新闻评论研究的回顾与展望》（《武汉大学学报》，2013年6期）通过对2008—2012年全国15种核心期刊380篇研究文章的统计，单位发表论文篇数华中科技大学排名第一。

新闻学院三十五年是个喜庆的日子。应学术委员会张昆主任约稿，写下点滴回忆和思考。

新闻工作者的职业追求和特性——以新闻的敏锐和智慧发现故事，以新闻的视角和手段描述和评论故事，以新闻的威力和魅力促使故事在有利于大众和社会的轨道上完善和圆满。

现实问题是一切研究的源头，关注社会，与时俱进是一切研究者的职责。一个有良知、有社会责任感的知识分子应该是知识和文凭、关心和投入、批判和建设三者的完整统一。

以积极审慎的态度，以锲而不舍的精神，说一点自己能够说、说得好的话，做一点自己能够做、做得好的事，足矣。

赵振宇 曾任新闻系主任、华中科技大学新闻评论研究中心主任、武汉市人民政府参事，现兼任中共湖北省委和武汉市委宣传部新闻阅评专家、湖北省新闻传播法学会副会长、武汉市社会学会副会长。

2001年调入大学，此前担任长江日报评论理论部主任，《中国文化报》总编辑、高级编辑。调入大学后主持开展新闻评论特色教育，为全国首创。荣获华中科技大学教学名师、华中学者、“宝钢教育奖”优秀教师奖，享受国务院政府特殊津贴专家，担任中央马克思主义理论研究和建设工程重点教材《新闻评论》首席专家。主持“新闻评论特色教育系统构建与实施”，获国家级教学成果二等奖；撰写的《新闻报道策划》和《现代新闻评论》两本书列入全国普通高等教育“十一五”国家级规划教材；“社会进程中的公民表达”入选教育部视频公开课。

主持完成国家社科基金重点、一般及省部级课题多项，研究成果受到俞正声、李鸿忠等人批示，多次在湖北省人大干部讲坛、华中科技大学党委中心学习组、武汉市政府参事室、市委宣传部等单位做报告。

学会与学院共同成长

——中国新闻史学会新闻传播教育史研究委员会十年杂忆

周婷婷

我是华中大新闻学院1997级的学生，入校那会儿学校还叫华中理工大学，当时还只有新闻系。我们最初在东五楼里和人文学院的其他系一起上课。同学中分出了一部分人学广播电视新闻学，当时不觉得有什么，现在才知是我院广播电视新闻学专业的肇始。1998年学院成立时，我作为校广播台的记者，采访了和华中大新闻教育渊源颇深的朱九思老校长，他平易近人、谈兴颇浓，至今令我印象深刻。我上学时年纪较小，人也懵懂，当时常常回家，校园生活并未深入参与，现在回想起来殊为可惜。当时还是传统媒体的黄金时代，我的不少同学本科毕业后都去了一流的媒体，现已成为熠熠闪亮的业界精英。

现在印象最深的是诸位师长对我的爱护和鼓励。我在新闻系读完本科，又保送了本系的硕士生。申凡老师的新闻业务课教得极好，课堂上的讨论能把我们的积极性充分调动起来。记得当时申老师在新闻采访课上出题"下雨天，你要去哪里采访"。全班同学开动脑筋，每人发言，不断补充，极为热烈。去报社实习时碰到下雨我十分开心，也去当时课堂上提到的地点采访。我深深为申老师在讲台上的风采所折服，便选了他做硕士生导师，蒙他一直爱护，在学业、生活上时常提点、受益颇多。老院长吴廷俊老师，对学生活动非常支持。记得有一年冬天，下雪，我们办了一场研究生学术活动，邀他出席，他欣然相应。当天的活动冗长平淡，我觉得劳烦吴老师雪天出行又占用他如许时间，真的很过意不去。后来才知，当时吴老师的独子自美国返回探亲，只待短短几天。他肯舍弃这么宝贵的家人团聚时间出来和我们在一起，对我们真的是莫大的鼓舞与支持。屠忠俊老师博学多闻又风趣幽默，他带着汉腔的普通话、标志性的黑框眼镜、达观向上的生活态度，每每回忆起来都不禁莞尔。后来我去了复旦大学跟随黄旦老师读博，屠老师每次见我，都会以此打趣，"华工有个周婷婷，选了个导师黄旦旦"。我在华科读书期间，孙旭培老师也到了学校。孙老师乡音浓重，我一开始上课时听不太懂，只觉得他板书时写的英文格外漂亮，后来才知孙老师本科学的是英语专业。我和孙老师更多的交流是在工作之后，因为都住在东三区，有时散步能碰上。孙老师时常分享他正在做的研究、将来的计划，滔滔不绝、如数家珍，一颗赤子之心，让我觉得他可敬又可亲。

以上都是闲谈，本文要记的是另一桩经历。因为要写回忆性文章的缘故，记忆的闸门打开后，不少温暖的往事纷纷涌出，随手记下，也是留存一段个人与学院交织的记忆。2004 年，我硕士毕业，考入复旦大学读博。当时没有想到，四年以后，我又回到母校工作，到今年，整整十年已倏忽而过。这十年间，我一直在中国新闻史学会新闻传播教育史研究委员会秘书处“打杂”，我们学院是这个学会的会长单位。十年来，学会依托学院，不断发展壮大。本文不是学会的“正史”（我们有专门的对外介绍文章），主要是个人的所历、所见、所感。想到什么，就顺手写下，但求能呼应大家的回忆，增添一些兴味。

一、学会的成立

2008 年 7 月 2 日，我回母校工作正式报到后的第二天，接到通知要来学院开会，地点是在吴廷俊老师的办公室。来了才知，吴老师经历多年筹划，申请创办中国新闻史学会下设的第一个二级分会——新闻传播教育史研究委员会，已经得到教育部、湖北省民政厅、国家民政部等上级部门的批复，获准成立。中国新闻史学会如今枝繁叶茂，下设了二十多个二级分会，当年我们却是第一个，有民政部颁发的社会团体分支机构证书，还有专门的红色公章。吴老师是中国新闻史领域的研究大家，以对《大公报》的研究成名，在华中大新闻与信息传播学院院长任上成绩斐然，对新闻教育亦有颇多观察、思考与研究成果。他指导自己的博士生，完成了对中、美、英等多国新闻教育的研究。我在复旦大学读博时所做的学位论文《中国新闻教育的初曙——以北京大学新闻学研究会为中心的考察》，同样是对中国新闻教育最初一段历史的回顾，毕业答辩时还有幸邀请到吴老师担任答辩主席。

我们当天开会的任务，是拿到批文之后，广撒英雄帖、壮大会员队伍，以及筹备学会的成立大会。华中大新闻学院作为学会的首任会长单位，主要参加学会活动的有三位老师。吴老师众望所归，出任学会首任会长。当时学院分管本科生教学工作的副院长石长顺教授，是学会的副会长兼秘书长。还有我这个小兵，为了工作上的方便，吴老师给我封了个“副秘书长”。学院对学会的工作颇为支持，提供了十万元的活动经费。吴老师的办公室同时也成为学会的办公室，我在那里摆了一张桌子。

2008年10月24日至25日，学会的成立大会在北京召开，与北京大学新闻学研究会成立90周年暨中国新闻教育、新闻学研究90周年学术研讨会同期举行。大会召开时，报名参加学会的团体会员达到58家，个人会员有30人。时任中国新闻史学会常务副会长的北京大学新闻与传播学院程曼丽教授，给予了我们这次会议很大的支持。这是我第一次办会，经验不足，幸而有吴老师、石老师时时提点，上级学会大力支持和参与会员的协力相助，各项议程进行得还颇为顺畅。北京大学是中国新闻教育的源头，也是我研究了数年的对象，在那里开会，觉得十分亲切又意义深远。10月25日，时任中国新闻史学会会长的赵玉明教授、顾问丁淦林教授缓缓揭开红绸，露出刻有“中国新闻史学会新闻传播教育史研究委员会”字样的闪闪发光的铜牌，将其交给吴廷俊教授，学会在三位老先生慈祥和蔼的笑容中正式启航了。

2008年10月25日，时任中国新闻史学会会长、中国传媒大学教授赵玉明与中国新闻史学会顾问、复旦大学教授丁淦林为中国新闻史学会新闻传播教育史研究委员会揭牌，将铜牌交给研究委员会会长华中科技大学吴廷俊教授

二、第一个五年

学会正式成立以后，一直特别重视集结对新闻传播教育有兴趣、有经验、有思考的各方同仁，通过专题研讨会的形式，就新闻传播教育领域的重大研究课题展开多角度、多层面的深入探讨，交流切磋，建立共识，以切实推动中国新闻传播教育的变革、进步。

成立大会之后，2010 年 9 月，学会的第二次全国性的学术会议回到主场，在华中科技大学召开。当时学院的办公条件还比较有限，会议地点选在校内的学术交流中心(亦即“八号楼”)。这一年的主题为“媒介融合时代中国新闻传播教育的变革”，来自全国五十余所高校的八十位代表齐聚一堂，展开热烈讨论。其中还包括我院新闻评论班的同学，他们介绍自己在评论班的学习经历，落落大方，引得代表们颇感兴趣。

2011 年 10 月，学会与天津师范大学新闻传播学院联合主办了第三次会议。这次会议的规模略小，全国三十多所高校的四十多位代表参会，围绕“新闻专业主义与新闻传播教育”的大会主题展开研讨。2012 年 10 月，学会与广西大学新闻传播学院、上海大学国际新闻传播教育研究中心联合主办了第四次学术会议。会议在广西南宁召开，主题为“媒体转型与新闻传播教育改革”，参会的六十位代表来自四十多所高校。

学会的历次学术会议，都特别注重做到三个结合：一是理论与实际相结合，依据各校不同的具体情况加以分析；二是理想与现实相结合，关怀的不仅是新闻传播教育，还包括对中国高等教育乃至中国教育的深层思考；三是境内与境外相结合，实时追踪新闻传播教育较为发达的国家、地区的发展动态。

我的办会经验也在这一次次的操练中丰富起来。吴廷俊老师和石长顺老师在明确提点与潜移默化中教给我不少办事、做人的道理。每次我们去开会时，吴老师都会提醒我给合办单位带一点小礼物，并在会议结束后通过给对方写感谢信等形式充分表达我们的谢意。石老师手把手地教给我办会的各种流程与细节，他行伍出身，办事雷厉风行、干脆利落。我记得他给我讲过，最忙的时候只有趁搭电梯时闭目休息一下，我对他做事的效率十分佩服。

学会的另一项主要职责是收集、整理中国新闻传播教育的各种相关史料，略举几例。2009年，复旦大学新闻学院迎来八十周年院庆，吴老师派我到上海，在学院资料室、复旦大学档案馆、复旦大学教务处等处收集了该院自诞生以来不同时期的教学计划、课程资料等物，并走访了部分新闻学院资深教师如丁淦林教授、黄瑚教授、孙玮教授等了解情况。

学会还曾向所有团体会员单位及个人会员工作的单位，共计全国七十多家新闻教育机构发出了“新闻传播院系调查表”。调查全国主要新闻传播院系在建制沿革、本科专业和研究生学位点设置、教学队伍构成、毕业生、目前在校学生情况等各方面的信息，并收集了他们本科各专业、各年级的教学计划和硕博士培养方案。

三、进入第二届

学会于2008年10月24日正式成立，依照学会章程，会员代表大会每届五年，至2013年10月第一届届满。换届工作从2012年末开始启动，2013年上半年经民主协商形成第二届会长、副会长名单，秘书处将名单上报中国新闻史学会、获得批准。我们学院继续担任会长单位，石长顺教授被推选为第二届会长，吴廷俊教授出任学会名誉会长。

一年后，为了推动学会获得更大发展，石长顺教授提出申请，不再担任会长职务，并举荐时任华中科技大学新闻与信息传播学院院长的张昆教授接替其出任第二届会长一职。2014年11月14日晚，学会召开常务理事会议。经全体与会代表表决，一致同意由张昆教授接任第二届会长，并聘请石长顺教授担任学会顾问。

2014年的年会回到华中科技大学召开，与会的八十多位代表来自全国颇具代表性的各类新闻传播院系。新任会长张昆教授在此次会议上，提出了学会下一步的发展规划。一是加强组织建设，把发展会员的重点放在个人会员上，充分发挥专业老师、研究者的积极性；二是强化教育研究，将特别注重院系研究、教育家研究和外国新闻教育史研究；三是拓展学术活动，从2015年起开始编撰中国新闻传播教育年鉴，在每年的年会之外还可不定期组织专题学术研讨；四是争取社会资源，寻求来自学界、业界、社会的各种支持，让发展之路越走越宽广。

学会接下来四年的发展，正是沿着这四个方面向前推进，取得了引人瞩目的成果。其中编撰年鉴成为学会的中心工作，这是一项浩大工程，端赖学会上下齐心协力、众志成城。后面还会对此展开详细记述。这里先介绍一下我们学院参与学会第二届任期工作的老师。会长张昆教授在中国新闻传播学界颇具影响力。他36岁时成为武汉大学新闻学院院长，44岁从珞珈山到喻家山，出任华中大新闻学院院长，带领学院全面发展，综合实力跃升至一个新台阶。抛开他那些响当当的头衔，我觉得他是一位非常有魅力、很能支持下属发展的领导。他本身待人亲和，不摆任何架子，从善如流，平时对我们工作、生活的各方面都十分关心；对于他自己所做的工作很有想法，每隔一段时间就会想出一些新东西，且都是大手笔，让我觉得很受启发。张昆教授一直讲授外国新闻史课程，在历史研究方面有深厚的积淀；对于新闻教育孜孜求索，出版了《新闻教育改革论》《三思新闻教育》等专著，并发表了不少相关论文。他对我们这个主攻新闻教育史研究的学会倾注了很多心血，使学会有了新气象。

另一位是副会长兼秘书长何志武教授，当选时他正担任学院分管本科教学的副院长。何老师是个很有意思的人，他原来是《长江日报》的记者，对很多事情的来龙去脉都能如数家珍，和各种人、对各种话题都能轻松地聊起来，这一点我真是万般羡慕。他性情温和，说话十分幽默，考虑问题非常细致周到。每一次和何老师一起出差，都不会觉得旅途漫长，反而会觉得聊得有些意犹未尽。我这个人平时有些粗心，好些漏洞都是经何老师提示才发现的。

四、年鉴的编撰

自学会创办之日起，一直想以年为单位，系统收集、整理、呈现中国新闻传播教育的发展变化。首任会长吴廷俊教授曾希望每年能编写一本中国新闻传播教育白皮书，待条件成熟后再出版《中国新闻传播教育年鉴》。然而，编写年鉴并非易事，既需要寻找经费支持，更需要把全国各地各类新闻教育机构的负责人、联系人汇集起来，组织成一个高效运作的编写网络。在学会的最初几年，这个计划只能暂时搁浅。

学会的第二届会长张昆教授，在中国新闻传播学界有较强的影响力，也有很强的决心与行动力。在他看来，第一本年鉴不用那么尽善尽美，应该先召集大家编写出来，在此基础上再逐年完善。当前还没有一本新闻传播教育方面的年鉴，我们需要也能够努力填补这项空白。

2014年，他在学会中提出编撰年鉴的设想后，就开始具体地筹划与准备。2015年，从华中科技大学自主创新基金申请到13万元的年鉴出版费用。拟出《中国新闻传播教育年鉴(2016)》的大纲初稿，发往各常务理事单位征集意见，并请相关专家审阅指正。2015年下半年，召集组建了编委会与编辑部，并于12月12日在中山大学召开了编委会第一次会议，集中讨论年鉴的编写凡例与分工方案。

年鉴的编写真的是千头万绪，第一本摸着石头过河，尤为艰辛。到2016年10月，历经全国新闻传播院系100多位教师一年多来的共同努力，中国新闻传播教育领域的第一本年鉴《中国新闻传播教育年鉴(2016)》终于顺利出版。这一本中有很多追溯中国新闻教育发展历史的内容，全书达到了126万字。沉甸甸的书拿在手中，真令我们心潮澎湃。

2016年11月5日上午，年鉴首发式在辽宁大学隆重举行。群贤毕至，少长咸集。我们有幸邀请到了何梓华、赵玉明、童兵、罗以澄、吴高福、邱沛篁、郑保卫、刘建明等诸位中国新闻教育界的资深前辈。他们与中国新闻史学会会长陈昌凤教授、年鉴主编张昆教授一起拉下红绸，年鉴正式亮相。

2016年11月5日，诸位中国新闻教育界资深前辈、

著名专家共同为《中国新闻传播教育年鉴(2016)》揭幕

年鉴正式出版后，得到中国新闻传播教育界、新闻媒体的广泛关注与热烈讨论，好评如潮。然而我们也深知，年鉴刚刚起步，还有很多不足。在年鉴的栏目设置、编写体例，编委会编辑部的组织机构、运作方式等方面，我们不断尝试优化与创新。

2017 年 8 月，河南郑州，《中国新闻传播教育年鉴（2017）》在中国新闻史学会 2017 年学术年会上举行了首发式。这是一次千人盛会，会务组要同时服务多个二级分会。在首发式的准备中，我比往年紧张不少，各环节的衔接、每个细节的推敲，在脑子里想了无数遍。尤记得把书摆放成特定的造型，再罩上红绸后，我觉得就像是一位待嫁新娘；自己作为家人，只为“她”风光快乐地“出阁”。新闻教育界的资深前辈、著名专家童兵、倪宁、丁柏铨、王振铎、陈培爱、董广安、倪延年、程曼丽、唐绪军、陈昌凤，以及来自全国各高校的近千名新闻教育工作者一道，满怀期待地见证了年鉴的首发。

2017 年 8 月 19 日下午，《中国新闻传播教育年鉴（2017）》首发式，
这是中国新闻史学会 2017 年学术年会闭幕式中的一项重要议程

年鉴的 2017 版相对之前的 2016 版，既一脉相承，又大胆创新。它延续了院系巡礼、教育家研究、口述史研究、行业组织和相关学会介绍、学科专业建设、本科人才培养、研究生与博士后流动站、各类获奖、学生竞赛、新闻教育研究、大事记等主要栏目。同时新增了一批特色栏目，包括“中国新闻传播教育年度综述”“新闻传播教育地图”“新任院长施政方略”“新闻传播教育史钩沉”“他山之石”等，内容更加丰富多彩、耐人寻味。年鉴的2018版正在最后校订之中，即将付梓，2018年11月我们会在山东大学举办这一版的首发式。相信它丰实的内容、更为精良的编排，能够再次为大家带来惊喜。

张昆教授对年鉴的殷殷期许，我颇为欣赏、认同。“今日年鉴，明日信史”，我们希望几十年后，几十本年鉴并列排放在一起，一部完整的中国新闻传播教育史就展现在我们面前。年鉴的编撰不仅直接关系到中国新闻传播教育的历史记忆，也在一定程度上决定着中国新闻传播教育的未来起点。需要编撰同仁们努力秉持史家的专业精神，带着强烈的使命意识投入工作，尽力克服自身的认知偏差与盲点，尝试摆脱各种现实利益、情感的羁绊，推动今日年鉴成为明日信史。

中国新闻史学会新闻传播教育史研究委员会成立到今年，已经整整十年了。作为一个持续见证其十年发展的“老人”，写下这篇回忆文章时，有点像是“白头宫女”了。但我的回忆不是为了追忆往昔盛况，而是为了见证历史。在初秋完成的这篇文章，也像浸入了秋日的阳光一样，澄澈、温暖、明亮。工作十年，学会和学院的发展蒸蒸日上，让我充满信心与动力，深深觉得未来更可期！

在《中国新闻传播教育年鉴》的所有栏目中，我个人最喜欢的是“新闻传播教育史钩沉”，很像20世纪70年代末至90年代初社科院新闻研究所主办的《新闻研究资料》，里面有不少珍贵的历史回忆。学院此次编撰回忆文集，纪念学院开办新闻教育三十五周年，也是这种颇有意趣的“钩沉”。我写作博士论文和后来做新闻教育方面的研究时，看过不少这类回忆文集。它们让年代久远的教育机构再次变得鲜活起来，让简要、制式化的记录变得立体起来，让我们可以遥想当年风华正茂之师生的翩翩风采，神游其间，感动、感慨、感悟。听文集的主编张昆教授讲，此次大家从不同方面落笔着墨，佳作甚多，迫不及待想要翻阅拜读了呢。

周婷婷

2018年10月

周婷婷 女，华中科技大学新闻与信息传播学院新闻学专业1997级本科生、传播学专业2001级硕士生，复旦大学新闻学院传播学专业2004级博士生。2008年回到华中科技大学新闻与信息传播学院新闻系工作，现为副教授、硕士生导师。主要研究领域为新闻教育史、新闻业务、视觉传播。出版专著一部，在《新闻大学》《国际新闻界》等期刊发表论文十余篇。担任中国新闻史学会新闻传播教育史研究委员会副秘书长，《中国新闻传播教育年鉴》编辑部主任。

我与华中科技大学的一段缘

卓南生

如果说，我与中国学界结缘的起点是1987年我首次到北京并拜访中国人民大学方汉奇和甘惜分两位教授的话，我与华中科技大学（原华中理工大学）的交往是始自1995年参加华中理工大学承办的第一届世界华文传媒与华夏文明传播国际学术研讨会（另外两个主办单位分别是中国新闻史学会和新加坡南洋理工大学）。

这个大规模的研讨会是颇有创意和令人怀念的。其创意首先体现在研讨会的地点不在特定的某个建筑物或讲堂，而是在从荆州至重庆“三峡游”的“白帝号”游轮上。于是乎，研讨会也随“景”显得十分灵活和有趣：有景就到露台看奇山异石的美景，无景则回到严肃的会议室继续发表论文报告，并开展热烈的讨论。

此外，这是中国（包括港澳台地区）和其他国家华媒研究者、新闻工作者少有的一次坦率交流的学术大会。

中国大陆新闻学界的学术领军人物方汉奇、甘惜分、宁树藩、丁淦林、赵玉明等名家不消说，台湾地区的李瞻、朱传誉等著名教授等都参加了。加之来自海内外各地的老中青学者，可以说是济济一堂，堪称华夏文明新闻传播交流的一大盛会。

一、结缘始自"华夏文明"游轮上

对我而言，此盛会迄今记忆犹新者有三。

一是朱传誉教授颁文，并痛诉他在 20 世纪 60 年代研究中国新闻史时被国民党政府无理迫害的冤狱史(今已获得平反)。

二是甘惜分教授发表的论文《爱国主义——海外华文报纸的重大主题》，不为几位来自新加坡的出席者赞同而引起了"小争议"。

三是对热情洋溢、办研讨会最卖力的时任华中理工大学新闻系副主任吴廷俊教授留下了深刻印象，尽管我们在 1992 年中国新闻史学会在北京举办的首届中国新闻史研究会上就已结识。

著有《宋代新闻史》等名著的朱传誉教授是台湾地区被公认为对中国新闻史研究最为执着、最有成就、最有才气的学者，我们不禁为他个人的遭遇愤愤不平，也为朱教授后来无法在宝岛学界实现其新闻史研究计划与教育的心愿感到十分惋惜。这是中国新闻史学界的一大损失！

与甘惜分教授的"小争议"，则充分反映了双方欠缺交流产生的小矛盾。据说甘老最初对此感到有点伤心，认为海外华侨对祖国欠缺"爱国心"，但在听取各方解析，知道二战后东南亚各地华侨早已转为各所在国的华人，国家意识认同已有巨大改变，"侨报"基本上已不存在的情况之后，他老人家的心情才逐步平静并欣然接纳大家的看法。过后，甘老还当众挥毫送我墨宝，并为我和爱人史君在三峡拾到的美石题字。华夏传播学者多交流，有利于彼此的相互认识和友谊，在此得到明证。

同样，通过在游轮上和吴廷俊教授多次坦率交流，我对中国新闻学教育在各地的开展及面对的诸多问题，有了深一层的了解和认识。

2003 年底，在武汉举行的一个研讨会上，已成为老友的时任华中科技大学新闻与信息传播学院院长吴廷俊教授问我，能否为他的一名博士生马嘉同学创造到日本短期访学，以便收集博士论文研究资料的机会。我表示只要能力所及，必定相助。

返回京都之后我便积极筹办此事,先是在教授会议上获得认可,后是与教务科磋商落实具体程序和手续。几经探讨,达成如下共识:一是马嘉既非正规的交换留学生,也非正式应邀访学的学者,我们得先为她提供一个"身份",方可申请日本的入境签证。为此,我们为她创造了一个"特殊委托研究员"的名衔,并由我担任入境保证人办理诸多手续;二是鉴于大学并无接受"特殊委托研究员"之前例且系临时安排,校方无法提供住宿的方便;三是"特殊委托研究员"每月得向大学缴纳若干研究辅导费。

在向吴院长汇报校方的上述决定时,我表示入境手续的办理和教育辅导费我可全责承担,我也将让我的博士生协助安排大学附近费用不高但相对简朴的住宿,吴院长则表示,他可从其课题研究费中拨款为其学生提供往返旅费。于是乎,不久之后我在京都迎来了一名为"搜集日本大众传媒教育相关资料"的华中大博士生马嘉同学。

为了有效履行吴教授委托的"副指导教授"的重任,我在安顿马嘉(全靠几位中国留学生的帮助与协调)之后,决定以此为契机,每周一的傍晚在龙谷大学深草校舍(著名的旅游胜地稻荷神社旁)附近一间有读书会传统的吃茶店开一门以中文为教学媒介语的自由讨论课。这门校外义务课以我直接指导的来自中国大陆和台湾地区的博士生和硕士生为主要对象,也开放给有志考研的本科高年级学生和京都其他院校在读的研究生和博士生,人数尽量保持在10名以内。

通过这每周两三个小时的轮流发言与坦率交流的自由讨论课,我发现同学们的学习热忱都有所提高,并且有了更多的研究心得。一是因为以华语发表和讨论,留学生们(包括马嘉)得以摆脱用不熟练的日语表述的困境;二是因为彼此教育背景不尽相同,研究题目迥异,更能相互产生日本人所说的"知识的刺激"效应;三是因为这并非大学规定的正规课,出席者都是抱着想学习的愿望而来的,因此态度十分认真和积极。

正是在这样一个既严肃又轻松的吃茶店读书会的气氛中,出席者逐步形成了一个小小的学术共同体,彼此对成员中的研究方向、学习进展状况也都相互关心和相互鼓励。马嘉同学之所以选择京都同志社大学新闻学专业作为其论文考察对象的焦点之一,一来固然是因为同志社大学是关西地区新闻学教育最有代表性的学府，二来是我的自由讨论课中有来自同志社大学新闻学专业的研究生。他积极配合马嘉的需要，引领她到同志社大学的资料室收集各种相关资料。从这个角度来看，我之所以能够如期完成吴院长委托的任务，该归功于此小小学术共同体成员的相互学习与帮助。由于读书会的学习效果不错及同学们学习情绪高涨，每周星期一傍晚的华语义务课一直延续到2010年3月我提前从龙谷大学退休时才告停办。继马嘉之后，到我这里访学或进修的中国学者和博士生皆依例参加我主持的吃茶店读书会。

正因为有着上述的机缘，我对指导中国研究生有较大的自信。2005年，我欣然接受吴院长的邀请，担任华中科技大学的兼职博导。

二、面试考场惊睹高校教育“原生态”

值得一提的是，尽管我在中国国内的其他大学也曾对研究生或博士生负起指导教授的职责，但以我的名义正式招收博士生的，仅有华中科技大学。从这个角度来看，我在华中科技大学连续三年（2005—2007年）招收博士生，无疑给我提供了深层了解中国式博士人才培养全过程（从入学至毕业）的机会。因为在其他大学，尽管我也挂名客座教授并出席博士生开题报告，担任毕业论文答辩的评审，但从未参与入学考试的环节，也不了解中国式的面试与筛选的过程和标准。

博士生的生源从何而来？他们是抱着怎样的心态来敲开研究院学术大殿的大门？这是我极感兴趣和充满好奇心的问题。

也许是因为与日本的研究生院入学考试的情况反差太大，我迄今留下深刻印象的有三点。

其一是考生几乎全无考博的“问题意识”。这与在日本“要先有问题意识与明确的研究方向和题目，才去尝试轻敲研究生院大门”的非成文“考生须知”是相违背的。

中国学生欠缺“问题意识”，我在日本和留学生接触时已有所体会并对此有心理准备，但在正式的博士生入学面试的考场上，竟然表示“尚未考虑清楚研究方向”或“我有两个至三个(截然不同的)研究题目”，对我而言，却不能不说是十分震惊。因为在日本学界，这是一大禁忌，只要有老师当场或过后放话“此考生欠缺问题意识”，就意味着他宣判此生被拒于校门之外。

其二是有一名考生在面试时提呈其硕士论文导师的一封信，证明其导师的某本著作中的某章是由考生执笔(意在说明考生有读博的水平和能力)，引起了评审者的哗然。这当然是个案，但从中却让我接触了中国教育界乱象丛生的“原生态”。

其三是在和考生非正式的面试中，我惊讶地发现，有些学生对基本史实的认识与史观有着严重的欠缺和偏差。在谈到中日关系问题时，居然有一位考生认真地表示：“说不准有一天中日两国会合并成一家。”此考生不经意的回答，使我想起了一名中国学者到日本访学不到三个月，就接受“司马辽太郎史观”的影响，轻易接受某些日本学者鼓吹的“甲午战争和日俄战争不是侵略战争”的歪理，也让我联想起几日前日本首相安倍晋三访华时，一部分不明就里、不知日本国情与当代中日关系史的论者，为配合与营造“友好”气氛，轻易跟着日本“官制舆论”的指挥棒，高唱“感谢日本 ODA 曲”而令人啼笑皆非的情景。

欠缺问题意识、中国教育界的乱象和年轻人对基本史实认识之不足与史观的混乱，当然不是华中大考生特有的现象，但对我而言，却是一个难得的促使我认真思考中国高校教育问题的重要契机和渠道。

应该这么说，我后来在复会后的北京大学新闻学研究会参与主持五届“新闻史论师资特训班”和设定课程时，无时无刻不牢记上述华中大入试的经验与冲击。

三、摸索引导青年学者踏入学术正轨途径

学生欠缺“问题意识”，该如何引导？考生没有具体的研究题目，应如何处理？……这些问题我在日本指导留学生时，也曾面对过。不同的是，在日本我是全职教员，每周都会和学生见面并让学生定时发表读书报告和研究心得，但在华中大，作为兼职博导，我每年最多只能到武汉两三次，且不能久留（每次两三天）。为此，如何与学生密集探讨研究课题并了解其研究进度，尤为重要。

加之我所指导的两名博士生（2005 年录取一名，2006 年未录取，2007 年录取一名）的第一志愿皆非我专长的新闻史或国际传播学，而分别为媒介经营管理和广告学，我更感到为难和压力大。

在和原本志在研究媒介经营管理学的博士生阳美燕（我在华中大的开门弟子）初次接触时，我开门见山地提出一个“君子协定”：如果对我的指导方式不适应，请随时坦率提出，也可尽早更换指导教授。接着，在了解学生的基本思路和兴趣、愿望之后，我的第一个建议是首先到图书馆大翻书、乱翻书，先对我们新闻与传播学专业现有的研究状况与成果有个轮廓的认识。也许因为我是搞新闻史出身的缘故，我对研究生的基本要求是，不管未来的研究方向是否与新闻史直接挂钩，一定要对新闻发展史有个鸟瞰图式的认识。（详情参看阳美燕《日本在华首家政论报〈汉报〉(1896—1900)研究》的序，中国社会科学出版社，2015 年。）

为此，我布置了一些作业，包括梳理两湖新闻事业发展史的系谱。在发现阳同学对两湖新闻事业甚感兴趣之后，我让她整理了两湖报纸原件的存佚表及其收藏与保有的状况，并从中发掘其研究题目与方向。

同样，对于志在研究广告的汪前军同学，我也建议他先大翻书和乱翻书，并对报业史（特别是广告史）先有一个宏观的认识并对其谱系予以梳理。我对他们的共同劝告是，如果要研究新闻史或广告史，一定要接触原件或准原件，单凭想象或人云亦云，再加上一些与亚洲或中国时空风马牛不相及的所谓“理论”与“框架”的华丽包装而炮制的“研究成果”是不靠谱的。

在两位同学的研究题目先后敲定之后，我便要求他们定期汇报其读书或读报

的心得与进展。我发现两位的文字驾驭能力超强。特别是前军同学，只要题目或立论一定，他都能在短短的几个星期内写下洋洋洒洒几万字的作业，我不得不经常提醒他们要写得慢一些、精确些，极力删除一些华丽但欠缺有力依据的文字，并将其提交的“论文”定位为“读书报告”。

对于我再三强调要接触和充分利用报纸原件的建议，前军同学是有所为难的。记得他第一次跑进华中大图书馆翻阅馆藏的《大公报》时，曾经抱怨道：“看到那么多的报纸，我就头晕了！”

尽管如此，在往后的日子里他还是下定决心，耐心面对令他“头晕”的报纸，并对其广告形式、内容与变化进行分类、比较，从而得出他对《大公报》广告发展史的独特看法与心得。2010 年 4 月，他携带着繁多的研究资料前往巴基斯坦访学，在一边教学、一边继续学业的情况下，他顺利完成了博士论文。其博士论文《〈大公报〉(1902—1916)与中国广告近代化》已于 2014 年在中国社会科学出版社出版，深获各方好评。

至于阳美燕同学，正如她自己在其前述著作的后记所述一般，原本决定选我为导师只是权宜之计，并不打算研究新闻史。其原话是希望“快快补上我的历史‘短板’，做一阵人渐稀疏、日渐冷淡的新闻史领域的‘过客’，然后疾驶向传播理论的目的地”。

不过，在恶补中国近代史及中外近代关系史和厘清两湖报业发展史之后，我发现她对新闻史研究的真谛和兴趣日益浓厚。除了我协助她复印了一部分《汉报》原始资料并托恰到我校访问的吴廷俊院长带回给她研究之外，她严守我倡议的“原件主义”，曾“北上南下”四处寻觅相关的第一手资料。在几次研讨会的短暂见面期间，阳同学都拖着内藏不少原件资料的笨重行李同行，目的无非是随时可以将资料取出，以便讨论。如此认真钻研、不懈努力的精神，无疑为她近年来在学界逐渐受到的认可奠定了不可替代的条件和基础。

四、“过客”与华中大情谊从未间断

当然，华中大新闻学院的优秀博士生不仅仅是阳、汪两名同学。在我兼任博导期间(2005—2012 年),每次到华中大,学院都会安排我讲一节课和一至两次与研究院师生面对面探讨学术课题的研讨会。从同学们在课堂与讨论会上提出的尖锐问题与热烈讨论的气氛中,我深深感受到同学们求知欲望之强烈及学术的正气。每回在华中大讲课及出席由孙旭培教授为我主持的讨论课,遂成为我到华中大的一大亮点和乐趣。

与此同时,为了让我劳逸结合,吴院长每回都劳驾屠忠俊教授陪我到近郊的公园或东湖游玩。屠老师为人和蔼可亲,尽管他的湖北腔普通话有一半我听不懂,但从中能领会(多半需经翻译)到其幽默与风趣。

除此之外,每次到华中大的另一乐趣是顺道与曾在京都访学,和我 1994 年初到京都时住同座外国教师宿舍的好友张星久教授见面。在张教授的引荐下,我第一次到武汉时就认识了时任武汉大学新闻与传播学院副院长张昆教授,并被安排为该院开讲座。如果我的记忆没错,那是武大新闻与传播学院成立后的第一个公开讲座,出席者据说有 700 名,时在 1995 年 10 月,也就是本文开头部分提到的我与华中大结缘起点,即出席第一届世界华文传媒与华夏文明传播国际学术研讨会的前夕。往后,在我兼任华中大博导期间,如果时间许可,每回到武汉都会和武大的两名张教授相聚,并与他们的学生分享诸如日本的政治与日本传媒的看法。从这个角度来看,我与后来调至华中大接任新院长的张昆教授一点也不陌生。值此华中大新闻学院三十五周年院庆之际,张院长要我这华中大的“过客”写我与华中大的机缘,我虽知无充实的内容可陈,也无太多趣闻可述,但难以推却,遂即兴提笔将上述片段的回忆缀文交差。

最后,我想补充的是,作为华中大新闻与信息传播学院的“过客”,我虽在 2012 年 5 月前军同学的博士论文答辩那天就完成兼职博导的任务,但我与华中大的情谊并未就此宣告结束。实际上,在我后来参与主持的北大新闻学研究会的五届新闻史论师资特训班的学员当中,每届都有来自华中大新闻学院的博士生和毕业生。至于吴廷俊老院长、孙旭培教授和张昆院长等老友,更常在中国新闻史学会、北大新闻学研究会等主办的诸多活动中见面。彼此的学术友谊并未因我少到武汉而告结束或间断!

卓南生 1942年生于新加坡，早年在新加坡南洋大学受教育。1966年负笈东瀛攻读新闻学，毕业于早稻田大学政治经济学院新闻系，后获立教大学社会学（主修新闻学）博士学位。1973年返回新加坡，历任《星洲日报》社论委员兼执行编辑、《联合早报》社论委员兼东京特派员。1989年转入学界，先后在东京大学新闻研究所、京都龙谷大学任教。2005—2012年曾在华中科技大学新闻与信息传播学院兼任博导。现为日本龙谷大学名誉教授、北京大学客座教授、厦门大学新闻研究所所长、北京大学新闻学研究会副会长兼导师、中国新闻史学会名誉顾问。主要著作有《中国近代报业发展史（1815—1874）》、《日本的亚洲报道与亚洲论》、《卓南生日本时论文集》（全三卷）、《中日关系出了什么问题？》（合著）、《从东南亚看日本》、《大国梦与盟主论》、《日本告别战后》等。

征稿函

亲爱的老师：

您好！

今年9月30日，华中科技大学新闻与信息传播学院即将迎来三十五周年创院纪念日。虽然还是那个喻家山下、醉晚亭旁的东六楼，还是那个魂牵梦绕的老家，但是老树新花更显娇艳，原来的新闻系已经跻身国内三甲。也许我们互不相识，也许您早已离开学院、离开武汉、身在天涯，也许您早已退休不闻世事，也许您已经告别教席另择他行，可能还有很多也许，但是我们曾经有一个共同的身份：华中大新闻学院教师。正是因为有这段情、这份缘，冥冥之中，我们都感觉到了一种只有家人间才有的亲情和牵挂。虽然我们已经或终将是学院历史上的匆匆过客，但是已经在学院的历程中留下了不可磨灭的痕迹。

三十五载弹指间，桃李满园庆丰年。看看今天我们学院的大楼，听听曲调优美的院歌，品品我们厚实的院史，瞧瞧进出其间的莘莘学子，各位老师，各位同仁，华中大新闻学院这座象牙塔不是一天建立起来的，其间也有我们的汗水和奉献，我们是这段光辉历史的创造者，也是这段历史的见证人。回首往事，常常令人激情满怀。

为了纪念华中大新闻学院创建三十五周年，新闻学院学术委员会决定编纂一本回忆录，书名暂定为《三十五年回眸——喻家山下的新闻传播教育情缘》，并公开出版，借以完整地再现我们学院的历史。为此，学术委员会正式向所有亲历、见证华中大新闻学院历史的老师们征稿。

稿件的基本要求是写实，正如新闻的本质特征。希望各位老师打开您记忆的宝库，梳理您在学院亲身经历的点点滴滴，然后选择您认为最重要、最感人的故事，或者是一个人物、一件事情，或者是一项工作、一个过程；可以宏观叙事，也可彰显细节，每篇篇幅不超过 1 万字。请各位作者附上当时和现今照片两张（电子版原图）和个人简历（不超过 200 字）。我们热情地期待着您的大作，期待着您来为我们的院史填补空白。

记录历史，莫负平生；再现昨日，启示未来。这是我们对这本回忆录的定位，望各位老师共襄盛举。拜托，拜托！

稿件请寄：zhangkun1962@163.com。

截稿时间：2018 年 9 月 10 日

华中科技大学新闻与信息传播学院学术委员会

2018 年 7 月 28 日

催 稿 函

各位老师，各位同仁：

夏日安好！

7月份，我们组建了这个“35年回眸”群，邀请大家撰写回忆录，以迎接华中大新闻教育创办三十五周年。老师们反应很热烈。随后不久就收到了程道才教授的大作。谢谢各位老师的支持！现在进展如何？眼看暑假就快要结束了。希望各位老师抓住这难得的秋凉，打开您记忆的闸门，为我们学院留下一笔精神财富。

西塞罗说，“追忆过去能带来一系列连续且相互关联的愉悦感”。依壁鸠鲁也讲：“老人们通过追忆往昔，兴许能在那些美好的事情中找回青春。”各位老师或许也想找找这种感觉，那就静下来，好好地回忆吧，我相信，那种愉悦甚至青春的萌动会给你一种意想不到惊喜。

期待各位老师的大作。截稿时间不变：2018年9月10日。

收稿信箱：zhangkun1962@163.com

张昆敬约

2018年8月18日